LA FACULTÉ DE THÉOLOGIE DE PARIS

AU MOYEN-AGE

ET

SES DOCTEURS LES PLUS CÉLÈBRES

DU MEME AUTEUR

Le Christ devant la critique au second siècle. 1 vol. in-8°, Paris, Jouby, 7, rue des Grands-Augustins.

La Divinité de Jésus attaquée par Celse et défendue par Origène. Thèse du doctorat. 1 vol. in-8°. Même librairie.

Dieu et l'Esprit humain ou l'Existence de Dieu devant le bon sens, la philosophie et les sciences aux différentes époques de l'histoire. Conférences de Sainte-Geneviève de Paris, 1 vol. in-12. Même librairie.

Le Droit divin et la Théologie. Brochure. Paris, Palmé, 76, rue des Saints-Pères.

Henri IV et l'Église. 1 vol. in-8°. Même librairie.

Le Cardinal du Perron. 1 vol. in-12, Paris, Didier, 35, quai des Grands-Augustins.

Un curé de Charenton au XVIIIe siècle. 1 vol. in-12, Paris, Gervais, 29, rue de Tournon.

L'abbaye de Sainte-Geneviève de la Congrégation de France. 2 vol. in-8, Paris. Même librairie, et Palmé, 76, rue des Saints-Pères.

Le Pouvoir civil devant l'enseignement catholique. 1 vol. in-12, Paris, Perrin, 35, quai des Grands-Augustins.

La Question ouvrière, 1 vol. in-12, Paris, 1893, Paris, Lethielleux, 10, rue Cassette.

LA

FACULTÉ DE THÉOLOGIE DE PARIS

ET

SES DOCTEURS LES PLUS CÉLÈBRES

PAR

L'abbé P. FERET

DOCTEUR EN THÉOLOGIE
ANCIEN CHAPELAIN DE SAINTE-GENEVIÈVE
CHANOINE HONORAIRE D'ÉVREUX
CURÉ DE SAINT-MAURICE DE PARIS

MOYEN-AGE

TOME QUATRIÈME ET DERNIER

PARIS
ALPHONSE PICARD ET FILS, ÉDITEURS
82, rue Bonaparte, 82

1897

AVANT-PROPOS

I

Nous n'avons pas, dans le volume précédent, compté parmi le docteurs de Paris *Landolphe Caraccioli*. Nous nous faisons un scrupule de réparer l'oubli, en consacrant ici quelques lignes à ce disciple de Duns Scot.

Napolitain de naissance, franciscain de religion, professeur à Paris pendant plusieurs années, évêque de Castellamare (*Stabiæ*) en Campanie (1328), archevêque d'Amalfi (1331), Landolphe Caraccioli mourut vers 1351. Il avait eu un grand crédit auprès de la reine de Sicile qui l'avait chargé d'une mission diplomatique à Rome. C'est surtout grâce à ses dignités dans l'Église que sa mémoire a survécu (1).

Il fut, néanmoins, auteur de plusieurs ouvrages dont un a été certainement imprimé : c'est un travail *sur les quatre Évangiles* (2).

Les inédits sont les suivants : des commentaires *sur les livres des Sentences* (3), *sur le prophète Zacharie* (4), *sur l'Epître aux Hébreux* (5); des *Sermons* tant pour les fêtes (6) que pour les

(1) *Script. ord. Minor.*, avec *Supplement.* art. *Landulphus Caracciolus; Annal. Minor.*, an. 1331, cap. VI, an. 1347, cap. VIII.

(2) P. Le Long. *Bithec. sacr.*, p. 667 : « ... in-4°, Neapoli, 1637. »

(3) « ... olim extabat Ferrariæ in Biblioth. S. Franc. ex veteri illius « biblioth. Indice an. 1437 ...; nunc autem habetur ms. Cantabrigiæ in « Archivo collegii Caii ex Bundero..., et in Bibliotheca Basileensi... » (Sbaralea, *Supplement.*, *loc. cit.*)

Néanmoins, Fabricius, *Biblioth...*, art. *Landulphus Caracciolus*, nous dit : « Scripsit in *librum secundum Sententiarum*, quem editum etiam ex veteri editione evolvit Nicolaus Toppi in Bibliotheca Neopolitana... »

(4) « ... ms. Patavii, teste post alios Jacobo Le Long... » (Sbaralea, *Loc. cit.*)

(5) *Ibid.* (*Ibid.*)

(6) « ... extabant olim mss. Bononiæ in Bibliotheca S. Francisci..., » (*Ibid.*)

dimanches (1); un *Discours au pape au nom de la reine de Sicile* (2).

Des auteurs lui attribuent encore un *Traité de la conception de la Vierge*, des *Questions sur la métaphysique* lesquelles renferment peut-être les *Quodlibeta scholastica* indiqués par L. Vadding (3).

II

Dans le premier volume de cet ouvrage, page 164, note (7), nous avons considéré avec l'éditeur, M. W. Arndt, comme œuvre anonyme, l'*Historia pontificalis* imprimée dans les *Monumenta Germaniæ historica*, tom. XX, pp. 516 et suiv. Nous devons dire ici que, depuis la publication, M. Giesebrecht a revendiqué l'œuvre pour Jean de Salisbury dans un article des *Sitzungsberichte philosophisch-philologischen und historischen Classe k. b. Akademie der Wissenschaften*, Munich, 1873, pp. 124 et suiv.

Certains critiques ont été surpris que nous citions plus souvent l'*Historia Universitatis Parisiensis*, de Du Boulay, que le *Chartularium Universitatis Parisiensis*, du P. Denifle. La raison du fait est très simple. Notre travail était presque terminé avec les pièces éditées par le premier, avant la publication de l'ouvrage du second. Il n'y avait pas de motif de changer l'indication de nos sources. Mais nous avons eu recours au *Chartularium* pour les documents non renfermés dans l'*Historia*.

Le lecteur trouvera, à la fin de ce volume, les deux *Index généraux*, précédemment annoncés, et par ordre alphabétique, sur les *matières* des quatre volumes et sur les *sources*, autres que les ouvrages de nos docteurs, où nous avons puisé.

Ce quatrième volume embrasse le xve siècle.

(1) « .. extabant olim mss. in Sacrario Asisien. conventus S. Franc... » (*Ibid.*)

Sbaralea ajoute : « Pleraque ejus opera mss. asservari in Sacrario majoris ecclesiæ Amalphitanæ... »

(2) « ... in Biblioth. Vaticana ». (Wadding, *Script...*, *Loc. cit.*)

(3) *Script...*, avec *Supplement.*, *Loc. cit.*

PREMIÈRE PARTIE

PHASES HISTORIQUES

LIVRE I

L'ENSEIGNEMENT

CHAPITRE PREMIER

LES COLLÈGES

I. Deux réformes — II. Deux fondations

Le XVe siècle fut beaucoup moins fécond que le précédent en fondations universitaires. Cela devait être, non seulement à cause du grand nombre de collèges déjà fondés, mais aussi parce qu'il fallait plutôt songer à réformer les anciens qu'à en créer de nouveaux. « Les malheurs publics, écrit « Crévier, avoient réduit l'Université en un état de désola- « tion dont se plaignent souvent les actes du tems. Les « collèges se désertoient, les revenus étoient mal adminis- « trés, les bâtiments tomboient en ruines, les places ou « bourses se perpétuoient sur les mêmes têtes contre la te- « neur des statuts ou passoient même en des mains totale- « ment étrangères à l'étude et aux lettres. Des gens de pra- « tique prenoient les titres de maîtres et d'écoliers pour en « envahir les droits. On résolut, en 1421, d'apporter quelque « remède à ces désordres et on ordonna une visite des col- « lèges. » (1)

(1) *Hist. de l'Univers. de Paris*, tom. IV, p. 29, avec renvois à *Hist. Univers., Paris.*, tom. V, p. 350-351. V. aussi Crévier, *Ibid.*, p. 42, et du Boulay, *Ibid.*, p. 384-386.

On trouve seulement trace de quelques tentatives de réforme de la part de la nation de France ; et on voit désignés les collèges de Saint-Michel, de Dormans-Beauvais et de Tours.

Le collège de Sorbonne semble avoir été moins atteint par les calamités publiques. Toutefois, il n'échappa pas aux désordres intestins : la nation normande arriva à jouir de presque toutes les bourses ; et il fallut l'énergique réclamation de la nation de France pour la réparation de ces injustices. L'équitable réparation s'accomplit après 1464. En 1477, ce collège vit augmenter le nombre de ses bourses, toujours demeurées à seize, par une fondation en faveur de la nation germanique (1).

I

Les deux réformes sérieuses concernent les collèges de Navarre et de Montaigu.

COLLÈGE DE NAVARRE

(1464)

Favorable au duc d'Orléans, ce collège fut dévasté par les Bourguignons, en 1418, au moment de leur sanglant triomphe dans la capitale. Ce fut pour lui une époque funeste. Les divers cours se ressentirent de la déplorable situation (2).

Décidée par une ordonnance de Charles VII, en 1459 (3), le relèvement moral s'accomplit sous Louis XI et par sa volonté, en 1464.

Le promoteur de la réforme fut Guillaume de Châteaufort, alors grand-maître du collège. Charles VII confia l'œuvre au

(1) *Hist. Univers. Paris.*, tom. V, pp. 665, 730.

(2) *Hist. Univers. Paris.*, tom. V, p. 854 : « Cum nuper, disait le roi « prescrivant de mettre ordre à l'état de choses, ad aures nostras aliquo« rum fide dignorum relatu pervenerit nonnullos de bursariis theologorum « artistarumque et grammaticorum magistris et bursariis inclytæ memoriæ « Joannæ Francorum et Navarræ reginæ fundatricis dictæ domus aliasque « nostrorum bonæ memoriæ prædecessorum saluberrimas institutiones ac « ordinationes cœpisse infringere... »

(3) L'ordonnance de Charles VII est datée du 28 octobre 1459.

cardinal de Coutances, Richard Olivier de Longueil; au premier président du Parlement, Elie de Torrettes; à trois conseillers de cette cour, Jean de Courcelles, Jean de la Royauté et Jean de Montigny; à deux trésoriers de France, Etienne du Soldat ou Etienne Soldat et Pierre Bécart; au procureur général, Jean Dauvet; enfin, et ce n'était que trop juste, à Guillaume de Châteaufort. Torrettes, Dauvet et Châteaufort furent chargés d'arrêter le plan de réforme. Ce plan sanctionnait la législation en y ajoutant quelques articles jugés nécessaires (1).

En ce qui concerne la théologie, les articles sont d'une importance assez secondaire. Ils ont trait aux repas dans les chambres, à l'assistance aux offices, aux disputes théologiques, aux conférences (2).

Une réforme plus sérieuse ou plutôt une transformation était réservée au :

COLLÈGE DE MONTAIGU

(1499)

La gloire en revient principalement à Jean Standonch.

Né en Brabant, au sein d'une famille obscure, Jean

(1) Tout cela fut publié, le 25 juillet 1464, par ordre de Louis XI, pour être appliqué sans retard. Parmi les commissaires, nous voyons réapparaître seulement : Elie de Torrettes, Jean de Courcelles, Jean de Montigny, Jean Dauvet, Guillaume de Châteaufort.

(2) Nous lisons en effet :

« Pro reformatione theologica, primo ordinamus de cætero statutum « fideliter observari de non comedendo in cameris partialibus; et, si quis « deficere præsumpserit, punietur juxta formam statuti.

« Item et quod similiter diversis intererunt officiis diebus dominicis « et festivis juxta mentem fundatricis et tenorem statutorum....

« Item et, ut exercitium disputationum theologicarum melius conti- « nuetur, ordinamus et præcipimus, quod, si quis de numero bursa- « riorum in theologia studentium præfatis disputationibus die quo fient, « de cætero non intersit et in ordine suo (non) arguat, solvat, pro quolibet « defectu quatuor denarios Parisienses...

« Item, si quis collationem sibi annuatim per magistrum collegii assi- « gnatam facere recusaverit, solvet pro defectu duos solidos Parisienses; « si autem jugo collationum fiendarum nunquam subjici vellet, nec « se, sicut alii, in talibus exercere, bursis omnino carebit. »

Sources : *Hist. Univers. Paris.*, tom. V, p. 855-857; *Reg. Nav. gymn. Paris. Hist.*, p. 165-177. Les deux documents sont reproduits dans ce dernier ouvrage.

Standonch vint à Paris pour y faire ses études. L'on dit que, pour se procurer les ressources nécessaires, il se fit cuisinier à l'abbaye de Sainte-Geneviève et que le soir il montait au clocher pour étudier à la lumière de la lune (1). Il put ainsi acquérir les grades de maître ès-arts et de bachelier en théologie. Jean Lhuillier, évêque de Meaux et proviseur de Sorbonne, ordonna de l'admettre comme *socius* dans le célèbre collège. C'était en 1480. Trois ans plus tard, il fut placé par le chapitre de Notre-Dame à la tête du collège de Montaigu. Il était alors docteur en théologie.

Le collège de Montaigu se trouvait dans le plus triste état: les bâtiments tombaient en ruine et il restait onze ou seize sous de rente. Une restauration s'imposait et le principal ne faillit pas à sa mission:

Grâce à des âmes généreuses qui le secondèrent, les bâtiments furent remis à neuf, d'autres construits avec une chapelle, les bourses augmentées et les écoliers également.

Parmi les bienfaiteurs nous avons à nommer : l'amiral Louis Mallet, sire de Graville, Jean de la Roche, Gilbert Fournier, Nicolas Le Feure et sa femme. Le premier, avec le concours du roi de Portugal, se chargea des constructions. Le second assura comme rentes annuelles quarante livres tournois pour l'entretien de deux chapelains et deux cent cinquante livres également tournois pour celui de vingt écoliers, à la charge de dire ou faire dire une messe chaque jour pour lui ; mais ce dernier legs fut réduit par François de la Roche, le principal héritier de Jean, de façon à ne pouvoir plus entretenir que onze ou douze écoliers ; et la messe quotidienne fut remplacée par deux messes hebdomadaires. Le troisième bienfaiteur, docteur en théologie, légua dix livres de rente annuelle. Les époux Le Feure donnèrent une partie d'une ferme qu'ils possédaient dans les environs de Paris. Les legs se faisaient, au moins pour les trois premiers, de 1494 à 1499.

En cette dernière année, Standonch soumit à l'approbation du chapitre de Notre-Dame un règlement par lui dressé pour le collège. L'approbation fut donnée sans retard (12 juin 1499). Le règlement devait avoir, dans les premières années du

(1) *Bibl. Saint.Genev.*, ms. H. fr. 21, in-fol., p. 708.

siècle suivant (1503), sa forme dernière et définitive, et toujours avec l'approbation du même chapitre.

Un maître était élu par les écoliers. Il devait être choisi dans l'établissement parmi les prêtres ou les maîtres et bacheliers ès-arts, ou autres encore âgés de trente ans ; et il portait le nom de *ministre* ou *père des pauvres*. La classe des théologiens fournissait un procureur pour l'administration du temporel. Deux correcteurs étaient chargés de la discipline. Le supérieur des Chartreux avait droit de visite. Standonch conservait la surintendance de la maison. Le costume consistait en une cape fermée, d'où le nom de *capettes* donné aux écoliers.

C'est ainsi que s'inaugurait l'application de ce sévère règlement qui, en assurant la prospérité du collège, faisait trembler enfants et jeunes gens. « Tellement, dit du Breul, « que, quand y avoit quelque père ou mère à Paris molestiez et attediez de leurs enfants mal vivans et incorrigibles, « on leur conseilloit de les enfermer à Montagu, afin de les « ployer et addoucir dessous la verge d'humilité et les « réduire à la voye de vertu, de laquelle ils s'estoient éloignez « par mauvaise compagnie et trop grande liberté » (1).

En effet, le règlement astreignait à une vie dure et à des pratiques humiliantes. Aux études s'ajoutait le chant des nocturnes. Il y avait abstinence perpétuelle. Le jeûne s'observait les vendredis et pendant l'Avent. La nourriture était des plus frugales : une soupe, du pain, des légumes, du hareng, des œufs, du fromage, du beurre, et le tout en assez petite quantité. Des travaux manuels s'imposaient, comme le service de la cuisine et du réfectoire, le balayage de la chapelle, des salles, des dortoirs, des réfectoires, des escaliers.

Il faut l'avouer, cette discipline rigide eût été mieux appropriée à un monastère. Il n'est donc pas étonnant, eu égard à ce caractère religieux du collège, que le cardinal d'Amboise n'ait placé, dans les privilèges par lui accordés, cet établissement sur la même ligne que les maisons régulières (2).

Standonch avait assuré la subsistance de quatre-ving-six

(1) *Le Théâtr. des antiquit. de Par.*, Paris, 1639, p. 507.

(2) Parmi ces privilèges, nous lisons : « . . privilegiis fratrum Prædicatorum et Minorum quoad prædicandum et etiam gradum licentiatus « habendum et gradum in Universitatibus obtinendum gaudere possint. » (Bul. du card. d'Amboise, dans *Hist. de la vil. de Par.*, tom. V, p. 724.)

boursiers, tant théologiens qu'artiens : « Quant au nombre « des capettes, dit encore du Breul, suivant les lettres du « cardinal d'Amboise, ils ne doivent estre davantage que « quatre vingts et six, en l'honneur de notre rédempteur, « de la vierge mère, des douze apostres et soixante et « douze disciples » (1).

Le collège recevait des pensionnaires. Mais avec ceux-ci la communauté des boursiers devait avoir le moins possible de relations. C'est pourquoi il y avait deux réfectoires, deux chapelles, des habitations différentes et dans les classes un placement distinct (2).

II

Nous n'avons à mentionner, parmi les fondations universitaires, que deux maisons rigoureusement théologiques, les collèges de Reims et de Sainte-Barbe n'en présentant pas le caractère (3).

COLLÈGE DE LISIEUX

(1414)

Un legs de Guy d'Harcourt, évêque de Lisieux, permit de loger vingt-quatre artiens dans un local de la rue aux Prêtres, peu distante de la rue Saint-Séverin. Les écoliers avaient

(1) *Le Théâtr...*, *ibid.*

(2) Sourc. génér. : Du Breul, *Op. cit.*, pp. 504 et suiv. ; Félibien et Lobineau, *Hist. de la vil. de Par.*, tom. I, p. 528-529, avec renvois aux *Preuves*, tom. V, pp. 710 et suiv. ; et, parmi ces *Preuves*, les *Nouveaux Statuts* avec les *Articles* précédemment approuvés ; Crévier, *Hist. de l'Univers. de Par.*, tom. V, pp. 20 et suiv. ; Ms. 1022 de l'Ars., par. III, pp. 284 et suiv.

(3) L'origine du *Collège de Reims* remonte à 1409, année de la mort de son fondateur, Gui de Roye, archevêque de ce diocèse. En 1443, Charles VII y réunit le collège de Rhétel qui était voisin (Du Breul, *Op. cit.*, Paris, 1639, p. 547-548), et dont nous avons précédemment marqué la fondation au XIIe siècle.

La fondation de Sainte-Barbe, en 1430, est due à Jean Hubert, docteur et professeur en droit canonique. (Félibien et Lobineau, *Hist. de la vil. de Par.*, tom. II, p. 1047, tom. III, pp. 652 et suiv.)

pour supérieur un maître ès-arts que plaçaient les évêques du diocèse.

Cette première fondation, qu'on peut rapporter à 1336, devait, dans le premier quart du xve siècle, s'incorporer au vrai collège de Lisieux, sur la montagne de Sainte-Geneviève, œuvre surtout, quoique d'une origine antérieure, de trois frères de l'illustre famille d'Estouteville : l'un, évêque de Lisieux; un autre, abbé de Fécamp, le troisième, seigneur de Torchy ou Torcy (1). Le collège porta même, d'abord, ce dernier nom.

L'évêque de Lisieux, Guillaume d'Estouteville, légua au collège de Torchy, par testament du 18 décembre 1414, les maisons qu'il possédait près du monastère de Sainte-Geneviève (2).

L'abbé de Fécamp, Estoud d'Estouteville, fut l'exécuteur testamentaire. Il mourut huit ans après. Par un testament du 18 octobre 1422, il augmenta la dotation : « Je veux « et ordonne, disait-il, que ledict collège de Torchi possède « toutes mes rentes d'Argenteuil avec celles de Fécamp, « desquelles, par l'authorité de notre sainct Père, je peux « disposer, avec quatre mil francs que j'ay à prendre sur « l'abbaye dudict Fécamp. » Il avait sans doute à se reprocher quelque chose dans la mission que son frère lui avait confiée, car il ajoute : « Craignant que ma conscience ne soit « chargée pour avoir mal exécuté le testament de feu mon « frère, je donne audict collège tous mes livres, mon missel « et tous mes ornemens que j'ay à Paris, avec ma vaisselle « d'argent. »

Le seigneur de Torchy, Colard d'Estouteville, « coopéra » également « de ses biens à la fondation du collège qui « depuis, par arrest de la cour, fut intitulé de *Torchi dict* « *Lisieux* », en attendant que le dernier nom lui restât exclusivement.

(1) Aujourd'hui, pensons-nous, Torcy-le-Grand, dans l'arrondissement de Dieppe. Il y a aussi un Torcy-le-Petit à côté du premier. Mais Lamartinière (*Dictionnaire*) n'en parle pas.

D'après le *Gallia christiana*, tom. XI, col. 790, ces trois frères appartenaient à la branche des Torchy : « Clara in Normannia gente satus Guillelmus e ramo dominorum Torciaci... »

(2) *Le Théât. des antiq. de Paris*, Paris, 1639, in 4°, p. 519. : « Volo « et ordino quod scholares et collegium de Torchiaco Parisius habeant « et pacifice possideant in perpetuum omnes reditus cum omnibus domi- « bus quas emi prope septa monasterii S. Genovefæ... »

L'évêque et l'abbé furent les véritables organisateurs de l'établissement, l'un en ordonnant, l'autre en exécutant. « Je, Estoud d'Estouteville, abbé de Fescamp, exécuteur « seul pour le tout de bonne mémoire Messire Guillaume « d'Estouteville, évesque de Lisieux, duquel Dieu ait l'âme, « ordonne ce qui ensuit, selon la volonté et ordonnance, qui « me dit auparavant qu'il trespassa et dont entre mes frères « fumes d'accord. » Or, voici les principales dispositions :

« Item, je veux et ordonne, au nom du susdict, que « l'évesque de Lisieux donne onze bourses des artiens et cinq « des théologiens ; item que l'abbé de Fescamp soit protec- « teur avec ledict évesque, et soient unis ensemble comme « nous avons esté.

« Item je veux que ledict abbé donne le reste des bourses, « tant de théologie que des arts.

« Item j'ordonne que, si le seigneur de Torchi est héritier « de ligne et de nom, il en puisse donner deux et non autre- « ment, à sçavoir une de théologie et l'autre des arts, « lesquelles j'ordonne estre prins ès terres de mes frères et « non ailleurs (1). »

Nous voyons dans ces lignes quels étaient les supérieurs majeurs du collège et les collateurs des bourses.

Douze théologiens et vingt-quatre artiens prenaient place dans la maison. Ils étaient tirés du diocèse de Lisieux et du pays de Caux.

L'administration comprenait, sous la haute direction des supérieurs majeurs : un principal et un procureur, élus par les théologiens, le principal avec charge perpétuelle, le procureur avec charge annuelle, le premier prêtre ou au moins bachelier en théologie et sujet à l'approbation des supérieurs majeurs, l'un et l'autre pris alternativement des lieux en faveur desquels le collège avait été établi (2).

Comme toujours, les théologiens étaient séparés des artiens : « Je veux et ordonne que ladicte maison soit divisée en deux ». Ainsi parlait encore l'abbé de Fécamp dans ses dispositions testamentaires (3).

(1) Ces diverses citations sont empruntées à du Breul, *Op. cit.*, même édit., p. 519-520.
Voir *Gal. christ.*, tom. XI, col. 790.

(2) *Hist. de la vil. de Paris*, tom. I, p. 592.

(3) *Le Théât. des antiq. de Par.*, *loc. cit.*

COLLÈGE DE SEEZ

(1428)

Ce collège, rue de la Harpe, devait son existence à Grégoire L'Anglois ou L'Anglais *(Anglici)*, évêque du diocèse de Seez, et à Jean L'Anglois ou L'Anglais *(Anglici)*, neveu du précédent dont il était l'exécuteur testamentaire. Jean était mort en 1404. Il avait déjà fondé un collège dans le diocèse d'Angers pour des enfants pauvres en vue de l'étude des bonnes lettres (1). Le collège de Paris ne devait avoir d'existence qu'en 1428 et par les soins de l'exécuteur testamentaire (2).

La dotation comprenait huit bourses, quatre pour le diocèse de Seez, quatre pour celui du Mans et, en particulier, pour le doyenné de Passais, d'abord, et, s'il y avait lieu, pour tout l'archidiaconé du même nom (3). Quatre étaient à la collation de l'évêque de Seez et quatre à celle de l'archidiacre de Passais. Sur les huit boursiers, il y avait un principal et un chapelain. « Des susdicts huict boursiers, écrit Du Breul, l'un « doit estre principal qui est perpétuel et à double bourse ; « et ne s'en est point encore faict qui ne fust du diocèse de « Sees. L'autre est le chapellain qui a semblablement double « bourse ; et jusques à huy nul n'a esté pourveu d'icelle « chapelle qu'il n'ait esté prestre du diocèse du Mans et archi- « diaconé dudict Passais » (4).

L'on n'était reçu au collège qu'à quinze ans d'âge et à la con-

(1) *Gal. christ.*, tom. XI, col. 697 : « Alterum (collegium) in Andega- « vensi pro filiis pauperum dictæ diœcesis in bursarios assumendis pro « seminario bonarum artium. » C'est ce que portait également l'épitaphe du prélat dans le chœur de la cathédrale de Seez. (*Ibid*).

(2) L'acte de fondation porte la date du 24 février 1427, ancien style. (*Hist. de la vil. de Paris*, tom. V, p. 689).
On lit dans cet acte au sujet de Jean L'Anglois : « .... oriundus de « abbatia de Lonlayo in diœcesi Cenomanensi et in decanatu de Passayo « magister in artibus et in utroque jure baccalarius rectorque ecclesiæ « parochialis.... » (*Ibid*).

(3) *Hist. de la vil. de Paris*, tom. V, *Fondation et Statuts du collège de Seez*, en LX art., p. 690 : « ... de decanatu de Passayo... in casu quo « ibidem sufficientes essent qui peterent, alioquin de toto archidiaconatu « de Passayo ... »

(4) *Op. cit.*, édit. cit., p. 554.

dition de posséder de respectables notions en grammaire et en logique (1). C'est dire que les lettres s'y enseignaient avant la théologie. L'on n'était admis aux cours de celle-ci qu'après avoir obtenu le grade de maître en celles-là ; et cinq ans étaient concédés à cet effet. Quant aux grades théologiques, le baccalauréat se trouvait fixé à la fin de la septième année, la licence et le doctorat cinq ans plus tard (2).

L'auteur des Statuts fut l'exécuteur testamentaire (3).

(1) *Hist. de la vil. de Paris, loc. cit.*, p. 691, art. IV : « ... statuimus « quod in collegio prœdicto nullus recipiatur, nisi sufficienter fuerit in « grammaticalibus eruditus et in summulis et parvis logicalibus eru- « ditus ... »

(2) *Hist. de la vil. de Paris*,, tom. V, pp. 689 et suiv. : *Fondation et Statuts du collège de Seez.*

(3) *Ibid.*, p. 690, nous trouvons : « ... insequendo domini fundatoris « voluntatem quantum possumus :

« I Statuimus et ordinamus quod in collegio... »

Pag. 692, nous lisons ces deux autres articles :

« Statuimus quod quilibet artista in secundo anno gradum baccalau- « reatus teneatur adipisci, et in quinto gradum magisterii, et in casu « negligentiæ a bursis expellatur. Nec recipiatur ad studendum in theo- « logia aliquis, nisi prius gradu magisterii in artibus obtento.

« ... statuimus quod prœdicti magistri in artibus in theologia studentes « adeo se ferventer in studio habeant, quod merito in fine primi sep- « tennii gradum baccalaureatus acquirant, et consequenter facta sua « taliter faciant, quod quarto anno post *Sententias* legant, et in quinto « anno consequenter gradum licentiœ et magisterii obtineant ».

CHAPITRE II

ETUDES, GRADES, METHODE

I. — Trois réflexions.
II. — Réforme du cardinal d'Estouteville.
III. — Abus de la méthode dialectique.

I

Nous savons qu'aux *biblici* s'imposaient deux cours, l'un sur un livre de l'ancien Testament, l'autre sur un livre du nouveau. Le temps pour l'un et l'autre se trouva ainsi fixé : le premier cours se faisait ordinairement « entre le mois de septembre et le mois de mai »; le second était retardé : d'après un usage dont l'introduction ne saurait être précisée, il avait lieu « entre le mois de mai et le mois de septembre de la troisième année » (1).

Le nombre des religieux mendiants à admettre à la licence avait une limitation analogue à celle que nous avons constatée relativement au baccalauréat. Nous lisons, en effet, dans une lettre royale de 1539, visant un ordre de choses ancien pour en ordonner le rétablissement : « Parce que par « nos statuts et ordonnances est limité le nombre des reli- « gieux mendians qui se passent docteurs de la Faculté de « théologie en nostre Université de Paris, c'est à sçavoir pour « les Frères-Mineurs, Carmes et Augustins au nombre de « deux, pour les Frères-Prescheurs au nombre de quatre en « chacune licence et que néanmoins nous avons esté adver-

(1) M. Thurot, *De l'Organisation de l'enseignement...*, p. 139, d'après le *Livre du grand bedeau*, ouvrage manuscrit sur lequel il a écrit, à la page 136 : « La Bibliothèque nationale possède (ancien fonds 5657 c) le registre tenu par le grand bedeau pendant les années 1449-1464 ». C'est aujourd'hui le même numéro parmi les mss. lat.

« tis que plusieurs religieux des dits mendians se sont effor« cez par cy-devant par importunité et requestes de plusieurs « autres de nostre royaume entrer outre ledit nombre au « corps de la dite Faculté ; à cette cause et pour ce que « nous voulons et désirons singulièrement garder et entrete« nir nosdits statuts et ordonnances, vous mandons que d'ores« navant n'ayez à recevoir outre ledit nombre aucun desdits « mendians audit corps, sans avoir lettres expresses de nous « à cette fin.... » (1).

Il est une troisième chose à noter. Dans l'intérêt des études, Guillaume Durand, évêque de Mende, avait proposé au Concile de Vienne de réserver la dixième partie des bénéfices aux étudiants pauvres dans chaque Faculté des Universités. « C'est, dit Fleury, l'origine du droit des gradués, établi « environ six vingts ans après au Concile de Bâle » (2).

II

La domination anglaise avait été fatale à l'Université. *L'Alma Mater* sentait le besoin de se retremper par la remise en vigueur des anciens statuts et même par l'introduction de nouveaux articles. En 1444, on put croire que la Faculté

(1) Lettre adressée à la Faculté de théologie et donnée à Nogent-sur-Seine le vingt-sixième jour de mars 1538. (*Hist. Univers. Paris.*, tom. VI, p. 303.)

M. Thurot, visant un passage d'une lettre d'Eugène IV, a écrit, *Op. cit.*, p. 149, que les *sententiarii* des ordres mendiants jouissaient de la faculté d'être immédiatement présentés à la licence. Nous transcrivons ce passage : « . . postquam dicti Fratres formati in eadem theologia bacca« laurei fuerint, qu libet ex eisdem ordinibus regens unum ex dictis bac« calaureis pro obtinenda licentia in dicta theologia prædicto cancellario « præsentet et præsentare debeat ipseque baccalaureus sic præsentatus « ad immediatam tunc sequentem licentiam, licet statuti temporis, vide« licet 5 annorum, spatium non compleverit, dum tamen bis de ordinario « responderit, sine aliqua contradictione protinus libere admittatur. » (*Hist. Univers. Paris.*, tom. V, p. 525). Cette bulle concède plusieurs autres privilèges aux religieux mendiants. Mais, nous le verrons en détail plus loin, la bulle souleva une tempête sans produire d'autre effet, du moins pour l'époque que nous étudions. Il y a donc erreur de la part du savant historien de *l'Organisation de l'enseignement dans l'Université de Paris au moyen âge.*

Voir, du reste, Crevier, *Hist. de l'Université de Paris*, tom. IV, p. 119-121.

(2) *Hist. ecclesiast.*, liv. XCI, ch. LII.

des arts allait donner l'exemple; mais la nation de France lutta en vain contre l'apathie ou la mauvaise volonté des autres nations. En 1447, le Parlement fut sur le point de mettre la main à une réforme générale; mais l'Université s'y opposa en réclamant pour elle l'honneur et le devoir de se charger de l'œuvre. Comme rien ne se faisait, Charles VII voulut intervenir directement : une lettre royale, de l'année 1451, présentait le caractère d'un avertissement et d'un ordre. Néanmoins, c'est ailleurs que le roi trouva le réformateur désiré (1).

Nicolas V avait envoyé un légat en France. Parmi les pouvoirs du légat, se trouvait spécifiée la réforme des « collèges, chapitres et universités ».

Ce légat était le cardinal d'Estouteville, descendant, comme son nom d'ailleurs l'indique (2), d'une des plus anciennes familles normandes, alors évêque de Saint-Jean de Maurienne et de Digne et bientôt archevêque de Rouen (3).

La réforme universitaire de 1452 fut bien son œuvre (4). Qu'il en ait eu le premier l'idée, qu'elle lui fût suggérée par le roi ou qu'elle lui vînt d'ailleurs, peu importe : l'acte législatif exprime sa volonté et porte son nom. Sans doute, le roi nomma pour commissaires : deux prélats, Guillaume Chartier, évêque de Paris (5), et Jean Le Meunier, évêque de Meaux ;

(1) *Histor. Univ., Paris.*, tom. V, p. 528-557.

(2) Estouteville est un village à 25 kil. de Rouen.

(3) Un des graves et trop fréquents abus du moyen âge était de gratifier les grands personnages de plusieurs bénéfices. Ainsi le cardinal joignit encore à ces deux évêchés l'archevêché de Rouen et les évêchés de Béziers, Ostie, Velletri et Porto-Santa-Rufina. Il faut compter aussi au nombre de ces bénéfices : les abbayes de Saint-Ouen, de Rouen, de Jumièges, de Montebourg et du Mont-Saint-Michel : les prieurés de Saint-Martin-des-Champs de Paris, de Grandmont et de Beaumont-en-Auge. Il faut ajouter qu'il fit le plus noble et le plus saint usage de ses immenses revenus. (*Gal. christ.*, tom. XI, col. 90-93, avec renvois ; le P. Anselme, *Hist généal...*, tom. VIII, p. 90). Relativement aux évêchés, il y a quelques divergences entre ces deux auteurs : nous nous en sommes tenu à ce qui nous a paru plus probable.

(4) L'acte est daté : « Parisius anno incarnationis Domini millesimo quadringentesimo quinquagesimo secundo, die prima mensis Junii... »

(5) Martial d'Auvergne a dit de ce prélat et de Charles VII :

Le feu bon roy es neu de bonne cole
Tenoit des clercs et boursiers à l'eschole.
Et fut jadis son escholier premier
Le bon évesque de Paris Charretier.

(*Hist. Univ, Paris.*, tom. V, p. 869).

deux autres dignitaires de l'Eglise, Milon d'Iliers, doyen du chapitre de Chartres, Robert Cibole, chancelier de l'Eglise de Paris ; quatre magistrats recommandables par leur savoir, Armand de Marle, premier président du Parlement de Paris, Georges Havart, maître des requêtes, Guillaume Cotin, président de chambre aux enquêtes, Jean Simon, avocat du roi. Simple conseil du légat, ces personnages n'avaient de pouvoirs qu'en ce qui concernait les *privilèges royaux* (1).

Dans le considérant placé en tête de l'acte législatif, le cardinal rappelait qu'il avait été élève de cette Université et qu'il y avait obtenu « l'honneur de la maîtrise ès-art ». Sa mission y était ainsi tracée : « Faire de nouveaux statuts et corriger les anciens ». Aussi a-t-il examiné avec la plus grande attention la législation qui régissait chacune des quatre Facultés depuis l'époque de leur organisation jusqu'à la réforme des cardinaux de Saint-Marc et Gilles Aycelin de Montaigu (2).

Le statut concernant la Faculté de théologie occupe la première place, parce que la science qu'on y étudie a pour objet « la connaissance et la contemplation des choses divines et « du Dieu tout-puissant ». C'est de ce statut seulement que nous avons à parler (3).

Le joug étranger avait été peut-être moins désastreux pour cette Faculté que pour ses trois sœurs. Mais, ne sortant pas indemne du malheur des temps, elle dut être comprise dans l'acte réformateur.

Le statut portait sur la moralité, les festins en certaines occasions solennelles, la décence de l'habillement, l'ordre dans les assemblées délibérantes, le temps des études, les cours des bacheliers, les leçons des maîtres, les sermons.

La réforme du cardinal d'Estouteville, s'accomplissant sur les confins du moyen âge et de l'époque moderne, couronne l'organisation des études théologiques dans la longue période que nous avons parcourue.

(1) «... ad regia privilegia reformanda deputatis ». Ainsi s'exprime le cardinal (*Ibid.*, p. 577). Voir aussi Crévier, *Hist. de l'Universit. de Paris*, tom. IV, p. 171.

(2) Les statuts pour les quatre Facultés se lisent dans *Hist. Univers. Paris.*, tom. V, p. 561-577.

(3) Ce statut est renfermé *Ibid.*, p. 563-566. Il a été reproduit par du Plessis d'Argentré dans sa *Collect judicior...*, tom. II, par. I, p. 468-470. C'est à ce dernier ouvrage que nous renvoyons.

1° « La gravité des mœurs et l'intégrité de la vie » sont requises dans ceux qui professent « la théologie, cette sagesse divine, maîtresse de toutes les sciences et reine des vertus ». Par conséquent, ordre de ne pas admettre à faire des leçons sur la Bible quiconque n'a pas une bonne conduite, ou est notoirement d'une mauvaise réputation, ou encore s'est rendu coupable de cris séditieux dans les assembléee des nations.

2° Nous l'avons vu, une vieille coutume, ou plutôt un regrettable abus, auquel Clément V avait voulu apporter remède, autorisait certains repas pour fêter les tournois théologiques. Sans interdire absolument ces festins « qui tournent trop au « déshonneur de la Faculté et sont une lourde charge pour les « étudiants eux-mêmes », le cardinal défend aux maîtres, d'une part, de contraindre ou même d'engager les bacheliers à les offrir, et, de l'autre, invite les bacheliers à s'en abstenir ou du moins à n'y consacrer que de modestes sommes. Réprimer les fautes ou les excès appartiendra au chancelier qui prononcera « au nom de l'autorité apostolique et après avoir pris conseil des docteurs de la Faculté ».

3° « La décence dans l'habillement, dit très bien Crévier (1), « a toujours été regardée par les législateurs de l'Université « comme faisant une partie considérable de la gravité acadé- « mique. Le cardinal d'Estouteville la recommande forte- « ment... Il entre sur ce point dans des détails, qui étoient « alors écoutés avec respect et que l'on n'oseroit presque « répéter aujourd'hui. Ils ne peuvent pourtant paraître petits « qu'à ceux qui ignorent l'étroite liaison entre les dehors et « les sentiments intérieurs, et qui ne comprennent pas com- « bien les airs mondains et cavaliers, nés de la dépravation « des mœurs, servent à l'augmenter ». La tenue convenable des bacheliers, soit *cursores*, soit *formati*, se trouve donc réglée pour l'assistance aux assemblées de l'Université et à celles de la Faculté. Les licenciés ne sont pas non plus oubliés. Le législateur pense même aux bedeaux (2).

(1) *Hist. de l'Univ. de Paris*, tom. IV, p. 173.
En effet, la *Reformatio Universitatis* de 1366 prescrivait aux *biblici* et *sententiarii* : «... incedant per villam in habitu, suo gradui, statui et « honori dictœ Facultatis condecenti, maxime eundo ad scholas, ecclesias « et sermones. »(*Hist. Univers. Paris.*, tom. IV, p. 389).

(2) Relativement aux réunions de l'Université, il est défendu aux bacheliers de s'y présenter « cum tunica curta aut desuper succincta, « sed cum veste honesta et decenti, talari et clausa atque distincta, simi-

4° Dans les délibérations, on doit parler à son tour écouter les autres avec bienveillance, sans interrompre, ne faire usage d'aucun terme injurieux. Les délinquants seront frappés d'exclusion, et ne pourront être réintégrés qu'aprèsavoir donné satisfaction à la partie blessée.

5° La constatation du temps requis pour le baccalauréat se fera conformément à la coutume introduite qui, en ajoutant le serment de l'étudiant, exige encore et le certificat des professeurs et l'attestation des témoins, double preuve dont une suffisait jadis (1). Déjà, par l'usage, ce temps a été limité à cinq années, mais avec dispense de la sixième année, dispense qui ne peut s'accorder que pour de bonnes raisons (2).

6° La faculté, en 1389, ceci a été marqué, avait réduit à trois les quatre années de la préparation à la licence : ce qui

« liter cum capucio honesto et decenti ac brevi cometa, absque forcitura « seu barreleto ad modum armigerorum vel histrionum, nec habeant « solatures rostratos aut alios inhonestos... » (*Collect. judicior.*, *loc. cit.*, p. 468, art. V). L'*Historia Universitatis Parisiensis* porte : *cum veste... discincta.*

En ce qui concerne les réunions de la Faculté, nous lisons : « Statuimus et ordinamus, conformiter ad antedicta statuta, quod baccalarius, « sive sit cursor, sive formatus, aut etiam licentiatus, si vocatus fuerit « ad Facultatem, aut etiam si præsente Facultate loqui aut aliquid dicere « seu proponere debeat in Universitate, accedat cum aulsia vel epithogio, « vel cappa si fuerit formatus, prout antiquitus extitit observatum ; alias « per Facultatem puniatur ». (*Ibid*, art. VI). Nous avons ajouté d'après l'*Hist. Univers. Paris.*, *loc. cit*, p. 564 : « sive formatus », deux mots évidemment oubliés dans la *Collectio*.

Quant aux bedeaux, il est statué en ces termes : « Statuimus circa « bidellos Facultatis theologicæ, ut compareant in actibus Facultatis in « habitu decenti ; et specialiter ordinamus, ut major bidellus habeat epithogium seu bulciam cum capucio toderato in actibus solemnibus, prout « ante ista tempora fuit observatum ad honorem Facultatis. » (*Collect...*, *ibid.*, p. 470, art. XVI).

(1) « Item addendo ad prœdicta, statuimus et ordinamus.... quod, « priusquam admittantur scholares in theologia ad baccalariatum, fidem « faciant in facultate quod per tempus statutum frequentaverint lec« tiones biblicorum et legentium Sententias ; et hoc per sceduias bibli« corum et baccalariorum, sub quibus Bibliam et Sententias audiverint, « una cum juramento et testibus, prout est de more facultatis. » (*Ibid.*, p. 469, art. IX.)

(2) « Innovamus statutum de quinque annis ante primum cursum. « Et quoad sextum annum additum per statutum Facultatis, non dispen« sentur faciliter aut passim, sed occurrente materia ex bona et suffi« cienti causa ad arbitrium majoris partis Facultatis super hoc specia« liter convocatæ. » (*Ibid.*, p. 469, art. X). Nous avons ajouté d'après l'*Hist. Univers. Paris.*, *loc. cit.*, p. 564, *cursum* à *primum*, et nous avons écrit : « Primum cursum. »

ne fait plus que cinq années, en comprenant celle des leçons sur les *Sentences* et celle de la licence.

7° Le bachelier, contrairement aux prescriptions de 1366, est autorisé à lire sa leçon, mais à la condition qu'elle soit une œuvre personnelle et écrite de sa propre main.

8° Les maîtres ne sont, comme par le passé, obligés qu'à une leçon par quinzaine. Si le trop grand nombre d'actes théologiques ne leur permet pas de donner la leçon au jour prescrit, elle ne pourra être différée au delà de trois semaines.

9° Partie intégrante des cours de la Faculté (*secundum morem antiquum laudabilem*), les sermons sont de nouveau prescrits, et sous la sanction pénale, pour les maîtres, de la privation de la régence dans l'année présente, et, pour les bacheliers, d'un jubilé (1).

Somme toute, les additions sont rares, les modifications peu nombreuses. Le statut, en ce qui concerne la Faculté de théologie, est donc moins une innovation qu'un rappel aux anciens règlements. Aussi l'acte du légat confirme-t-il les diverses ordonnances et usages en tant qu'ils n'ont rien d'opposé aux prescriptions présentes. Dans l'hypothèse contraire, ils sont et demeurent rapportés (2).

(1) Voir tom. II, p. 45, la définition du jubilé. Puisque la licence se conférait tous les deux ans, le bachelier se trouvait ainsi remis de deux ans pour obtenir le droit d'enseigner.

Il paraît bien que ce mot *jubilé* se prenait dans des acceptions différentes ou plus larges. Du Cange le definit en ces termes dans son *Gloss. med. et inf. latinit.* : « Licentia, ut vocant, sorbonica, seu biennium « quo baccalaurei tenentur disputationibus theologicis interesse, ut doc- « toris gradum possint consequi. » Il transcrit, à la suite, ce passage d'une charte de Jean, abbé de Citeaux, en l'année 1556, reproduite dans l'*Hist. de la vil. de Paris*, tom. III, p. 185 : « Quod vero attinet ad sor- « bonicam responsionem, volumus, ut baccalaurei qui in primo jubileo « responderunt de tentativa, iidem in primo anno, et qui in secundo « jubileo, iidem in secundo anno de actu sorbonico suo ordine respon- « deant. » Dans un extrait des registres du parlement que nous lisons, p. 270, tom VI, de l'*Historia Univers. Paris.*, nous trouvons aussi les expressions : *uno jubileo* et *alteri jubileo*.

(2) *Collect. judicior...*, *loc. cit.*, p. 470, art. XVII et dernier : « Cœtera « autem statuta, tam apostolica quam etiam per facultatem facta... « dummodo nostris suprascriptis non repugnent institutis, laudamus, « approbamus et autoritate apostolica roboramus ; contraria vero su- « pradictis nostris reformationum statutis eadem autoritate penitus « cassamus, abrogamus et abolemus ; volumus autem et districte præ- « cipimus superscripta nostra reformationum statuta in libris statuto- « rum Facultatis ad perpetuam memoriam inseri et annotari, et, ut eo « firmius observentur quo sæpius fuerint memoriæ repetita, manda-

C'est sous l'empire de cette réforme que la licence théologique cesse définitivement d'être une simple faculté pour devenir un véritable grade (1). Nous devons en dire autant des licences dans les autres Facultés (2). Les premières origines du fait seraient même antérieures (3).

Sans doute, il y aura encore dans l'avenir des modifications à apporter, des additions à faire, quelques réformes à opérer. Mais depuis longtemps l'organisation complexe de la Faculté de théologie de Paris est un fait et une gloire, un fait fécond en heureux résultats, une gloire qui rejaillit sur cette noble portion du grand corps enseignant, gloire d'autant plus grande que cette organisation est devenue le prototype des autres Facultés en science divine.

III

La dialectique occupait toujours le premier rang dans la méthode professorale au moyen âge. Puissance redoutable quand on en fait un usage modéré, elle s'émousse par l'abus; et, à la place de raisons lumineuses, probantes, on ne rencontre alors que des subtilités qui fatiguent sans rien décider, sans rien éclaircir. Déjà, en 1311, l'excès paraissait tel dans l'enseignement théologique, que Guillaume Durand, évêque

« mus in virtute sanctæ obedientiæ ea statuta per singulos annos publi-
« cari. »

(1) Nous lisons, dans l'*Hist. Univers. Paris.*, tom. V, p. 724, au sujet du désir d'un ecclésiastique espagnol dont il sera bientôt parlé, qu'on demandait pour lui — paroles tirées des Actes de la nation de France — « ut quidam magister de familiaribus regis Castellæ *ad gradum licentiæ* « et doctoratus in theologia admitteretur in favorem prædicti regis « Castellæ præsentis. » Ceci se rapporte à l'année 1476. Sous l'année 1488, nous retrouvons ces expressions prononcées par un candidat à une bourse : « .. ut ipse ea usque *ad licentiatus gradum* potiretur. » (*Ibid.*, p. 731).

(2) Dans un acte officiel, à l'occasion de la mission du cardinal Saint-Georges, au XVIe siècle, nous remarquons les expressions : « Créer des bacheliers, licenciez et docteurs en toutes facultez de ladite Université. » Pour tous indifféremment, l'on emploie aussi le mot : « graduez. » (*Hist. Univ. Paris.*, tom. VI, p. 460-461).

(3) En 1451, nous voyons prendre cette décision touchant un bachelier incriminé : « Ne eum ad gradum licentiæ in prædicta Facultate theologiæ... » (*Ibid.*, tom. V, p. 559).

L'affaire d'un bachelier formé de l'Esclavonie nous montrera, dans un instant, que, dès 1426, on employait le mot : degré de licence.

de Mende, croyait devoir le signaler au Concile de Vienne (1). Plus tard, l'illustre Gerson exprimait, selon les circonstances, le même jugement (2).

Les paroles de Nicolas de Clamenges étaient des plus sévères. « Je suis étonné, disait-il, que les théologiens de notre « temps lisent ainsi négligemment les pages des divins Tes- « taments, émoussent leur esprit par les recherches de subti- « lités assez stériles, et, pour me servir des termes de « l'Apôtre, *languissent autour des questions et des combats de* « *mots* (3), ce qui est le propre des sophistes et non des théo- « logiens... L'Apôtre fait ici le procès à ces hommes qui, « laissant l'arbre vigoureux et fécond des saintes Ecritures, « cherchent l'aliment de la doctrine dans des lieux sauvages « et stériles. C'est là qu'ils languissent, en d'autres termes, « qu'ils souffrent du jeûne, meurent de faim, parce qu'ils ne « trouvent aucun fruit, ou, s'ils en rencontrent un, ce fruit « est semblable à ceux de Sodome qui ont une belle et bril- « lante apparence et qui, sous le toucher, se résolvent en « poussière et en fumée. Oui, tout d'abord, les sophismes « apparaissent beaux, ingénieux, pénétrants, fins; mais, si « vous déchirez l'enveloppe des mots pour arriver au fruit, « ce n'est plus que fumée, parce que tout était vide au « dedans (4) ».

Ces justes critiques durent porter.

D'un autre côté, la prise de Constantinople par les Turcs força un certain nombre de savants grecs à se réfugier en Italie, emportant avec eux les chefs-d'œuvre de l'antiquité, inconnus ou négligés jusqu'alors en Occident. De l'Italie ces chefs-d'œuvre passèrent en France avec plusieurs des classiques littérateurs. L'Université de Paris fut la plus favorisée. L'on peut dire, à sa gloire, que par elle l'Allemagne et les contrées septentrionales purent avoir part à ces richesses littéraires.

Au goût de la littérature grecque s'associa naturellement celui de la belle latinité.

(1) Fleury, *Hist. ecclés.*, liv. XCI, ch. LII.

(2) *Opera, passim.*

(3) *I Ad Tim.*, VI, 4.

(4) *De Studio theologico*, dans *Spicilegium* de d'Achery, édit., in-fol., tom. I, p. 476.

Deux docteurs de Sorbonne, Guillaume Fichet et Jean de la Pierre, s'associèrent au mouvement. Leur action fut d'autant plus féconde que, par leur professorat, ils formaient des disciples non moins zélés : Robert Gaguin suivit les leçons du premier, Reuchlin celles du second.

Le siècle de François Ier se préparait ; et notre Faculté de théologie ne fut pas sans ressentir quelque peu les heureuses influences de ce travail préparatoire.

CHAPITRE III

AFFAIRES ACADEMIQUES

I. — La Faculté dans la défense de ses droits.
II. — Le chancelier de Paris.
III. — Un appel à l'Université.
IV. — L'imprimerie à Paris.

I

Fière de ses droits, la Faculté de théologie savait les défendre avec fermeté et même contre les puissances de ce monde.

Deux faits sont à signaler.

Un bachelier formé, originaire de l'Esclavonie, demandait la licence. C'était son droit, car il avait satisfait aux conditions réglementaires. La Faculté prétendait avoir le droit aussi de ne pas le présenter, parce que la conduite du candidat donnait vraiment prise sur lui, ce qui ne pouvait se concilier avec la grande mission de l'enseignement.

Le bachelier porta l'affaire devant le prévôt de Paris. La Faculté alléguait pour sa justification les graves conséquences de licences accordées en circonstances pareilles.

De la Faculté de théologie, disait-elle, « dépend toute l'édifi-« cation, déclaration et sustentation de nostre saincte foy « catholique; et est la vérité que ceux qui en ladicte Faculté « sont graduez, mesmement es degrez de licence et maistrise, « ont moult grande authorité en ce qui touche le faict de « nostre dicte foy et la doctrine d'icelle. Et pour ce faut avoir « grand regard avant que aucun soit reçeu ou constitué « esdicts degrez, pour les grands inconveniens qui s'en « pourroient ensuivre. » Le roi fut prié d'intervenir.

Celui-ci, accueillant la demande de la Faculté, évoqua l'affaire à son conseil et la Faculté eut gain de cause. L'arrêt porte, dans l'*Historia Universitatis Parisiensis,* le nom de Charles VII, la date de 1426, avec l'indication de Paris (1).

Le second fait se rapporte à l'année 1476.

Alphonse V, roi de Portugal, après la malheureuse campagne en Castille, était venu implorer le secours de Louis XI (2). C'était en 1476. Le roi de France se trouvait au Plessis-lez-Tours. Alphonse V désira voir la capitale de la France. Parmi les personnes qui l'accompagnaient, se trouvait un ecclésiastique qui ambitionnait le grade de docteur dans l'illustre Faculté de théologie. Alphonse V se chargea de présenter la demande. Elle était même appuyée par Louis XI. La Faculté de théologie répondit catégoriquement qu'il y avait impossibilité ; car, les règlements étaient formels : il fallait préalablement suivre ses cours. Le chancelier voulut en vain se mêler de l'affaire : son langage autoritaire n'eut pas plus de succès que ses menaces (3).

II

LE CHANCELIER DE L'ÉGLISE DE PARIS

Jadis le chancelier de l'église de Paris était considéré comme le chef de la Faculté de théologie et, à ce titre, il en présidait les réunions. Mais, dès la fin du XIVe siècle, la

(1) *Hist. Univers...*, tom. V, p. 377-381.
Relativement au temps et au lieu, Crévier fait cette très juste réflexion : « Mais alors les Anglois étaient maîtres de Paris. Apparem- « ment au nom de Paris il faut substituer celui de Poitiers où « Charles VII avoit transféré le parlement et où se tenoit son conseil. « Reste à savoir comment une cause née à Paris sous la domination des « Anglois put être portee à Poitiers pour être soumise au jugement du « conseil de Charles VII. » (*Hist. de l'Univers. de Par.*, tom. IV, p. 39).

(2) Heureux d'abord dans son expédition, il s'était fait proclamer roi de Castille. Ceci explique pourquoi on lui donnait ou il se faisait donner encore le titre de *roi de Castille.*

(3) *Hist. Univ. Paris.*, tom. V, p. 724. La Faculté faisait répondre : « Quod eundem magistrum recipere ad gradum doctoratus in theologia, « attento quod non acquisierat tempus Parisius nec unquam studuerat in « Universitate Parisiensi, esset incurrere perjurium et sententiam ex- « communicationis, secundum statuta Facultatis theologiæ, de quibus « Facultas non posset dispensare. »

ıtendait ne reconnaître d'autre président que son oilà ce que l'on constate, en particulier, dans des actes uélibérés par elle relativement à des rétractations qu'elle imposait à des adversaires trop ardents de la doctrine de l'Immaculée Conception ; car ces actes portent la clause : « sans l'autorité ni la présence du chancelier de l'église de Paris (1). »

Toutefois, selon la coutume, le chancelier devait toujours être docteur en science sacrée.

Or, en 1482, un homme, dont le passé avait été plus qu'aventureux, actuellement professeur en droit, avait réussi à se faire nommer, par l'évêque de Paris, chancelier de Notre-Dame. Il y avait là une innovation. Cette dignité, de par la coutume, appartenait à un docteur en théologie. L'on ne pouvait citer que deux cas où il y avait eu dérogation à cette coutume : l'un en 1387, en faveur d'un simple bachelier ; l'autre, en 1433, en faveur d'un membre de l'Université, qualifié tantôt de licencié en droit, tantôt de maître ès-arts (2). Dans cette dernière circonstance, ce ne fut pas sans de vives réclamations de la part de la Faculté de théologie : celle-ci, après s'être adressée au Concile de Bâle, vit, dans l'année 1441, Eugène IV consacrer ses droits. Elle ne pouvait donc laisser passer la nomination d'Ambroise de Cambray, car tel était le nom du nouveau dignitaire. Elle en demanda l'annulation, d'abord à l'archevêque de Sens, métropolitain de Paris, qui se récusa, puis à la juridiction primatiale de l'archevêque de Lyon. En attendant, elle se refusait à reconnaître l'autorité du chancelier, de telle sorte qu'elle faisait accomplir par ses propres docteurs la cérémonie de la *birrétation*. Ambroise de Cambray porta plainte devant l'Université qui lui fut favorable et remit la cause au Parlement. Il ne paraît pas qu'il y ait eu d'arrêt. Mais, si Ambroise de Cambray resta en possession de la dignité, le procès n'avait pu que placer dans un plus grand jour les antiques droits de la Faculté (3).

(1) *Collect. judicior...*, tom. I, par. II, pp. 132 et suiv.

(2) Hémeré, dans son *De Academia Parisiensi* donne à ce membre de l'Université, ayant nom Jean Chauffard, le titre de maître ès-arts à la page 86 (*artium laurea donatus*), et, à la page 136, celui de licencié en décret (*in decretis tantum licenciatus*).

(3) *Hist. Univ. Paris.*, tom. V, pp. 749-753, 757-760, 867 ; Launoy,

III

UN APPEL A L'UNIVERSITÉ

Nous l'avons noté précédemment, chaque ordre mendiant — et les Bernardins ne se voyaient pas plus favorisés — étaient admis à présenter annuellement un seul *biblicus*. Par suite d'une sorte de transaction qu'avait amenée une erreur dans une présentation précédente, deux Dominicains se trouvaient sur les rangs. La Faculté n'en reçut qu'un. Celui qu'elle évinçait eu recours au tribunal de l'Université (1). Ceci était sans précédent. Cependant le recours fut admis. Naturellement la Faculté ne voulut pas comparaître ; et le Dominicain eut gain de cause.

Se soumettre à pareille décision était impossible. D'autre part, — on se trouvait en octobre et partant en pleines vacances parlementaires — la haute-cour ne siégeait pas. La Faculté estima qu'elle devait porter la cause devant le prévôt de Paris. Ce magistrat, fier sans doute de se voir saisi d'une de ces affaires qui échappaient à son tribunal, se mit à rendre sentence sur sentence. De son côté, l'Université, malgré de sévères menaces à elle adressées, ne paraissait guère s'émouvoir de tout ce bruit. Enfin, avec la Saint-Martin, se terminèrent les fatales vacances et la cause fut déférée au Parlement.

Reg. Navar. gymn. Paris. Hist., p. 952-954; Héméré, *De Academia Paris.*, pp. 84-87, 138.

(1) En 1496, deux *biblici* de la province du Poitou se présentaient avec les lettres exigées, les lettres d'*assignation* signées du provincial. Un seul de cette province pouvait être admis. La Faculté, en admettant l'un, décida que l'autre serait admis l'année suivante. Mais alors surgit un nouveau candidat de la province de France, lequel prétendait avoir des droits certains et, se voyant évincé, en appela à l'Université. De là, procès. On voit par là que les Dominicains devaient, dans l'ordre des présentations, tenir compte des différentes provinces. Le nouveau candidat, en effet, alléguait devant l'Université et ensuite devant le Parlement que c'était le tour « non de ladite nation du Poitou, mais de la nation de France. » Il insistait en disant « Que le *lira* ne se peut changer, ne faire tort à celuy « de la nation de France, qu'il n'ait son an ; car chacune nation met « douze ans à venir à son tour. » (*Arrest du Parlement sur le* LIRA *des Jacobins, Hist. Univ. Paris.*, tom. V, p. 819). Il s'agit là de la division dans l'ordre de Saint-Dominique.

L'Université prétendait justifier sa conduite par le droit commun. Voici quel était son raisonnement. S'il n'y avait pas de jugement au premier degré sans appel, l'ordre dans les appels était réglé par la loi, l'usage ou la simple raison. Eh bien ! en matière académique, les Facultés constituaient un tribunal de première instance. Naturellement, au-dessus de ces tribunaux se trouvait celui de l'Université ; et, dès lors, il fallait comparaître devant ce dernier avant de s'adresser au Parlement.

Selon la Faculté de théologie, il y avait une distinction essentielle à faire. S'agissait-il de ce qui touche aux affaires générales, aux statuts communs du corps enseignant ? Il était naturel d'en appeler alors d'une décision d'une Faculté au tribunal même de l'Université. Au contraire, s'agissait-il de faits n'intéressant vraiment que la Faculté, par exemple d'études, de discipline intérieure ? L'appel au Parlement était admissible.

En se faisant l'application du principe, la Faculté de théologie faisait en outre remarquer que, quant à elle, elle n'avait garde de s'immiscer dans ce qui avait trait aux lois et usages propres des Facultés de médecine, de droit et des arts. Pourquoi n'y aurait-il pas réciprocité ? Une autre raison, et non moins juste, se tirait de la constitution même de l'Université. Il y avait quatre Facultés composant le corps enseignant. Mais les trois Facultés supérieures n'avaient chacune qu'un doyen, tandis que la Faculté des arts, se partageant en quatre nations, comptait quatre procureurs ; ce qui formait, pour transcrire l'expression même dont on usait, trois *têtes* d'un côté, et quatre de l'autre. Par conséquent, dans le cas où l'on opinerait par tête, les artiens auraient toujours la majorité. Inconvénient d'autant plus grave qu'ils seraient appelés à prononcer, la plupart du temps, sur des matières étrangères à leur compétence. Dans l'espèce, on verrait même — car un certain nombre d'artiens aspiraient aux grades théologiques — des écoliers revêtir la qualité de juges à l'égard des docteurs et de leurs propres maîtres.

Le Parlement retint l'affaire. On ignore sa décision. Toutefois, il y aurait assez de vraisemblance qu'elle a été en faveur de la partie appelante (1).

(1) *Hist. Univers. Paris.*, tom. V, p. 815-819.

IV

L'IMPRIMERIE A PARIS

Cette affaire est surtout sorbonnique.

Dans les dernières années du moyen âge, un art merveilleux avait pris naissance en Allemagne. Introduit à Rome en 1467, il devait être, trois ans plus tard, apporté à Paris par Ulric Géring, Martin Krantz et Michel Friburger.

Ceux-ci avaient été appelés par Guillaume Fichet et Jean de la Pierre, tous deux anciens recteurs de l'Université de Paris, tous deux docteurs de Sorbonne, tous deux joignant à l'amour de la théologie celui des lettres.

Si par son origine Guillaume Fichet se rattachait à la Savoie, Jean de la Pierre se rattachait à l'Allemagne. Ceci ne fut sans doute pas pour rien dans les négociations et l'entente entre la Sorbonne et les imprimeurs : après le procès suscité à Faust et très probablement perdu par lui au Parlement de Paris, ces derniers ne devaient pas éprouver beaucoup d'attrait pour la France (1).

Géring, Krantz et Friburger établirent leurs presses dans le collège même. C'est de là que sortirent leurs premières œuvres dans les années 1470, 1471 et 1472. L'année suivante, ils quittèrent la Sorbonne, et se fixèrent dans la rue Saint-Jacques en prenant pour enseigne le *Soleil d'or*. Quel fut le motif du déplacement? Fichet s'était rendu à Rome. La Pierre songeait peut-être déjà à se retirer en Allemagne. Le patronage faisait-il défaut? Nous ne le pensons pas, bien que nous ne fassions difficulté d'admettre qu'il fût moins grand : nous ne voulons pour notre assertion d'autre preuve que le fait de l'attachement perpétuel de Géring pour la Sorbonne. Il faut donc voir là une séparation volontaire de part et d'autre.

En 1483, Géring — ses deux associés l'avaient quitté depuis 1477 ou 1478 — laissa la rue Saint-Jacques pour la rue de la Sorbonne. Il devenait le locataire du collège de ce nom : la

(1) En rappelant ce procès, nous sommes loin de partager les appréciations de Voltaire et de quelques autres écrivains. Ceux-ci prétendent que le jugement fut rendu contre l'imprimerie même. Nous croyons, nous, avec Mercier de Saint-Léger, qu'il n'y eut qu'un procès de survente, si procès il y a eu.

En tout état de choses, rien ne s'offrait là de bien encourageant.

maison où il transportait son imprimerie, appartenait au collège et voyait sa vieille enseigne, le *Buis*, remplacée par celle de l'imprimeur, le *Soleil d'or* (1). La location était pour la vie et le prix total de cent livres tournois.

« Géring, dit Chevillier, étant ainsi revenu près des doc« teurs, s'unit avec eux d'une si étroite amitié, qu'elle dura « toute sa vie. Comme il n'étoit point engagé dans le mariage, « il les visitoit souvent, se faisant un plaisir de converser « avec eux et un honneur d'être à leur compagnie. Il leur « communiquoit ses desseins et les consultoit sur les ouvrages « d'imprimerie qu'il entreprenoit et dont il faisoit présent à « la bibliothèque » (2).

Il mettait même sa bourse à la disposition de cette société qui était pauvre de nom et de fait. C'est ainsi que, en 1493, le corps du bâtiment qui renfermait la bibliothèque s'étant écroulé, il donna cinquante livres pour la reconstruction. En reconnaissance, Jean Lhuillier, évêque de Meaux et proviseur de Sorbonne, lui fit expédier des lettres d'hospitalité. Par là, Géring était admis à loger et à prendre ses repas dans le collège. Il se déclarait alors étudiant en l'Université de Paris (3).

C'est donc à la Sorbonne qu'appartient la gloire de l'introduction de l'imprimerie à Paris, gloire qui, de la Sorbonne, rejaillit un peu sur la Faculté de théologie dont elle était le principal collège (4).

(1) Gering s'associa alors Berthold Remboldt de Strasbourg.

(2) *L'Origine de l'imprimerie de Paris*, Paris., 1694, in-4°, p. 84.

(3) Par acte du 21 mai 1494, il était accordé à Géring : « un bûcher « par bas, deux chambres faisant les second et tiers étage et tout le « dessus », avec faculté « de pouvoir mettre esdits lieux, ainsi à lui « baillez, un homme étudiant et un clerc ou deux », sans qu'il soit tenu « sa vie durant en payer autre chose audit collège, que ladite somme de « cent livres tournois ainsi par lui baillée à deux fois audit collège. » (Chevillier, *Op. cit.*, p. 87).

(4) *L'Origine de l'imprimerie de Paris*, Paris, 1694, in-4°, par A. Chevillier, docteur et bibliothécaire de Sorbonne, surtout pp. 67, 83-85, Dans ce volume, on trouve les listes des ouvrages qui sont sortis des presses de Géring. Voir aussi : *Histoire de l'imprimerie*, par M. Paul Dupont, Paris, 1854, tom, I, pp. 97 et suiv.

Cette gloire de la Sorbonne fut assez longtemps mise en oubli. « Du « Boulloi n'en dit pas un mot dans le corps de son histoire, et il se « contente d'en faire une assez légère mention dans le Catalogue des « illustres académiciens qui termine son cinquième volume. Les seuls « savants en anecdotes historiques connaissent les noms de Guillaume « Fichet et de Jean de la Pierre, noms qui devraient être inscrits dans « tous nos fastes et célébrés par toutes nos plumes et toutes nos bou« ches. » (Crévier, *Hist. de l'Univers. de Par.*, tom. IV, p. 326.)

LIVRE II

L'ACTION

CHAPITRE PREMIER

Une double lutte qui renaît :
I. Sur le terrain des privilèges. — II. Sur le terrain académique.

I

Le XIVe siècle s'était inauguré par de nouveaux troubles, au point de vue des privilèges, entre les mendiants et la Faculté de théologie ou l'Université. Benoît XI, estimant la constitution de son prédécesseur Boniface VIII trop sévère à l'égard de ces religieux, lui en avait substitué une autre gracieuse au suprême degré. C'était assez naturel : il avait été lui-même enfant de Saint-Dominique et général de l'ordre. Donc, aux termes de cette dernière constitution, sans parler du privilège de la prédication qui était maintenue, il n'y avait plus d'autorisation à demander aux évêques en ce qui concernait les confessions : soit par eux-mêmes, soit par autrui, verbalement ou par lettre, les supérieurs devaient simplement faire savoir aux prélats qu'ils avaient choisi des confesseurs, sans être obligés d'en dire le nom et même d'en indiquer le nombre (1). Quant aux sépultures, pleine et entière liberté était octroyée (2), sans aucune redevance sur

(1) « Ut autem diœcesanis honor debitus reservetur, præcipimus ut « provinciales, priores Prædicatorum et ministri Minorum ordinum præ- « fatorum per se vel per alios verbo vel scripto eis significent se fratres « hujusmodi confessionum audiendarum... »

(2) « Jubemus ut corpora defunctorum qui apud eorumdem fratrum « loca elegerint, dum viverent, sepulturam, processionaliter cum cruce, « thuribulo et aqua benedicta cantando seu legendo officium mortuorum « vel psalmos et alienas ingredientes parochias possint assumere et ad « suas deferre ecclesias tumulenda ».

les libéralités des défunts et à la condition de l'acquittement d'un droit presque dérisoire sur les frais funéraires : il s'agissait de verser seulement à l'église paroissiale et à son clergé la moitié de ce qui était porté dans le cortège (1).

Le Concile de Vienne, pour rétablir la paix, dut annuler cette constitution et remettre en vigueur celle de Boniface VIII. Tels furent la cause et le but de la Clémentine *Dudum de sepulturis* (2), suivant le langage du droit.

Néanmoins, les Mendiants ne désarmèrent pas complètement : ils ne pouvaient ne pas nourrir de meilleures espérances.

Dans les premières années du XVe siècle, certaines propositions téméraires mirent le feu aux poudres. Ces propositions avaient été formulées par un Franciscain, du nom de Jean Gorel, dans la soutenance de ses vespéries. Sans parler de la première hétérodoxe à un autre point de vue, elles visaient les droits curiaux et les privilèges religieux, les uns pour les amoindrir, les autres pour les exalter (3). La Faculté estima une rétractation nécessaire avant la célébration de l'aulique ou plutôt au moment même de la célébration. Gorel se soumit Il lut donc alors des propositions contraires à celles qu'il avait avancées dans le précédent acte. Nous les résumons en ce qu'elles ont de principal.

Prélats de second ordre, les curés appartiennent à la hiérarchie divine de l'Eglise. A eux, dans les limites de leur

(1) « De funeralibus autem medietatem, si commode divisionem recipiant, alias ejusdem medietatis æstimationem solvant parochiali « ecclesiæ et sacerdotibus ante dictis. Funeralia vero intelliguntur hoc « casu quæ cum funere deferuntur ». (*Constitutio* dans *Hist. Univers. Paris.*, tom. IV, p. 66-69).

(2) *Hist. Univers...* tom. IV, p. 142-144, et dans *Clem.*, lib. III, tit. VII, cap. II.

(3) Voici ces propositions :

« I. Quod sacramentum pœnitentiæ nihil agit in habente gratiam virtute sacramenti...

« II. Quod debite confessus non possit obligari, ut iterum confiteantur « eadem peccata...

« III. Curatis non competit, ut tales sunt, prædicare, confessare, « extremam unctionem dare, sepulturas dare, decimam recipere ; fundatur in hoc quod curati non sint de institutione Christi et Ecclesiæ « primaria...

« IV. Fratribus competit principalius vel essentialius prædicare et « confessiones audire quam curatis : fundatur, quia fratribus competit ex « regula. »

juridiction, de prêcher, confesser, administrer les sacrements, donner la sépulture et, en retour, percevoir les dîmes et autres redevances.

Le droit d'annoncer la parole sainte et d'exercer la mission de juge au tribunal de la pénitence appartient principalement et essentiellement aux évêques et aux curés, mais secondairement et en vertu d'un privilège aux Mendiants (1).

La formule de la rétractation avait été délibérée par la Faculté de théologie, le 2 janvier 1409 (2).

La soumission de Gorel n'était pas sincère. Condamné à Paris, il espérait voir ses juges condamnés à Rome, au moins indirectement : il sollicitait donc une bulle à cet effet. D'autre part, si depuis le Concile de Vienne l'on n'avait pas vu s'élever de vrais troubles, il avait dû y avoir bien des tiraillements sous l'empire de la constitution de Boniface VIII. Alexandre V avait été élu au Concile de Pise pour occuper la chaire de saint Pierre. Docteur de Paris et franciscain, il jugea nécessaire un nouvel acte législatif. Cette pensée s'unit aux sollicitations de Gorel pour donner à Pise même, et peu de temps après la clôture du Concile, naissance à une constitution qui, d'une part, condamnait un certain nombre de propositions plus qu'exagérées, mais estimées en honneur au sein de la Faculté de Paris, et, de l'autre, renouvelait substantiellement les décisions de Boniface VIII, décisions conciliatrices dans la pensée du législateur, mais en réalité source de nombreuses difficultés, occasion de cuisants chagrins et d'ardentes colères (3).

(1) Nous transcrivons deux autres propositions secondaires pour nous.
« III. Item quod eadem peccata possunt licite et meritorie pluries confiteri in multis casibus...

. . . .

« V. Quod locus parochialis est congruus et ordinarius, ut sacramenta « ecclesiastica recipiantur in eo. »

(2) *Hist. Univers. Paris.*, tom. V., p. 189-191.
La *Collectio judiciorum...*, tom. I, par. II, p. 178, en renvoyant à l'*Historia Universitatis Parisiensis*, a soin de dire, au sujet de la *Censura* de la Faculté, que « *non semel typis impressa est : primum quidem in gallico « libro sic inscripto :* Jean Gerson, Sermon touchant la hiérarchie de « l'Eglise, etc., avec quelques censures et décrets de la Faculté de Paris « sur cette matière, etc., imprimé à Troies... en 1622. *et iterum Parisiis ; « postea etiam aliqua ex parte edita fuit in libro cui titulus est : Excerpta e « monumentis Facultatis S. theologiæ Parisiensis, plura instrumenta ejusdem ordinatione facta continentibus, an. 1656.* »

(3) Ce Jean Gorel se trouva depuis au Concile de Constance. Il y aurait

Nous connaissons ces décisions (1).

Voici les propositions condamnées :

« Celui qui s'est confessé à un religieux mendiant est « obligé de confesser de nouveau les mêmes péchés à son curé.

« Les conclusions de Jean de Poilli, condamnées par Jean « XXII, sont assez vraies ; et il n'est point d'homme instruit « qui ne puisse les soutenir.

« Le décret de Jean XXII qui les condamne, est nul et sans « force, parce que dans le temps qu'il l'a donné il étoit hé- « rétique (par son opinion erronée sur le retardement de la « vision beatifique) et, conséquemment, tout ce qu'il a sta- « tué, soit par rapport aux Mendians, soit autrement, avant « qu'il eût rétracté son erreur, n'a aucune autorité.

« Tant que subsiste le canon du Concile de Latran : *Omnis « utriusque sexus*, ni Dieu, ni le pape ne peut empêcher que « celui qui s'est confessé à un religieux ne soit tenu de réité- « rer sa confession.

« La confession faite à un religieux est sujette au doute et « à l'incertitude ; et, par conséquent, tous étant obligés de « préférer le certain à l'incertain, les fidèles doivent, sous « peine de péché mortel, se confesser à leur propre prêtre « chargé du soin de leurs âmes.

« En supposant que les religieux ayent le pouvoir de con- fesser et d'absoudre, les fidèles n'ont pas celui de s'adres- « ser aux religieux sans la permission de leur propre prêtre.

« Les religieux qui demandent des privilèges pour confes- « ser et pour donner chez eux la sépulture, sont en péché « mortel et excommuniés ; et, pareillement, les souverains « pontifes qui accordent ou confirment de tels privilèges.

« Les religieux ne sont et n'ont point été pasteurs, mais « voleurs, larrons et loups.

« La dispense de l'observation du canon du Concile de « Latran donnée par le curé, qui permet à un religieux de « confesser son paroissien, a plus de force et de vertu que « celle que le pape accorde par une bulle qui autorise les « mendians à confesser. » (2)

prononcé, le 8 septembre 1416, un sermon. On le dit auteur d'*Opuscules théologiques* et de divers *Sermons* et *Discours* (Sbaralea, *Supplement.* au *Script. ord. Minor.*, de Wadding, art. *Joannes Gorel*).

(1) Voir tom. II, p. 65-66.

(2) Crévier, *Hist. de l'Univers. de Paris*, tom. III, p. 318-320, d'après

Le pape déclarait ces propositions hérétiques, et hérétiques aussi ceux qui les soutenaient ou les soutiendraient (1).

La Faculté de théologie de Paris s'émut et l'Université partagea l'émotion. On voulut, d'abord, ne pas croire à l'existence de l'acte pontifical (2). Quand le doute ne fut plus permis, l'Université résolut, dans une assemblée générale, le retranchement des Mendiants, au cas de non-annulation de la bulle ou d'un non-renoncement formel à en tirer profit. Les Dominicains et les Carmes s'inclinèrent. Mais les Franciscains pouvaient-ils le faire, eux qui se rattachaient au pape par d'anciens liens de confraternité ? Ils entraînèrent les Augustins dans leur résistance. L'Université obtint alors une ordonnance royale qui défendait aux curés de laisser prêcher et confesser dans leurs églises les membres des deux ordres récalcitrants, et cela sous peine de saisie de leur temporel *(sub pœna amissionis seu privationis bonorum temporalium)* (3).

Les prédicateurs attaquaient la bulle dans les chaires de Paris. Le chancelier de Notre-Dame, Gerson, fut du nombre. Nous avons parmi ses œuvres le discours qu'il prononça dans cette église un dimanche du carême de 1410. Il prétendait que la pièce si étrange avait été surprise au pape. En opposition, il exposait, à son sens, la vraie, la saine doctrine qui était celle-là même que nous connaissons. L'orateur formulait des assertions de cette force : « *L'Evangile est la bulle des curés ;* « il suit que l'ordre des curés rentre très bien dans la hiérar- « chie essentielle et stable de l'Eglise, comme y rentre l'ordre

la Constitution apostolique dans *Hist. Univers. Paris.*, tom. V, p. 196-200 : « Datum Pisis 4 id. octob. pontific. nostri an I.

(1) « Volentes quod, si quis deinceps prædictos articulos asserere aut in « scholis vel alibi glossare, defendere seu tenere aut prædicare præ- « sumpserit, tanquam hæreticus sit censendus... »

(2) Gerson, *Opera*, Anvers, 1706, tom. II, col. 442-446 : « *Censura plu- « rium in theologia professorum circa bullam a Mendicantibus extortam.* » Fin : « Concludentes igitur dicimus propter hæc et alia quæ brevitati « et modestiæ studentes præterimus, quia nec ad singularia descendere « propositum est, quod prædicta bulla, si supersit, cujus copiam acce- « pimus, qualemque non credimus de concientia domini nostri papæ « tam excercitati in sacris litteris neque ex deliberatione sacri collegii « dominorum cardinalium processisse, primo tanquam intolerabilis, de- « inde velut totius ecclesiastici status turbativa, abradenda est, cas- « sanda et annulanda perpetuo in confusionem illorum qui talia vel « excogitare vel suggerere vel extorquere moliti sunt. »

(3) *Hist. Univers. Paris.*, tom. V, p. 200.

« des prélats, des cardinaux, des archevêques, et aussi l'or-« dre des souverains-pontifes, quoique l'ordre des curés ne « s'élève pas à la même perfection ; il suit que le pape ne « peut détruire ou annihiler cet ordre, puisque cet ordre ne « provient pas d'un acte de la papauté, mais tire son origine « immédiatement de l'autorité de Dieu » (1).

L'Université avait invité la Faculté de théologie à prendre une délibération au sujet de la bulle. En conséquence, une commission avait été nommée par la Faculté à l'effet de présenter, après un examen des plus attentifs, un rapport sur l'acte pontifical. Conformément à ce rapport, la Faculté rédigea, le 5 mars de la même année 1410, une délibération, comprenant un jugement doctrinal sur la bulle et des conseils pratiques sur la conduite à tenir. Répréhensible dans la forme, inacceptable dans le fond, la bulle pouvait devenir une source trop féconde de troubles. Aussi recommandait-on aux pasteurs des paroisses de n'admettre, dans leurs églises, pour le double ministère de la prédication et de la confession, que des religieux munis de l'approbation de l'ordinaire. Et, comme les ordres mendiants, pour faire ressortir la nécessité de leur ministère, insistaient sur le peu de science de certains curés, on décida aussi de rédiger et multiplier de petits traités en français sur les principales vérités religieuses. Par là, les pasteurs illettrés seraient mis à même d'instruire les fidèles confiés à leurs soins. Enfin, comment être jamais assez fort contre des empiétements semblables et si hautement patronnés ? La Faculté demandait à l'Université de faire sienne la censure contre Jean Gorel (2).

L'assentiment de l'Université était assuré d'avance.

Les choses en étaient là, lorsque la mort vint, au mois de mai, frapper Alexandre V. Son successeur, Jean XXIII, qui avait d'ailleurs assez d'embarras, s'empressa, dans le mois qui suivit, de déclarer cette bulle non avenue avec défense de l'invoquer en aucun point : tel fut le sujet d'un acte pontifical de même nature (3). Mais la nouvelle bulle eut le

(1) *Opera*, Anvers, 1706, tom. II, col. 431-442: *Sermo factus ad populum Parisiensem ex parte Universitatis super facto bullæ Mendicantium;* cit. col. 436.

(2) *Hist. Univers., Paris.*, tom. V, p. 201-202.

(3) *Ibid.*. p. 204-205 : « ... perinde habeatur ac si litteræ ac processus « hujusmodi nullatenus emanassent, districtius inhibentes ne quis in

malheur de ne pas plaire davantage à l'Université qui aurait voulu autre chose, c'est-à-dire une pure, simple et absolue annulation.

Les partis ne déposèrent pas les armes. A la moindre occasion, la lutte devait se rengager.

En 1451, un Franciscain, nommé Barthélemy et bachelier en théologie, avait, dans les sermons donnés par lui à Rouen et aux environs, à l'époque du carême, renouvelé certaines propositions, toujours mal sonnantes aux oreilles universitaires, à savoir que les *paroissiens peuvent librement se confesser aux Mendiants approuvés par les ordinaires et en recevoir l'absolution, sans être tenus de refaire leur confession à leur propre curé.* L'Université en fut informée par ordre de l'archevêque de Rouen avec un rapport à l'appui. Le recteur convoqua les doyens des Facultés et les procureurs des nations. Il fut décidé que, jusqu'à l'audition de l'accusé en pleine assemblée universitaire, défense serait faite au chancelier de l'église de Paris et au doyen de la Faculté de théologie de l'admettre à la licence dans cette Faculté. L'Université se réunit en décembre de la susdite année. L'accusé comparut; mais il se contenta de déclarer qu'il n'avait jamais eu la pensée de rien avancer de contraire aux droits curiaux. On insista. Peine inutile! Le Franciscain s'en tenait à la première réponse, qui devait être suffisante. L'Université ne jugea pas ainsi : la décision provisoire devint définitive. Mieux avisé ensuite, il finit par présenter avec l'explication des propositions incriminées ses propres excuses au corps enseignant (1).

Cinq ans plus tard, la querelle se renouvela, et, cette fois, pour prendre des proportions considérables. Ce fut à l'occasion d'une bulle de Nicolas V qui renouvelait en faveur des Mendiants, relativement aux prédications, confessions et sépultures, celle de Boniface VIII. Elle fut d'abord tenue secrète. Présentée à l'official de Paris l'année qui suivit la mort du pontife, elle fut saisie entre ses mains par ordre de l'Université. Celle-ci se réunit sans retard. C'était en mai 1456. Lecture faite de la bulle, elle fut unanime pour qualifier l'œuvre

« posterum dictis prædecessoris nostri litteris uti aut earum autoritati vel « vigori inniti præsumat. »

La nouvelle bulle est datée : « Bononiæ 5 kal. Julii pontific. nostri an I ».

(1) *Hist. Univers., Paris.*, tom. V, p. 558-560.

pontificale d' « entreprise scandaleuse, propre à troubler la « paix et la concorde, subversive de l'ordre hiérarchique et « de l'Eglise ». Elle arrêta immédiatement ces quatre articles : l'appel, en tant que la bulle est contraire au droit commun ; la notification de l'appel aux Mendiants, à l'évêque de Paris, aux autres prélats de la catholicité, au souverain-pontife, aux diverses Universités, aux rois et princes temporels ; la citation très prochaine des religieux en cause devant l'Université, à l'effet de renoncer eux-mêmes à la bulle ou de se voir retrancher du corps enseignant et priver des droits académiques ; l'invitation aux prélats de leur interdire la prédication jusqu'à satisfaction complète. Au jour indiqué, les Mendiants firent acte de présence, mais aussi de refus aux injonctions. La menace passa à l'état de fait accompli : le retranchement et la privation furent prononcés, tout en permettant aux insoumis l'espérance d'être réintégrés, s'ils savaient revenir à résipiscence (1). L'affaire fut portée par eux au Parlement.

Un docteur en théologie, Jean Panechair, fut devant la haute assemblée l'orateur de l'Université. Des arbitres furent constitués qui ne réussirent pas à mettre fin au conflit. Arthur de Bretagne, comte de Richemont et connétable de France, eut plus de succès ; mais ce ne fut pas sans peine. On était arrivé au mois de février 1457. Le 18 de ce mois, l'Université tenait séance aux Bernardins. C'était là que devait se faire la réintégration solennelle dont les bases avaient été arrêtées conformément aux exigences universitaires. Le prieur des Jacobins porta la parole au nom des Mendiants qui étaient accompagnés du connétable et d'un certain nombre de personnes de distinction. « Présupposé premièrement, dit-il « en français, les conclusions prises et proposées par Mgr le « connestable chy présent, nous vous requérons et supplions « très humblement, tant que faire poons, que, à celles requestes « et conclusions, vous plaire obtempérer à nous recevoir sup- « posts et membres ». Parler la langue vulgaire en pleine Université était déjà une faute. Mais quels singuliers termes pour une supplique ! Aussi tout était-il sur le point d'être rompu, sans la nouvelle intervention du connétable. L'Uni-

(1) L'Université ordonna même l'affichage de la sentence : « Et voluit « quod de hujusmodi privationibus affigerentur illico scedulæ in valvis « ecclesiarum et quadriviis vicorum Parisius et alibi. » (*Hist. Univers. Paris.*, tom. V, p. 602).

versité exigeait absolument une autre supplique, sinon un autre orateur. Les religieux prenaient déjà le chemin de leur couvent. Le connétable arrêta ceux-ci pour se présenter avec eux devant celle-là. « Messieurs, dit-il, je vous ramène ces « bons religieux, vos supposts qui n'estoient pas bien advisés « quand ils ont fait leur supplication ; et pourtant je vous les « ramène mieux advisés. » Il y eut non-seulement une autre supplique, mais un autre orateur. Le nouvel orateur fut le prieur des Augustins ; et il s'exprima ainsi dans la langue universitaire : « Nous venons en humbles et dévots fils nous « présenter à notre mère, vous suppliant très humblement « de vouloir bien nous recevoir dans le giron de votre piété, « nous réunir charitablement et avec bienveillance à votre « noble compagnie : nous sommes disposés à accomplir ponc- « tuellement, de bon cœur et dans la mesure de nos forces, « ce qu'il vous plaira de nous commander. — Je vous prie, « mes bons seigneurs chy présens, dit à son tour le conné- « table, et pour le bien du pays, que vous plaise de les rece- « voir comme vos supposts et les traitiez amiablement comme « devant ».

Arthur de Bretagne ne connaissant pas le latin, d'une part, et, de l'autre, le recteur, flamand de naissance, ignorant le français, ce fut un docteur en théologie, français d'origine, qui fut chargé de rendre dans la langue maternelle les conditions, rédigées en latin, de la réintégration. « Prince, dit-il (1), par respect pour votre présence, en « considération de cette illustre noblesse et des révérends « pères en Dieu ici présents, l'Université, notre bonne mère, « a délibéré et conclu, elle veut et il lui plaît que les Men- « diants renoncent à l'appel par eux interjeté et à tout ce qui « en résulte. Elle veut aussi qu'ils ne fassent plus usage de « la bulle qui se trouve entre les mains du révérendis- « sime seigneur évêque de Paris, ni d'aucune autre sem- « blable... ; que dans l'année ils fassent ratifier par leurs « généraux la présente convention. Ils jureront, en outre, « qu'ils ne se feront jamais délivrer des bulles comme celle « qui vient d'exciter tant de troubles ; sinon, à l'instant même, « ils encourront la peine que fait cesser l'acte présent ». La promesse de ratification fut une pierre d'achoppement, du

(1) N'ayant pas la traduction, nous traduisons le texte latin.

moins en ce qui concernait les Dominicains. Le général de ces derniers répondit par un refus. Le 11 Juillet, ces religieux furent déclarés exclus, avec délai jusqu'au 30 pour l'application de la sentence. Le 30, ils déclarèrent s'en tenir à l'ordre de leur supérieur. C'était prononcer contre eux la double peine qu'ils avaient naguère subie avec les autres ordres mendiants. Ils demeurèrent un an sous le coup de cette sentence. L'adhésion pure et simple à la convention précédemment consentie fut la condition *sine qua non* de leur réintégration qui fut prononcée le 8 août 1458 (1).

La Cour de Rome ne pouvait être que médiocrement satisfaite des exigences de l'Université. Aussi profita-t-elle d'une circonstance favorable pour légiférer sévèrement contre elle. Louis XI avait jugé à propos de faire parvenir au souverain pontife l'expression de deux griefs : l'un avait trait à la cessation, pour des motifs assez peu sérieux, des cours universitaires : l'autre concernait la peine d'exclusion, sorte d'épée de Damoclès toujours suspendue sur la tête des religieux. Pie II lança une bulle le 14 février 1462, statuant comme il suit : pour appliquer la peine d'exclusion aussi bien que pour suspendre les cours, l'assentiment de l'archevêque de Sens ou celui de l'évêque de Beauvais était requis ; dans le cas où la peine serait prononcée, les Mendiants auraient le droit de prêcher et de soutenir leurs actes scolastiques ; si l'Université se permettait l'opposition, ces religieux pourraient, sous l'autorité des deux prélats à l'instant désignés, se conférer entre eux les grades théologiques, depuis le baccalauréat jusqu'au doctorat, et avec les mêmes droits et les mêmes prérogatives que s'ils avaient été conférés par la Faculté elle-même. Sans doute, la bulle alla dormir au trésor des chartes. Mais dans son sommeil elle n'était pas sans abriter quelque peu les ordres mendiants (2).

L'historien de l'Université a enregistré un fait très secondaire sous l'année 1468. Les chanoines de Saint-Quentin, croyant avoir à se plaindre de l'empiètement des Franciscains sur leurs propres droits et sur ceux des curés, avaient ré-

(1) *Hist. Univers. Paris.*, tom. V, p. 601-630.

(2) *Hist. de la vil. de Paris*, tom. II. p. 849, et tom. V, pag. 707. « Sub « excommunicatione latæ sententiæ, disait la bulle, nec non privationis « omnium et singularium canonicatuum et prœbendarum, dignitatum, « personatuum ...»

clamé l'adjonction de l'Université de Paris. Les Facultés délibérèrent. Trois opinèrent favorablement. La Faculté de théologie fut d'un avis contraire. Qui l'inspira, dans cette circonstance, elle qui d'ordinaire occupait le premier rang dans la lutte ? Le peu de fondement de la plainte ou une influence étrangère? Crévier était dans son rôle de pur universitaire, lorsqu'il traçait ces lignes : « Le crédit des Mendians dans « la Faculté de théologie empêcha apparemment celle-ci de « se joindre à ses sœurs » (1).

II

Dans le XIVe siècle, au point de vue académique, le calme, au moins apparent, eût été presque complet sans le renouvellement d'un ancien statut de l'Université. Si, grâce aux victoires des Mendiants, le décret de 1253 prescrivant le serment d'obéissance aux règlements de l'*Alma Mater* demeura sans effet, celle-ci toutefois n'avait garde de le perdre de vue. Elle le renouvela en 1318, en spécifiant les différents points. Il y eut quelque résistance. Mais il fallut se soumettre, acte que, bon gré mal gré, accomplirent les professeurs de théologie appartenant aux maisons des Dominicains, Franciscains, Augustins et Cisterciens (2). Combien de temps cet article disciplinaire a-t-il été observé ? Nous ne saurions répondre. Crévier estime qu'on a eu « grand tort » de le « laisser tomber en désuétude » (3).

(1) *Hist. Univers. Paris.*, tom. V, p. 688 ; *Hist. de l'univ. de Paris*, tom. IV, p. 323.

(2) *Hist. Univers. Paris.*, tom. III, p. 362, tom. IV, p. 181-182 et p. 273. A cette dernière page, nous trouvons ce passage qui renferme la formule du serment : « Juramentum magistrorum Facultatum theologiæ, decretorum « et medecinæ qui non inceperuut in artibus, quando primo venerunt ad « congregationem generalem : vos jurabitis quod vos observabitis privi- « legia, statuta, jura, libertates et consuetudines laudabiles Universitatis « ad quemcumque statum deveneritis. »

Le statut est couché en ces termes dans la *Colletio judiciorum*, tom. II, par. I, p. 464, art. XVII, parmi les *Statuta tam papalia quam alia* : « Nullus admittatur ad determinandum, legendum aut alios actus faciendum, « nisi prius juret quod deferet honorem, reverentiam et obedientiam « Facultati, decano et singulis magistris. Nec non servabit jura, libertates, « privilegia, statuta et consuetudines laudabiles Facultatis theologiæ ad « quemcumque statum devenerit. »

(3) *Hist. de l'Univers. de Paris*, tom. II, p. 348.

Pour le xve siècle, un fait est à enregistrer. Eugène IV avait signé une bulle en faveur des Mendiants, à l'effet de les soustraire à des articles importants des statuts de la Faculté de théologie. Il s'agissait du temps consacré aux études, aux cours et autres actes scolastiques avant le baccalauréat et la licence. « Nous décidons, disait le pontife, que tous les « frères des ordres susdits, frères envoyés à ladite Université « pour y continuer et parfaire leurs études théologiques, soient « admis à lire publiquement la *Bible*, lorsque, désignés pour « cela par leur ordre, ils en seront jugés capables par les « examinateurs de la Faculté, et cela en payant sans retard « les droits de la Faculté et sans qu'on puisse leur opposer « le temps prescrit pour être admis à cette lecture publique. « S'il s'agit de la lecture du livre des *Sentences*, les frères, « désignés pour cette lecture, y seront admis dans des « conditions analogues, c'est-à-dire sans qu'on exige d'eux « la lecture préalable de la *Bible* ni les autres cours prépara- « toires, sans que la Faculté puisse soulever la moindre « difficulté ou faire entendre la moindre contradiction. « Lorsque les susdits frères auront été bacheliers formés en « théologie, chacun de ces ordres pourra et devra présenter « au chancelier un de ces bacheliers pour la licence théolo- « gique, et le bachelier ainsi présenté sera admis à la pro- « chaine licence, encore qu'il ne compte pas le temps requis, « c'est-à-dire les cinq années, pourvu toutefois qu'il ait « répondu dans les deux argumentatiens ordinaires (*bis de « ordinario responderit*); et toujours sans aucune opposition « de la part de la Faculté » (1).

C'était en mars 1442 (2), Eugène IV était en lutte ouverte contre l'assemblée de Bâle et l'antipape nommé par elle, Félix V. En même temps qu'elle ne se montrait pas facile à l'endroit de ces religieux, la Faculté de théologie ne pouvait admettre qu'on portât, fût-on l'autorité suprême, la main sur ses statuts, pour elle l'arche sainte. Les autres Facultés partagèrent son appréciation et ses sentiments. En toute autre circonstance, l'Université eût simplement résisté; mais le succès se serait peut-être fait plus attendre. En celle-ci, elle frappa un

(1) *Hist. Univers. Paris.*, tom. V, p. 524-525.

(2) Bulle datée : « Florentiæ an. Incarnationis dominicæ 1442, 3 kal. Aprilis pontif. nostri anno 12. »

grand coup qui décida de la victoire. Elle prononça contre les Mendiants la peine du retranchement et de la privation des droits académiques. La mesure disciplinaire ne devait prendre fin que dans le cas d'annulation de la bulle (1). Ne pouvant placer de grandes espérances dans un pontife dont la situation était difficile, ces religieux estimèrent avec raison que le plus sage était de plier en acquiesçant aux conditions de la réintégration. De son côté, la Faculté de théologie voulut bien apporter quelques tempéraments aux rigueurs de la décision. Au mois de décembre 1442, une paix provisoire fut conclue ou, si on préfère, une sorte d'armistice fut signé ou juré, car c'était, d'une part, une pure et simple suspension des peines infligées et, de l'autre, l'abandon momentané de la bulle. La Faculté accordait, pour l'obtention de la nouvelle bulle annulant la première, jusqu'à la fête de l'Exaltation de la Croix : les quatre ordres s'engageaient à présenter, dans le temps prescrit, la pièce exigée (2). Les engagements furent, sans aucun doute, non seulement tenus, mais couronnés de succès ; car on ne trouve plus trace de l'affaire et, de conditionnelle qu'elle était, la rentrée des docteurs et bacheliers des ordres mendiants dans le corps enseignant devint absolue.

(1) *Hist. Univers. Paris.*, tom. V, p. 522, d'après *Act. Universit.* : « ... conclusum est per nationem Franciæ et conformiter per alias nationes, « quod privarentur omnes tam graduati quam non graduati dictorum « quatuor ordinum a consortio Universitatis et, unanimiter ad supplicationem venerandæ Facultatis theologiæ, ab omnibus actibus scholasticis. « donec et quousque dicti Mendicantes impetrassent aliam bullam novam « contrariam de verbo ad verbum isti bullæ per eos impetratæ a summo « pontifice. »

(2) *Ibid.*, p. 523, *Ex Libro procuratorum gallicanæ nationis.*

CHAPITRE II

JEANNE D'ARC

I. Condamnation. — II. Réhabilitation.

I

Si les États-Généraux de 1420 avaient lâchement ratifié l'abominable *Traité de Troyes* qui accordait à Henri V d'Angleterre la régence du royaume de France et le constituait héritier présomptif de la couronne, si le successeur Henri VI avait pu se faire proclamer, à Paris comme à Londres, roi de France et d'Angleterre, l'Université de Paris, de son côté, paraissait s'accommoder assez bien de la domination des nouveaux maîtres. Selon les circonstances, elle savait même leur tenir un langage trop servile et n'hésitait pas à s'en dire la « très humble et dévote fille ». C'est déjà une tache dans son histoire. Mais il y en a une seconde et plus noire et plus ineffaçable. Nous visons la conduite de l'*Alma Mater* dans l'inique procédure dout fut victime l'héroïne de Domremy, la libératrice de la France, Jeanne d'Arc. Cette double tache s'étend aussi, et bien largement, sur l'histoire de la Faculté de théologie (1).

(1) Nous lisons dans le *Résumé des conclusions données par les docteurs réunis à Poitiers*, réunion que présidait Gérard Machet et au sein de laquelle se trouvait Pierre de Versailles, tous deux docteurs de Paris : en Jeanne d'Arc « on ne trouve point de mal, fors que bien, humilité, dé« vocion, honnesteté, simplesse; et de sa naissance et de sa vie plusieurs « choses merveilleuses sont dittes comme vrayes ». (M. Quicherat, *Procès de condamnation et de réhabilitation de Jeanne d'Arc*, Paris, 1841-1849, in-8, tom. III, p. 392).

Il est permis de présumer que les docteurs de Paris, dans les mêmes circonstances de liberté, auraient pensé, comme les docteurs de Poitiers. Mais, nous le répétons, malgré cela, les docteurs de Paris sont inexcusables.

Nous devons ajouter que les docteurs de Poitiers croyaient à la mission

L'Université de Paris n'avait pas honte d'écrire au duc de Bourgogne et à Jean de Luxembourg pour leur exprimer, en termes inqualifiables, ses craintes su sujet de la délivrance de la noble et sainte prisonnière. Elle disait au premier dans une lettre dont la date doit être celle de la lettre suivante : « ... doubtons moult que, par la faulceté et séduccion de l'en-« nemy d'enfer et par la malice et subtilité des mauvaises per-« sonnes qui mettent toute leur cure, comme l'en dit, à vouloir « délivrer icelle femme par voyes exquises, elle soit mise « hors de vostre subjeccion par quelque manière, que Dieu ne « veuille permettre... » (1). La lettre adressée au second serait, d'après une copie, du 14 juillet 1430. Le langage n'est pas différent : « Et seroit plus grant inconvénient que oncques mais, « et plus grant erreur demouroit au peuple que par avant et si « fort intolérable offence contre la majesté divine, se ceste « chose demouroit en ce point, ou qu'il advenist que icelle « femme fust délivrée ou perdue, comme on dit aucuns des « adversaires soy vouloir efforcier de faire et appliquer à ce « tous leurs entendemens par toutes voies exquises et, qui « qui pis est, par argent ou raençon. Mais nous espérons « que Dieu ne permettra pas un si grant mal sur son « peuple... » (2).

L'Université de Paris se plaignait même des lenteurs du procès. Deux missives étaient écrites, en assemblée générale, le 21 novembre 1430, l'une pour Cauchon, évêque de Beauvais, l'autre pour le roi d'Angleterre. La première portait : « Nous « nous étonnons tout particulièrement que l'affaire de cette « femme que le public appelle la Pucelle, traîne tant en lon-« gueur au détriment de la foi et de la juridiction ecclésias-« tique; nous nous étonnons d'autant plus, qu'on dit cette « femme entre les mains de notre seigneur roi. » La docte assemblée voulait s'en prendre à Cauchon lui-même : « Si « dans la poursuite de cette affaire votre paternité avait ap-

divine de Jeanne : « Audivit tamen dici a dicto domino confessore et « aliis doctoribus quod ipsi credebant ipsam Johannam esse missam a « Deo et quod credebant eam esse de qua prophetia loquebatur » (M. Quicherat, *Procès de condam. et de réhabilit. de Jeanne d'Arc*, tom. III, p. 75, deposit. de Gobert Thibault).

(1) M. Quicherat, *Procès de condamnation et de réhabilitation de Jeanne d'Arc*, Paris, 1841-1849, tom. I, p. 9.

(2) *Ibid*, p. 10-11.

« porté une plus active diligence, la cause de la susdite « femme serait aujourd'hui soumise au tribunal ecclésiasti- « que » (1). La missive au roi d'Angleterre renferme les mêmes idées avec l'expression d'une joie peu commune et aussi d'une grande espérance : « Nous avons de nouvel entendu que en « vostre puissance est rendue à présent cette femme dicte la « Pucelle, dont nous sommes moult joyeulx, confians que, « par vostre bonne ordenance, sera y celle femme mise en « justice pour réparer les grans maléfices et escandes adve- « nues notoirement en ce royaume, à l'occasion d'icelle, au « grant préjudice de l'onneur divin, de nostre saincte foy et « de tout vostre bon peuple » (2).

Suivant la même Université, c'était à Paris qu'on devait juger la capitale affaire, condamner la grande criminelle, à Paris qui comptait tant de sages et illustres docteurs. Ainsi parlait encore l'Université à Cauchon (3). Mais ce dernier ne pensait pas comme elle. Il estimait qu'à Rouen il arriverait plus sûrement aux fins désirées. Aussi travailla-t-il à faire changer d'avis l'*Alma mater*; et il obtint du chapitre de la métropole normande territoire et juridiction pour y instrumenter (4). Il nous paraît regrettable que le tribunal n'ait pas été constitué dans la capitale de la France, car là peut-être l'on n'eût pas osé commettre l'énorme forfait : Paris paraît avoir été alors moins assujetti que Rouen au joug de l'étranger.

Les défenseurs de l'Université de Paris aiment à voir dans tout cela la main de Pierre Cauchon, son ancien recteur, le conservateur actuel de ses privilèges, le misérable instrument de la vengeance anglaise (5). C'est plaider, sans réussir

(1) *Ibid*, p. 15-16. La lettre est en latin.

(2) *Ibid*, p. 17.

(3) « Operam dare velitis, ut in hanc urbem Parisiensem, ubi sapien- « tium et eruditorum copiosus est numerus, mature ducatur, quatenus « causa ejus et diligentius examinari ac certius dijudiciari possit. » (*Ibid*, p. 16, lettre à Cauchon).

(4) L'on sait que Pierre Cauchon, créature du duc de Bourgogne, était dévoué aux Anglais. L'on sait aussi que Jeanne avait encouru l'inimitié du premier. Beauvais, suivant le mouvement national, suscité par l'héroïne, s'était révolté contre son évêque et l'avait expulsé.

(5) Du Boulay, *Histor. Univers. Paris.*, tom. V, p. 395 : « Universitas, « instigante M. Petro Cauchon, episcopo Belvacensi, suorum privilegiorum « conservatore, scripsit... »
Crévier, à son tour, *Hist. de l'Univers. de Paris*, tom. IV, p. 48, s'est

beaucoup, les circonstances atténuantes. Faut-il s'étonner alors que l'Université ait été appelée à fournir un certain nombre d'assesseurs au servile tribunal que Henri VI constituait à Rouen? N'était-on pas en droit de compter sur son dévouement? Naturellement, presque tous ces assesseurs appartenaient à la Faculté de théologie (1). Ils avaient nom : Thomas de Courcelles, Jean de Beaupère, Girard Feuillet, Jacques de Touraine, appelé aussi Texier ou Textoris, Nicolas Midy, Pierre Maurice.

Dans les actes du procès, Thomas de Courcelles est qualifié de *bachelier formé en théologie* (2); les autres, portent le titre de docteurs. En 1413, Jean de Beaupère avait été placé à la tête de l'Université, et, en l'absence de Gerson, il remplit les fonctions de chancelier. Les antécédents de Feuillet et de Midy ne sont pas connus. Touraine reçoit, en un endroit, la qualification de frère-mineur (3). Maurice était chanoine de Rouen; il avait été recteur de l'*Alma Mater* en 1428, et devait bientôt représenter le roi d'Angleterre au Concile de Bâle (4).

L'odieuse iniquité de la procédure, dans sa première phase ou l'instruction préparatoire, apparaît ou se fait deviner dans ce passage de la déposition d'un témoin : « Quant Monseigneur de Beauvais, qui estoit juge en la cause, accompagné de six clercs, c'est assavoir de Beaupère, Midy, « Morisse, Touraine, Courcelles et Feuillet, ou aucun autre « en son lieu, premièrement l'interroguoit, devant qu'elle « eust donné la response à l'ung, ung autre des assistans « lui interjectoit une autre question; par quoy elle estoit « souvent précipitée et troublée en ses responses » (5).

ingénié à tourner cette phrase qui marque surtout l'embarras de l'auteur : « Ce seroit une tache pour l'Université, si son décret contre la « Pucelle devoit être regardé comme son ouvrage, et non comme celui « des Anglois qui la tyrannisoient ».

(1) Furent néanmoins convoqués Jean Tiphaine et Guillaume de la Chambre, l'un docteur, l'autre licencié en médecine de la Faculté de Paris, lesquels, malgré certaines répugnances, votèrent comme les autres assesseurs. (*Procès...*, *passim.*)

(2) Puisque nous voyons Courcelles, en 1431, au nombre des docteurs de Sorbonne, il est probable qu'il se sera fait recevoir à ce grade avant de partir au Concile de Bale.

(3) *Procès...*, tom. V, p. 203.

(4) *Procès...*, tom. I, p. 30, note de M. Quicherat.

(5) *Ibid*, tom. II, p. 15-16 : déposition de Jean Massieu, huissier ou

Toutefois Maurice et Feuillet se montraient moins mal intentionnés (1). Les plus hostiles étaient Beaupère, Midy, Touraine (2). Beaupère se distingua tout particulièrement dans ces interrogatoires qui se succédèrent pendant plus de deux mois et où furent posées et répétées tant de questions inutiles, ridicules, ardues, brutales, insidieuses.

Ainsi, il demanda, un jour, à l'héroïne à quelle heure elle avait mangé et bu pour la dernière fois. C'était une question insidieuse : on était en Carême ; l'observait-elle? Une autre fois, il désirait savoir comment elle s'était portée depuis le samedi précédent, question plus qu'oiseuse et qui attira cette réponse : « Vous voyez bien comment je me suis portée » (3). Dans d'autres circonstances, la passion se faisait jour (4).

L'on assigna à Courcelles un rôle spécial, quand l'acte d'accusation fut dressé. Cet acte comprenait soixante-dix articles plus étranges, plus perfides, plus mensongers, plus violents les uns que les autres. Le 26 mars, il en fut donné connaissance au tribunal. Ils étaient rédigés en latin. L'accusée devait être entendue sur les divers chefs d'accusation. Courcelles fut chargé de les lui traduire en français. Dans le cas où elle se renfermerait dans le silence, il était bien entendu qu'elle serait réputée convaincue. Comme elle voulut faire justice de tant de calomnies, deux jours, le 27 et le 28, ne furent pas de trop pour ouïr sur chaque article l'imputation et la réponse immédiate (5).

Dans les procès [illegible]ant la foi, c'était un usage de soumettre l'affaire, en [illegible] du tribunal, à d'autres théologiens. En conséquence [illegible]d on voulut chercher ailleurs quelqu'apoui dans des avis favorables, les soixante-dix

« député clerc de maistre Jehan *Benedicite* ». *Benedicite* était le surnom donné à d'Estivet, promoteur du procès.

(1) Maurice déclara même un jour « quod eamdem Johannem audi- « verat in confessione et quod nunquam talem confessionem nec a doc- « tore nec a quocumque audiverat, et quod credebat quod juste et « sancte ambulabat cum Deo, attenta sua confessione. » (*Procès*..., p. 49-50).

(2) Telle est l'appréciation d'un témoin qui « dixit... quod illi qui sibi videbantur affectati, erant *Beaupère*, *Midi* et *de Turonia*. » (*Ibid*..., tom. III, p. 140).

(3) *Procès*..., tom I, pp. 61, 70.

(4) *Ibid*, tom. III, pp. 51, 140.

(5) *Procès*.., tom. I, pp. 194 et suiv..

articles furent réduits à douze, nouvelle œuvre où les faits étaient altérés, d'une part, et, de l'autre, disposés de façon à faire croire au bien fondé de l'accusation.

Ces douze articles, que, suivant Courcelles lui-même, Midy aurait rédigés (1), s'échafaudaient : sur les apparitions et révélations dont Jeanne prétendait avoir été favorisée et auxquelles elle croyait autant qu'à la vie et à la mort de Notre-Seigneur ; sur le signe donné au roi en faveur de la mission de la singulière jeune fille ; sur l'habit d'homme qu'elle s'obstinait à porter, au mépris de la loi divine ; sur les noms de Jésus et de Marie dont elle entrelaçait sacrilègement de petites croix ; sur la prétendue mission qui semblait plutôt une révolte contre l'autorité paternelle ; sur sa tentative d'évasion qui présentait le caractère d'une tentative de suicide ; sur l'innocence dont elle se glorifiait et le salut éternel qui lui était assuré ; sur l'inspiration qu'elle s'attribuait ; sur la vénération qu'elle avait pour les voix de ses saintes ; enfin sur son refus de se soumettre à l'Église (2).

Disons-le tout de suite, ce dernier article était un insigne mensonge, puisque Jeanne en avait appelé au pape et au concile de Bâle. Elle ne voulait pas reconnaître pour juges des hommes vendus aux Anglais. Voilà tout.

D'un autre côté, la lettre de Cauchon, qui accompagnait l'envoi des douze articles, était trop explicite pour laisser subsister quelque doute sur la pensée intime du tribunal. Il s'agissait d'examiner si les propositions soumises ou quelques-unes d'entre elles étaient contraires à la foi, à l'Écriture, à l'enseignement de l'Église romaine ou des docteurs, « scandaleuses, téméraires, dangereuses pour le repos « public, funestes, grosses de crimes, contre les bonnes « mœurs, offensantes en quoi que ce soit ». Cette lettre était du 15 avril (3).

L'Université de Paris ne pouvait être oubliée. Elle fut donc invitée à donner son avis. Beaupère, Touraine, Midy et Feuillet lui furent députés (4). Porteurs des pièces officielles,

(1) *Procès...*, tom. III, p. 60.

(2) *Procès...*, tom. I, p. 328-336.

(3) *Ibid.*, p. 327.

(4) *Procès...*, tom. V, p. 203. Toutefois, dans les deux lettres de l'Université au roi d'Angleterre et à Cauchon, Feuillet n'est pas nommé. (*Ibid.*, tom. I, pp. 407, 409.)

ils devaient achever de l'édifier sur toute l'affaire. Le 29 avril, il y eut à Saint-Bernard une première assemblée du docte corps. On chargea de l'important examen les Facultés de théologie et de décret, lesquelles procédèrent séparément. Le 14 mai, nouvelle assemblée générale pour entendre les deux rapports.

La Faculté de théologie avait suivi l'ordre des articles et donné autant de réponses. Les apparitions et révélations étaient fausses ou ne pouvaient être que l'œuvre de mauvais esprits. Faux aussi le signe révélateur dont le roi avait été favorisé. Téméraire et injurieuse à la foi la croyance de la voyante. Les appréciations sur l'habit porté, l'emploi des noms de Jésus et de Marie, le départ du pays natal, la tentative d'évasion étaient celles-là mêmes que les questions appelaient et que nous avons suffisamment fait connaître. On qualifiait la confiance de Jeanne en son innocence et en son salut de présomption, d'orgueil, ses inspirations de superstitions, le culte rendu à ses saintes d'idolâtrie. Enfin, dans le refus de se soumettre à l'Église, on voyait le crime de schisme, d'apostasie et d'obstination dans l'erreur.

Les appréciations de la Faculté de décret étaient plus concises, sans être moins sévères. Elles prenaient toutefois pour base l'hypothèse de la réalité des faits et de l'esprit sain de l'accusée (1). En cet état, Jeanne était aussi une schismatique, une apostate, une opiniâtre dans l'erreur ou égarée dans la foi. Elle était encore une devineresse, une superstitieuse, une présomptueuse. Et, si elle ne voulait pas revenir à la foi et donner satisfaction, elle méritait d'être abandonnée au bras séculier.

Nous devons dire, cependant, à l'honneur des deux Facultés, que l'une et l'autre soumettaient leurs décisions au souverain-pontife et au concile.

En attendant, l'Université les adoptait et les expédiait à Rouen avec deux lettres de la plus grande platitude — c'est ce qu'on peut dire de plus doux — à l'adresse du roi d'Angleterre et de Pierre Cauchon. Ces deux lettres, portant aussi la date du 14 mai, avaient été rédigées ou approuvées dans l'assemblée générale.

(1) Si dicta fæmina, compos sui, affirmaverit pertinaciter propositiones « in duodecim articulis suprascriptis declaratas et facta contenta in « eisdem opere adimpleverit... » (*Procès...*, tom. I, p. 417).

Dans la première, on parlait des « escandes, faultes et offences » de Jeanne. On disait du procès : « En vérité, oye « icelle relation et bien considérée, il nous a semblé, au fait « d'icelle femme, avoir esté tenue grande gravité, sainte et « juste manière de procéder, et dont chacun doit estre content : « et de toutes ces choses nous rendons grâces très humble- « ment à icelle majesté souveraine premièrement, et en « après à vostre très haulte noblesse de humbles et loiales « affeccions, et finalement à tous ceulx qui, pour la révé- « rence divine, ont mis leur peine, labeur et diligence en « ceste matière au bien d'icelle nostre sainte foy. » Il fallait mener rapidement l'œuvre à bonne fin : « Nous supplions « humblement à vostre excellente haultesse que très diligem- « ment ceste matière soit par justice menée à fin briefve- « ment ; car, en vérité, la longueur et dilacion est très « périlleuse, et si est très nécessaire sur ce notable et grande « réparation à ce que le peuple, qui par icelle femme a esté « moult scandalisé, soit réduit à bonne et sainte doctrine en « crédulité. »

La seconde lettre faisait le digne pendant de la première. Cauchon ne méritait pas moins d'éloges que le roi, et le public attendait également de son zèle l'heureuse issue du procès (1).

L'ignoble procédure s'était continuée à Rouen. Fatiguée de tous les interrogatoires qu'on lui faisait subir et convaincue de plus en plus de la méchanceté de ses juges, Jeanne apportait une grande circonspection dans ses réponses et finalement refusa de dire pourquoi elle ne voulait pas se soumettre au jugement de l'Eglise, c'est-à-dire de l'inique tribunal. Alors l'on agita la question de savoir s'il ne serait pas bon, pour la tirer de sa réserve et de son silence, de lui appliquer la torture. La majorité fut d'un avis contraire. Mais Thomas de Courcelles se sépara de ses confrères de Paris pour se joindre à Morelli et à Loiseleur, deux chanoines de Rouen, en faveur de l'affirmative. Ce dernier vote eut lieu dans la séance du 12 mai (2).

(1) *Procès*..., tom. I, pp. 407 et suiv. Cette seconde lettre est en latin.

(2) *Procès*..., tom. I, p. 386-403.
Morelli et Loiseleur étaient deux affidés de Cauchon.
Loiseleur, qui était bachelier en théologie, joua dans cette affaire le

Les avis du dehors étaient arrivés à souhait. Avant l'Université de Paris, seize docteurs et six licenciés ou bacheliers en théologie avaient opiné, le 12 avril, dans le même sens. Les théologiens de Paris n'avaient pas manqué de se mettre du nombre. Le chapitre de Rouen s'était décidé, le 4 mai, à suivre l'exemple. L'on avait recueilli, en outre, un certain nombre d'adhésions particulières (1). L'on pensa que l'approbation donnée à la délibération universitaire par tous les *docteurs* et *maîtres* présents à Rouen ne ferait pas de mal. Elle fut donnée et nous trouvons encore parmi les approbateurs Beaupère, Courcelles, Maurice, Midy (2). Un autre docteur en théologie de la Faculté de Paris se joignit à ces derniers ; il se nommait Guillaume Erard ou Evrard, et était chanoine de Langres et de Beauvais (3). Il n'y avait donc plus qu'à consommer le forfait judiciaire.

Nous savons l'abjuration arrachée à la jeune fille, abjuration odieusement dénaturée et suivie de la condamnation à une prison perpétuelle. Nous savons aussi la révocation de l'abjuration qui valut à l'héroïne d'être livrée, comme relapse, au bras séculier, c'est-à-dire au bourreau et au bûcher.

plus triste rôle. Il s'introduisit dans la prison de Jeanne, se déclarant prisonnier français, afin de surprendre et de trahir ensuite la confiance de l'héroïne.

Mais, d'après le témoignage d'un témoin, au moment où la charrette conduisant Jeanne au supplice allait partir, il voulut, en proie aux remords, monter sur cette charrette pour demander pardon à la victime. Les Anglais le repoussèrent avec menaces.

On dit qu'il mourut subitement à Bâle.

(*Procès*..., tom. I, p. 6, tom. III, p. 161-162).

(1) *Ibid.*, tom. III, pp. 337 et suiv.

(2) *Procès*..., tom. I, p. 422.

(3) M. de Beaurepaire — et les preuves sont apportées à l'appui — distingue ce Guillaume Erard d'un autre docteur du même nom, ayant appartenu au collège de Navarre.

Celui-ci aura sa notice dans notre revue littéraire.

Nous dirons de celui-là, avec M. de Beaurepaire : il fut chanoine de Rouen en 1432, vicaire-général du diocèse, et mourut en Angleterre en juin 1439. (*Notes sur les juges et les assesseurs du procès de condamnation de Jeanne d'Arc*, Rouen, 1890, in-8°, p. 33-37).

Nous ajouterons : il paraît bien qu'il ne fut pas présent au procès dès le commencement, ainsi qu'il constate par cette phrase de lui : « Je affirme « avoir vacqué et entendu au fait et procès dessus dit, en ceste ville de « Rouen, par trente ung jours commençant le VIe jour de may derrenier « passé et finissant le Ve jour de ce présent moys de juing, inclus... » (*Procès*..., tom. V, p. 207).

Le premier interrogatoire, en effet, avait eu lieu le 1er février 1431.

Ce fut Erard qui fit le sermon le jour de l'abjuration, et Midy le jour du supplice. L'un et l'autre surent répondre à l'attente des ennemis de Jeanne. Erard prit pour texte : *Palmes non potest ferre fructum a semetipso, nisi manserit in vite.* Ce discours était l'application violente de la parole évangélique à l'accusée : Jeanne, coupable de tant d'erreurs et de crimes, est une branche séparée du cep divin et, dès lors, ne peut porter de bons fruits. Midy choisit cet autre texte : *Si quid patitur unum membrum, compatiuntur alia membra.* La conclusion qui découlait naturellement était celle-ci : il faut savoir sacrifier le membre, principe du mal, pour guérir les autres qui en souffrent (1).

Dans l'arrêt du 29 mai, arrêt d'où sortit la condamnation capitale ou plutôt l'exécution de la victime, nous ne rencontrons que les noms de Courcelles, Maurice, Erard (2). Nous ne saurions dire pourquoi ceux de Touraine et Feuillet n'y figurent pas (3). Midy n'avait-il que le temps de préparer son sermon ? Quant à Beaupère, il ne se trouvait plus à Rouen : il était parti pour le Concile de Bâle presque aussitôt après l'abjuration (4).

Nos théologiens de Paris furent convenablement payés : après avoir été gratuitement conduits à Rouen, ils recevaient chacun vingt sols tournois par jour. En récompense des services de Courcelles, le roi d'Angleterre lui avait alloué, en outre, une gratification de trente livres tournois (5).

(1) *Ibid.*, tom. I, pp. 445, 470.

(2) *Ibid.*, p. 465-466.

(3) Du reste, leurs noms ne se lisent pas, non plus, dans la quittance du règlement de compte. (*Ibid.*, tom. V, p. 208).

(4) *Ibid.*, tom. II, p. 21.

(5) Les quittances ou ordres de paiement sont au nombre des pièces du procès (*Ibid.*, tom. V, p. 196-209). L'on y voit aussi l'allocation de cent livres tournois pour les frais de voyage des quatre assesseurs chargés de porter à Paris, expliquer et défendre devant l'Université les douze fameux articles. La quittance du règlement de compte se termine par ces mots : « De laquelle somme lesdits maistres se trouvent pour bien paiez et contens et en quittent le roy... »

Touchant la gratuité du voyage à Rouen, Courcelles disait lui-même : « ... expensis eorum qui conducebant eos... » (*Procès...*, tom. III, p. 57).

Neuf mois avant le crime de Rouen, un autre bûcher avait été allumé à Paris, au parvis de Notre-Dame, et c'était pour y brûler une autre héroïne, une compagne de Jeanne la Lorraine, la bretonne Perrinaïc. Cette dernière, jeune fille à l'âme tendre et forte, d'une piété naïve et

Dans le désir de justifier le crime, des lettres avaient été écrites par le roi d'Angleterre, non seulement *aux prélats de l'Eglise, aux ducs, comtes et autres nobles et cités du royaume de France*, mais aussi *à l'empereur, aux rois, ducs et autres princes de toute la chrétienté*. L'Université de Paris, obéissant à la même pensée, en avait fait autant à l'égard du pape et et des cardinaux (1).

II

Malgré cela, l'opinion se prononçait de plus en plus en faveur de Jeanne d'Arc. Encore quelques années, et elle allait demander et la revision du procès et la réhabilitation de la victime. L'Université elle-même, ou plutôt la Faculté de théologie, par deux de ses docteurs, secondait le mouvement : le sorbonniste Guillaume Bouillé ou Boville (*Bovillus*) et le navarriste Robert Cybole prenaient place à côté de Théodore de Léliis et de Paul Pontanus et lançaient dans le public leurs mémoires ou conclusions fortement motivés (2). Le premier, recevait même du roi de France, en février 1450, la mission de procéder à une instruction préparatoire et d'en faire un rapport au Grand-Conseil.

Des sept docteurs de Paris, précédemment désignés, cinq ne figurent nullement dans la procédure qui va s'ouvrir (3).

ardente, portant dans son cœur l'amour de la France et la haine des Anglais, favorisée aussi de visions, était venue des environs de Guingamp vers la Pucelle et cela, comme elle le déclarait elle-même, « par l'ordre de Dieu. » Elle combattit aux côtés de Jeanne. Elle fut arrêtée à Corbeil, au moment où elle se rendait à Paris dans une pensée patriotique, car une conspiration s'y organisait contre la domination anglaise. Conduite dans la capitale, « elle fut jugée a estre arse, et le fut », expiant ainsi dans les flammes, avant même sa noble compagne, le plus pur et le plus prodigieux dévouement au pays de France. (*Perrinaïc*, Paris, chez Lethielleux).

(1) Voir ces lettres, *Procès*..., tom. I, pp. 485, 489, 496, 499.

(2) Voir ces Mémoires, *Procès*..., tom. II, pp. 22 et 59, tom. III, pp. 322 et 326.

(3) Pierre Cauchon était mort en décembre 1442. Il avait été nommé, dès 1430, à l'évêché de Lisieux; mais il ne fut confirmé qu'en 1432. (*Gal. christ.*, tom. IX. col. 758, tom. XI, col. 793-794). L'historien Louvet cite ces vers extraits du poème de Valeran sur Jeanne d'Arc et qui redisent la mort subite du coupable prélat :

. . . . Joannam
Sic et Calceonus qui censu.. esse cremandam,

Le trépas de Maurice se trouve consigné dans un acte de 1438, le testament de Louis de Luxembourg, archevêque de Rouen (1). Une note précédente nous a déjà fait connaître que l'année suivante fut le terme de la vie d'Erard. Nous retrouvons Midy, en 1438, à Paris, lors de l'entrée de Charles VII qu'il harangua au nom de l'Université (2). Nous savons qu'en 1455 il était passé de vie à trépas (3). Quant à Feuillet et Touraine, il y a tout lieu de penser qu'ils avaient fait le même voyage de l'éternité.

Jean de Beaupère qu'on trouve alors chanoine de Rouen (4), fut cité dans l'instruction préparatoire. Au sujet des apparitions, il déclare qu'il avait eu et avait encore « plus grant « conjecture que les dictes apparicions estoient plus de « cause naturelle et intencion humaine que de cause sur « nature; toutefois de ce principalement » il s'en référait « au procès ». Relativement à l'innocence de Jeanne, « elle « estoit bien subtille de subtillité appartenante à femme, « comme lui sembloit; et n'a point sceu par aucunes parolles « d'elle qu'elle fust corrompue de cors » (5). Nous avons là la prudente habileté d'un homme qui essaie de se tirer le mieux possible d'un mauvais cas. Nous ne voyons point comparaître Jean de Beaupère dans le procès même de réhabilitation. Etait-ce parce que son départ de Rouen avant la consommation du

Pendula dum tousor secat excrementa capilli,
Expirans cadit et gelida morte cadaver
Decubat; ultrices sic pendent crimina pœnas.

Le même historien continue : « Cet évesque après la mort fut excom- « munié par Càllixte IV (pour Caliste III) et les os de son corps jettez en « la voirie ».

(*Histoire et antiquités du diocèse de Beauvais*, Beauvais, 1631-1635, in-12, tom. II, p. 564).

(1) *Gal. christ.*, tom. XI, *Instr.*, col. 56 : « Je laisse à l'Eglise de Rouen « un bréviaire en deux gros volumes que j'achetay de feu maistres « Pierres Morisse, moyennant ce que mes successeurs archevesques, « toutes et quantes fois qu'ils seront à Rouen, les aduront et s'en aide- « ront pour dire leur service, et ne les pourront emporter dehors.... »

(2) *Hist. Univers. Paris.*, tom. V, p. 442.

(3) *Procès...*, tom. III, p. 60.

(4) *Procès...*, tom. II, p. 20, où ces expressions : « Vénérable et cir- « conspecte persoane, maistre Jehan Beaupère, maistre en théologie, « chanoine de Reuen, de l'âge de 70 ans ou environ. »

(5) *Procès...*, tom. II, p. 20-21.

crime lui avait permis de se compromettre un peu moins que Thomas de Courcelles ?

Aussi, ce dernier en appela-t-il à l'infidélité du souvenir, aux atténuations, aux réticences, aux omissions, aux équivoques. Avant son arrivée à Rouen, il ne savait rien de Jeanne ni de sa famille (1). Il ne se rappelait pas s'il y avait eu enquêtes préalables à Rouen ou au pays natal de la prisonnière (2). L'on s'occupait surtout des *voix* de celle-ci (3). Quant au crime d'hérésie, il avait parfaitement présent à la mémoire que dans la première séance il ne l'avait admis qu'hypothétiquement, c'est-à-dire pour le cas où l'accusée ne voudrait pas se soumettre à l'Eglise. C'était vrai (4). Mais dans la dernière séance où il s'était simplement rangé à l'avis de l'abbé de Fécamp ? « Autant que sa conscience pouvait « l'attester, en présence de Dieu, il lui semblait avoir dit que « l'accusée était alors ce qu'elle était précédemment, et que « si elle était précédemment hérétique, elle l'était encore ». Il ajoutait qu'il « ne l'avait jamais positivement déclarée hérétique » (5). Or l'abbé de Fécamp « avait affirmé que ladite Jeanne était relapse » ; puis, continuant le développement de son avis, il avait exposé qu'il fallait relire préalablement à la relapse la formule d'abjuration signée par elle, et que, la chose accomplie, les juges n'auraient plus qu'à « déclarer Jeanne hérétique et à l'abandonner à la justice séculière » (6). Il est vrai que Cauchon prit sur lui de ne pas lire la formule et de prononcer tout seul. Mais n'était-il pas suffisamment édifié sur la pensée et les désirs de ses assesseurs, et était-il besoin d'une nouvelle séance pour recueillir de nouveau les avis et s'en autoriser ? La vérité historique exige que nous signalions

(1) *Procès*..., tom. III, p. 57 : « Nullam habuit notitiam quousque eam « vidit in villa Rothomagensi, nec de ejus patre, matre aut parentibus. « De ejus fama dicebatur quod asserebat se habere voces a Deo. »

(2) *Ibid* : « Nescit etiam si aliquæ fuerint factæ informationes præparatoriæ Rothomagi aut in loco originis ipsius Johannæ... »

(3) *Ibid.*, p. 58 : Solum erat quæstio quod dicebatur eam habuisse voces et quod asserebat eas esse a Deo. »

(4) *Procès*..., tom. I, p. 428 : « ... in aliis deliberavit prout magister « Petrus Mauricii prædictus, addendo quod, si ipsa Johanna noluerit « obedire Ecclesiæ post monitionem, censenda est hæretica. »

(5) *Procès* ..., tom. III, p. 58.

(6) *Procès* ..., tom. I, p. 463-466.

aussi un mensonge formel. Nous avons fait connaître l'opinion émise par Courcelles sur l'application de la torture (1). Eh bien! dans sa déposition, il ne craignit pas d'affirmer catégoriquement le contraire (2).

Cette déposition était faite devant le tribunal constitué par rescrit pontifical du mois de juin 1455; tribunal qui eut la gloire, à la suite d'une longue procédure, de casser l'inique jugement et de consacrer l'innocence de l'héroïne.

Le procès, en effet avait commencé, à Rouen, le 7 novembre 1455 et le jugement fut rendu le 7 juillet 1456. Les juges étaient: l'archevêque de Reims, Juvénal des Ursins, les évêques de Paris et de Coutances et l'inquisiteur Jean Bréhal (3).

(1) Citons, du reste : « Magister Thomas de Courcellis dixit quod sibi videtur bonum esse eam ponere », scillicet *in torturis*, comme le preopinant l'avait positivement exprimé. (*Ibid.*, p. 403).

(2) *Ibid.*, tom. III, p. 58 : « Asserit etiam quod nunquam deliberavit de aliqua pœna eidem Johannæ infligenda. »

Ce qui témoigne encore contre Courcelles, c'est qu'il avait été lui-même chargé de traduire et avait traduit en effet les pièces du procès en latin : « qui processus fuerunt postmodum reducti de gallico in « latinum per magistrum Thomam de Courcellis ... in forma in « qua nunc stant, prout melius et secundum veritatem fieri potuit, « longe post mortem et excutionem factam de ipsa Johanna. » (*Procès.*., tom III, p. 135) ; « Et de translatione, audivit (le témoin) quod magister « Thomas *de Courcelles* fuit oneratus de transferendo processum de « gallico in latinum... » (*Ibid.*, tom. II, p. 319). Les faits du procès devaient donc être d'autant plus présents à l'esprit de Courcelles.

(3) Sociétaire de Sorbonne en 1439, docteur en 1443, ensuite doyen de la Faculté de théologie de Paris, chanoine, puis doyen de Noyon, Guillaume Bouillé ou Boville, après avoir procédé comme commissaire, paraît bien avoir siégé comme assesseur. Du reste, le manuscrit 1022 de l'Arsenal, par. III, p. 251-252, est formel : « ... anno sequenti « 1455 commissus a judicibus delegatis a papa ad excipienda testimonia « cæteraque præparanda quæ pro judicio de innocentia Joannæ d'Arch... « ferendo necessaria videbantur In concessus eorumdem judicum « tanquam consiliarius ab iisdem vocatus sedit et doctissime peroravit. » Voir aussi *Hist. Univers. Paris.*, tom. V, p. 875.

On trouve le nom de ce Sorbonniste dans l'Edit de Louis XI contre les nominaux (*Hist. univers. Paris.*, tom. V, p. 707).

— Le navarriste Robert Cybole aura son article dans notre revue littéraire.

— Thomas de Courcelles ne perdit rien de sa considération. Dans les solennelles circonstances, il devenait l'orateur de l'Université. C'est ainsi qu'il harangua Louis XI à son avènement au trône et le duc de Savoie dans son passage à Paris. Il fut aussi chargé de prononcer l'oraison funèbre de Charles VII. Il remplit les fonctions de proviseur de Sorbonne et obtint la dignité de doyen de Notre-Dame de Paris. Le roi le nomma un des quatre ambassadeurs — les trois autres etaient l'archevêque de Tours, l'évêque de Paris et le bailli de Rouen — à l'assemblée de Mantoue (1459). Son rôle, nous le verrons, avait même été assez considérable au Concile de Bâle. Enfin Œneas Sylvius, plus tard Pie II. a écrit cet éloge : Thomas de Corcellis, inter sacrarum litterarum doctores insignis « quo nemo, plura ex decretis sacri Concilii dictavit, vir juxta doctrinam « mirabilis et amabibilis, sed, modesta quadam verecundia, semper « intuens terram et velut latenti similis. » Il vécut jusqu'en 1469. (Crévier, *Hist. de l'Univ. de Paris*, tom. IV, pp. 269, 272, 290, 254-256, 324-325 ; *Gal. christ.*, tom. VII, col. 214 : *Hist Univers. Paris.*, tom. V, p. 896 ; ms. de l'Ars. 1022, par. III, pp. 247 et suivant).

— Jean Bréhal, de l'ordre de Saint-Dominique, n'était pas docteur de Paris : « F. *Johannes Brehalli* qui et vulgo *Bréhal*, Gallus Neustrius, domus « Ebroicensis alumnus, sacræ theologiæ magister, licet alibi promotus, « non in Facultate Parisiensi, vir fuit seculo XV pietate, doctrina et aucto- « ritate celebris. » (*Scrip. ord. Prædicat.*, tom. I, p. 815).

Sur plusieurs des personnages qui ont figuré dans le procès de Jeanne d'Arc, et en particulier sur les docteurs en théologie de Paris, l'on consultera avec fruit la brochure de M. de Beaurepaire : *Notes sur les juges et les assesseurs du procès de condamnation de Jeanne d'Arc*, Rouen, 1890.

CHAPITRE III

LE GRAND SCHISME JUSQU'A SON EXTINCTION

I. Avant les Conciles.
II. Les Conciles de Pise et de Constance.
III. Le Concile de Bâle.

I

Sanctionnée immédiatement par ordonnance royale, notifiée par Pierre d'Ailly à Benoît XIII, appuyée militairement par le maréchal de Boucicaut qui occupa Avignon et tint pendant quatre ans le pape captif dans son palais (1), attaquée par l'Université de Toulouse (2), défendue par celle de Paris (3), abandonnée ensuite par le roi qui ordonna de revenir à Benoît XIII (1403) (4), la soustraction d'obédience, décidée en 1398, fut de nouveau agitée dans un autre Concile national qui se réunit également à Paris. Ce Concile s'ouvrit en novembre 1406 pour se clôturer en janvier 1407. L'Université voulait la confirmation ou le renouvellement du précédent décret. Pierre

(1) Crévier, *Hist. de l'Univ. de Paris*, tom. III, pp. 179, 201.

(2) Ecrit imprimé dans *Hist. Univers. Paris.*, tom. v, p. 4-24.

(3) L'Université de Paris opposa deux réponses également imprimées dans *Ibid.*, la première p. 25-30, la seconde p. 30-53.

Le docteur Plaoul, soutenu par Juvénal des Ursins, avocat du roi, réussit à faire condamner plus tard (1406) par le Parlement l'écrit, sous forme de lettre, de l'Université de Toulouse. « L'affaire de Toulouse fut jugée « la première et, par arrêt du dix-septième de juillet, elle (la lettre) fut « condamnée à être déchirée publiquement à Toulouse et à Avignon, « réservant au procureur général d'en poursuivre les auteurs. » (Fleury, *Hist. ecclés.*, livre xcix, chap. lvi).

(4) Le roi appuyait son ordonnance sur les avis de ses oncles et de son frère, duc d'Orléans, des prélats, des Universités de Paris, d'Orléans, de Toulouse, d'Angers, de Montpellier, d'un certain nombre de seigneurs du royaume.

Plaoul fut encore un de ses orateurs. Les paroles du duc d'Orléans à l'empereur Wenceslas qu'on pressait de se séparer du pape de Rome, paroles que Plaoul plaça dans son discours, résument la doctrine de ce dernier sur la capitale question : « Monsieur d'Orléans ly dit : Ne estes vous pas obligié première-« ment et de plus grande obligation à l'Eglise et au siège apos-« tolique que vous ne estes à celuy qui y siège? Vous ne pouvez « garder le serment que vous avez fait à l'Eglise, qu'en y « conservant l'unité. Doncques il ne faut point révoquer en « doute que vous estes plus obligié à Jésus-Christ qu'à son vi-« caire (1) ». Toutefois l'assemblée se partagea : s'il y eut unanimité sur la nécessité d'un Concile général, la soustraction d'obédience ne réunit que la majorité des suffrages. Pierre d'Ailly, devenu évêque de Cambray, s'était énergiquement prononcé dans le sens de la minorité (2). Gerson partageait le sentiment de Pierre d'Ailly. Nicolas de Clamenges ou de Clémengis s'était aussi déclaré l'adversaire de la soustraction (3).

La mort moissonnait les papes de Rome. A Boniface IX avait succédé Innocent VII, en 1404, et à celui-ci, en novembre 1406, Grégoire XII.

L'on avait conçu, après l'élection de Grégoire XII, une espérance qui ne se justifia point. Le pape de Rome, en faisant connaître sa promotion au pape d'Avignon, aux princes et aux prélats, prenait l'engagement de descendre spontanément du trône papal, dans le cas où Benoît renon-

(1) Paroles citées par Crévier (*Hist. de l'Univers. de Paris*, tom. III, p. 251-252).

(2) *Hist. Univ., Paris.*, tom. IV, pp. 853 et suiv., tom. V, pp. 69 et suiv.

Pierre d'Ailly n'avait pas craint de tancer vertement certaines ardeurs universitaires : « Je dy, s'écriait-il, que c'est cose ben abhominable que « en ceste matière l'en use de paroles injurieuses et espécialement « contre la personne du pape, avant qu'il soit jugié tel comme l'en l'y met « sus. J'ay leu et estudié les livres des conseaux généraux, esquels con-« seaux ont moult papes jugiez de plusieurs crimes et condemnez, mais je « n'ay point treuvé que l'en y treuvast de telles injures. Immo cestes « injures que l'en dit ez prédications et libelles diffamatoires, redunderont « jusques à vous, Sire; et, pour Dieu, fuyons les et traitons nostre « matière honnestement et paisiblement. » (*Notice hist. et littér. sur le card. Pierre d'Ailly*, par M. Dinaux, Cambray, 1824, in 8°, p. 56, d'après un ms).

(3) *Hist. Univers. Paris.*, tom. V, *passim.*

cerait également à son prétendu pontificat. Benoît répondit à Grégoire qu'il était dans les mêmes dispositions, lui proposant même une entrevue pour, en présence de leurs cardinaux, offrir et signer l'un et l'autre leur abdication. Mais, des deux côtés, la sincérité paraît bien avoir fait défaut.

Le roi de France, estimant sérieuses ces promesses réciproques, et s'appuyant, d'ailleurs, sur les décisions du dernier Concile de Paris, était résolu à prendre les mesures nécessaires pour contraindre les deux pontifes à tenir leur parole. Une solennelle ambassade dont faisait partie Pierre d'Ailly, Plaoul, Courtecuisse, Gerson, quittait Paris, au commencement de février 1407, à destination des résidences papales.

Benoît et Grégoire avaient fini par s'entendre sur le lieu de leur entrevue : ce devait être à Savone.

Le premier répondit aux ambassadeurs qu'il fallait croire à sa parole, ne pas exiger autre chose de lui; et il se rendit effectivement à Savone. Le second exposa que la ville de Savone n'offrait pas toutes les sûretés désirables, qu'il était bon de choisir un autre endroit; et, malgré les instances à lui faites, il se fit inutilement attendre par Benoît. Au mois de janvier suivant (1408), pressé par les envoyés de ce dernier, il affirma de nouveau qu'il était disposé à l'abdication, pourvu que Benoît abdiquât lui-même personnellement ou par mandataire : paroles, qui, comme les précédentes, demeurèrent sans résultat. Sur ce, Fleury cite Thierry de Niem qui a écrit : « Plusieurs disent que les deux compétiteurs « sont d'intelligence pour éloigner l'union, semblables à « deux champions qui viendroient sur le champ de bataille « comme pour se battre à outrance; mais, après être con- « venus de ne se faire aucun mal, en se retirant, ils s'ap- « plaudiroient d'avoir longtemps joué les spectateurs... » (1).

Toutefois, dans ce même mois de janvier 1408, Charles VI signait des lettres patentes, déclarant soustraction d'obédience aux deux prétendus papes à dater de l'Ascension prochaine.

Frappé dans sa juridiction, Benoît XIII, à son tour, fit gronder les foudres spirituelles sur la tête du roi de France et de ses conseillers, prélats et autres. Une bulle renfermant

(1) *Hist. ecclés.*, livre C, ch. V.; *Hist. Univers. Paris*, tom. V, pp. 141 et suiv.; Hardt, *Magnum œcum. Constant. Concil...*, tom. I, p. 40.

l'excommunication *ferendæ sententiæ* arriva à Paris en mai 1408. Elle se terminait par ces mots : « A nul homme « doncques ne soit licite d'enfraindre ou aler a l'encontre « par fole et présomptueuse hardiesse de ces présentes... Si « aucun est si hardi d'aler a l'encontre, il sache luy encourir « et encheoir en l'indignation de Dieu tout-puissant... (1) »

Sur la requête de l'Université, il fut décidé que Charles VI se ferait prompte et solennelle justice. Dans la cour du palais, une sorte d'amphithéâtre fut dressé avec un trône pour le roi et des sièges pour les princes du sang, les membres du conseil, les prélats et les députés de l'Université. Là, Courtecuisse prononça un discours véhément, auquel il donnait ces conclusions :

Pierre de Lune est schismatique et hérétique ;

Il ne doit pas porter le titre de pape ;

Ses actes sont frappés de nullité ;

Sa bulle est une pièce mauvaise et séditieuse ;

Il n'a aucun droit à l'obéissance ;

Il faut procéder énergiquement contre lui et ceux de son parti (2).

(1) La bulle se lit dans *Hist. Univers. Paris.*, tom. v, pp. 145 et suiv. Elle a été traduite par Monstrelet dans sa *Chronique*, tom. I, pp. 250 et suiv., édit. *publiée pour la Société de l'histoire de France*. C'est de cette traduction que nous avons extrait la citation faite et que nous extrayons le passage suivant : « Pour ce, après meure délibéracion eue sur les choses dessusdictes, « par ceste constitucion perpétuellement durable, nous prononçons « sentence d'excommunicacion contre tous ceulx qui empescheront « sciemment l'union de l'Eglise dessusdicte en nostre personne ou les « personnes de nos vénérables frères les cardinaulx de la saincte « Eglise de Romme en l'exécution des choses dessusdictes par nous « offertes et accordées avec Langle Corrarion et ses messagers, ou qui « appelleront de nous et de nos successeurs les évesques rommains « entrans droicturièrement en la papalité, ou qui bailleront faveur aus- « dictes appellacions, substractions ou pertubacions par eulx ou par « autruy, par quelque occasion ou couleur que ce soit, et tous ceulx « qui obstinéement affermeront iceulx non estre liez ou excommuniez « par nostre sentence, de quelque degré, estat ou condicion qu'ilz « soient, en dignité de cardinal, de patriarche, d'arcevesque ou évesque, « de auctorité ou de majesté royale ou impériale ou de quelque aultre « auctorité, tant d'Eglise comme de séculiers. De laquelle sentence nul « ne peut estre absolz, fors par le pape, excepté tant seulement en « l'article de la mort ».

Ce Langle Corrarion (Ange Conrario) était celui « qui s'est bouté de fait au siège apostolique et se fait à ceulx à lui obéissans appeler Grégoire. »

Les délinquants devaient être frappés jusque dans leurs bénéfices.

(2) *Chronique d'Eng. de Monstrelet, publiée par la Société de l'histoire de France*, in-8°, tom. I, pp. 225 et suiv.

La bulle fut publiquement lacérée. Cette imposante cérémonie s'accomplit le 21 mai (1).

Le lendemain, le roi écrivait aux cardinaux de Rome pour les conjurer d'abandonner Grégoire et de se réunir aux cardinaux de Benoît. Relativement à la conduite à tenir après la réunion, il les renvoyait aux instructions données à ses ambassadeurs qui étaient encore en Itatie. Dans cette missive, il ne traitait pas Benoît mieux que Grégoire, les accusant l'un et l'autre de mauvaise foi (2).

Le religieux de Saint-Denis, dans son *Histoire de Charles VI*, traduite par Le Laboureur, Paris, 1663, p. 640, nous donne la virulente harangue : « ... il faut que tous les chrestiens le tiennent pour schismatique et hérétique, luy et tous ses adhérans, et non seulement « il ne mérite pas d'être détrôné du Saint Siège, mais d'estre « dégradé de tout ordre ecclésiastique, attendu qu'il est notoire « qu'il est la cause principale de ce déplorable schisme et qu'il y est « tellement obstiné qu'il n'a pas voulu consentir qu'on le pût terminer « après la mort de ses deux adversaires. . » Ces bulles qui sont de nul effet, méritent, en outre, « l'indignation de tout ce qu'il y a de bons ca- « tholiques, tant parce que l'Université a appelé de luy que pour ce « aussi qu'il n'a autre intention par ce libelle, sinon de blesser la nation « françoise et de faire injure à la Majesté royale. C'est pourquoy le roy « et ses sujets peuvent luy appliquer ce que nous avons allégué pour « thème de nostre discours : *Convertetur dolor ejus in caput ejus, et in* « *verticem ipsius iniquitas descendet.* »

Nous devons reconnaître que ces violences n'étaient pas du goût de tous et, en particulier, nous le savons déjà, de Pierre d'Ailly, car Monstrelet a écrit sous la même année 1408 et plus loin que le passage visé tout à l'heure : « Et lors l'abbé de Saint Denis et ung docteur en théologie qui « estoient en prison au Louvre par le commandement du roy, furent « mis dehors à la requeste du cardinal de Bar, et furent du tout déli- « vrez contre la volonté de l'Université de Paris. Et pareillement maistre « Pierre d'Ailly, excellent docteur en théologie, évesque de Cambray, « lequel estoit arresté à l'instance de ladicte Université pour tant qu'il « n'estoit point à elle favorable, fut aussi délivré par le pourchas du « conte Waleran de Saint Pol et du grant conseil du roy. » (*Chron.*, même édit., tom. I, p. 350).

(1) *Hist. Univers. Paris.*, tom. V, pp. 160 et suiv.

Les deux porteurs de la bulle, le docteur Sanche Lopez et un écuyer de Benoît, devaient être aussi punis. Leur procès terminé et la sentence de culpabilité rendue, « on revêtit les deux coupables de dalmatiques de « toile noire, portant les armes du pape et des écriteaux où les patients « étoient traités de faussaires et de traîtres envoyés par un traître. On leur « mit aussi sur la tête des mitres de papier et, en cet équipage, on les mena « dans un tombereau à la cour du palais, où ils furent mis sur un écha- « faud et exposés à la dérision du peuple. Le dimanche suivant, on les « montra de même au parvis de Notre-Dame, où l'un des commissaires « qui étoit de l'ordre des Mathurins et docteur en théologie, fit un dis- « cours où il déclara Pierre de Lune schismatique, hérétique et criminel « de lèse-majesté, et le chargea de quantité d'injures indignes d'un reli- « gieux et d'un théologien. » (Fleury, *Op., cit.*, liv. C., ch. XVI).

(2) *Hist. Univers., Paris.*, tom. V, p. 162-163 : « Quis autem eorum

Quelques jours après, le 29 du même mois, l'Université signait dans son assemblée aux Mathurins une missive dans le même sens et à même destination au delà des monts. Mais les deux papes n'y étaient pas plus ménagés que dans la missive royale (1).

L'on ne savait pas à Paris que l'abandon de Grégoire par ses cardinaux était déjà un fait accompli. Sachant que le maréchal de Boucicaut avait l'ordre de l'arrêter, Benoît s'était retiré en Espagne. Il ne restait alors à ses cardinaux qu'à se joindre aux cardinaux de Grégoire. C'est ce qu'ils firent. Les deux collèges étaient réunis à Livourne.

Ces deux collèges écrivirent séparément une circulaire aux deux obédiences de la catholicité. C'était pour marquer qu'en présence du mauvais vouloir des deux contendants, ils prenaient de concert l'initiative de la réunion d'un Concile général, et qu'en conséquence ils le convoquaient à Pise pour le 25 mars prochain 1409. Les deux circulaires sont datées, celle des cardinaux de Rome du 24 juin, celle des cardinaux d'Avignon du 14 juillet (2).

Les deux contendants espéraient entraver la réunion œcuménique. Pour y mieux réussir, ils convoquèrent, chacun de leur côté, un Concile, l'un à Perpignan, l'autre à Aquilée. Vains alors, vains plus tard quand ils essayèrent de tenir leur assemblée, furent leurs efforts. Et à Grégoire affirmant dans sa lettre de convocation qu'au pape seul appartenait de réunir un Concile général, il était catégoriquement répondu par les cardinaux : Dans la circonstance, « nous disons et nous prétendons que, d'après le droit, le pouvoir de convoquer et d'assembler le saint Concile général nous est totalement dé-

« malitiam, fraudem et iniquitatem non videat ? Quis eosdem turbatores pacis et impeditores unionis non accipiat? Quis talibus de cætero obediret ? Violaverunt fidem, fregerunt votum, promissum non tenuerunt, et, sponsam Christi ante pedes eorum videntes prostratam, eidem manus elevatrices quas feliciter exhibere poterant, denegarunt. O magnum et scelestum facinus ! O nefanda temeritas! O talibus viris ad pacem Ecclesiæ dandam inter mortales obligatis indigna macula nunquam eorum delenda de frontibus... »

(1) *Ibid.*, p. 163-165 : « ... nullus tamen apud nos indubium revocat quin ambo contendentes perversa et ambitiosa mente divisionem hanc pestiferam hactenus produxerunt. »

(2) Labbe, *Concil.*, tom. XI, par. II, col. 2140-2152, où reproduites lettres de convocation.

volu » ; car, outre que le passé vous rend « suspects » à cet égard, « il y a impossibilité que vous deux vous convoquiez un « semblable Concile dans un même endroit ; d'autre part, la « convocation des prélats d'une obédience ne pourrait consti- « tuer un Concile général et l'on n'y pourrait rien statuer sur « l'autre obédience non convoquée ; et, dans l'hypothèse de la « convocation de cette dernière, ni le pape opposé, ni ceux « de son parti ne se rendraient à ce Concile. Mais admettons « qu'ils s'y rendent. Si vous présidiez tous deux, comme « présiderait un pape certain, il y aurait lieu de dire que « l'Eglise serait un monstre à deux têtes. Du reste, quand les « canons parlent du droit de convocation, comme apparte- « nant au pape, ils n'ont pu avoir en vue le cas étrange de « deux contendants qui, par leur abdication, selon leurs pro- « messes tant de fois réitérées, pourraient, sans Concile, sans « tant de labeurs, sans tant de dépenses, procurer la paix à « l'Eglise (1).

II

L'Université fut représentée officiellement au Concile de Pise par deux théologiens, Pierre Plaoul et Dominique Petit, par deux décrétistes, un médecin et quatre ou cinq artiens (2). Il y avait, en outre, un grand nombre de théologiens de Paris qui assistèrent au Concile, comme docteurs particuliers. A une séance, on en compta jusqu'à quatre-vingts qui émirent leur avis (3). Gerson, en pleine jouissance de sa renommée, prenait rang parmi ces derniers. Comme prélats tirés

(1) Rainaldi, *Annal. ecclesiast.*, an 1408, cap. XXXVIII.
Les *litteræ cardinalium ad Gregorium* sont imprimées *in extenso*, *Ibid.*, cap. XXXIII-XXXIX, et portent cette date : « Datum in castro seu loco « Liburnii Pisanæ diœcesis... decima sexta mensis Julii... anno a nativitate « Domini nostri J. C. MCCCCVIII. »

(2) *Hist. Univers. Paris.*, tom. V, p. 191-192. A un endroit, cinq artiens sont nommés et quatre seulement à un autre. Le chef de l'ambassade portait le nom de recteur et était tiré de la Faculté des arts. La députation était donc l'image, en petit, de l'Université elle-même.

(3) *Ibid.*, p. 193 : « Aujourd'huy pareillement les théologiens ont dit « leur opinion, qui sont en nombre cent vingt trois, desquels les quatre « vingts sont vos supposts et soubmis. » (Lettre des députés à l'Université en date du 29 mai.)

du sein de la Faculté de théologie, l'on doit citer Pierre d'Ailly, que nous savons évêque de Cambray, Gille des Champs, alors évêque de Coutances, tous deux devant être sous peu créés cardinaux par Jean XXIII (1).

L'ouverture de l'assemblée s'était faite le jour annoncé. Les séances se succédaient à assez bref intervalle, pour citer les deux contendants, qui ne répondirent pas à l'appel, les déclarer contumaces, décréter la soustraction générale à leur obédience, prononcer leur déposition, faire élire par les cardinaux un nouveau pape.

Le sermon de Pierre Plaoul, à la treizième session, ne dut pas être sans influence sur ces résolutions extrêmes. L'orateur avait pris pour texte ces paroles du prophète Osée : *Les enfants de Juda et ceux d'Israël se réuniront et se donneront un seul chef* (2). Il traita la question de fond en s'efforçant d'établir que l'Église ou le Concile qui la représente est au-dessus du pape (3). Puis il s'appliqua à montrer que les deux contendants étaient schismatiques obstinés, hérétiques opiniâtres, que, par conséquent, il fallait les déposer ou plutôt les supposer déjà tombés du pontificat. Il ajouta que ce n'était pas seulement le sentiment de l'Université de Paris, mais que les Universités d'Angers, d'Orléans, de Toulouse — cette dernière aurait dès lors changé de sentiment — pensaient de même (4). L'évêque de Novarre le remplaça aussitôt dans la chaire pour y déclarer par écrit que telle était également l'opinion de trois cents docteurs du Concile, celle

(1) Originaire de Rouen, docteur de la maison de Navarre, comme nous l'avons déjà noté, aumônier de Charles VI, évêque de Coutances (1408), cardinal (1411), Gilles des Champs ne devait pas assister au Concile de Constance, car il mourut le 15 mars 1414. (*Hist. Univers. Paris.*, tom. IV, p. 947 ; *Gal. christ.*, tom. XI, col. 889-890).

(2) I, 11.

(3) Hardt, *Mag. Conc œcumenic. Constant. Concil...*, Francfort et Leipsick, 1697-1700, tom. II, col. 132 : « Quod deduxit pluribus rationibus « tam de parte materiæ seu animarum, quam ex parte formæ quæ est « Spiritus Sanctus, quam etiam ex parte causæ efficientis quæ est ipse « Christus, quam etiam ex parte finis qui est ipse Deus in Ecclesia triumphante. »

(4) « Et par devant avoit aussi parlé très solemneilement M. Dominique « le Petit en la présence de tous les cardinaux, et fut son thème : *Principes populorum congregati sunt cum Deo Abraham.* Les cardinaux et « prélats de saincte Église sont appellez les princes des peuples. » (Lett. des députés de l'Univers., précit., *Hist. Univers...*, tom. V, p. 192-193).

de plusieurs licenciés et bacheliers de divers pays, et, spécialement, celle des Universités de Bologne et de Florence (1).

Pierre de Candie, de l'ordre des Frères-Mineurs, cardinal de Milan, fut élu et prit le nom d'Alexandre V.

Après l'élection d'Alexandre V, Gerson prononça un discours en présence du Concile et du nouveau pontife. Son texte, puisé dans les Actes des Apôtres, était celui-ci : *Seigneur, sera-ce en ce temps que vous rétablirez le royaume d'Israël* (2)? Les preuves en faveur de l'œcuménicité du Concile se tiraient de l'histoire : le Concile de Nicée avait été convoqué par l'empereur Constantin, et celui de Constantinople, cinquième général, l'avait été par les Pères eux-mêmes. Conséquemment, les actes de l'assemblée de Pise étaient parfaitement légitimes et, entre autres, la déposition des deux contendants et l'élection d'un nouveau pape. De là, il fallait l'espérer, des conséquences heureuses : la paix dans l'Eglise, la destruction des abus, la réformation des mœurs (3).

Le Concile eut sa vingt-deuxième et dernière session le 7 août de la même année. Dans la pensée du pape et des pères, ce n'était guère qu'une suspension à cause du départ d'un certain nombre de prélats. Aussi, à cette même session, un autre Concile était-il indiqué par Alexandre V, pour l'année 1412 : on devait alors s'occuper de la réformation de l'Église dans son chef et dans ses membres.

Cependant, avec l'élection d'Alexandre V, les malheurs, loin de prendre fin, paraissaient s'aggraver. Grégoire XII et Benoît XIII ne se soumettant pas au Concile, la chrétienté se trouvait réellement partagée en trois obédiences, bien qu'Alexandre V fut reconnu par la plupart des États de l'Europe. Ce dernier mourut en 1410 et on lui donna pour successeur le cardinal Balthasar Cossa qui devint Jean XXIII. Celui-ci, s'estimant à juste titre lié par les engagements de son prédécesseur, convoqua une assemblée conciliaire,

(1) Labbe, *Concil.*, tom. XI, par. II, col. 2199; Hardt, *Loc. cit.* Nous avons préféré la narration de Labbe, d'après laquelle l'orateur français enveloppait, dans la même condamnation, les deux contendants : il devait en être ainsi, puisqu'il parlait devant les représentants des deux obédiences.

(2) I, 6.

(3) Le discours se trouve dans les *Opera* de l'illustre chancelier, Anvers, 1706, in-fol., tom. II, col. 131 et suiv.

d'abord à Rome en l'année indiquée, mais sans résultat, puis dans la ville de Constance. L'ouverture s'en fit dans cette seconde ville, le 5 novembre 1414.

Jean XXIII pouvait espérer qu'en ce qui concernait la papauté, les actes du Concile de Pise seraient purement et simplement confirmés. Chaleureusement soutenu par Pierre d'Ailly, le projet d'une triple abdication parut préférable : d'une part, le pape légitime devait se sacrifier au bien de l'Église ; de l'autre, ménager l'amour-propre des deux opiniâtres qui ne cessaient de porter la tiare, était peut-être le plus sûr moyen de succès, et, d'ailleurs, il serait toujours temps de procéder par la rigueur. Jean XXIII paraissait disposé au sacrifice. Mais il fallait un engagement. On se serait contenté d'une simple promesse. Les représentants de l'Université de Paris, arrivés depuis peu, pensèrent autrement (1). Gerson, à la fois ambassadeur du roi, était à leur tête. Les autres — du moins ceux qui nous sont connus — avaient nom : Benoît Gentien et Jean d'Achery, docteurs en théologie, Jacques Despars, docteur en médecine, et précédemment recteur de l'*Alma Mater*, Jean des Temples (*de Templis*) (2).

(1) *Hist. Univers. Paris.*, tom. V, p. 277.

(2) *Hist. Univers. Paris.*, tom. V, p. 275.

Benoît Gentien, qui est connu comme bénédictin, l'est moins comme sorbonniste. Cependant, le collège de Sorbonne l'a inscrit au nombre des siens sous le simple titre d'hôte. (B. de l'Ars., ms. 1022, par. III, p. 251).

Gentien est-il l'auteur de la fameuse *Histoire de Charles VI, par un religieux de Saint-Denis ?*

Nous lisons dans le P. Le Long : « Le Laboureur qui a fait des re« cherches pour découvrir son nom (le nom de l'auteur de cette histoire), « conjecture que c'étoit Benoît Gentien, docteur en théologie, qui étoit « en ce temps-là un des plus célèbres religieux de ce monastère. » (*Biblioth. hist. de la France*, n. 17129).

De son côté, Félibien a écrit : « M. Le Laboureur s'est persuadé que « l'auteur de la chronique de Charles VI qu'il a traduite, estoit ce Benoît « Gentien. Je ne say cependant comment on peut regarder comme d'une « même personne ce que l'auteur dit de soy-même et de Benoît Gen« tien, son confrère. Car pourquoi ce double langage ? Tantost parler « en première personne et tantost en tierce personne. » (*Hist. de l'Abbaye royale de Saint-Denis en France*, Paris, 1706, in-fol., p. 339, not.).

Il peut être bon de rappeler que cette *Histoire de Charles VI*, d'abord écrite en latin, a été ensuite traduite en français par l'auteur lui-même.

Si Benoît Gentien est réellement l'auteur de cette *Histoire de Charles VI*, il le serait également d'une *Histoire du roi Charles V* ; car, comme le remarque le même Jean Le Laboureur, « l'historien de Charles VI nous ap« prend, au commencement de son ouvrage, qu'il a écrit l'histoire de

Suivant l'avis fortement motivé de Benoît Gentien, l'on exigea le serment et, à la deuxième session, le 2 mars, le successeur d'Alexandre V, dut prononcer cette formule : « Moi,

« Charles V... » (*Biblioth. hist. de la France*, n. 17072). Cette histoire de Charles V n'a pas été, que je sache, retrouvée.

Faut-il compter aussi parmi les députés de l'Université Jordan Morin (*Jordanes Morini*) qui était sociétaire et docteur de Sorbonne ? En toute hypothèse, il assistait comme ambassadeur du roi au Concile et se joignit à Pierre d'Ailly et à Gerson pour y faire condamner la théorie du régicide. (B. de l'Ars., ms. 1022, par. III, p. 210).

Pierre de Versailles, bénédictin de Saint-Denis, comme Gentien, assistait au Concile en qualité d'ambassadeur du roi. C'était un « fameux docteur de la Faculté de Paris et bon orateur. » (Félibien, *Hist. de l'Abb. roy. de S.-Den*..., pp. 314, 339). Il fut ensuite abbé de Saint-Martial de Limoges, évêque de Digne, puis de Meaux, et mourut en 1446. (*Gal. christ.*, tom. VIII, col. 1640).

Nous ne voyons pas figurer parmi les Pères du Concile, Pierre Plaoul qui avait été élevé sur le siège de Senlis (1409). Sa santé, peut-être, fut le motif ou un des motifs de l'absence. Il mourut le 11 avril 1415. Parfois, l'on a assigné à son trépas l'année 1418, en faisant du prélat une victime des troubles de la capitale (Crévier, entr'autres, *Hist. de l'Univers. de Paris*, tom. IV, p. 13). C'est à tort. L'évêque de Senlis qui périt dans ces troubles fut le successeur de Plaoul, Jean d'Achery, celui-là même qui était du nombre des députés de l'Université (Même ms. de l'Ars., par. III, pp. 197 et suiv. ; *Gal. christ.*, tom. X, col. 1431-1432). L'on prétendait, mais bien gratuitement, s'appuyer, pour le sentiment contraire, sur le témoignage de Juvénal des Ursins. Cet historien ne nomme pas le prélat. En un endroit, il parle simplement de « l'évesque de Senlis », et un peu plus loin il écrit : « De ceste sorte et en ceste manière y fut traisné un notable docteur en théologie, évesque de Senlis. » (*Hist. de Charles VI*, an. 1418). Monstrelet n'est pas plus explicite. (*Chroniq.*).

Nous parlions à l'instant de la santé de Pierre Plaoul. Elle était déjà ébranlée au moment de la prise de possession du siège de Senlis, car — et nous voyons là la consignation d'un usage antique — nous lisons dans un document : « Cum dilecti nostri et fideles decanus et capitulum « nostræ Silvanectensis ecclesiæ, de eorum benignitate et gratia spe- « ciali, attenta et considerata debilitate et impotentia virium corporis « nostri, qui deberemus, prout sumus sufficienter et debite informati, in « nostro jocundo adventu a porta S. Reguli Silvanectensis usque ad dic- « tam nostram ecclesiam nudis pedibus incedere, secundum consuetu- « dinem a nostris prœdecessoribus episcopis inviolabiliter et inconcusse « hactenus observatam, nobis concesserint ut calceati dictam urbem et « ecclesiam intraremus... » Mais il était bien entendu que la concession ne devait pas tirer à conséquence. (*Gal. christ.*, tom. X, *Appendix ad Ecclesiam Silvanectensem*, p. 498).

Pierre Plaoul légua à la Sorbonne : « L. libras Parisiensium cum Bi- « blia, concordanciis et scripto Alberti super Sententias, valentibus « LXXXVI libras. » Cit. dans *le Cabinet des manuscrits de la Biblioth. nat.*, tom. II, Paris, 1874, p. 169). M. L. Delisle ajoute : « La Bible et les « Concordances sont à la Bibliothèque nationale sous les numéros 16260 « et 15253 du fonds latin. » Nous ajouterons : l'on possède, à la même bibliothèque, dans les mss. lat., 14534 et 15897, des travaux de Pierre Plaoul sur les *Sentences*.

« Jean XXIII, pour le repos de tout le peuple chrétien, je « m'engage et promets, je jure et voue à Dieu, à l'Eglise et à « ce sacré Concile, de donner librement de mon plein gré la « paix à l'Eglise par ma cession pure et simple du pontificat « et de l'exécuter effectivement selon la délibération du Con- « cile, aussitôt que Pierre de Lune et Ange Conrario, appelés « dans leurs obédiences Benoît XIII et Grégoire XII, auront « semblablement renoncé par eux-mêmes ou par leurs légitimes « procureurs à leur prétendu pontificat, et aussi en n'importe « quel cas de cession ou de décès, et même en tout autre cas « où mon abdication serait nécessaire pour que l'union soit « rendue à l'Eglise par l'extinction du schisme présent (1). » Une bulle du 10 mars fit connaître au monde catholique l'engagement juré (2).

Néanmoins, presque aussitôt, Jean XXIII sortait secrètement de Constance, se retirait à Schaffhouse et envoyait aux cardinaux et aux prélats l'ordre de quitter aussi la première ville et de se rendre près de lui dans la seconde. Quelques cardinaux obéirent (3).

(1) Labbe, *Concil.*, tom. XII, col. 15-17 ; Hardt, *Op. cit.* tom. II, p. 241. L'*Hist. Univers. Paris.*, tom. V, p. 277, produit un texte différent. La pensée est même différente à la fin : « Et etiam casu quo, illis vivis aut « mortuis, eorum obedientiæ ad unum et indubitatum pastorem, nobis « renunciantibus et non alias, se reducere vellent... » Ces paroles remplacent sans doute ces autres que nous lisons dans Labbe et Hardt : « Et etiam in quocumque casu cessionis vel decessus... » Celles-ci n'ont pas de sens bien précis dans le « casu cessionis. » Celles-là visent le cas où, les deux obédiences voulant se réunir sous la houlette d'un seul pasteur, Jean XXIII devrait abdiquer.

Labbe ajoute, au sujet du pontife : « Et dum legebat illam clausulam in « præscripta schedula : *Spondeo, promitto, voveo et juro Deo*, flexit genua « versus altare ; ponendo manus ad pectus, dixit hæc verba :*Et ita pro-* « *mitto observare*. Quo facto, imperator, surgens de sua cathedrâ, regra- « tiatus fuit eidem domino nostro nomine Concilii et suo, flectendo ge- « nua, deponendo coronam et osculando pedes ejusdem domini nostri. « Et etiam dominus patriarcha fuit regratiatus eidem nomine Concilii. » Hardt rapporte la même chose.

(2) Labbe, *Conc.* tom. XII, *Append. Concil. Constant.*, col. 1459-1460. La bulle reproduisait l'engagement qu'elle faisait précéder de ces paroles : « Viam cessionis quam, omnibus consideratis, promptiorem et aptiorem « credimus, complere decernimus. » Elle est datée : « Constantiæ VI nonæ « mensis martii. »

(3) Hardt, *Op. cit.*, tom. II, col. 280-284 : *Benedicti Gentiani... publicus dolor ex fuga Joannis papæ* XXIII, et aussi : *Schedula affixa et præsentata Concilio Constantiensi per magnum virum et practicum juris dictata.* C'est une sorte de proclamation dans laquelle le pape et les cardinaux qui l'ont suivi, sont traités sans ménagement.

Le 23, deux jours après le départ du pape, Gerson était appelé à prononcer un discours en présence du Concile. Il prit pour texte ces paroles évangeliques : *Marchez, pendant que vous avez la lumière, afin que les ténèbres ne vous surprennent point* (1). L'orateur se proposait d'établir que le Concile était supérieur au pape. A l'appui de la thèse, douze raisons ou considérations étaient produites, dont voici les principales :

L'Église ou le Concile général qui la représente est une règle donnée par Jésus-Christ, placée sous l'action de l'Esprit-Saint, et à laquelle « tout homme, même de condition papale, doit respect et obéissance, à peine d'être jugé païen et publicain ».

Un « Concile général a pu et peut se réunir sans consentement exprès ou sans commandement du pape » et cela « dans plusieurs cas » ; ces cas sont : « si, accusé et cité pour écouter l'Église », le pape « refuse opiniâtrément de l'assembler » ; s'il s'agit « de matières importantes concernant le gouvernement de l'Église et devant être terminées dans un Concile général que le pape refuse opiniâtrément de convoquer » ; si déjà il a été statué par un Concile général qu'un semblable Concile doit être convoqué à telle ou telle époque ; s'il y a « doute probable » sur le véritable pape à cause des prétentions de plusieurs.

Le Concile général, « encore qu'il ne puisse détruire la plénitude de la puissance papale, surnaturellement et miséricordieusement concédée par le Christ, peut cependant en limiter l'usage sous certaines règles ou lois pour le bien de l'Église (2). »

L'Université de Paris se préoccupa vivement de la fuite de Jean XXIII. Dès le 2 avril, elle lui faisait parvenir une lettre pour l'engager, le presser, le supplier de retourner à Constance. « Fasse le ciel, lui disait-elle, vers la fin, fasse le ciel, « bienheureux Père, que Votre Sainteté ne soit pas en désac- « cord avec le saint Concile, car ce serait être en désaccord « avec l'Église de Dieu ! Fasse le ciel, pour la gloire de « votre nom, que le saint Concile ne traite pas, ne ter-

(1) *Joan.*, XII, 35.

(2) *Hist. Univers...*, tom. V. Le discours dans les *Opera* du chancelier, Anvers, 1706, tom. II, col. 201 et suiv.: *Sermo., factus in loco sessionis...*, p. 278. VI, IX VIII.

« mine pas sans vous une si grande affaire (1) ! » Le même jour, elle adressait une autre lettre à la nation italienne : on pouvait craindre que cette nation ne se trouvât ébranlée dans les circonstances ; il fallait la rassurer et lui inspirer la résolution de ne pas se séparer du Concile (2). Le 23, une troisième missive était rédigée pour le Concile lui-même qu'on désirait voir persévérer dans sa noble attitude et poursuivre vaillamment l'œuvre commencée, lui promettant respect et obéissance ; les signataires se disaient « les zélés et dévots imitateurs des illustres Pères (3). » Les trois lettres furent lues en plein Concile : les deux premières le 17 avril dans la sixième session, la troisième dans la neuvième (4).

L'Université ne s'en tint pas là. Las missives étaient accompagnées ou suivies de deux conclusions délibérées à l'effet de montrer le droit certain du Concile de continuer à siéger, même en l'absence du pape qui devait être sommé d'opérer son retour. Dans l'une, elle établissait l'autorité de l'assemblée ; autorité telle que quiconque chercherait directement ou indirectement à dissoudre l'assemblée ou à la transférer ailleurs, devait être considéré comme suspect de schisme et même d'hérésie ; autorité telle, que ce coupable, fût-il pape, devait être cité devant le Concile, jugé par lui, poursuivi coercitivement ; autorité telle, que les décisions conciliaires auraient pour les fidèles force obligatoire, même celles qui frapperaient de contribution les biens ecclésiastiques, voire laïques, pour subvenir aux besoins des Pères et de ceux qui donnaient leur concours ; et, qu'on n'essayât point de tergiverser, cette autorité supérieure résidait dans les prélats et

(1) *Hist. Univers. Paris., vol. cit.*, p. 280-282, où lettre au pape reproduite dans lettre aux députés de l'Université. Dans cette dernière lettre, l'Université dit que « par la fermeté et la persévérance du Concile elle a confiance dans le Seigneur », et elle exhorte ses députés à « se consacrer à cette grande œuvre »...

« Datum... in congregatione nostra generali apud S. Bernardum super « hoc specialiter celebrata... »

(2) *Ibid.*, p. 282.

(3) *Ibid.*, p. 283 : « Et nos ipsi de vestra constantia gaudemus in Do- « mino, vobis obedire, obsequi, revereri atque semper assentire parati, « teste Domino, qui vestros labores in consummatæ pacis quietem dirigat « et in viam salutis æternæ. » Elle est également datée « in nostra congregatione apud S. Mathurinum super hoc specialiter congregata... »

(4) *Ibid.*

autres personnes réunies, encore en assez petit nombre, dans la ville de Constance (1). En l'autre conclusion, on précisait davantage. S'il appartenait aux Pères de Constance de procéder aussi énergiquement, la raison en était aussi simple que péremptoire : l'Église universelle et le Concile qui la représente sont supérieurs au pape à ces sept points de vue : la nécessité, la bonté, la dignité, l'honorabilité, la puissance, la fidélité et même la sagesse. A cette raison s'en ajoutaient trois autres de même ordre, si elles n'en sont pas des conséquences : le pape qui est institué par le choix de l'Église ou qui est son mandataire (*ejus vices gerentem*) reçoit d'elle quant à l'exercice (*ministerialiter*) le souverain pouvoir, bien que ce pouvoir, comme tout autre, vienne en principe (*principaliter*) de Dieu ; le Christ, époux de l'Église, a conféré à son épouse les clefs du royaume des cieux ; l'Église suffisamment assemblée peut en plusieurs cas user de cette puissance des clefs pour juger, corriger, déposer *ex justa causa* le pape et tout membre de l'Église (2).

Mais déjà le Concile avait pris deux graves délibérations. Ce fut l'œuvre capitale de la quatrième et de la cinquième session, le 30 mars et le 6 avril.

Cette thèse de la supériorité du Concile général ne faisait pas doute plus pour les docteurs de Paris que pour Gerson qui la développait à Constance, pour Plaoul qui l'avait soutenue à Pise, pour Pierre d'Ailly qui en ce moment la faisait

(1) Hardt, *Op. cit.*, tom. II, p. 273-274 : *De jure Concilii papam Joannem a fuga revocandi ac sine eo concilium pertexendi auctoritates ab Universitate Parisiensi determinatæ, Ex mss. Vindobon., part. 1, Act. Concil. Const...*

(2) *Ibid.*, p. 275-280 : *Aliæ Parisiensium Conclusiones de Constantiensi Concilio prosequendo, absente licet papa, Ex ms. Cæsareo Vindobon., part. I, Act. Concil. Const..., hoc titulo : Conclusiones singulares Parisiensium quæ non sunt admissæ nec approbatæ per Concilium..*

Les docteurs ne reculaient devant aucune conséquence. Ils consignaient à la suite ces deux corollaires :

« I Ex præmisis videtur posse elici quod potestas papæ sit potestas Ec-« clesiæ qua utitur nomine et vice Ecclesiæ et quod auctoritas papæ qua « utitur nomine et vice Ecclesiæ sit auctoritas Ecclesiæ, tanquam exe-« cutor auctoritatis et potestatis datæ Ecclesiæ à suo sponso.

« II Item elicitur ex præmissis quod non est illicitum, imo verum et « catholicum dicere quod in multis sit sacrum concilium supra papam. « Quinimo dicere oppositum videtur periculosum, cum ultimatum refu-« gium Ecclesiæ in arduis et grandibus et concernentibus fidem et statum « Ecclesiæ non fuerint judicia papæ, sed judicia generalium Conciliorum. »

sienne, afin d'en tirer parti et de la défendre selon les circonstances. Quant à l'usage de cette puissance supérieure, pour les uns comme pour les autres, il se limitait à certains cas difficiles : *In arduis et grandibus.*

Dans la pensée des Pères de Constance, comme d'après le contexte, les fameux décrets des susdites sessions semblent bien se restreindre à l'époque du schisme. Voici celui de la quatrième session : le « saint Concile de Constance, formant un Concile « général pour l'extirpation du schisme présent et pour l'union « et la réformation de l'Église de Dieu dans son chef et dans « ses membres, légitimement assemblé pour la gloire de Dieu et « au nom de l'Esprit-Saint, afin d'arriver plus facilement, plus « sûrement, plus librement et plus utilement à l'union et à la « la réformation de l'Église de Dieu, ordonne, règle, statue, « décrète et déclare, comme il suit : Premièrement ce Synode, « étant légitimement assemblé au nom du Saint-Esprit, « constituant un Concile général qui représente l'Église « catholique militante, reçoit la puissance immédiatement « de Jésus-Christ, et toute personne, de quelque condition et « dignité qu'elle soit, même papale, est obligée de lui obéir « en ce qui concerne la foi, l'extirpation dudit schisme et la « réformation générale de l'Église de Dieu dans son chef et « dans ses membres. » Le même décret fut relu et approuvé à la cinquième session avec l'addition suivante : « Quiconque, « de quelque condition, état et dignité qu'il soit, fût-il pape, « refusera opiniâtrément d'obéir aux règlements, statuts et « ordonnances de ce saint Synode et de tout autre Concile « général légitimement assemblé sur les matières susdites « ou autres qui y ont rapport, s'il n'entre en résipiscence, sera « soumis à une pénitence convenable et à la punition méritée, « et même, si besoin est, on aura recours aux autres sanc- « tions de droit (*ad alia juris subsidia*) (1) ». Ajoutons que les auteurs de la célèbre Déclaration de 1682, ne limitant pas ainsi la portée de ces décrets, ont osé désapprouver ou condamner ceux qui affirment que semblables décisions ne regardent que le temps du schisme (... *ad solum schismatis tempus Concilii dicta detorqueant*).

Jean XXIII fut déposé et se soumit. Grégoire XII abdiqua.

(1) Labbé, *Concil.*, tom. XII, col, 19-22.

Sommé d'en faire autant, Benoît XIII refusa obstinément. On renouvela contre lui la sentence de Pise. Le cardinal Othon Colonna fut élu pape et prit le nom de Martin V. Le prétendu successeur de Benoît XIII, Munoz, chanoine de Barcelone, lequel s'appelait Clément VIII, devait faire, en 1429, sa paix avec l'Église et le Saint-Siège. Le Concile de Constance s'était clôturé, après quarante-cinq sessions, le 22 avril 1418.

Peut-être, dans la période parcourue de ce long et déplorable conflit, aura-t-on été porté à croire que l'Université s'exagérait l'importance de son rôle, et que son langage manquait parfois de mesure ? Mais, sans parler du but noble et saint qu'elle poursuivait, ne pouvait-elle pas attendre des circonstances critiques et exceptionnelles dont elle s'inspirait, la justification de sa conduite ?

Que penser, d'autre part, des doctrines qu'elle produisait alors et défendait avec tant de zèle et de constance, de fermeté et de vigueur, voire avec passion, doctrines qui étaient spécialement celles de la Faculté de théologie ? Dans les discussions, les parties ne savent pas toujours se circonscrire : l'ardeur de la lutte et le désir d'un triomphe éclatant emportent au delà des limites naturelles. Or, voilà précisément ce que constate l'historien pour cette époque néfaste. Au lieu d'examiner et de résoudre la question au seul point de vue de la situation présente, l'on formulait, pour le besoin de la cause qu'on avait faite sienne, des principes généraux dont on tirait des conséquences absolues ; au lieu d'établir catégoriquement et uniquement, ce qui est certain, que, dans le cas où deux papes, avec des titres égaux ou à peu près, c'est-à-dire problématiques, se disputent la chaire pontificale, l'autorité suprême est adhérente au corps de l'Église, et qu'il appartient au Concile général de pourvoir à la situation, d'appliquer le remède nécessaire, l'on se lançait les thèses vagues, métaphysiques, munies de leurs preuves plus subtiles que convaincantes, de la supériorité du pape par rapport au concile ou du concile par rapport au pape. Ainsi, d'un côté, l'on prétendait prouver, avec force arguments, que le pape n'a pas de supérieur qui puisse le juger et le contraindre à l'abdication ; que du pape découle toute puissance ecclésiastique ; que sans lui aucun Concile ne peut se réunir ; qu'en dehors de lui l'autorité conciliaire est nulle. De l'autre, on prenait la contre-partie : les papes relèvent de l'Église, sont justiciables de l'Église et la convocation papale n'est pas absolument requise pour la tenue d'un Concile. Les théories se trouvent d'abord exposées dans trois pièces déjà visées par nous : la lettre de l'Université de Toulouse au roi de France, la double réponse de l'Université de Paris à même destination (1). Placée sur ce terrain, la discussion s'y continua à Pise et à Constance. L'époque du grand schisme est donc vraiment le berceau d'une des grandes maximes, pour parler le langage historique, de l'Église gallicane (2).

III

Le Concile de Constance, dans sa trente-neuvième session, avait décidé que, cinq ans après sa clôture, on réunirait un autre Concile général. Dans la quarante-quatrième session, Martin V avait indiqué la ville de Pavie pour la tenue de ce Concile. Ensuite Sienne fut substituée à Pavie, et Bâle à Sienne. Eugène IV, successeur de Martin V, maintint la dernière indication. Mais on était entré dans l'année 1431.

Ouvert le 31 juillet de cette année, le Concile de Bâle ne tint sa première session que le 14 décembre suivant sous la présidence du cardinal Julien, légat du Saint-Siège. Mais, pour diverses raisons, dont la principale était de rendre plus facile aux Grecs l'accès de l'assemblée, Eugène IV décida la

(1) *Hist. Univers. Paris.*, tom. V. pp. 4 et suiv. Les trois pièces se rapportent à l'année 1402. La troisième se terminait par ces mots : « Istud « itaque, rex clementissime, Concilium, a vobis principibus in hoc conve- « nientibus facile congregabile, omnia dubia istam concernentia materiam, « duce Domino, solide poterit terminare ad gloriam Dei totiusque cœlestis « curiæ, unionem militantis Ecclesiæ, ad exaltationem domus vestræ « regiæ... »

(2) Il est curieux de voir les efforts presque surhumains de Bossuet pour faire remonter jusqu'aux origines du christianisme le second article de la fameuse Déclaration de 1682. (*Défens. Declar.*, lib. VII). Mais le succès ne répond pas aux efforts. La conclusion vraie de l'étude du grand prélat sur les Conciles généraux se réduit à ceci : ou bien les conciles et les papes agissaient de concert ou finissaient par se mettre d'accord, ou bien les conciles prononçaient sur des actes pontificaux jugés répréhensibles au point de vue de la foi. Dans le premier cas, la thèse se pose mal, le raisonnement manque de précision et les preuves de force ; dans le second, ce sont des faits particuliers qui ne tirent pas à conséquence, car, en occurrence semblable, les droits des Conciles sont incontestables et incontestés.

dissolution du Concile et sa translation dans la ville de Bologne. Deux bulles furent expédiées à cet effet. Cela n'empêcha pas les Pères d'avoir une seconde session le 15 février 1432 et d'y voter, malgré leur petit nombre, et sous la présidence non du légat, mais de l'évêque de Coutances, une très grave résolution (1).

D'abord, on renouvela et confirma les décrets des quatrième et cinquième sessions du Concile de Constance. Puis, on en fit l'application au Concile de Bâle qui était assemblé légitimement au nom du Saint-Esprit, et on statua comme il suit : « Ledit Concile de Bâle.. statue et « déclare qu'il n'a dû et n'a pu, qu'il ne doit et ne peut, « qu'il ne devra et ne pourra être dissous, ni transféré, ni « prorogé par personne, pas même par le pape, sans délibération et consentement du Concile lui-même. » Ce décret contenait encore ces clauses : aucun de ceux présents actuellement au Concile ou qui y viendront ne peut être

(1) Martène et Durand, *Veter. script. et monument... ampliss. Collectio*, tom. VIII, p. IV de la Préf., disent qu'au moment de la réception des bulles d'Eugène IV il n'y avait que dix prélats : « At non fuit eadem aliorum prælatorum, licet ultra decem non essent, in pontificem demissio ». Paroles qui suivent cette assertion de l'historien : le cardinal Julien ne croyait plus, après la décision pontificale, pouvoir remplir les fonctions de président du Concile.

Jean de Ségovie, dans son *Historia gestorum generalis Synodi Basiliensis*, dernièrement éditée par Ernest Birk *ad fidem codicum manuscriptorum*, dit simplement : « Legit... decreta, ambonem ascendens, Berengarius Petragoricensis episcopus, Guilielmo Bavariæ duce, Concilii « protectore, assistente, aliisque multis notabilibus personis tam ecclesiasticis quam sæcularibus ». Un peu plus loin, il est question « de institutione deputationum quatuor ad deliberandum super materiis pertractandis in Concilio », et l'on place à la tête de ces congrégations les prélats dont les noms suivent et qui sont au nombre de six :

1re congrégation *de communibus* :

« Domini episcopi Constantiensis, provinciæ Rothomagensis, sacri Concilii præsidens, Cumanus et Ratisponensis... »

2e congrégation *de fide* :

Domini episcopus Cabilonensis. . »

3e congrégation *de reformatione* :

« Domini episcopus Petragoricensis... »

4e congrégation *de pace* :

« Domini episcopus Gebennensis... »

(*Monumenta Conciliorum generalium seculi decimi quinti*, tom. II, Vienne, 1873, in-fol., pp. 124, 126-128).

rappelé de Bâle ou empêché de s'y rendre par qui que ce soit, pas même par le pape, sous aucun prétexte, pas même pour aller en cour de Rome, à moins que le saint Concile ne donne son assentiment ; toutes les censures, privations ou autres moyens de contrainte employés pour séparer du Concile ceux qui sont présents ou pour empêcher les absents d'y venir, seront non-avenues ; le Concile qui les met à néant, fait bien expresses défenses à tout Père de s'éloigner de Bâle, sinon pour un motif raisonnable et soumis à l'appréciation de l'assemblée, imposant, en outre, à ceux dont les motifs auront été jugés légitimes, de nommer à leur place des procureurs (1).

A la qualification de très grave donnée à la résolution de l'assemblée, nous devons ajouter celle d'inexplicable. D'une part, comment oser prétendre que l'assemblée de Bâle, comptant si peu de membres — ils étaient peut-être une vingtaine de prélats (2) — constituât un Concile représentant l'Église ? De l'autre, le Concile de Constance affirmait son autorité en vue d'un intérêt capital de l'Église, pour mettre fin à un long et malheureux schisme. L'assemblée de Bâle, eût-elle été en nombre suffisant pour former un Concile général, pouvait-elle s'inspirer des mêmes motifs ? Ne s'exposait-elle pas, au contraire, à jeter le trouble dans le royaume de Dieu, lequel jouissait enfin de la paix sous l'autorité légitime d'un pasteur incontestable et incontesté ? N'y avait-il pas à craindre qu'un schisme ne fût la conséquence d'un pareil décret ?

Néanmoins, les prélats français, se rendant à Bâle et réunis à Bourges par ordre du roi, se déclaraient, le 26 février, pour l'assemblée contre le pape. L'archevêque de Lyon, délégué par eux vers Eugène IV pour le prier de rapporter la bulle de dissolution, recommandait néanmoins aux Pères de Bâle, en leur faisant connaître la décision de Bourges, d'user de

(1) Labbe, *Concil.*, tom. XII, col. 477-478.

(2) En nous exprimant, comme nous venons de le faire, nous ne croyons pas être au-dessous de la vérité : peut-on supposer que, depuis la réception des bulles dans les derniers jours de décembre ou les premiers de janvier, il soit arrivé plus de dix prélats ? Rohrbacher, sans indiquer la source où il puise, fixe à quatorze le nombre des prélats présents « tant évêques qu'abbés ». (*Hist. univers. de l'Égl. cathol.*, Paris, 1842-1849, tom. XXI, p. 485.) La bulle que nous allons citer tout à l'heure ne parle que « d'un petit nombre de Pères ».

ménagements à l'égard du pontife de Rome, le vrai chef de l'Eglise (1).

L'Université de Paris s'était donné beaucoup de mouvemen pour la réunion du Concile de Bâle. Des missives avaient été, à cette fin, expédiées par elle au souverain pontife, à l'empereur et aux princes de l'empire, au roi de France, à l'Université de Vienne (2). Ses députés au Concile, se trouvant presque seuls à leur arrivée, avaient, de leur côté, pour presser de s'y rendre, signé des lettres aux princes, prélats, universités, chapitres, communautés (3).

L'acte d'Eugène IV fut, aux yeux de l'Université, une mesure arbitraire et des plus regrettables. En s'arrêtant à la même résolution que les prélats de Bourges, elle fut loin de faire emploi de la même délicatesse de langage à l'égard du pape. Elle excitait même contre lui l'assemblée de Bâle. Et, pourtant, Eugène IV lui avait expédié une première bulle pour lui indiquer les causes de la translation du Concile à Bologne, et une seconde pour lui adresser en termes élogieux

(1) Martène et Durand, *Op. cit.*, *vol*, *cit.*, p. V de la Préf., d'après Patricius : Héfélé, *Hist. des Conciles*, trad. en franç. par M. Goschler et Delarc, Paris, 1869-1876, tome XI, p. 206-209.

(2) *Hist. Univers. Paris.*, tom. V p. 395.

(3) *Monumenta Concil. général. seculi decimi quinti*, tom. I, Vienne, 1857, in-fol., p. 71, lettre du 12 avril. Nous y lisons : « Dominationem vestram hortamur in Domino et per viscera Christi ac suæ immaculatæ sponsæ vos obsecramus quatenus ad dictum generale Concilium quantocius accedere non omittatis, in quo obsequium Domino præstabitis acceptissimum. »

Guillaume Erard, un des députés, faisait mention de cette lettre dans celle qu'il adressa à l'Université le 22 juillet de la même année. Il consignait, en même temps, l'effet produit par ces diverses missives : « Quapropter in dies crescit prælatorum numerus et conducuntur domus pro venturis prælatis », et aussi les espérances des députés : « Nos credimus verisimiliter quod fiet celeberrimum Concilium. » (*Hist. Univers. Paris.*, tom. V, p. 408-409.)

L'ouvrage, reproduit par les *Monumenta* et visé à l'instant, est celui de Jean de Raguse, lequel a pour titre : *Initium et prosecutio Basiliensis Concilii*, imprimé *ex exemplari authentico in cod.. ms. biblioth. univers. Basil.*, pp. 1 et suiv. Malheureusement cet ouvrage s'arrête ici en octobre 1431.

A ces divers appels s'ajouta, le 19 septembre suivant, celui du cardinal Julien, des prélats et autres personnages du Concile, appel adressé à l'épiscopat pour lui intimer l'ordre de se rendre à Bale le plus tôt possible : « Quapropter, était-il dit, vestras paternitates hortamur et obsecramus in Domino nostro Jesu Christo, ac pro nostra auctoritate monemus et requirimus, in vim a quolibet vestrum in sui conseratione præstiti juramenti et in virtute sanctæ obedientiæ et sub pœna excommunicationis districte præcipiendo mandamus... » (*Monumenta...*, *loc. cit.*, p. 110-112).

l'ordre d'envoyer des représentants dans cette dernière ville (1). L'Université répondait à la première bulle en écrivant aux Pères de Bâle une lettre dans laquelle il était dit : « Vénérables frères, que vos cœurs ne s'engourdissent point, « que vos courages ne se brisent point, que ne s'éteigne « point cette ardeur allumée en vous par l'Esprit-Saint, afin « de ne pas laisser l'œuvre de Dieu imparfaite ou sans terme ; « autrement ce mot de l'Evangile retomberait sur vous à « votre honte : *Ces hommes ont commencé à édifier et n'ont « pu achever*. Vous aussi, Seigneur, levez-vous et *jugez votre « cause, afin que l'homme ne l'emporte pas*, non que ne l'em- « porte pas l'antique ennemi, mais bien le Christ dans son « Concile et dans les affaires de sa foi, de son Église, de sa « fidèle épouse.qu'il ne laissera pas humiliée. Si le pontife « romain voulait de sa propre autorité dissoudre, disperser le « Concile avant le plein achèvement de l'œuvre commencée « (*ante plenariam digestionem articulorum inceptorum*), nous « ne pensons pas alors, sans préjudice pour l'autorité du « Saint-Siège, qu'il faille lui obéir, mais nous estimons plutôt « qu'on doit, si besoin est, lui résister en face, comme Paul, « qui tient l'étendard des docteurs, résista à Pierre, remplis- « sant la mission des pontifes. Car si le pontife a la préséance « et la présidence dans le Concile, il ne lui appartient pas « cependant de mettre fin à l'assemblée selon son bon vouloir, « mais il lui incombe de travailler à accroître l'accord entre « les sentiments (2). »

Du reste, l'Université avait ou allait avoir, dans ses députés, des hommes disposés à se mettre en parfait unisson avec elle.

Jean de Beaupère, l'un d'eux, avait été déjà chargé d'une

(1) *Hist. Univers. Paris.*, tom. V, p. 410. La première bulle est du 17 décembre 1431, la seconde du 22 novembre de l'année suivante. Dans la seconde nous lisons : « Tanquam athletis fidei.... In virtute « sanctæ obedentiæ præcipimus, statuto termino, ad hujusmodi Concilium « veniatis cum advisamentis pro pace fidelium, extirpatione hœresum et « reformatione cleri atque prælatorum, et præsertim armis justitiæ et « veritatis et SS. patrum institutis muniti, ut lumine ingenii et doctrinæ « vestræ atque aliorum qui in Concilio erunt, ipsis Græcis eorum errores « ostendere et media veritate sacra futura Synodus Greciœ nationem ad « agnitionem veritatis et ritum Romanæ Ecclesiæ reducere valeat... »

(2) *Hist. Univers. Paris.*, tom. V, p. 412. La lettre est du 9 février 1432, adressée *sacrosanctæ universalis Ecclesiæ Synodo Basileæ congregatæ*.

mission près d'Eugène IV de la part du cardinal Julien et de l'assemblée. S'il devait prier le pape et les cardinaux de vouloir bien assister au Concile, il avait spécialement ordre d'exposer la situation de l'assemblée qui n'avait pas encore tenu sa première session. Or, dans sa bulle au cardinal Julien, Eugène IV s'exprime en ces termes : « A la suite « d'une longue attente, on n'a pu réunir à Bâle qu'un petit « nombre de Pères, et c'est avec leur consentement que vous « nous avez envoyé Beaupère, afin de nous faire un récit « complet relativement à la situation du Concile, à la guerre « et aux troubles qui désolent ces contrées... Il a dit, entre « autres choses, qu'un grand désordre régnait dans le clergé « d'Allemagne et que la peste des Tchèques avait infecté une « grande partie de ce pays, Bâle même et les environs. Plu- « sieurs bourgeois de cette ville avaient persécuté les clercs « et en avaient même fait mourir quelques-uns. Il a parlé « aussi des difficultés et des dangers qu'avait créés la « guerre entre l'Autriche et la Bourgogne et qui rendaient « très périlleux l'accès de la ville de Bâle. D'un autre côté, il « affirmait que la célébration d'un Concile général et la « réforme de l'Eglise étaient un des plus pressants besoins « de l'époque (1). » Il n'y a pas lieu pour nous de rechercher si le député du Concile, pour entrer prudemment dans les vues de Rome peu favorables à ce Concile, avait chargé le tableau. Il paraît bien qu'il avait déjà exécuté à Sienne un travail analogue (2). Mais passons.

Parmi les autres députés, nous devons signaler Thomas de Courcelles, Nicolas l'Ami, Simon Fréron (3).

(1) Héfélé, *Hist. des concil.*, trad. en franç. par MM. Goschler et Delarc, Paris, 1869-1876, tom. XI, p. 185-187.

A cette dernière page, l'historien place cette note comme renvoi : « Mansi, tom. XXIX, p. 564-561 ; Hardouin, tom. VII, p. 1575-1578 ; en « partie dans Raynaldi, 1431, 21, et Cecconi, l. c. *Docum.* VII, p. XX sq. « Dans ces deux dernières citations, la date II *idus Nov.* est exacte, tan- « dis que dans Mansi et dans Hardouin la date donnée II *idus febr.* ne « l'est pas. »

V. aussi *Monumenta Concil...*, *loc. cit.*, p. 101, 105, 107.

(2) Héfélé, *Ibid.*, p. 185.

(3) Nicolas l'Ami fut nommé, dans la première session, un des promoteurs du Concile. Crévier le dit alors « licencié en théologie ». (*Hist. de l'Univers. de Paris*, tom. V, p. 55). Jean de Raguse lui donne également ce titre. (*Monument. Conc. gen. sec. decim. quint.*, tom. I, p. 70). Mais, au moment de la signature des articles, Nicolas était, suivant du Boulay,

Le recteur, suivant ce qui s'était précédemment pratiqué à Pise et à Constance, avait proposé de faire représenter l'*Alma Mater* par Faculté ; conséquemment l'on aurait désigné deux ou trois théologiens, deux decrétistes, un médecin et quatre ou cinq artiens. Mais la nation de France éleva une opposition : à son sens, les Facultés supérieures pouvaient envoyer autant de députés qu'elles voudraient ; et elle, peu de temps après, nommait pour ses représentants le navarriste Guillaume Erard et Pierre Maugier (1).

La lutte du concile contre le pape se continua ardente presque deux années. La paix se fit par suite d'une grande condescendance d'Eugène IV qui consentit à rapporter sa bulle de dissolution et à révoquer ses actes contre le Concile. Cet état de choses dura, avec plus ou moins de tiraillements, quelque trois années. La dissolution du Concile fut de nouveau décrétée par le pape. La lutte recommença plus vive que jamais. L'on était arrivé au commencement de 1438.

Du 1er mai au 7 juin de cette année, la grande assemblée, dite de Bourges, siégea par ordre du roi. Eugène IV y envoya des légats, et les Pères de Bâle des députés. Thomas de Courcelles était du nombre de ces derniers. Il parla donc au nom et en faveur de ceux qu'il représentait (2). L'on sait que de cette assemblée sortit la Pragmatique-Sanction dont le principal article consacrait la supériorité du concile général sur le pape.

Nous retrouvons encore Thomas de Courcelles à l'assemblée de Mayence en mars 1439, et au même titre et chargé d'une mission semblable (3).

« doctor theologus Parisiensis ». (*Hist. Univers. Paris.*, tom. V, p. 446).
Simon Fréron, différent de Simon Fréron, navarriste, et prédécesseur de Pierre d'Ailly dans la grande maîtrise du collège, appartenait à la maison de Sorbonne. (*Hist. Univers. Paris.*, tom. IV, p. 989-990). *Socius* en 1416, bachelier en théologie et chanoine d'Orléans, il devait remplir plusieurs fois la mission d'ambassadeur du Concile et, en particulier, près du pape, de l'empereur grec et du patriarche de Constantinople. (B. de l'Ars., ms. 1022, par. III, pp. 221 et suiv.)
Parmi les premiers députés de l'Université présents à Bâle, les *Monumenta*, cités à l'instant et *loc. cit.*, mentionnent aussi un Gilles Caninet, maître « in artibus et medicina ».

(1) *Hist. Univers. Paris.*, tom. V, p. 387-393.

(2) Héfélé, *Hist. des Concil.*, trad. en franç., Paris. 1869-1876, tom. XI, p. 484.

(3) Héfélé, *Ibid.*, p. 493.

Peu de temps après, par sa parole facile, élégante, éloquente même, il appuya à Bâle ces articles-principes, déclarés bientôt articles de foi, qui devaient amener la déposition d'Eugène IV :

« Le pouvoir du Concile général est au-dessus du pouvoir « du pontife romain.

« Il n'est pas permis au pontife romain de dissoudre un « Concile général sans le consentement de ce Concile.

« Celui qui nierait opiniâtrément ces vérités devrait être « estimé hérétique. »

Suivaient cinq autres articles qui étaient l'application de ces *vérités de foi* à la conduite d'Eugène IV :

« La dissolution du Concile de Bâle a été d'abord prononcée « par Eugène contrairement aux premières vérités.

« Eugène, averti par le Concile, a reconnu ses erreurs touchant cette première dissolution.

« La seconde dissolution prononcée par lui est une mani « feste erreur contre la foi.

« Cette seconde dissolution prouve qu'il est relaps ou... « retombé dans une erreur reconnue.

« Cette seconde dissolution, l'opiniâtreté du pontife après « les accusations portées contre lui, l'indication d'un autre « Concile, celui de Bâle étant encore assemblé, sont con- « traires aux premières vérités » (1).

Deux choses sont à démontrer, disait Thomas de Courcelles, en prenant la parole contre les opposants et, en particulier, contre le savant canoniste Nicolas Panormitain ou Tedeschi, et, la démonstration faite, il ne saurait plus y avoir de points douteux: la première , « c'est qu'un Concile général a autorité sur le pontife romain » ; la seconde, « c'est qu'il faut croire cette vérité de foi catholique ». Telle était la tâche qu'il se proposait d'accomplir. Son discours peut se résumer ainsi : le pape doit être soumis à l'Eglise, car elle est mère, et lui fils, elle est l'épouse de Jésus-Christ, et lui n'en est que le vicaire; quant aux privilèges conférés à Pierre dans

(1) *Hist. Univers. Paris.*, tom. V, p. 446 : « Hisce conclusionibus seu, « ut vocabant, veritatibus fidei subscripserunt nostri Galli, M. Nicolaus « Amici, doctor theologus Parisiensis, Nicolaus Tibout, Normannus, Joan- « nes de Valle, Brito, Thomas de Courcellis, canonicus Ambianensis... »
On peut lire dans cette même *Historia Universitatis Parisiensis*, *ibid.*, p. 450-517, un traité assez curieux d'un *docteur de Paris* sur ce sujet.

l'Evangile, ils ne lui appartiennent qu'en sa qualité de représentant de l'Eglise à laquelle il doit obéir conformément à ces paroles : *Dic Ecclesiæ*; conséquemment, si le pape n'écoute point l'Eglise, il doit être traité comme un païen et un publicain : or, le Concile général est complètement investi des droits de l'Eglise (1). Dans la lutte, Thomas de Courcelles était soutenu par Nicolas l'Ami (2).

Mais pareille doctrine, même d'après les décrets de Constance, pouvait-elle se soutenir dans les circonstances présentes? L'assemblée de Bâle pouvait-elle alors prétendre être un Concile? Quelques prélats, un bon nombre de prêtres, et voilà tout. Quand est-ce donc que de simples prêtres eurent voix délibérative dans un Concile? Leur est-il permis autre chose que d'émettre des avis? Et, à Bâle, pour la première fois, une question allait être décidée sans l'autorité des évêques! En effet, dans la trente-troisième session où l'on décréta vérités de foi les trois fameux articles, il n'y avait plus qu'une vingtaine de prélats, tant évêques qu'abbés; les autres, au nombre de quatre cents environ, n'étaient que des docteurs ou des ecclésiastiques de second rang (3).

Depuis la vingt-cinquième session, l'assemblée de Bâle, par suite de sa seconde dissolution pour sa translation à Ferrare, n'était plus œcuménique. Néanmoins elle voulut continuer à siéger et consommer son œuvre de révolte. Elle prononça la déposition d'Eugène IV dans la trente-quatrième session et se disposait à lui donner un successeur.

Mais comment procéder? Elle ne comptait plus qu'un seul cardinal, le cardinal d'Arles, conséquemment un seul électeur. On décida d'adjoindre à ce dernier trente-deux coélecteurs. L'assemblée nomma les trois premiers, qui devaient choisir les autres. Ces trois premiers électeurs étaient un appelé Thomas, abbé d'un monastère en Ecosse (4), Jean de

(1) Æneas Sylvius. *De Gestis Basileensis Concilii...*, lib. I, *circa init.*, où discours reproduit.

(2) *Ibid.*, lib. I, *circa fin.* Nicolas l'Ami interpelait Nicolas Panormitain pour lui dire ; « Appelloa tua conclusione, Panormitane, ad præ- « sens sedensque Concilium, nec aliquid censendum esse, quod fecisti, « affirmo, probareque, si expediat, præsto sum ».

(3) *Diction. port. des Concil.*, nouv. édit., Paris, 1764, art. *Basle (Conc. génér. de)*.

(4) « ... Thomam, abbatem de Dontraina, ordinis Cisterciensis, dicœ-

Ségovie, docteur de Salamanque, et notre Thomas de Courcelles. Sur les vingt-neuf élus, il y eut onze évêques ; le reste se composait d'abbés, de docteurs en théologie et en droit canonique, et, parmi ces docteurs, deux appartenaient à l'Université de Paris : Nicolas Thibout et Jean du Val ou de la Vallée. C'est dans ce singulier conclave qu'on élit, le 5 novembre 1439, Amédée de Savoie qui allait s'appeler Félix V ; élection que l'assemblée confirma le 26 février suivant (1).

En cette situation critique, le roi de France indiqua une nouvelle assemblée de Bourges pour cette même année 1440. Eugène IV s'y fit représenter, et l'assemblée de Bâle également. Thomas de Courcelles était encore du nombre des députés de Bâle. Mais, à Bourges, on ne voulut point reconnaître Félix, et on déclara qu'on demeurerait dans l'obédience d'Eugène IV (2).

L'éloquence de Thomas de Courcelles n'eut pas plus de succès dans une autre assemblée à Mayence en 1441. Là, on s'entendit sur la nécessité de convoquer, dans l'intérêt de la paix, un Concile général où les deux partis seraient invités à comparaître (3).

L'assemblée de Bâle qui n'était plus qu'une ombre de ce qu'elle avait été précédemment, se sépara ou du moins tint sa dernière session en mai 1443, laissant derrière elle un antipape et un schisme.

Cette même année, Eugène IV s'adressait au roi de France pour lui demander de vouloir bien donner un concours actif, efficace au rétablissement de la paix dans l'Eglise. Un mémoire lui était remis à cet effet (*quosdam articulos de unione fidei*). Le mémoire fut communiqué à l'Université qui devait donner son avis (4).

cesis Candidæ Casæ... » Candida Casa est aujourd'hui Galloway (Gams, *Series episcop. Eccles. cathol.*, Ratisbonne, 1873, p. 239).

(1) Labbe, *Concil.*, ses. XXXVII, XXXVIII, XXXIX.

(2) *Hist. Univers. Paris.*, tom. V, p. 448-449.

(3) *Ibid.*, p. 518 : « Celebratus est conventus Moguntinus mense « maio, cui interfuerunt oratores regis et Universitatis Parisiensis a Fre- « derico Cæsare per litteras invitati... Pro Felicianis eleganter et fuse « M. Thomas de Courcellis, quem historici aiunt authorem fere fuisse « omnium decretorum Basileensium ».
V. aussi Héfélé, *Op. cit.*, *loc cit.*, p. 515.

(4) *Hist. Univers. Paris.*, tom. V, p. 528.

Cet avis ne paraît pas avoir été émis avant 1445. Nous trouvons, du moins, une réponse *ad hoc* dans les *Instructions* de l'*Alma Mater* aux députés qu'à cette date elle envoyait à Charles VII et qui devaient, en même temps, appeler l'attention royale sur d'autres points intéressant *la paix du royaume* et la *paix de l'université*. Etait jugée nécessaire une réunion de l'Eglise de France en un lieu convenable, c'est-à-dire à Paris (1).

Heureusement l'assemblée et son antipape allaient devenir plus sages. Nicolas V était élu à la place d'Eugène IV en 1447. Les négociatons reprirent. Grâce à l'intervention de Charles VII, elles eurent, après une durée de presque deux ans, un heureux résultat. « Et je dois observer, remarque Crévier, que « Thomas de Courcelles fut employé et y fit un rôle considé-« rable, aussi doux pacificateur que docteur zélé pour le « fond des maximes » (2). Après avoir adhéré, non sans peine, à son élection, Amédée de Savoie signa son abdication au commencement d'avril 1449. Les Pères de Bâle qui siégeaient alors à Lausanne — c'était, dit Fleury, « comme le dernier soupir du Concile de Bâle » (3) — étaient consentants. Ils ratifièrent, quelques jours après, cette abdication pour se ranger sous l'autorité de Nicolas V. Le vrai pape, de son côté, nommait Amédée de Savoie, premier cardinal, évêque de Sabine, légat du Saint-Siège en quelques provinces ; il confirmait les élections, nominations, promotions faites dans l'obédience ou par l'autorité de Félix; il rétablissait dans leurs bénéfices et juridictions les titulaires qui en avaient été privés par Eugène IV pour s'être rangés du côté de l'assemblée de Bâle et de Félix; enfin, il déclarait nul tout ce qui avait été dit et écrit contre cette assemblée et le pape

(1) *Histor. Univers...*, *ibid.*, pp. 535 et suiv. : « Item ostendant quod « jam opus instat ipsam Ecclesiam Franciæ congregare in loco aptissimo « et numero solemni in omnibus suis suppositis notabilibus, ut exinde « solemnis procedat deliberatio, quam prosequi regia fidelitas secure « poterit et debebit ad instigandam Ecclesiæ unionem. . . . .

« Sitque locus hujusmodi congregationis Parisiensis hæc civitas, in « qua locorum et victualium amplitudo viget et multitudo refulget litte- « ratorum qui veritatem bene noverint discernere et consulere fide- « liter et sane ».

(2) *Hist. de l'Univers. de Paris*, tom. IV, p. 152.

(3) *Hist. ecclésiast.*, liv. CIII, ch. XXI.

qu'elle avait prétendu établir. Tel fut l'objet de trois bulles (1). La paix était signée.

La fin du schisme de Bâle marqua définitivement la fin du grand schisme.

Les réflexions qui, dans notre récit, ont suivi le Concile de Constance, ne s'appliquent que partiellement à l'Université après le Concile de Bâle. Ici, comme là, assurément, l'on peut dire qu'elle s'exagéra son rôle, en ajoutant que, dans ces derniers temps plus encore peut-être que dans le passé, on lui reconnaissait ou attribuait ce rôle exagéré : « Il ne se tint « point d'assemblée, dit avec raison un des historiens pré« cités, sur les affaires de l'Église, soit en France, soit en « Allemagne, où elle ne fût invitée ; elle recevoit des lettres à « ce sujet non-seulement du concile, mais du pape Eugène, « du roi, de l'empereur (2). » Ici, comme là, jusqu'à un certain point, le malheur des temps, qu'elle avait cependant contribué à créer, pouvait, à ses yeux, lui faire un devoir de cette sorte d'empiètement. Mais ici, comme là, elle ne saurait alléguer la noblesse, la grandeur du but poursuivi. Là, c'était, par l'extinction du schisme, la paix de l'Eglise. Ici, non intentionnellement sans doute, mais logiquement, c'était, par l'enfantement d'un schisme, le trouble même de l'Église. En résumé, jusqu'au Concile de Bâle, l'Université s'était donné une mission considérable, remplie de temps à autre avec des ardeurs immodérées ou intempestives; mais son action n'a pas été sans gloire. Depuis, elle a voulu continuer la même mission, se laissant aller à des ardeurs pour le moins égales ; mais sa lutte, loin d'être glorieuse, demeure sans excuse. Et la Faculté qui a assumé la responsabilité la plus lourde, est certainement la Faculté de théologie.

(1) Labbe, *Concil.*, tom. XIII, col. 1335 et suiv.; *L'art de vérifier les dates, Chronol. des Concil.*, an. 1449, *Lausanense*.

(2) Crévier, *Hist. de l'Univers. de Paris*, tom. IV, p. 116.

LIVRE III

DOCTRINES

CHAPITRE I

LE TYRANNICIDE

Il est licite, honorable, méritoire, de tuer, n'importe de quelle manière, un tyran. Or, tel était le duc d'Orléans. Double proposition que Jean Petit développa, le 8 mars 1408, à l'hôtel Saint-Paul (1), en présence du dauphin, des princes, d'un grand nombre de seigneurs, de plusieurs prélats, du recteur et des députés de l'Université. Par tyran, l'orateur entendait surtout ici un traître au roi. Ce tyran-traître devenait d'autant plus coupable, qu'il était plus proche parent du souverain ; et, dans ce cas, l'honneur, le mérite de frapper appartenait de préférence à un membre de la famille royale. L'orateur voulait arriver à cette conclusion logique : le duc de Bourgogne a accompli chose légitime et même louable en faisant immoler le duc d'Orléans (2).

Jean Petit, né vers 1360, au pays de Caux, en Normandie, était docteur en science sacrée. On le dit assez communément

(1) L'hôtel Saint-Paul était réuni « au domaine de la couronne » depuis 1364. (*Hist. de la ville de Paris*, tom. I, p. 655.)

(2) Voici les propres paroles de la conclusion : « ... Mondict seigneur « de Bourgongne ne veult et ne doit en riens estre blasmé ne reprins « dudict cas advenu en la personne dudict criminel duc d'Orléans. Et que « le roy nostre sire ne doit pas tant seulement estre content, mais doit « avoir mondict seigneur de Bourgongne en son faict pour agréable et le « auctorizer en tant que mestier seroit. Et avec ce le doit guerdonner et « rémunérer en trois choses, c'est assavoir en amour, en honneur et en « richesses, à l'exemple des rémunérations qui furent faictes à monseigneur sainct Michel l'Ange et au vaillant homme Phinées. »

de l'ordre des Franciscains (1). Il paraît, néanmoins, plus probable qu'il appartenait au clergé séculier (2). Deux années auparavant, il avait fait entendre des paroles ardentes en faveur de la soustraction d'obédience et violentes contre la personne de Benoît XIII. Ame vénale, il mettait ensuite son éloquence, son instruction et son audace au service du puissant assassin. Il osa même mentionner dans son discours les libéralités passées et futures de ce dernier : « Monseigneur « de Bourgongne, dit-il, regardant que j'estois petitement « bénéficié, m'a donné chascun an bonne et grande pension, « pour me aider à tenir aux escoles ; de laquelle pension j'ay « trouvé une grante partie de mes despens et trouveray « encores, s'il luy plaist de sa grâce. »

Le duc de Bourgogne était présent, puisqu'on lui avait accordé cette audience pour entendre sa justification. Après l'imprudent plaidoyer de l'avocat, tous gardèrent un silence moins approbateur que craintif : le duc disposait d'une puissance si redoutable même à Paris ! La cause était gagnée pour l'instant (3).

A la suite du départ du duc de Bourgogne (août 1413), les partisans de la victime, ayant à leur tête le comte d'Armagnac, entrèrent triomphants à Paris. C'était enfin le moment de parler, à moins de se rendre tout à fait volontairement,

(1) Voir, en particulier : *Annal. Minor.*, an. 1410, cap. XIX ; *Hist. Univ. Paris.*, tom. V, p. 895 ; M. Vallet de Virville dans *Nouv. Biogr. génér.*, art. *Petit* (*Jean*).

(2) Ainsi pensent, entre autres : Bayle, *Diction.*, art. *Petit* (*Jean*) ; Sbaralea qui, *Supplement.* aux *Script. ord. Minor.* de Wadding, art. *Joannes Petit*, fait lire ces mots : « Non fuit minorita, sed secularis... » ; les auteurs des *Script. ord. Prædicat.*, tom. I, p. 754, lesquels s'expriment en ces termes : « ... non cujuscumque cœtus regularis sodalis, sed « vir sui plane juris, in gymnasio Thesaurariorum ad Sorbonam domicilium « habens, cui erat famulus secularis dictus magister... et moriens hæ- « redes habuit bonorum suorum propinquos et cognatos. » Ces auteurs admettent un autre Jean Petit, franciscain, qui fut licencié en 1400 : « Fuit revera quidam Joannes Parvi ordinis Minorum licentiatus anno « MCCCC, sed alium esse a dicto Joanne « Parvi doctore theologo gymnasii « Thesaurariorum socio acta omnia relata demonstrant ».

(3) Dans *Opera* de Gerson, Anvers, 1706, tom. V, pp. 15 et suiv. : *Justificatio ducis Burgundiæ*... ; Monstrelet, *Chronique*, livr. I, ch. XXXIX. Les citations sont empruntées à Monstrelet, édition de la Société de l'histoire de France, tom. I, pp. 242 et 182 ; car, si le discours de Jean Petit est en latin dans Gerson, il se lit en français dans Monstrelet, qui termine le chapitre précédent par ces mots au sujet de la *justification* qu'il va reproduire : « Laquelle sera déclairée mot après autre. »

sans ombre même de prétexte, complice de l'horrible doctrine. Gerson fut chargé de porter la parole devant le roi au nom de l'Université.

Précédemment, mais la même année, l'orateur avait dû déjà faire connaître sa pensée au sujet des agissements des Bourguignons qui, sans une mesure de prudence, lui eussent fait un mauvais parti. « Il y avoit, écrit Juvénal des Ursins, « un notable docteur en théologie et de grande réputation, « nommé maistre Jean Gerson, lequel estoit chancelier de « Nostre-Dame de Paris et curé de Saint-Jean-en-Grève, qui « avoit accoustumé de s'acquitter loyaument. Et pource que « en compagnie où il estoit, il deut dire que les manières « qu'on tenoit, n'estoient pas bien honnestes ne selon Dieu, « et le disoit d'un bon amour et affection, on le voulut « prendre, mais il se mit es hautes voûtes de Notre-Dame de « Paris, et fut son hostel tout pillé et desrobé » (1). Presque aussitôt après la retraite du duc de Bourgogne, Gerson prononça, dans l'église de Saint-Martin des Champs où l'Université s'était rendue processionnellement, « un notable sermon » sur ce texte : *Et pace in idipsum*, « lequel il déduisit ben « grandement et notablement, tellement que tous en furent « contens » (2).

Enfin, orateur tout à fait officiel, il parla en présence des princes. Il attaqua la théorie du tyrannicide. Il le fit toutefois très discrètement, sans nommer le duc de Bourgogne dont on pouvait craindre le retour, ni même Jean Petit, mort depuis plus de deux ans (3) : « Je ne vueil point, disait-il, me

(1) *Hist. du roy Charles VI*, Paris, 1653, in-fol., p. 255.

(2) *Ibid.*, p. 264.

(3) Jean Petit avait été obligé de quitter Paris. Il mourut à Hesdin, en 1411, pensionné par le duc de Bourgogne, « et in œde Minoritarum sepultus », dit du Boulay (*Hist. Univers. Paris.*, tom. V, p. 895). Voilà peut-être ce qui a fait naître et confirmé l'opinion suivant laquelle il aurait appartenu à l'ordre de Saint-François.

« De 1388 à 1392, il composa divers morceaux de littérature, la plu« part en vers français. Ces petits poèmes, peu connus jusqu'à ce jour, « se conservent dans un manuscrit original et contemporain, à la Biblio« thèque impériale (Supplément français, 540, 3). Ils ont pour titre : *La « Disputoison des pastourelles ; le Champ d'or ; le Miracle de Basqueville, « et la Complainte de l'Eglise.* Sous ces dénominations assez décevantes « au premier abord, ces opuscules roulent uniformément sur des matiè« res théologiques. » (*Nouvelle Biographie générale*, art. *Petit Jean.*) Le savant auteur de l'article, M. Vallet de Virville, ajoute en note : « On

« faire fort ou obligier de monstrer que telle doctrine « ait esté publiée par tels ou tels, mais seulement je « veuil publier nuement la vérité, et la faulseté réprou« ver » (1). Sept propositions résumaient les erreurs, et les vérités contraires leur étaient opposées. La première, mère des autres, se trouvait fidèlement exprimée en ces termes : « Chascun tyran doit et puet estre louablement et par mérite « occis de quelconque son vassal ou subject et par quel« conque manière, mesmement par aguettes et par flateries « ou adulations, nonobstant quelconque jurement ou confé« dération faicte envers luy, sans attendre la sentence ou « mandement de juge quelconque » (2). En face de cette proposition, Gerson plaçait celles-ci : « Cette assertion « ainsi mise généralement pour maxime et selon l'accep« tion de ce mot tyran est erreur en nostre foy et en doctrine « de bonnes mœurs. Et est encore contre ce commande« ment de Dieu : *Non occides*... Item : Cette assertion « tourne à la subversion de toute chose publique et d'un

« trouve au folio 31, verso, de ce manuscrit : *Horæ de conceptione B. Ma« riæ Virginis..., quas composuit magister Joannes Parvi doctor*. La *Vie « de saint Léonard* en vers (*Ibid.*, fol. 104-108), sans nom d'auteur, paraît « être également de Jea[illegible] » Le manuscrit désigné porte aujourd'hui la cote 12470.

La Société rouenn[illegible]*philes* vient de publier le *Champ d'Or*, le *Miracle de Basqueville*, la *Vie de Monsieur saint Léonard*. Paris, 1896, in-8, avec Introduction par P. Le Verdier.

Foppens indique aussi des *Tractatus varios de schismate et alias propositiones* qui « extant in bibliotheca S. Victoris Parisiis... » (*Biblioth. Belg.*, tom. II, Bruxelles, 1739, p. 709.)

(1) Cette déclaration précède dans le discours l'énoncé des propositions.

(2) Voici les propositions ou erreurs suivantes de Jean Petit :

II. « S. Michel sans mandement ou commandement quelconque de « Dieu ne d'aultre, mais tant seulement meu d'amour naturel, occit Lu« cifer de mort pardurable ; or pour ce il ot des richesses espirituelles « autant comme il en peut recevoir.

III. « Phinées occit Zambri sans quelconque mandement de Dieu ou « de Moyse ; et Zambri ne fut point idolâtre.

IV. « Moyse sans authorité quelconque ou mandement occit l'Egyp« tien.

V. « Judith ne pécha point en flattant Holophernes, ne Jehu en men« tant qu'il vouloit honorer Baal.

VI. « Joab occit Abner depuis la mort d'Absalom.

VII. « Toutes fois que aucun fait aucune chose qui est meilleure, ja« çoit ce qu'il ait juré le non faire, ce n'est mie parjurement, mais est à « parjurement contraire. »

« chascun roy ou prince. Item : Donne voye et licence à « plusieurs aultres maulx, comme à fraudes et violations de « foy et de serment... Item : Celuy qui afferme obstinément « telle erreur et les aultres qui s'en ensuivent, est hérite et, « comme hérite, doit estre puni mesmement après la « mort » (1).

Le discours de Gerson fut prononcé le 4 septembre. Deux jours après, l'Université y donna son adhésion dans une réunion aux Bernardins, à laquelle assistaient le roi, les princes et plusieurs personnages (2). Il y eut de la part de la Faculté

(1) Nous transcrivons également les propositions suivantes mises en regard de celles de Jean Petit précédemment transcrites :

II. « Cette assertion contient plusieurs erreurs en la foy, car S. Mi- « chel ne occit point Lucifer de mort pardurable ; mais Lucifer occit « luy mesme par péchié et Dieu l'occit par la mort de la peine pardu- « rable. Item : S. Michel ot mandement de Dieu et débouta Lucifer « hors de Paradis.....

III. « Cette assertion est contre le texte de la Bible où est cette histoire « selon l'entendement des gloses et des saincts docteurs et de raison...

IV. « Cette assertion est contre le texte de la Bible..., selon l'entende- « ment des gloses et des saincts docteurs et de raison...

V. « Cette assertion est favorisante à l'erreur de ceulx qui ont dit que « en aucun cas on puet loisiblement mentir, contre lesquels escript S. Au- « gustin à S. Hiérosme...

VI. « Cette assertion est contre le texte exprès de la saincte Escripture...

VII. « Cette assertion, ainsi géneralement mise, est faulse et ne pro- « fite rien à ceulx qui jurent sciemment faulses alliances, car c'est fraude « et déception et parjurement clair, et dire que cecy faire soit chose « licite est erreur en la foy... »

Le discours de Gerson se lit dans *Opera*, même édition, tom. IV, col. 657 et suiv. ; et dans *Hist. Universit. Paris.*, tom. V, pp. 236 et suiv.

L'orateur de l'Université commençait ainsi solennellement son discours : « *Rex in æternum vive*... O roy très noble et très excellent, vivés tousjours sans finement. »

Au même tome IV de ces *Opera*, col. 583 et suiv., on lit un discours prononcé par le même Gerson, en 1405, dans une circonstance aussi solennelle, et qui certes n'est pas tendre pour le tyran. Y a-t-il contradiction entre les deux discours? Non. L'un et l'autre sont opposés à la théorie de Jean Petit en ce que celui-ci fait du régicide un acte méritoire et que cet acte doit être accompli par toutes sortes de personnes, par toutes sortes de moyens et sans qu'il y ait condamnation juridique, trois points que Gerson, s'inspirant de la vraie doctrine, ne pouvait que combattre. (Voir notre ouvrage, *Le Pouvoir civil devant l'enseignement catholique*, Paris, 1888, pp. 197 et suiv.)

(2) *Opera* de Gerson. tom. V, col. 53-58 : *Relatio in comitiis Universitatis sententiæ Joannis gersonii dictæ coram rege... ejusque confirmatio.*

Gerson exposa les faits, selon cette pièce, « compendiose et elegantissime cum eloquentia peritissima ».

Le recteur avait ainsi posé la question : « Domini et magistri mei « præstantissimi, feci vos hic evocari super tribus articulis, quorum

de théologie une approbation spéciale : elle déclara, en même temps, que la cause de Gerson était sa propre cause, en sorte qu'elle soutiendrait judiciairement et extrajudiciairement ceux qui tenteraient d'inquiéter le zélé et savant chancelier (1).

Cette déclaration n'était pas inutile. Le duc de Bourgogne avait à Paris des amis fidèles et actifs, peu redoutables sans doute à cette heure, mais pouvant peut-être le devenir.

On disait déjà que la conduite de l'Université compromettait la paix et tendait à faire rejaillir le déshonneur sur d'illustres personnages. Gerson dut par une réponse solide faire justice de semblables allégations. Cette réponse porte la date du 4 octobre (2).

Le chancelier désirait davantage. Il lui paraissait utile qu'intervînt la sentence du juge de la foi dans le diocèse. C'était Gérard de Montaigu qui gouvernait alors l'église de Paris. Le prélat partagea le sentiment du chancelier ; et l'inquisiteur de la foi, Jean Polet, s'unit à eux.

Dès le 30 novembre suivant, sur la demande de l'évêque et de l'inquisiteur, trente docteurs en théologie donnaient leur avis motivé : tous réprouvaient assurément la doctrine absolue du tyrannicide ; mais, dans l'espèce, la question de la censure ne réunit que la majorité des opinants (3). Il y eut, peu de

« secundus est talis : ad audiendum relationem propositionis factæ coram « domino nostro rege ac dominis de sanguine per reverendum patrem « dominum cancellarium ecclesiæ Parisiensis. »

L'approbation est ainsi conçue : « Ad propositionem in se eadem « mater nostra habebat et habuit dictum dominum cancellarium in « dictis suis omnibus propositis coram rege et dominis gratum et « advocatum... »

(1) *Ibid.* «... ipsa venerabilis Facultas se adjungebat cum sæpe dicto « domino cancellario, reputans hujusmodi factum proprium ipsius « Facultatis. Itaque si contingeret in futurum ipsum dominum cancel- « larium, præmissarum occasione, via facti aut alio quovis modo, mo- « lestari, ipsa Facultas supra dictum dominum cancellarium et suam cau- « sam, ut propriam causam, in judicio et extra sustinere, et illum « contra eum qui ipsum inquietare et molestare... concitetur, prosequi « decrevit. »

(2) *Hist. Univers. Paris.*, tom. V, pp. 254 et suiv., et *Opera* de Gerson, tom, IV, col. 677 et suiv., à la suite du discours du chancelier : *Cy ensuit une scédulle qui respond à ce que aucuns pouvoient opposer que la proposition de l'Université est contre paix et déshonneur de aucuns seigneurs.*

(3) *Opera* de Gerson, tom. V, col. 64 et suiv. : *Sententiæ triginta doctorum de propositionibus Joannis Parvi.*

jours après (4 décembre), une autre assemblée de soixante-quatre docteurs dont plusieurs étaient du parti bourguignon. Ceux-ci se gardaient bien de se poser en défenseurs des propositions. Mais ils prétendaient qu'on ne pouvait les condamner sans condamner un mort, Jean Petit qui, tout le monde le savait, en était l'auteur. Suivant eux, l'affaire était assez grave pour qu'on sollicitât l'avis de tous les maîtres et docteurs en théologie ; et, afin que les avis fussent donnés avec toute la réflexion désirable, il paraissait bon de faire préalablement parvenir à chacun les propositions avec les notes qu'on estimait leur convenir. Cette opinion prévalut (1). Une troisième assemblée se réunit le 19 du même mois (2). Elle se composait de soixante-dix-neuf membres. On discuta plusieurs jours. Les deux partis politiques se retrouvaient encore en présence. Le parti bourguignon, envisageant l'affaire comme dans la précédente assemblée, eut de nouveau gain de cause. Le 5 janvier suivant, il fut résolu qu'on nommerait, et on nomma sans retard, une commission à l'effet d'examiner si les propositions étaient bien renfermées dans le discours de Jean Petit (3).

On recueillit deçà et delà des exemplaires de ce discours. Le travail de confrontation dura plus d'un mois. Le résumé de Gerson se trouvait parfaitement exact. Mais on préférait la reproduction littérale des assertions de l'orateur. En conséquence, neuf propositions, extraites en propres termes, furent substituées aux sept précédemment formulées.

La première était ainsi couchée: « Il est licite à chas-
« cun subject sans quelconque mandement, selon les loix
« morale, naturelle et divine, d'occire ou faire occire tout
« tyran qui, par convoitise, barat, sortilège ou malengin,
« machine contre le salut corporel de leur roy et souverain
« seigneur, pour luy ravir sa très noble et très haute sei-

(1) *Opera* de Gerson, *ibid.*, col. 70 et suiv. : *Sententiæ LXIV magistrorum circa damnationem propositionum Joannis Parvi.*

(2) L'évêque avait demandé une réponse en ces termes pressants : « Quare requirimus vos sub pœnis juris, ut detis deliberationem vestram publice, vel in scriptis vel verbo tenus, si hujusmodi assertiones « de quibus ortum est notarie scandalum... sint erroneæ et taliter « condemnatæ. » (*Ibid.*, col. 79).

(3) *Ibid.*, col. 81 et suiv. : *Sententiæ LXXIX magistrorum.*

« gneurie : et non pas seulement licite, mais honorable et « méritoire ; mesmement quand il est de si grande puissance, « que justice n'en peut bonnement estre faite par le souve- « rain » Les embûches étaient admises, car la quatrième proposition portait : « C'est droit et raison et équité que tout « tyran soit occit vilainement par aguettes et espiemens ; et « est la propre mort de quoi doivent mourir tyrans desloyaux, « que de les occire vilainement par bonnes cautelles, aguettes « et espiément. » (1)

Il parut prudent de prendre l'avis non seulement des maîtres et docteurs en théologie, mais aussi des licenciés, et même, dans l'hypothèse où les juges l'estimeraient à propos, des maîtres et docteurs des autres Facultés (2).

Sur ces entrefaites, le roi signait, le 4 février, une missive

(1) *Opera* de Gerson, *ibid.*, col. 274.

Nous transcrivons les sept autres propositions :

II « Les loix naturelle, morale et divine autorisent un chascun subject « d'occire ou faire occire ledict tyran.

III « Il est licite à un chascun subject, honorable et méritoire d'occire « ou faire occire le dessus nommé tyran, traistre et desloyal à son roy et « souverain seigneur par aguettes et espiémens et si est licite de dis- « simuler et taire sa volonté de ainsi faire.

V « Celuy qui occit ou fait occire le tyran dessus nommé es manières « que dict est ne doit de rien estre repris ; et ne doit pas seulement le « roy estre content, mais doit avoir le faict agréable et l'autoriser en « tant que mestier et besoin seroit.

VI « Le roy doit guerdonner et rémunérer celuy qui occit et fait occire « le tyran dessus nommé en la manière que dict est, en trois choses : c'est « à sçavoir en amour, honneur et richesses à l'exemple des rémunérations « faictes à S. Michel l'archange pour l'expulsion de Lucifer du royaume « de Paradis et au noble homme Phinées pour l'occision du duc Zambri.

VII « Le roy doit plus aimer que paravant celuy qui occit ou fait occire « le dessus nommé tyran es manières dessus dictes et doit faire prescher « sa foy et bonne loyauté par son royaume et dehors le royaume, les « faire publier par lettres, par manières d'épitres ou bien autrement.

VIII « *Littera occidit, S. Spiritus vivificat*... c'est a dire que tousjours « tenir le sens littéral en la saincte Escripture est occire son âme.

IX « Au cas d'alliance, promesse ou confédération faictes de chevalier « à autre, en quelque manière que ce soit on puisse estre, s'il advient que « ils tournent au préjudice de l'un des prometteurs ou confédérés, de son « épouse ou de ses enfans, il n'est de rien tenu de les garder. »

(2) *Ibid.*, col. 275 : «... fuit conclusum quod mitterentur cedulæ « omnibus magistris et licentiatis in theologia et etiam dominis et aliis « magistris secundum quod videtur dominis judicibus expedire, conti- « nentes præfatam relationem dictorum deputatorum..., ut magistri pos- « sent dare maturum et salutare consilium ad ulterius procedendum « in materia ista. »

Et col. 277 : *Sequuntur nomina magistrorum et licentiatorum qui ha- buerunt cedulas.*

pour l'évêque de Paris. Il lui recommandait de poursuivre les erreurs et, en particulier, celles qui « sont contre bonnes « mœurs, tendans à destruction de toutes seigneuries ter- « riennes, et, par conséquent, à la subversion de la police « de toute la chose publique, et contre nostre royalle majesté « en maintes manières » (1).

On indiqua, pour le 12 février, une nouvelle assemblée de théologiens. Les dernières propositions révoltaient autant que les précédentes. Mais les opposants imaginèrent un autre biais : c'était de réserver le jugement au pape. Après plusieurs séances qui se terminèrent le 19, on put constater que la grande majorité se prononçait pour la condamnation immédiate du discours de Jean Petit et des propositions qu'on en avait littéralement tirées (2).

Le jugement épiscopal fut très solennellement rendu, le 23, dans la salle de l'évêché. On avait invité à la séance le clergé de la capitale. Des évêques, des abbés et un grand nombre de docteurs et de bacheliers en toute Faculté s'y étaient également rendus. La sentence, conforme à la délibération des théologiens, fut prononcée, après un discours latin pour engager l'évêque à ne pas faillir à son devoir, et la lecture des différentes pièces de la longue procédure (3). Des deux propositions que nous avons citées dans notre récit, la première recevait la qualification d' « erronée dans la foi et les mœurs et à plusieurs titres scandaleuse » ; la quatrième d' « erronée, cruelle et impie » (4). Le jugement épiscopal ne se bornait pas

(1) *Opera* de Gerson, *ibid.*, col. 278-279.

(2) *Ibid.*, col. 274 et suiv.

(3) *Ibid.*, col. 319 et suiv.

Le discours avait pour texte : *Clama, ne cesses, sicut tuba exalta vocem tuam.* (*Is.*, LVIII, 1)

A la page 322, se lit : *Sententia episcopi et inquisitoris Parisiensis adversus librum Joannis Parvi.*

Nous avons déjà nommé cet inquisiteur de la foi, Jean Polet, dominicain et docteur en théologie, qui mourut à Rouen en 1416. (*Script. ord. Prædicat.*, tom. I, p. 754.)

(4) Les autres n'étaient pas moins sévèrement qualifiées :

La seconde était dite : « Erronea in fide et moribus » ;

La troisième : « Falsa, erronea, scandalosa » ;

La cinquième : « Erronea in fide et moribus et regiæ dominationi injuriosa » ;

La sixième : « Erronea in fide et moribus, scandalosa et regiæ dominationi injuriosa » ;

aux propositions : il frappait tout le discours qui était condamné au feu (1).

En conséquence, on brûla, le 25, au parvis Notre-Dame, le trop fameux produit oratoire. L'évêque, l'Université et une foule immense assistaient à la lugubre cérémonie. Le docteur Benoit Gentien y prononça un éloquent discours de circonstance (2).

La condamnation royale devait s'ajouter à la condamnation épiscopale : elle fut signée le 16 mars (3).

Le duc de Bourgogne en appela à Jean XXIII et au Concile de Constance. La déposition du pape et les affaires plus pressantes du Concile ne permirent pas de s'occuper sérieusement de l'appel avant le mois de juin 1415 (4). Malgré les efforts de Gerson (5), le Concile ne confirma pas purement et

La septième : « Erronea in fide et moribus, scandalosa et regiæ dominationi injuriosa » ;

La huitième : « Expositio distorta et erronea » ;

La neuvième : « Falsa et erronea secundum se et ad parjurium viam præbens. »

(1) *Ibid.*, col. 322 « ... quod antea dicta propositio magistri Joannis « Parvi in se et suis assertionibus principaliter intentis et in ea contentis « ac in processu latius declaratis est abolenda atque damnanda, tanquam « erronea in fide et bonis moribus ac multipliciter scandalosa ; et eam « sic abolemus et damnamus ac cremandam solemniter decernimus « cremarique præcipimus et jubemus... »

(2) *Hist. de la vil. de Paris*, tom. II, p. 776, avec renv. aux *Pièces justif.*

(3) *Opera* de Gers., tom. V, col. 325 et suiv. : *Littera regis adversus librum Joannis Parvi.*

(4) Parmi les avocats du duc au Concile, il faut citer Martin Porée ou Poirée, évêque d'Arras, Pierre Cauchon, vidame de Reims, ensuite évêque de Beauvais. Si le duc avait confiance dans le zèle de ses défenseurs, il savait aussi en appeler à l'éloquence de l'or.

La triste histoire du juge de Jeanne d'Arc est connue. Celle de Porée ou Poirée l'est moins. Il avait appartenu comme religieux à l'ordre de Saint-Dominique et il appartenait comme docteur à la Faculté de théologie de Paris. Il était confesseur du duc de Bourgogne, quand il fut, en 1408, élevé sur le siège d'Arras. L'on trouvera dans le tome V, *passim*, des *Opera* de Gerson, édition citée, diverses pièces qu'il produisit en faveur de son client. Il mourut en 1426. Il y aurait à ajouter, comme œuvre de Martin Porée, des *Constitutiones*, imprimées à Anvers, en 1588, parmi les Statuts synodaux d'Arras. (*Scrip. ord. Prædict.*, tom. I, p. 777-778 ; *Gal. christ.*, tom. III, col. 341-342 ; Oudin, *Comment...*, tom. III, col. 2262.)

(5) C'est surtout pour la poursuite de cette affaire que Gerson se disait et pouvait se dire ambassadeur du roi de France : « Ambassiator, ut « dicebat, serenissimi christianissimique principis domini Caroli, Dei « gratia Francorum regis, et almæ Universitatis Parisiensis... (*Opera*, tom. V, col. 346).

simplement la sentence de l'évêque de Paris. Voulant éviter les questions de personnes dans le désir très louable, dit-on, de ne pas mettre un nouvel obstacle à la réconciliation des maisons rivales de France, il condamna le régicide, en général, mais non point le discours ni les neuf propositions de Jean Petit. Le décret, porté le 6 juillet 1415, dans la XVe session, est ainsi conçu : « Le saint Concile... a appris naguère « que quelques assertions erronées dans la foi, contraires aux « bonnes mœurs, scandaleuses à bien des titres, subversives « de l'état et de l'ordre de la chose publique, étaient avancées « et, entre autres, celle-ci : *Tout tyran peut et doit être tué « licitement et méritoirement par tout vassal ou sujet, et même « au moyen d'embûches, de trompeuses flatteries ou adulations, « nonobstant tout serment, toute alliance faite avec lui, et sans « attendre la sentence ou le mandement d'aucun juge.* » Au nombre des qualifications données par le Concile à cette proproposition, se rencontre celles d' « hérétique et scandaleuse. » (1)

L'Université revint à la charge. Au mois de février, l'année suivante, elle adressait au Concile une longue lettre ou plutôt un mémoire raisonné pour demander la censure du discours et des neuf propositions. Le mémoire était également remis aux cardinaux ainsi qu'aux commissaires chargés du travail préparatoire sur les questions de foi. Un pouvoir spécial pour la poursuite de l'affaire parvenait aux députés de l'illustre corps. La Faculté de théologie convoquée par Jean de Courtecuisse, son doyen, croyait devoir ratifier solennellement la sentence de l'évêque de Paris. La Faculté de droit donna une déclaration analogue. Enfin, en février 1417, l'Université tenta un dernier effort par une nouvelle lettre des plus pressantes à l'assemblée conciliaire. Tout fut inutile. Le Concile s'en tint à la censure générale qu'il avait portée (2). L'année suivante, les Bourguignons étant maîtres de Paris, l'évêque lui-même devait rapporter sa sentence (3). « Cette révocation, dit Crévier, se fit de la façon la

(1) Labbe, *Concil.*, tom. XII, p. 144.

(2) C'est dans ce sens que Juvénal des Ursins a écrit que la matière demeura « indiscuse » ou indécise. (*Hist. de Charles VI*, an. 1414).

(3) Bayle, *Dictionn...*, art. cit., note G; *Gal. christ.*, tom. VII, col. 144. Gerson fournit de très longs détails sur la suite de cette affaire au

« plus solennelle. Il n'y manquoit que la présence de l'évêque « qui, pour raison ou sous prétexte de maladie, se tenoit ac- « tuellement à Saint-Maur des Fossés. » (1)

Concile de Constance, *Opera*, tom. V, col. 226 et suiv., et tom. II, col. 319 et suiv. Voir aussi du Boulay, *Hist. Univers. Paris.*, tom. V, p. 284 et suiv.; Crévier, *Hist. de l'Univers. de Par.*, tom. III, p. 445-472.

Dans le discours qu'il prononça « in Concilio Constantiensi post irrita- « tionem a cardinalibus factam sententiæ episcopi Parisiensis contra « J. Parvum », le savant chancelier défend le droit des évêques « in definiendis fidei controversiis », mais droit subordonné à l'autorité du Siège apostolique, « autoritate tamen subordinata ad Sedem apostolicam ». (*Opera*. tom. II, col. 281 et suiv.). Le discours est suivi de *Conclusiones quædam*...

(1) *Hist. de l'Univers. de Par*, tom. IV, p. 16.

CHAPITRE II

JÉRÔME DE PRAGUE ET JEAN HUS.

Elève, puis bachelier et maître en théologie à l'Université de Prague, le jeune *Jérôme*, à qui l'histoire donnera le nom de cette ville, où il est né d'ailleurs, voulut visiter les plus célèbres Universités de l'Europe.

Celle de Paris ne pouvait être oubliée. Il y prit même le grade de maître ès arts. Mais il dut s'apercevoir que cette *Alma Mater* était la gardienne vigilante des saines doctrines aussi bien philosophiques que théologiques. Il s'était permis dans une déterminance de déclarer que *Dieu ne pouvait rien annihiler*. Gerson était alors chancelier. L'Université s'unit à lui pour imposer une rétractation que le téméraire esquiva par la fuite (1). Ce n'était pas le seul point sur lequel cet enfant de la Bohême dogmatisait alors, comme le même chancelier le constatait plus tard, au Concile de Constance, lorsqu'il disait dans un interrogatoire subi par le téméraire devenu hérétique : « Jérôme, lorsque vous êtes venu à Paris, vous vous « imaginiez avec votre éloquence être un ange du ciel ; vous « avez troublé l'Université en émettant dans nos écoles plu- « sieurs propositions fausses, avec leurs conséquences, sur- « tout au sujet des universaux, et un grand nombre d'autres « scandaleuses. » (2)

L'Université d'Oxford dut aussi attirer l'attention et la présence de Jérôme. On dit également qu'il connut là les écrits de Wiclef, les copia même et, en les rapportant avec lui, s'en fit l'introducteur en Bohême. Quoi qu'il en soit, il se joignit à *Jean Hus* pour répandre dans sa patrie les erreurs de l'hérésiarque d'Outre-Manche.

(1) *Collect. judicior...*, tom. I, par. II, p, 195. L'Index porte : « Anno circier 1406 ».

(2) Hardt, *Mag. Conc. œcum. Const.*, tom. IV, col. 218.

Jean Hus était de quelques années plus ancien que Jérôme de Prague : celui-ci avait vu le jour en 1378, celui-là en 1370 ou 1373. L'histoire ne conserva à Jean que la première syllabe du pays natal, Hussinetz, qui est un bourg de Bohême, à moins de dire qu'Hussinetz s'appelait, en même temps, Hus. Jean Hus étudia aussi à l'Université de Prague. Maître ès arts et bachelier en science sacrée, il devint recteur de l'*Alma Mater*. Il paraît bien que les témérités de Wiclef l'effrayèrent d'abord, le révoltèrent même, car il aurait conseillé de brûler ou de noyer dans la Moldau les livres qui les renfermaient. Il allait bientôt franchir les limites de l'orthodoxie pour devenir l'âme des hérésies nouvelles et se jeter en plein dans la lutte qu'elles suscitaient.

Son traité *De l'Église (De Ecclesia)* contenait explicitement ou implicitement des assertions hétérodoxes (1). On en forma dix-neuf articles, auxquels Gerson et plusieurs docteurs en théologie apportèrent les qualifications méritées. C'était en l'année 1413. Ces articles roulaient sur l'Église, sa composition, ses pasteurs et, en particulier, le pape, la punition des hérétiques, les dîmes et les oblations, la simonie, les actes en péché mortel, la société civile et ses chefs, le peuple et ses droits. Outre les notes qualificatives de chaque article, on lit, à la suite du dix-neuvième, cette appréciation générale portée par les théologiens : « Nous affirmons que les précédents « articles sont notoirement hérétiques, et qu'ils doivent être « comme tels judiciairement condamnés... »

Voici ces articles résumés et dans l'ordre observé par les théologiens :

Personne ne peut être sûrement estimé vrai pape, vrai prélat, vrai seigneur.

Qui est en péché mortel n'est vraiment pape, prélat ou seigneur.

Le pape en péché mortel n'a pas de pouvoir sur le peuple chrétien.

(1) Ce traité se lit dans *Historia et monumenta Joannis Hus atque Hieronymi Pragensis*, Nuremberg. 1715, 2 vol. in-fol., tom. I, pp. 243 et suiv. Il porte en tête : *Tractatus... de Ecclesia, quem collegit anno Domini MCCCCXIII et est pronunciatus publice in civitate Pragensi..*

Dans ce même tom. I, p. 19, Jean Hus se qualifie lui-même, en répondant aux objections contre son traité *De Ecclesia*, de maître ès arts et de bachelier en théologie.

On n'appartient à l'Église qu'autant qu'on imite la vie du Christ.

Ceux-là seuls appartiennent à l'Église et occupent vraiment le Siège de Pierre qui imitent cette vie.

L'imitateur de Jésus-Christ peut et doit prêcher publiquement, même sans mission, même contre les ordres des prélats, et même excommuniés.

L'évêque de Rome n'est pas évêque universel ; l'Église de Rome n'a pas de primauté sur les autres.

Le pape ne doit pas être appelé très saint, et on ne doit pas lui baiser les pieds.

Selon la doctrine du Christ, on ne doit pas punir de mort les hérétiques même incorrigibles.

Les sujets et inférieurs ont droit, à l'exemple de saint Paul, de découvrir les vices des supérieurs et de les leur reprocher.

Le Christ seul est chef de l'Église.

L'Église universelle à laquelle on doit obéissance est l'Église qui se compose de prédestinés et de fidèles vertueux.

Les dîmes et les oblations de l'Église sont de simples aumônes.

Elles peuvent être enlevées, ainsi que les autres biens temporels, aux ecclésiastiques qui se conduisent mal.

Les bénédictions des mauvais ecclésiastiques se changent en malédictions.

En ces jours et depuis longtemps (*istis et multis temporibus*), il n'y a pas de vrai pape, pas de vraie église, pas de vraie foi, auxquels on puisse se rallier.

Tout argent donné pour l'administration des choses spirituelles rend simoniaque celui qui le reçoit.

Si un excommunié par le pape en appelle à Jésus-Christ, il n'a rien à craindre et peut mépriser l'excommunication.

Tout acte non accompli dans la charité est un péché (1).

Besoin n'est pas de rappeler que plusieurs de ces propositions découlent du principe, formulé d'ailleurs par Jean Hus, à savoir que l'Église est seulement composée de justes et de prédestinés (2).

(1) *Collect. judicior...*, tom. I, par. II, p. 164-165; cf. *Histor. et Monument...*, tom. I, pp. 19 et suiv.

(2) « *Tantum una est sancta Ecclesia catholica sive universalis quæ est* « *prædestinatorum omnium universitas;* hanc propositionem fateor esse

Quelque sept ans après, c'est-à-dire vers 1420, l'évêque de Tournay signalait à la Faculté de théologie de Paris un certain nombre d'assertions erronées s'étalant au grand jour parmi les Bohémiens ou découlant de l'enseignement qui se donnait chez eux : autant d'hérésies déjà connues, qui mettaient à feu et à sang tout le royaume et pénétraient en Belgique (1).

Cet évêque de Tournay avait nom Jean de Choisy. Il était conseiller de Jean-sans-Peur, duc de Bourgogne, après l'avoir été du père et prédécesseur, Philippe-le-Hardi, lorsqu'il fut, en 1410 ou 1411, appelé à ce siège par le chapitre de la cathédrale. Le roi de France, en ces temps malheureux, le chargea de deux missions diplomatiques, l'une pour opérer la réconciliation entre les princes de la famille royale, l'autre pour traiter de la paix avec les légats d'Angleterre. En 1419, les fonctions de chancelier de Bourgogne lui furent confiées (2).

Les propositions erronées se trouvaient consignées dans une missive adressée par un ardent Hussite, sans doute l'apôtre de la citée (*ego qui hoc præsens opus feci cum auxilio Dei*) « à tous les bourgeois et habitants de la ville de Tournay et de ses dépendances. »

Après avoir rappelé qu'en pareille circonstance on ne devait craindre « ni clerc ni seigneur », l'auteur de la missive exposait, en termes favorables, les quatre points fondamentaux de l'hérésie des Hussites : la liberté absolue de la prédication évangélique par tous et partout (*sine ullo impedimento et contradictione*) ; l'extirpation de tous les péchés tant publics que secrets (*tam in occulto quam in aperto*) ; l'obligation pour tous les prêtres, exerçant le ministère sacerdotal, de mener la vie rigoureusenent apostolique (*regulantur regula et vita*

« meam ». répondait l'hérésiarque. (*Hist. et monument. Joan. Hus atque Hieronym. Prag.*, édit. cit., p. 19.)

Les docteurs faisaient suivre leur censure de ces mots : « Etsi enim « videntur habere zelum contra vitia prælatorum et clericorum, nimis, « proh dolor! abundantium, non tamen secundum scientiam. Zelus ita- « que discretus ea peccata, quæ videt in domo Dei se non posse tollere, « tolerat et gemit Non possunt autem per vitia et errores bene tolli vi- « tia, quia non in Beelzebud ejiciuntur dœmonia, sed in digito Dei, qui « est Spiritus-Sanctus, volens ut in corrigendo modum habeatur pru- « dentiæ, juxta illud : *quis, quid, ubi, cur*, attendas, *quomodo, quando*. »

(1) *Collect. judicior...*, tom. I, par. II, p. 172 : « Circa annum millesimum quadringentesimum vigesimum. »

(2) *Gal. christ.*, tom. III, col. 230-231.

apostolica); l'usage ancien, alors abandonné, mais à rétablir, de la communion sous les deux espèces pour tous les chrétiens. Il osait ensuite appliquer à l'état présent de l'Église cette phrase de David : *Odivi Ecclesiam malignantium* (1), annoncer la ruine prochaine de cette Église coupable, écrire que les peuples se sont enivrés du vin de ses abominations, que « pour ces vérités » (*Propter istas præsentes veritates*) les peuples du royaume de Bohême combattent, incendiant « l'Église présente qui est antichrétienne » et voulant restaurer « l'Église apostolique ».

Enfin, la missive se terminait par cette proposition : « Sachez, frères bien-aimés, que j'ai travaillé dans l'intérêt de « la vérité, que ce qui est au milieu de vous a été, Dieu aidant, mon œuvre; et, si vous voulez bien vous rendre aux « vérités susdites ou avoir sur elles une plus ample déclaration, en apprendre aussi beaucoup d'autres qui vous sont » nécessaires et qu'à cause de certaines occupations je n'ai « pu marquer ici, être, en même temps, mieux renseignés sur « l'état, la vie et la conduite des susdits Bohémiens et habitants de Prague, élevez une tribune sur une grande place « publique, convoquez-y les citoyens ; je m'y rendrai, pour, « avec le secours de Dieu, soutenir ces vérités, contre quiconque voudra les attaquer, confiant dans le Christ Jésus « qui a promis l'Esprit-Saint à ceux qui le demandent, « comme il est dit dans l'Évangile... »

Le prélat avait fait parvenir à la Faculté la missive elle-même. Les docteurs estimèrent inutile toute censure de leur part, puisque le Concile de Constance avait prononcé sur ces erreurs, en prononçant sur celles de Wiclef, Jean Hus et Jérôme de Prague (2).

(1) *Psal.*, XXV, 5.

(2) *Collect. judicior...*, tom. I, par. II, p. 172-174.
Nous lisons, *Ibid.*, à la suite de la missive : « Hæc excerpi ex magno « vol. mss. censurarum sacræ Facultatis Parisiensis a N. Boda collectarum. Et multa omisi sine quibus notio falsarum intentionum ab Hussitis prolatarum satis habetur. Parisienses autem magistri a censoria « nota illis erroribus inurenda abstinuerunt, quia in Constantiensi Concilio... »
M. Ellies du Pin a écrit, dans son *Hist. des controv...*, dans le quinzième siècle, Paris, 1701, tom. II, pp. 435 et suiv., l'*Histoire des hérésies des Wicléfistes et des Hussites, de Jean Wiclef, de Jean Hus, de Jérôme de Prague, de leurs erreurs et de leur condamnation*.

CHAPITRE III

AUTRES DOCTRINES ET DÉCISIONS

(1re PARTIE DU XVe SIÈCLE)

I. Ventes de cens et rentes avec faculté de rachat. — Sanctification des dimanches et fêtes. — Fêtes des fous.
II. Jean Sarrazin. — Nicolas Quadrigarius. — Certaines propositions.

Nous aurons d'abord, en ce chapitre, à enregistrer des décisions qui portent sur des points de doctrines sans viser des personnes à frapper

I

VENTES DE CENS ET DE RENTES AVEC FACULTÉ DE RACHAT

Les ventes de cens et de rentes avec faculté de rachat sont-elles ou ne sont-elles pas licites? En d'autres termes, sont-elles usuraires, car il n'y aurait que cela qui pourrait les rendre illicites? La question partageait les théologiens; mais, comme il semble bien résulter de ce qui va être dit, l'opinion en faveur du *licet* réunissait le plus grand nombre. Le Saint-Siège était consulté. Mais quelle réponse donner?

En cet état, Martin V crut devoir s'adresser aux prélats et aux principaux docteurs des Universités. C'était en 1422. La solution intéressait non seulement les laïques, mais le monde ecclésiastique (1) et certaines familles religieuses (2). Les

(1) Voir Bulle de Martin V, dont il va être parlé.

(2) *Hist. Univ. Paris.*, tom. V, p. 362 : « Quædam domus religiosæ quarum fratres non mendicant, emerunt pensiones annuas perpetuas

docteurs tant en droit qu'en théologie dont il est fait mention dans l'*Historia Universitatis Parisiensis*, se prononcèrent pour le *licet*. Parmi les réponses des docteurs en théologie, nous trouvons celles de Pierre d'Ailly et de Gerson.

Le premier libella ainsi sa réponse : « Je Pierre, cardinal de « Cambray, crois que ces contrats sont licites, pourvu toute- « fois qu'il n'y ait pas d'intention usuraire, c'est-à-dire que « les acheteurs n'aient pas en vue le rachat par les vendeurs, « afin non-seulement de recouvrer leur argent, mais au « delà (*et ultra sortem reditus medii temporis recipiant*); et « l'intention usuraire n'existe pas dans l'hypothèse où les « acheteurs aimeraient certainement mieux faire ce contrat « sans condition qu'avec la condition de rachat. »

Le second ajouta simplement au-dessous de cette réponse : « Je Jean de Gerson, chancellier de Paris, pense de « même (1). »

L'on sait que dans la doctrine théologique l'argent était

« ipsis opportunas pro sustentatione fratrum suorum de certis civitatibus, « oppidis et communitatibus, pro quibus exponunt justum pretium se- « cundum æstimationem et cursum locorum in quibus agebant, scilicet « persolvendum alicubi 24 florenos pro pensione unius fratrum in uno « loco et in aliis locis 25 vel ad minus 20 florenos, venditoribus prædic- « tis dando gratiam ut ipsas pensiones pro eodem pretio redimere pos- « sent. Et cum præmissi religiosi usuram non exercerent et in emendo « justum pretium persolverent, quæritur an tales contractus sint liciti? »

(1) *Ibid.*, p. 363.

« Doctores utriusque juris communiter dicunt et tenent quod contrac- « tus emptionis et venditionis sub forma præscripta vel consimili factus « est licitus et a jure permissus... » Suivent, avec leurs réponses, les noms de plusieurs de ces docteurs en droit et aussi de quelques docteurs en théologie.

Du Boulay cite trois autres docteurs en théologie, lesquels n'appartenaient pas à la Faculté de Paris : *Nicolaus de Monasterio*, *Jacobus de Susato*, *Nicolaus de Spica*. Le premier était professeur à Cologne. Le second l'était aussi ou l'avait été ; de plus, appartenant à l'ordre de Saint-Dominique, il remplissait les fonctions d'inquisiteur de la foi en Germanie. Le troisième comptait parmi les religieux carmes. (*Hist. Univers. Paris.*, *ibid.*; *Script. ord. Prædicat.*, tom. I, p. 774; *Biblioth. carmelit.*, tom. II, p. 509.)

On lit à la suite de la dernière consultation qui est celle d'un docteur en décret, cette sage réflexion : « Ne te moveant acta quorumdam oppo- « situm sentientium ; si tamen conscientiæ tuæ contrarium esset..., esset « ab ejusmodi contractibus abstinendum, eo quod quidquid est extra « conscientiam, ædificat ad gehennam ; sed multo tutius est te contra te « viriliter agere et illam conscientiam erroneam deponere vel saltem de- « ponere velle, et non velle plus credere tibi ipsi quam tot et tantis viris « theologis, secularibus et religiosis, legistis et canonicis, cardinalibus et « episcopis. » (*Hist. Univers. Paris.*, *ibid.*, p. 364.)

une matière improductive et que, partant, on qualifiait d'usure tout profit ou intérêt qui pouvait en être tiré.

A la suite de ces réponses, Martin V, par une bulle en date du 7 juillet 1425, décida dans le même sens (1), bulle que, 30 ans plus tard, Calixte III devait confirmer (2).

SANCTIFICATION DES DIMANCHES ET FÊTES

Pour satisfaire à la pieuse demande de « quelques vénérables et illustres » Parisiens au sujet de la sanctification du dimanche et des fêtes, la Faculté de théologie rédigea une consultation motivée qu'elle soumettait au jugement de l'Église et du Siège apostolique. C'était, d'ailleurs, le résumé de la doctrine catholique, comme on peut s'en convaincre par l'exposé suivant :

Toute créature ayant l'usage de raison doit vaquer quelque temps au culte de Dieu.

Le temps déterminé dans l'ancienne loi était le sabbat et les autres fêtes prescrites.

Le précepte touchant le sabbat est en partie de droit naturel ou en partie de droit cérémonial.

C'est par la volonté de l'Église que le dimanche a été substitué au samedi ou sabbat.

Les dimanches et fêtes solennelles, nous devons vaquer au culte de Dieu.

Ces jours-là, sont permises les œuvres libérales ou spiri-

(1) « Martinus venerabilibus fratribus Treverensi, Lubicinensi ac Almi-« censi episcopis... Datum Romæ apud sanctos Apost., nonas Jul., Pon-« tific. nostri an. VIII. »

— « *Almissa* ou *Peguntium*, urbs Illirici... episcopalis sub archiepiscopo Spalatensi, cui nunc sedes copulata est... » (Baudrand, *Dict. géogr. et histor.*, tom. II, *Table des noms latins et français*.

(2) « Calixtus III... Datum Romæ apud sanctum Petrum anno incarnationis dominicæ MCCCCLV, pridie nonas Maii, pontific. nostri an. I. »

Calixte III disait : « Nulli ergo hominum liceat hanc paginam nostræ declarationis infringere vel ei ausu temerario contraire. »

Sources : *Hist. Univers. Paris.*, tom. V, pp. 361 et suiv.; Bulles de Martin V et de Calixte III dans *Extrav. com.*, lib. III, tit. V, cap. I et II.

La bulle de Martin V se lit aussi dans *Hist. Univers. Paris.*, *ibid.*, pp. 364 et suiv. Mais c'est à tort que dans ce dernier ouvrage l'on a imprimé : « Venerabilibus fratribus Tingnensi... Clermicen. episcopis... »

tuelles et aussi les corporelles concernant le service de Dieu (*ad servitutem Dei pertinentia*).

Ces jours-là, il faut s'abstenir des œuvres serviles qui peuvent distraire du culte de Dieu, à moins d'une dispense accordée pour cause raisonnable et par une personne ayant autorité.

Les œuvres qui sont dites serviles à cause du service de Dieu (*a servitute Dei*), ne sont pas prohibées en ces jours.

Les œuvres qui sont dites serviles à cause de la servitude du péché (*a servitute peccati*) sont plus défendues ces jours-là que les autres jours.

Les œuvres serviles, soit pour les soins du corps et de la maladie, soit dans un cas de nécessité, ne sont pas défendues.

Les œuvres serviles en vue d'un lucre temporel sont défendues.

Les ventes, à moins qu'il ne s'agisse de choses nécessaires en ces jours mêmes, sont défendues, et surtout aux heures des offices.

Les ventes de comestibles nécessaires en ces jours mêmes ne sont pas prohibées.

S'il se présente certaine nécessité de vaquer à quelque commerce, l'on doit recourir au supérieur pour en obtenir la permission.

On ne saurait déterminer d'une façon générale le caractère de la nécessité ; il faut recourir à l'appréciation d'un homme sage (*ad arbitrium boni viri*).

Si l'on veut s'abstenir d'une vente licite, on ne doit pas être contraint à y vaquer.

L'observation de la loi dominicale, comme celle des autres préceptes du Décalogue, est salutaire, et percinieuse sa violation : *si vis ad vitam ingredi, serva mandata*.

Cette consultation a été donnée, en 1426 (1), vers le mois d'octobre.

FÊTE DES FOUS

L'autorité doctrinale de la Faculté lui permettait d'intervenir dans les affaires générales de l'Église. Nous l'avons vu

(1) *Collect. judicior...*, tom. I, par. II, p. 225-226 : « Hi articuli scripti « et dispositi de ordinatione Facultatis, circa mensem octobrem anni 1426 « per magistrum Ægidium Carrelerii. » V., *Ibid.*, texte de ces articles.

pendant toute la durée du Grand-Schisme. A plus forte raison, jouissait-elle du même droit en ce qui touchait l'Église de France. Sa lettre au sujet de la *Fête des fous* en est l'attestation : bien qu'adressée « à tous les prélats des églises et aux vénérables chapitres de toute localité », cette lettre regardait particulièrement la fille aînée de l'Église (1).

Nous prenons ici les mots : *Festum fatuorum* dans le sens restreint ou rigoureux (2), par conséquent nous laissons de côté la *Fête*, proprement dite, *de l'âne* ou *des ânes* (3).

(1) *Collect. judicior...*, tom. I, par. II, pp. 242 et suiv., où *Lettre* suivie de plusieurs *Conclusions*.

(2) La lettre de la Faculté et les conclusions qui la suivent nous invitent à le faire, car elles ne parlent pas dans un autre sens. Transcrivons ce passage de la lettre, p. 244 : « Quis, quæso, christianorum sensatus « non diceret malos illos sacerdotes et clericos, quos divini officii tem- « pore videret larvatos, monstruosos vultibus aut in vestibus mulierum « aut lenonum, vel histrionum choreas ducere in choro, cantilenas in- « honestas cantare, offras pingues supra cornu altaris juxta celebrantem « missam comedere, ludum taxillorum ibidem exarare, thurificare de « fumo fœtido ex corio veterum sotularium et per totam ecclesiam cur- « rere, saltare, turpitudinem suam non erubescere ac deinde per villam « et theatra in curribus et vehiculis sordidis duci ad infamia spectacula, « pro risu astantium et concurrentium turpes gesticulationes sui cor- « poris faciendo et verba impudicissima et scurrilia proferendo ? » Il est vrai qu'on lit ensuite : « Et sic de multis aliis abominationibus quarum pudet reminisci et recitare horret animus... »

(3) Cette seconde fête, distincte de la première, a-t-elle fini par être comprise, de ce qu'en certains endroits elle en faisait partie, sous la dénomination générique de *Fêtes des fous*, laquelle portait également le nom de *Fête des innocents*? Nous devons accorder au lecteur le droit de penser ce qu'il voudra.

Nous rappellerons seulement, d'après du Cange, la manière étonnante dont cette *Fête de l'âne* ou *des ânes* se célébrait à Beauvais et à Autun. Les rites se modifiaient ou se complétaient selon les localités.

En certains endroits, on célébrait l'âne comme un heureux témoin de la naissance du Sauveur et comme sa glorieuse monture à son entrée triomphale dans Jérusalem. Dans les deux villes précitées, on se proposait d'honorer en lui l'animal privilégié qui avait porté la Vierge et l'enfant Jésus dans leur fuite en Egypte.

En conséquence,

Un âne richement harnaché était monté par une jeune fille tenant entre ses bras un jeune enfant. On se rendait processionnellement à l'église. Dans le cortège, prenaient parfois rang l'évêque et le clergé. Le héros de la fête avait sa place près de l'autel, du côté de l'Evangile. La messe commençait. Des chants se faisaient entendre qui se terminaient par *hin-han, hin-han*. Les qualités et surtout l'utilité de l'animal étaient exaltées dans une prose qui avait pour refrain :

Hez, sire asnes, car chantez,
Belle bouche, rechignez,
Vous aurez du foin assez
Et de l'avoine a plantez.

En honneur dans l'Eglise grecque sous le Bas-Empire, introduite en France et en Angleterre avant le XIIe siècle, pompeusement célébrée dans les principales villes de notre pays, la *Fête de fous* était une parodie, sans doute pour beaucoup plus intéressante que criminelle, mais bizarre, absurde, parfois indécente, de certaines cérémonies de l'Église, le tout précédé, accompagné ou suivi de plus ou moins d'extravagances. Nous nous arrêterons seulement aux traits principaux.

Le point de départ était l'élection. Dans les chapitres, on élisait un abbé ou un doyen ; dans les villes épiscopales ou archiépiscopales, l'élection improvisait un évêque ou un archevêque : dans les lieux exempts, c'était un pape qu'on se donnait.

La premiere strophe de la prose était ainsi rimée :

Orientis partibus
Adventavit asinus
Pulcher et fortissimus
Sarcinis aptissimus.

La dernière — et la génuflexion se faisait au premier vers — était une joyeuse invitation :

Amen, dicas, asine,
Jam satur de gramine ;
Amen, amen, itera,
Aspernare vetera.

Et le refrain devenait :

Hez va! Hez va! Hez va! Hez!
Bialx sire asnes, car allez ;
Belle bouche, car chantez.

A la place de l'*Ite, Missa est,* le célébrant faisait entendre trois fois *hin-han*, cri que le peuple répétait trois fois aussi. Puis le cortège se reformait pour revenir à l'endroit d'où l'on était parti.

(*Glossar. med. et inf. lat.*, art. *Festum asinorum.*)

Dans l'hypothèse où l'on considérerait la *Fête des ânes* comme partie intégrante, au moins en certains lieux, de la *Fête des fous*, il faudrait estimer qu'à l'époque où nous sommes, la première avait déjà pris fin ou subi une notable décadence. En effet, pas plus que la Faculté, le Concile de Bâle, qui a aussi statué sur l'abolition de la *Fête des fous,* ne mentionne la *Fête des ânes;* mais, comme la Faculté, il indique, suivant les lieux, diverses parties du premier rite qu'il qualifie de honteux abus : « Turpem etiam illum abusum in quibusdam frequentatum ecclesiis, quo « certis anni celebritatibus nonnulli cum mitra, baculo ac vestibus ponti- « ficalibus more episcoporum benedicunt, alii ut reges ac duces induti, « quod festum fatuorum vel innocentium seu puerorum in quibusdam « regionibus nuncupatur, alii larvales et theatrales jocos, alii choreas « et tripudia marium ac muleirum facientes, homines ad spectacula et « cachinnationes movent, alii comessationes et convivia ibid. præpa- « rant. » (Sess. XXI, cap. XI.)

L'abbé ou le doyen était porté au chapitre pour y recevoir les honneurs dus à son rang, et aussi des offrandes de fruits et de vin. Le prélat se revêtait des ornements pontificaux, se rendait processionnellement à sa demeure, donnait sa bénédiction et venait, ce qu'il répétait pendant trois jours, s'asseoir dans la chaire épiscopale pour assister épiscopalement aux offices. Sur la tête du pape s'élevait la tiare. Nous passons sous silence les excentricités qui, avant, pendant et après, tenaient une si large place.

Le temps choisi pour ces réjouissances s'étendait de Noël à l'Epiphanie y compris l'Octave sans doute (1).

L'on a voulu voir là un reste des Saturnales. La missive de la Faculté affirme que l'origine de la fête est païenne. Nous préférons de beaucoup cette opinion probable à celle émise par Bergier et qui n'explique autre chose que ceci : si le moyen-âge a été excusable de se livrer à ces ridicules, l'auteur l'a moins été en ne se mettant pas suffisamment en garde contre les fausses idées de son siècle. « Lorsque les peuples de l'Europe, « écrit-il, asservis au gouvernement féodal, réduits à l'escla- « vage, traités à peu près comme des brutes, n'avoient de « relâche que les jours de fête, ils ne connaissoient point « d'autres spectacles que ceux de la religion et n'avoient point « d'autre distraction de leurs maux que les assemblées chré- « tiennes. Il leur fut pardonnable d'y mêler un peu de gaieté « et de suspendre, pendant quelques moments, le sentiment « de leur misère. Les ecclésiastiques s'y prêtèrent par con- « descendance et par commisération ; mais leur charité ne « fut pas assez prudente ; ils devoient prévoir qu'il en naîtroit « bientôt des indécences et des abus. » Tout ce qu'il est permis de dire, à ce point de vue, c'est que la naïveté des âmes se croyait autorisée, en des circonstances spéciales, à travestir les mystères chrétiens par de petites et innocentes gaietés.

Il n'est que juste d'ajouter avec le théologien susdit que « les évêques ont usé de leur autorité pour les supprimer » (2).

(1) *Lettre* de la Faculté suivie des *Conclusions;* du Cange, *Glossar...*, cité, art. *Kalendæ seu Festum kalendarum*. Voir aussi, pour plus de détails, *Dictionn. de la conversat.*, art. *Fous*.

Nous ferons remarquer que la *Fête des ânes* ou *de l'âne* se célébrait à Beauvais le 14 janvier. (Du Cange, *Loc. cit.*, art. *Festum asinorum*.)

(2) *Dictionn. de théolog.*, art. *Fêtes de l'asne.*

Parmi ces prélats éclairés, nous accordons une mention spéciale à deux évêques de Paris, Maurice et Eudes, qui joignaient l'un et l'autre à leur nom celui de Sully. O empire de la coutume! L'abus appela l'attention d'un Concile général (1). L'assemblée de Bâle, au temps où elle était encore œcuménique, porta un décret sur l'abolition de la *Fête des fous* : sous peine de suspense, elle enjoignait aux ordinaires, aux doyens des chapitres et aux recteurs des églises de s'opposer à ces pratiques extravagantes, et, réprouvant les abusives coutumes, elle annulait tout privilège contraire à ses prescriptions. Le décret est du mois de juin 1435 (2).

Les malheurs des temps ne permirent sans doute pas à la voix conciliaire de se faire entendre efficacement ; car la Faculté de théologie de Paris crut devoir, moins de dix ans après, élever la sienne. On était au mois de mars de l'an de grâce 1444 (3).

« Le zèle du culte divin, disait-elle en commençant, la voix « d'un grand nombre de fidèles et les plaintes de certains « évêques nous invitent et nous portent à décrire dans une « briève missive combien nous abhorrons, combien nous « détestons ce rite d'une certaine fête que ses instituteurs « nomment *Fête des fous*. » Cette fête est empruntée aux extravagances criminelles du culte païen (4) et n'offense pas

(1) On prenait l'abus tellement au sérieux qu'on en faisait jaillir, même juridiquement, des droits et des devoirs. En 1406, raconte du Cange, un clerc du diocèse de Viviers, élu évêque, ne voulut ni des honneurs de la solennité ni des charges qu'elle entraînait. De là, un procès que retint longtemps l'official de Viviers pour le déférer ensuite à la sentence arbitrale des chanoines. Le récalcitrant fut condamné. (*Glossar...*, cité, art. *Kalendæ.*)

(2) Ses. XXI, cap. XI : « Datum in sessione publica in Ecclesia majori « Basileensi solemniter celebrata, die Jovis, nona mensis Junii, anno a « nativitate Domini millesimo quadringentesimo trigesimo quinto. »

(3) « Acta fuerunt hæc supradicta et conclusa epistola quæ præmittitur « et qualificationes in fine... anno Domini millesimo quadringentesimo « quarto die duodecima mensis Martii... »

(4) Les docteurs citent ce passage de S. Augustin : « Qui de paganorum consuetudine aliquid observare voluerint, timendum est ne nomen « christianum eis prodesse non possit; qui etiam stultis hominibus sic « ludentibus aliquam humanitatem impenderit, peccati eorum participem « se esse non dubitet; vobis autem, fratres, non sufficiat quod malum « hoc non facitis; sed ubicumque fieri videritis, arguite, corripite et « castigate. »

moins la raison que la foi. Qu'on n'allègue pas la coutume : on ne saurait prescrire contre le droit de Dieu et le salut des âmes. « C'est pourquoi, révérends pères et honorés prélats ; « portez attention à la loi de Dieu et aux saints... N'écoutez « pas la voix perfide de ceux qui diraient : Vos prédéces- « seurs, hommes réputés notables, ont permis cette fête ; il « nous suffit de vivre comme eux. C'est là assurément un « argument diabolique et une infernale suggestion. » Pour détruire ces lamentables abus, sachez en appeler aux sévérités de votre pouvoir : « Nervos omnes vestræ potestatis extendite. » Que rien ne vous arrête, pas plus les privilèges et les exemptions que les autres difficultés que vous rencontrerez. Ne l'oubliez pas, « c'est de vous, prélats, que dépend la continuation ou la destruction de cet abominable rite » (1).

Néanmoins, il fallut encore quelque cent cinquante ans pour que le « rite » disparût complètement.

II

JEAN SARRAZIN

qu'il ne faut pas confondre avec un autre Jean Sarrazin, né dans le Maine et auteur d'un *Horographum catholicum* (2), appartenait à l'ordre de Saint-Dominique. Il fut dénoncé à la Faculté pour avoir, à l'occasion de ses vespéries, énoncé des théories plus que hasardées sur le pouvoir ecclésiastique. A l'entendre :

Toute juridiction, à part celle du pape, vient du Saint-Siège quant à l'institution et à la collation.

Elle n'est donc pas, l'exception maintenue, de droit divin ni immédiatement instituée par Dieu ; car on ne voit pas dans l'Évangile que le Christ ait conféré expressément d'autre juridiction que la juridiction papale, ou bien conféré solennellement un droit juridictionnel à d'autres qu'à Pierre.

(1) A la suite de la lettre, se lisent : « Quædam conclusiones a su- « pradicta venerabili Facultate theologiæ examinatæ, approbatæ et qua- « lificatæ ad detestationem et totalem destructionem seu abolitionem « supradicti damnabilis et paganici festi fatuorum. » Ces conclusions ont été pour nous, au point de vue historique, une source de renseignements. Nous n'avons pas autre chose à en dire.

(2) M. Hauréau, *Hist. littér. du Maine*, 2e édit., tom. X, p. 9.

Conséquemment :

Ce qui donne force de loi aux décrets des Conciles, c'est l'autorité qui réside dans le souverain-pontife.

Dire que le pouvoir de juridiction des prélats inférieurs, soit évêques, soit curés, vient immédiatement de Dieu comme celui du pape, c'est dire une chose en quelque façon répugnante à la vérité (*veritati quodam modo repugnat*).

« Ni les fleurs ni les branches, soit séparément, soit en-« semble, ne peuvent rien contre l'arbre, parce que tout cela « est pour l'arbre et dérive de l'arbre ; ainsi tous les pouvoirs « spirituels ne peuvent en droit rien contre le souverain sa-« cerdoce ».

Le pape ne saurait être simoniaque dans les choses prohibées par le droit canonique.

Une rétractation s'imposait d'autant plus impérieusement qu'elle était demandée par le recteur et plusieurs membres de l'Université.

Jean Sarrazin dut s'exécuter une première fois devant la Faculté réunie aux Mathurins, et une seconde au palais épiscopal. Ce fut en 1429, à la fin de mars (1). Aux assertions précédentes il lui fallut, en les faisant siennes, opposer les assertions suivantes :

Toute juridiction ecclésiastique, autre que celle du pape, vient du Christ quant à l'institution et à la collation première, mais du pape et de l'Église quant à la limitation et à l'exercice.

Cette juridiction est donc de droit divin et immédiatement instituée par Dieu.

On trouve dans l'Évangile que le Christ a expressément conféré d'autre juridiction que la juridiction papale, ou bien a conféré expressément des droits juridictionnels aux apôtres et aux disciples envoyés pour prêcher.

Ce qui donne force de loi aux décrets des Conciles, c'est l'autorité qui réside, non dans le souverain-pontife, mais principalement dans l'Esprit-Saint et l'Église catholique.

Dire que le pouvoir de juridiction des prélats inférieurs, soit évêques, soit curés, vient immédiatement de Dieu comme

(1) « ... primo videlicet in dicta congregatione... »; et « in aula reverendi patris episcopi Parisiensis... » (*Collect. judicior...*, tom. I, par. II, p. 228.)

celui du pape, c'est dire une chose qui s'accorde *(consonat)* avec la vérité.

Le pouvoir de l'Église peut de droit, en certains cas, quelque chose contre le souverain-pontife.

Tout homme ici-bas, « ayant l'usage de raison », de quelque prééminence qu'il soit, sans excepter le pape, peut se rendre coupable de simonie dans les choses prohibées par le droit canonique.

Pour ne laisser subsister aucun doute sur ses sentiments, le pénitent couronnait son désaveu par ces mots :

« Enfin, si j'ai dit ou écrit quelque chose qui paraisse non « conforme à ce que je viens d'affirmer, je veux, le désa- « vouant, et je supplie qu'on le considère comme non dit et « non écrit, ainsi que tout ce qui pourrait fournir une occa- « sion de scandale et d'erreur (1). »

Treize ans plus tard, un autre religieux, mais de l'ordre de Saint-Augustin, dut reproduire la première proposition du désaveu de Jean Sarrazin, parce qu'il avait eu la même témérité. Il s'appelait

NICOLAS QUADRIGARIUS

C'était aussi à l'occasion de ses vespéries. Mais la rétractation n'eut pas le même degré de solennité. Elle se fit seulement aux écoles de l'ordre en présence d'un certain nombre de docteurs et de bacheliers.

Donc, à l'assertion d'abord énoncée : Seul le pouvoir de juridiction du pape vient immédiatement du Christ, il opposa, en la souscrivant, l'assertion précédemment souscrite par Jean Sarrazin : « Omnes potestates jurisdictionis eccle-

(1) *Collect. judicior...*, tom. I, par. II, p. 227-229 : *Decretum S. Facultatis theologiæ Paris...* En parlant des divers endroits où se lit la rétractation et, entre autres, de l'*Hist. Univers. Paris.*, tom. V, p. 387-389, Duplessis d'Argentré a écrit, à la fin de la rétractation : « Sed errata ty- « pographiæ quæ in illas editiones irrepserant, emendavi secundum ma- « nuscriptum codicem S. Facultatis Parisiensis. »

Ellies du Pin a parlé des erreurs de cet enfant de Saint-Dominique dans son *Hist. des controv...*, au quinzième siècle, Paris, 1701, tom. II, pp. 495 et suiv.

L'on trouve, à notre Bibl. nat., ms. franc. 1793, fol. 6-7, *le Credo qu'on chante dans la messe mis en francois par maistre Jehan Sarrasin, docteur en théologie.*

« siasticæ, aliæ a papali potestate, sunt ab ipso Christo quan-
« tum ad institutionem et collationem primariam ; a papæ
« auctoritate et ab Ecclesia quantum ad limitationem et dis-
« pensationem ministerialem. »

Ce désaveu était précédé d'un autre. On avait aussi accusé Nicolas d'avoir avancé qu'aux œuvres de la Providence divine s'attachait une certaine nécessité ; proposition fausse qu'il condamnait en soi et en tant qu'il l'avait prononcée.

La rétractation s'effectua le 9 janvier 1442, le lendemain du doctorat et dans la première leçon magistrale du téméraire devenu repentant (1).

Deux remarques s'imposent ici.

D'abord, la première proposition de la formule de rétractation présentée à Jean Sarrazin, proposition obligatoirement répétée par Nicolas Quadrigarius, n'a pas la précision doctrinale ordinaire. Ces expressions : *Omnes potestates jurisdictionis*... ont un sens trop large et comprendraient dans la hiérarchie de l'Eglise des juridictions qui sont simplement de droit ecclésiastique, comme celles des patriarches, des primats, des métropolitains, des chapitres, le siège épiscopal vaquant. Sans doute, la pensée de la Faculté se limite, se précise dans une des propositions suivantes, laquelle est ainsi formulée : « Dicere inferiorum prælatorum potestatem juris-
« dictionis, sive sint episcopi, sive sint curati, esse imme-
« diate a Deo, evangeliæ et apostolicæ consonat veritati. »
Mais pourquoi ne pas le dire tout d'abord ?

La seconde remarque a pour objet l'opinion commune, si non unanime, et décisivement affirmée, de la Faculté, relativement à l'origine divine des curés, c'est-à-dire à leur institution par le Christ lui-même, ce qui, pour parler le langage canonique, les fait entrer dans la hiérarchie de droit divin.

CERTAINES PROPOSITIONS

Pour la Faculté, en fait de doctrine, rien n'était à négliger. Les erreurs quelles qu'elles fussent et d'où qu'elles partissent, attiraient son attention, commandaient son examen et étaient frappées de ses censures.

(1) *Collect. judicior*..., tom. I, par. II, pp. 239 et suiv.

— Quelques-uns, et parmi eux le fameux Jean Petit, avaient osé dire : « Le sens littéral de l'Écriture-Sainte n'est pas toujours vrai ». Les docteurs de Paris, au témoignage de Gerson, et de son temps (1), ne laissèrent point passer semblable proposition sans la condamner (2).

— Et cette assertion sur la génération éternelle du Verbe : « Le Père est la cause du Fils ! » Un licencié l'avait produite dans ses vespéries, non sans se voir immédiatement fermer la bouche ; on ne pouvait tolérer de semblables expressions, dût le sens orthodoxe être expliqué et maintenu (3).

— L'évêque d'Evreux, Martial Formier ou Fournier (4), et l'inquisiteur de la foi dans le diocèse, Pierre du Chemin (*Petrus de Itinere*), dénonçaient cette proposition qui visait les juges ecclésiastiques ; « Vos monitions ne sont que des abus. » La Faculté, appelée à prononcer (1432), la jugea « injurieuse, présomptueuse, téméraire, scandaleuse, pouvant « exciter les subordonnés à la révolte contre les prélats, porter atteinte aux bonnes mœurs, à la discipline ecclésiastique, « et éloigner de la doctrine des Apôtres Pierre et Paul, favorisant certaines erreurs condamnées au Concile de Constance » ; et elle décida en même temps, que le téméraire devait venir à résipiscence suivant les prescriptions du droit (5) ; ce qui dut être accompli.

— Une question s'agitait dans un autre diocèse, celui de Saintes. La ville de La Rochelle en était le théâtre. Il s'agissait de savoir si Jésus-Christ avait repris, à la Résurrection, tout le sang qu'il avait répandu dans sa Passion. Les uns affirmaient, les autres niaient. La Faculté députa sur les lieux cinq de ses maîtres. Sur leur rapport, elle émit l'avis, après mûre délibération, qu'il « ne répugne point à la piété « des fidèles de croire que le Christ a laissé sur la terre quel « que peu de son sang répandu dans la Passion. » L'avis est de 1448 (6).

(1) « ...nuper Parisiis condemnatum ».

(2) *Collect. judicior...*, tom. I, par. II, p. 209, avec renvoi aux sources.

(3) *Ibid.*

(4) ...juris utriusque doctoris et sacri palatii causarum auditoris... », dit le *Gal. christ.*, tom. XI, p. 601.

(5) *Collect. judicior...*, p. 230 : « ... et assertor illius venit corrigendus secundum determinationes juristarum et judicum ».

(6) *Ibid.*, p. 250.

CHAPITRE IV

AUTRES DOCTRINES ET DÉCISIONS

(SECONDE PARTIE DU XVe SIÈCLE)

Futurs contingents. — Juridiction des Apôtres. — Le Franciscain Jean Ange. — Un singulier aspirant au doctorat. — Nominaux et réalistes. — Décime d'Innocent VIII. — Astrologie et astronomie. — Une étrange consultation. — L'Immaculée-Conception. — Excentricités. — Autres condamnations.

FUTURS CONTINGENTS

Sur cette grave question philosophico-théologique, une ardente controverse s'éleva au sein de l'Université de Louvain. Des écrits se publiaient à des points de vue différents. La lutte sembla se concentrer entre Henri Zomeren et Pierre du Ruisseau (*Petrus de Rivo*).

La Faculté de théologie de Louvain crut devoir soumettre à sa sœur de Paris cette double question : « Les propositions « du Symbole touchant l'avenir, comme celles-ci : « *Le Christ « viendra pour le jugement; il y aura résurrection des « morts, sont-elles vraies?* » Et ceux qui les affirment et les « enseignent, tombent-ils dans l'erreur de ceux qui disent « que tout arrive par nécessité? »

La Faculté de Paris donna cette réponse : « Toutes les « propositions contenues dans le Symbole sont très vraies, « très certaines, d'une vérité irréfragable ; elles doivent « être fermement et fidèlement crues par tous les Catholiques « et constamment affirmées, prêchées et défendues par ceux « à qui incombe le devoir de les affirmer, de les prêcher, de « les défendre; et, pour cela, ceux qui les croient, les ensei- « gnent, les prêchent, les défendent, ne tombent ni dans l'er-

« reur de ceux qui veulent que tout arrive nécessairement, ni « dans aucune autre » (1).

Ceci se passait en l'année 1470.

Bossuet se placera, plus tard, en face de ces futurs contingents, et ce sera pour proclamer qu'il y a là deux admirables chaînons, mais que notre courte vue ne nous permet pas de découvrir le point où ils s'unissent dans un accord intime et parfait.

JURIDICTION DES APÔTRES

Cette même année 1470, Jean Munier *(Johannes Munerii)*, dominicain et professeur en théologie, formulait et essayait de prouver cette assertion : « A l'exception de Pierre, les « Apôtres n'ont point reçu immédiatement du Christ le pou- « voir épiscopal, mais bien de Pierre, soit immédiatement, « soit médiatement ». Parmi les preuves alléguées, se trouvait celle-ci : « Les Apôtres ne se virent point assigner par « le Christ un peuple à gouverner. Donc, ils ne reçurent « point de lui le pouvoir de juridiction ».

Réprimandé par la Faculté qui tenait une autre doctrine, Jean Munier confessa avec humilité et sous la foi du serment son ignorance sur la doctrine de la Faculté, ajoutant que, s'il l'avait connue, jamais il n'eût affirmé rien de contraire. Devant cet aveu, la Faculté se déclara satisfaite (2).

LE FRANCISCAIN JEAN ANGE

Un Franciscain, appelé Jean Ange, prêchait, en février 1483, dans la ville de Tournay. Le chapitre de la ville releva plusieurs propositions répréhensibles et les déféra à la Faculté de théologie de Paris.

(1) *Collect...*, *ibid.*, p. 258-261. La suite de l'affaire est racontée dans les pages suivantes. On y trouvera exposé le sentiment de plusieurs docteurs de Paris, à savoir que la doctrine d'Aristote dans le premier livre du *Perihermenias* n'est pas en désaccord avec l'Ecriture-Sainte ou la foi.

Voir, pour ce qui regarde spécialement les Dominicains, les *Scriptores Ordinis Prædicatorum*, tom. I, p. 812.

(2) *Collect...*, *ibid.*, p. 256-258.

Elles étaient au nombre de quatorze et avaient pour objet premier l'éternel conflit entre le clergé séculier et les religieux mendiants au sujet des prérogatives de ceux-ci et des droits de celui-là. Naturellement, le Franciscain se prononçait en faveur des religieux; et, pour rendre sa thèse plus solide, il exaltait, outre mesure, la puissance papale. Ainsi, il soutenait que le pape était en droit de faire table rase de toute la législation ecclésiastique, de priver le titulaire de la moitié des revenus de son bénéfice pour l'allouer à un autre ecclésiastique; il affirmait que contredire en quoi que ce soit la volonté papale, c'était agir en vrai payen; pour lui, il n'y avait d'exception que le cas d'hérésie, car alors tout homme est blâmable et tombe sous les foudres de l'Eglise; il plaçait le purgatoire sous la juridiction du souverain-pontife, en sorte que ce dernier pourrait, s'il le voulait, délivrer instantanément toutes les âmes qui y souffrent.

La Faculté condamna les propositions, appliquant à chacune d'elles la note qui lui convenait, ayant soin, quand besoin était, d'exposer leurs différentes acceptions et de marquer dans quel sens elles étaient fausses et dans quel sens elles pouvaient ne l'être pas.

Voici comment s'exprimait la Faculté au sujet des propositions concernant :

1° La destruction de l'ancien droit canon et son remplacement par un nouveau, fait qui ne dépasse point le pouvoir papal : « Hæc propositio est scandalosa, blasphematoria, notorie hæretica et erronea. »

2° L'étonnante juridiction du pape sur le purgatoire : « Hæc propositio est dubia in se et ad mentem asserentis per modum jurisdictionis et ordinariæ potestatis de falsitate suspecta et scandalosa et nullatenus populo publice prædicanda » ;

3° La qualification de payen méritée par celui qui contredit le pape : « Hæc propositio est falsa et mendacium manifestum continens » ;

4° Le droit pour le pape de priver un bénéficier de la moitié du revenu de son bénéfice : « Hæc propositio est periculosa et nullo modo prædicanda ut jacet. »

UN SINGULIER ASPIRANT AU DOCTORAT

Un licencié en théologie, du nom de Jean Lallier, aspirait au doctorat. Rien de plus naturel. Mais, s'il avait les connaissances nécessaires à son actif, il avait à son passif des propositions scandaleuses, erronées, vraiment hérétiques. Ces propositions, il les avait émises en soutenant ses thèses (1) ou formulées du haut des chaires chrétiennes. Il avait attaqué la hiérarchie dans l'Église — il niait, entre autres choses, la primauté de l'Église romaine —, les lois ecclésiastiques — il leur refusait la force obligatoire —, la canonisation des saints — il lançait contre elle les mots les plus acerbes —, la discipline régnante — il estimait que le mariage des prêtres en Occident devait être aussi licite qu'en Orient, que les jeûnes et abstinences étaient purement facultatifs. Il avait aussi fort mal traité saint François d'Assise qu'il donnait pour compagnon à Lucifer au fond des éternels abîmes (2).

La Faculté crut devoir, et à bon droit, lui refuser les honneurs du doctorat, tant qu'il n'y aurait pas une sincère et

(1) Dans les soutenances, la Faculté l'avait obligé déjà à certaines rétractations.

(2) Voici quelques unes de ces propositions :

I. Sur le pape : « Pierre n'a pas reçu de Jésus-Christ de pouvoir supé-
« rieur aux autres apôtres ; — L'Église romaine n'est pas la tête de la
« chrétienté » et, « depuis le pape Sylvestre, elle n'est plus l'Eglise de
Dieu, mais de César et d'argent. »

II. Sur les lois ecclésiastiques : c'était de la plaisanterie (*truphæ*), et il en faisait cas « tout autant que de paille » ; les évêques et autres prélats « ont destruit l'Eglise par leurs vaverferies. »

III. Sur la canonisation : « Les saincts riches et pécunieux sont mainte-
« nant canonisés, et les pauvres délaissés. Par quoy je ne suis pas tenu de
« croire tels estre saincts... Si le pape reçoit certaine somme de ducats,
« on monte sur vingt échaffaux à Rome pour le canoniser..... »

IV. Sur le mariage des prêtres : « Se ung prestre estoit marié clandesti-
« nement et venoit à moy à confesse, je ne lui enjoindrois point de
« pénitence. »

V. Sur le jeûne : « Je donneray deux blancs à celuy qui me produyra
« aucun passage de l'Escripture par lequel soyons obligez de jeusner le
« Caresme. »

Il parait que certains Franciscains exaltaient outre mesure leur saint fondateur. « Aucuns, disait Lallier, ont presché de ung sainct qui est au « lieu où Lucifer trébuchea. » Et il ajoutait : « Ainsy que Pluto, dieu « infernal, tient Proserpine entre ses bras, ainsy Lucifer tient cette « âme. »

complète rétractation. Elle avait l'intention, d'ailleurs, d'en référer au Saint-Siège.

Lallier se pourvut en appel devant le Parlement. L'affaire fut renvoyée à l'évêque de Paris, Louis de Beaumont, qui était chargé de l'instruire et de la décider de concert avec l'inquisiteur et quatre docteurs en théologie.

Des deux côtés, on commença l'enquête.

L'appelant qui voyait déjà la condamnation le frapper, eut recours aux intrigues. Il agit ou fit agir auprès du prélat. Celui-ci se laissa persuader qu'il était en droit de se réserver exclusivement la connaissance du litige. Une rétractation, du reste, lui était présentée. Toute insuffisante qu'elle fût, car un esprit attentif et non prévenu y eût remarqué des atténuations calculées, des excuses inadmissibles, des interprétations forcées, l'évêque de Paris s'en contenta (1), et il prononça sur l'accusé, avec la sentence de l'absolution, celle de la réhabilitation, en sorte que Lallier était rétabli dans ses droits et déclaré capable de toute dignité et de tout emploi.

La Faculté avait double sujet de se plaindre : elle était juge naturel de son gradué, et elle avait été privée de l'exercice d'un droit que lui avait reconnu le Parlement lui-même. A la première raison venait se joindre l'étrange jugement de l'évêque. Le docte corps porta la cause devant le Saint-Siège.

Ce ne fut pas assez. Lallier, fort de la sentence épiscopale, sollicitait le doctorat. Malheureusement il avait su se gagner

(1) Il commence par dire qu'il ne croit pas « les avoir dictes », ces propositions, « dans ladicte forme et teneur ». Ensuite, puisqu'il faut les condamner, il cherche, soit dans le rappel de l'erreur, soit dans l'énoncé de la rétractation, tous les tempéraments imaginables. Ainsi :

Sur l'Église romaine, église « de César et d'argent » : « Ay dit ces pa-
« roles en récitant l'opinion d'un grand docteur, comme Wiclef, que
« croyons, ainsi que ay affermé par serment, estre catholique et n'avoir
« esté réprouvé par l'Eglise. »

Sur les prélats : « Au regard des commandemens des évesques et au-
« tres commandemens, je ne sçay s'ils obligent à péché mortel ; car
« tant de commandemens gastent tout et nous empeschent beaucoup.
« En quoy ay indiscrètement dit et mal presché... ».

Sur le jeûne et les « deux blancs » promis : « J'ai parlé moins que deue-
« ment en termes que prescheurs bien composez et réglez n'ont accous-
« tumé ou usage de prescher... »

Sur saint François : il n'a pas été si explicite ; il a voulu dire : « Ils fe-
« ront tant que quand la matière sera bien discutée,.., on le trouvera en
« lieu où de présent est Lucifer ou en lieu de Pluto ou Proserpine. »

D'autre part, la Faculté appliqua aux propositions recueillies les censures méritées.

des amis au sein même de la Faculté. De ce nombre était un des plus illustres docteurs de l'illustre corps, Bérenger-Marchand. Le recours au Parlement fut donc une nécessité.

La cause vint, le 14 novembre 1486, devant la haute cour. On ne voulut pas rendre l'arrêt. Eu égard à la nature du procès et à la qualité des parties, on préféra ménager une transaction. En conséquence, on fit appeler, avec le recteur et quelques membres influents de l'Université, le doyen de la Faculté de théologie, Lallier et plusieurs docteurs, tant favorables que défavorables à ce dernier. A la suite de pourparlers assez longs, on s'arrêta à ce parti : des commissaires nommés par la Faculté de théologie conféreront avec les délégués du Parlement. De ces conférences sortit un accord qui fut sanctionné, le 20 du même mois, par la haute cour.

Il était réglé que Lallier donnerait complète satisfaction sous le rapport doctrinal par une vraie et franche rétractation, et qu'à la suite il n'y aurait plus, de la part de la Faculté, d'opposition à l'admission au doctorat. Toutefois le nouveau docteur ne pourrait revendiquer les droits de la régence avant les Pâques prochaines et la prérogative de la prédication avant une année.

Rome répondit sans retard : l'appel était du 6 novembre, et les lettres pontificales des 6 et 7 décembre, la première à l'inquisiteur et la seconde à la Faculté. La chaire était interdite à Lallier, et, par ordre et sous l'autorité du Saint-Siège, l'affaire devait être instruite et jugée. Mais, la paix étant faite, la décision pontificale demeura lettre morte (1).

NOMINAUX ET RÉALISTES

Aux XIIe et XIIIe siècles, le réalisme domina. Au XIVe, grâce surtout à Guillaume Ockam, Robert Holkot, Jean Buridan, Grégoire de Rimini, Henri de Hesse, le nominalisme, relevait la tête et paraissait l'emporter. Mais le réalisme tenait bon. Au XVe siècle, l'Université se trouvait partagée en deux camps. Un mémoire qui parut en 1473, mit le feu aux poudres. Il soutenait la cause des nominaux. Les réalistes ne se conten-

(1) *Histor. Univers. Paris.*, tom. V, p. 771-774 ; *Collect. judiciorum...*, tom. I, part. II, p. 508-518. Les citations sont empruntées aux pièces reproduites dans la *Collect. judicior.*

tèrent pas de défendre la leur avec les mêmes armes. Par l'intermédiaire de Jean Boucard ou Bochard, évêque d'Avranches et confesseur de Louis XI, ils firent intervenir l'autorité royale.

En effet, sur le rapport de Jean Boucard, qualifié, dans l'acte royal, d'*élève de l'Université* et d'*éminent professeur en théologie*, et sur l'avis des trois Facultés et des quatre Nations, Louis XI signa, le 1er mars 1474, une ordonnance, approuvant et autorisant la doctrine d'Aristote, d'Averroès, d'Albert-le-Grand, de saint Thomas d'Aquin, de Gilles de Rome, d'Alexandre de Halès, de saint Bonaventure, de Scot, rejetant, au contraire, celle de Guillaume Ockam, de Jean Buridan, de Pierre d'Ailly, de Marsile de Padoue, d'Albert de Saxe et autres, pour en proscrire l'enseignement dans l'Université. L'ordonnance obligeait tous les maîtres, présents et futurs, d'en jurer l'observation. Le premier président du Parlement devait se faire remettre les livres des nominaux et les garder par devers lui.

Le serment fut prêté sans retard, dans l'assemblée de l'Université aux Bernardins, en présence du premier président du Parlement, de l'évêque d'Avranches et de plusieurs membres du conseil du roi. Quelques universitaires, cependant, apportèrent certaines restrictions à leur serment. Les livres des nominaux furent déposés conformément à l'ordonnance ou fermés par des chaînes dans les bibliothèques (1),

Robert Gaguin se permit — et il n'avait vraiment pas tort — de tourner les choses un peu au comique dans une lettre à Guillaume Fichet : « Les nominaux, dit-il, comme s'ils « étoient infectés de lèpre, sont bannis et séquestrés de la so- « ciété des hommes. Leurs livres les plus célèbres sont mis « aux fers. On traite ces pauvres écrits commes les lions et « les ours indomptés que l'on assujétit par des chaînes, de « peur qu'ils ne fassent périr ceux qui s'approcheroient sans « précaution. Tel est le zèle qu'ont pour l'honneur de leur « école les Scotistes et les Thomistes, ici réunis, d'ailleurs « divisés par une guerre irréconciliable (2). »

Les nominaux s'inclinèrent sous le coup, mais non sans es-

(1) *Hist. Univers. Paris.*, tom. V, pp. 705 et suiv. ; *Collect. Judicior...*, tom. I, par. II, pp. 286 et suiv. ; *Gal. christ.*, tom. XI, col. 493-494.

(2) Cit. dans *Hist. de l'Univers. de Paris*, tom. IV, p. 364-365. Le texte latin dans *Hist. Univers. Paris.*, tom. V, p. 711.

poir d'une revanche. Dès l'année suivante, la mesure reçut dans son application quelques adoucissements, et, en 1481, l'ordonnance devint lettre morte.

En effet, le 29 avril de cette dernière année, par ordre du roi, le prévôt de Paris adressa cette lettre à l'Université :

« A Monsieur le Recteur et à Messieurs de nostre mère, « l'Université de Paris.

« Monsieur le Recteur, je me recommande à vous et à « Messieurs de nostre mère, l'Université de Paris, tant comme « je puis. Le roy m'a chargé faire déclouer et déformer tous « les livres des nominaux, qui ja piéça furent sceellez et « clouez par M. d'Avranches es collèges de ladicte Université « de Paris, et que je vous fisse sçavoir que chacun y estudiast « qui voudroit ; et pour ce je vous prie que le fassiez sçavoir « par tous lesdicts collèges.

« Monsieur nostre maistre Berranger vous en parlera de « bouche plus au long et des causes qui meuvent le roy à ce « faire, en priant Dieu, Messieurs, qu'il nous donne bonne « vie et longue.

« Escrit au Plessis du Parc ce 29 jour d'avril.

« Votre fils et serviteur, J. d'Estouteville.

Ce maître Bérenger était l'illustre docteur désigné d'ordinaire sous les deux noms Bérenger-Marchand, et il se montrait favorable à la doctrine des nominaux.

L'Université fut convoquée, au plutôt, en assemblée générale, pour entendre la lecture de la lettre du prévôt de Paris et les explications du docteur Bérenger. Elle fut heureuse de la nouvelle décision du roi. La joie alla jusqu'au transport dans la nation d'Allemagne (1).

Les livres cadenassés dans les bibliothèques se rouvrirent aussitôt. L'année suivante, ceux qui étaient placés sous la garde du premier président, furent rendus, ce qui s'accomplit dans l'assemblée de l'Université, en présence du lieutenant criminel, représentant du prévôt de Paris.

Les discussions sur ces deux systèmes philosophiques devinrent donc, dans l'école, libres comme par le passé.

Le lecteur a compris que, dans cette affaire, la Faculté de théologie avait eu un rôle important à remplir.

(1) *Hist. univers. Paris.*, tom. V, pp. 739 et suiv.

LA DÉCIME D'INNOCENT VIII.

Innocent VIII avait succédé sur le trône pontifical à Sixte IV, et ne se montrait pas animé d'un moindre zèle pour la réalisation de ce projet : Alliance des princes chrétiens contre les Turcs. Mais, parce que l'argent est le nerf de la guerre, il décréta l'impôt d'une décime sur le clergé de France.

L'Université de Paris devait-elle être comprise dans la mesure financière? Les termes de la bulle étaient formels (1). Mais l'Université entendait faire respecter ses privilèges d'exemption.

Elle se réunit, le 13 septembre 1491, aux Bernardins, lieu ordinaire de ses assemblées où se traitaient les plus grosses affaires. Il n'y avait pas à décider la question qui l'était presque de temps immémorial. Mais les motifs de l'exemption furent longuement exposés : ils se puisaient en général, en faveur de tout l'ordre ecclésiastique, dans la Genèse et les autres livres de l'ancien Testament, aussi bien que dans l'Evangile et la législation des rois et empereurs chrétiens; mais l'Université avait, en outre, des titres spéciaux à faire valoir : c'étaient les immunités formellement octroyées par les souverains-pontifes et les rois de France, de telle sorte qu'elle n'a cessé de jouir du privilège à elle aujourd'hui contesté, et que, dans les cas où Rome croyait devoir imposer le clergé, la mesure ne l'atteignait jamais, car Rome pensait avec raison que les lettres sont amies de la liberté et ennemies de la servitude (2); enfin cette nouvelle décime ne paraissait pas être justifiée : on alléguait la défense de l'Église contre le mahométisme; et, d'après les brefs particuliers adressés aux collecteurs, l'imposition serait partagée en trois parties, dont deux pour le roi et une pour la chambre apostolique. Tout cela fut consigné dans l'acte de recours au Saint-Siège. Séance tenante, une supplique fut signée, au nom

(1) Le registre de la nation allemande portait : « Primus (articulus) erat « super impositione decimæ a supremo D. nostro papa instituta super « scholasticis ac studentibus hujus almæ Universitatis Parisiensis ». (*Hist. Univers. Paris.*, tom. V, p. 794).

(2) « ...litteræ loquendi vivendique libertatem expetunt et sequuntur, servitutem fugiunt atque abhorrent ».

de l'Université, par le recteur Guillaume Capel, les doyens des Facultés supérieures et les procureurs des quatre Nations. On suppliait, « avec une filiale affection », le souverain-pontife de faire droit à la réclamation de l'*Alma Mater*. Mais, si Rome ne répondait pas aux espérances qu'on se plaisait à concevoir, l'Université, ainsi abandonnée, en appellerait « du très-saint pape Innocent VIII mal informé à lui-même mieux informé et au Saint-Siège apostolique aussi mieux informé et même au saint Concile universel ». En attendant, elle enjoignait, sous peine de retranchement ou de privation de tous les droits académiques, à tous ses membres de ne participer en aucune chose, ni à aucun titre, soit de receveur, soit de payeur, à l'affaire de l'imposition.

Cependant le principal collecteur de la province, Tristan de Salazar, archevêque de Sens, faisait afficher dans Paris des monitions pour le paiement de la décime. Une protestation, en tant que les monitions pouvaient concerner le corps enseignant, fut alors signée par Robert de Vaux, syndic de l'Université. Des négociations s'ensuivirent. Tristan de Salazar déclara qu'il n'entrait pas dans sa pensée de faire peser l'impôt sur ceux qui étaient vraiment docteurs, régents et écoliers. Mais alors quelle formalité à remplir pour la constatation de la qualité? Le certificat du recteur serait-il suffisant? Oui, suivant l'avis de l'Université; non, d'après l'explication de l'archevêque qui voulait, en outre, la signature de quelques honnêtes témoins.

On en était là, quand sur l'ordre du prélat s'affichait l'injonction aux membres de l'Université de payer la décime et cela sous peine d'excommunication. A cette menace, le recteur opposa un mandement renouvelant les défenses formelles qui avaient été précédemment édictées.

L'Université jugea qu'il était bon d'éclairer l'opinion publique, qui pouvait s'égarer, touchant cette épineuse affaire: et, dans une assemblée, le 30 septembre, elle arrêta que l'acte de recours au Saint-Siège serait traduit en français et apposé ainsi aux portes des églises. De leur côté, l'archevêque de Sens et les autres prélats collecteurs fulminèrent au nom du Saint-Siège et eurent également recours aux affiches pour porter leurs censures à la connaissance de tous.

Que faire? L'Université se réunit de nouveau le 13 octobre, et ce fut pour s'entendre sur les moyens de continuer la lutte. Mais, comment éviter les foudres ecclésiastiques? On en appela aux lumières de la Faculté de théologie, pour savoir ce qu'on devait penser de ces censures.

Le 22 suivant, la Faculté donnait sa décision. Elle était ainsi conçue : « Les monitions, les censures et les excom-« munications portées ou à porter par le pontife romain pour « le fait de la décime ou de toute autre exaction qu'il pré-« tende faire payer sans cause raisonnable, juste et urgente, « ou après et contre l'appel légitimement interjeté, sont nul-« les de plein droit et on ne doit point les craindre; et les « censures susdites ne privent point les appelants de la ré-« ception des sacrements de l'Église, ni de la communion « des fidèles » (1).

Rien de plus correct qu'une supplique à un supérieur, quand on croit être lésé dans ses droits ou ses privilèges; et jusqu'à la décision de l'autorité compétente, elle suspend l'exécution de la mesure édictée. Tristan de Salazar et ses collecteurs se mirent donc dans leur tort en poursuivant, avec la plus extrême rigueur, la collection de l'impôt (2). Quant à la menace, en cas de décision négative, d'un appel au pape mieux informé et au futur Concile, on peut dire que l'Université et la Faculté de théologie étaient déjà coutumières du fait (3). Maxime étrange, tout à fait commode pour couvrir sa mauvaise volonté, ses erreurs ou ses injustices et dont on avait déjà bien abusé.

Quelle a été l'issue de l'affaire? Nous ne saurions le dire.

ASTROLOGIE ET ASTRONOMIE.

L'officialité de Lyon avait prononcé une condamnation; et le condamné en avait appelé au Parlement de Paris. Comme

(1) *Hist. Univers. Paris.*, tom. V, p. 795-807 : les deux appels y sont reproduits.

(2) Le *Gallia christ.* dit de l'archevêque de Sens : « ... si aliquando culpatus fuit quod litium plus justo avidus fuerit... (Tom. XII, col. 88).

(3) L'Université adhéra à un appel semblable dans les démêlés entre Boniface VIII et Philippe-le-Bel. Sans parler de l'appel du pape Benoît XIII au pape futur, appel qui aurait eu sa raison dans le schisme, citons ces deux autres : l'appel des lettres de Paul II au futur Concile, au sujet de l'abrogation de la pragmatique-sanction; celui de la décime imposée par Callixte III à une autre future assemblée œcuménique, décime que l'Université cependant finit par payer.

il s'agissait d'une question de théologie, la haute cour la déféra préalablement à la Faculté.

Le condamné avait nom : Simon de Pharès. C'était un des célèbres astrologues de l'époque qui compta Florent de Villiers, Jean de Brégy, Germain de Tribonville, Jean de Builhon. On raconte que Florent de Villiers, tirant l'horoscope de l'enfant, dit au père qu'il lui était inutile de lui construire une maison. En effet, Simon de Pharès fut un des plus intrépides voyageurs du temps. Enfant de Châteaudun, élevé avec les enfants de Dunois, il étudia successivement à Beaugency, à Orléans et à Paris, puis parcourut l'Angleterre, l'Ecosse et l'Irlande, redevint étudiant et voyageur, étudiant à la Faculté de médecine de Montpellier, et voyageur pour visiter Rome, Venise, l'Égypte, rentrer en France et, après un certain laps de temps, prendre le chemin de la Savoie et de la Suisse.

Pendant ce dernier séjour en France, il fut attaché par Louis XI à la cour. Il y a lieu de croire qu'il le fut précédemment à celle de Charles VII. Un Simon de Pharès, en effet, figure au nombre des quatre astrologues. — Nous avons déjà écrit les noms des trois autres : Jean de Brégy, Germain de Tribonville, Jean de Builhon — dont ce prince aimait à se faire accompagner. A son retour de Suisse, notre astrologue se fixa à Lyon : il s'y construisit une maison, s'y disposa une grande salle qualifiée du nom d'*étude* où avaient pris place deux cents volumes. Il se mit alors à donner des leçons d'astrologie. De là, condamnation par l'officialité du diocèse et confiscation des livres astrologiques (1).

L'astrologie, ici visée, est l'astrologie proprement dite ou l'astrologie judiciaire. Plusieurs fois déjà, nous l'avons distinguée d'une autre, l'astrologie naturelle, plus connue sous le nom d'astronomie. Celle-ci est une science, celle-là du charlatanisme ou de la superstition. C'est dire qu'au nom de la raison aussi bien que de l'Écriture elle est condamnée par l'Église.

Sans doute, au moyen âge, l'on n'était pas éloigné d'exagérer les influences des corps célestes sur les corps sublunaires. Mais, quand on voulait s'en tenir à la vraie doctrine,

(1) *Hist. Univers. Paris.*, tom. V, p. 869; *Biograph. univers.*

l'on n'allait jamais jusqu'à faire subir ces influences aux âmes et à la liberté humaine. La première assertion découle spécialement d'une censure de la Faculté de théologie, en 1398, censure où l'on voit une pratique superstitieuse, condamnée comme « une erreur dans la foi, dans la philosophie naturelle et l'astrologie véritable » (1). La seconde s'appuie sur l'enseignement commun des docteurs et, en particulier, de Gerson, l'auteur même de cette censure, lequel dit, quelque part, en toutes lettres, que l'astrologie n'a rien à faire « en ce qui concerne les mouvements volontaires des âmes » (2).

Simon de Pharès, ne s'étant pas renfermé dans ces sages limites, ne pouvait être innocenté. Aussi son appel fut-il jugé inadmissible par la Faculté de Paris et rejeté par le Parlement. La décision doctrinale porte la date du 19 février et l'arrêt celle du 26 mars 1494. L'astrologie demeurait donc frappée d'interdit, les livres astronomiques de Simon de Pharès confisqués, et sa personne était remise à l'officialité de Paris, afin qu'on en fît ce que de droit.

Si la Faculté flétrit l'astrologie, elle fait le plus grand éloge de l'astronomie. L'astrologie qui fait dépendre des astres la santé, les qualités, les défauts, l'avenir des hommes, qui, dès lors, prétend pouvoir, par l'inspection de ces corps célestes, prédire les destinés des individus et aussi, pour les mêmes raisons, celles des empires, est qualifiée de *doctrine pernicieuse* et peut bien s'appeler *art vain, trompeur, superstitieux, usurpateur de l'honneur divin, corrupteur des bonnes mœurs*. L'astronomie, au contraire, « qui considère la grandeur, les oppositions et la marche des corps célestes, qui annonce les conjonctions ou oppositions du soleil et de la lune et des autres planètes, qui conjecture certains de leurs effets naturels en général, prudemment et suivant la loi des probabilités, cette astronomie, bien loin de la condamner, nous la vénérons comme un art libéral, noble et utile (3). »

(1) *Histor. Univers. Paris.*, tom. IV, p. 864-866 ; *Collect. judic...*, tom. I, par. II, p. 154-157 : il s'agit de l'art. XXe de la censure.

(2) *Collect. judic..., ibid.*

(3) *Collect. judic...*, tom. I, par. II, p. 524-531. Pour la clarté désirable, la condamnation des livres reproduit les titres et désigne les chapitres.

On ne se montra guère rigoureux à l'endroit du condamné : car, l'année suivante, nous le retrouvons à Lyon, recevant la visite de Charles VIII, le glorieux vaincu de l'Italie et de l'Espagne coalisées (1).

UNE ÉTRANGE CONSULTATION

Le Concile de Constance, dans sa XXXIXe session, avait décrété la tenue décennale des Conciles généraux, estimant utiles à l'Eglise la fréquence et la périodicité de ces grandes assemblées.

Or, Charles VIII, sans doute au souvenir de sa malheureuse expédition d'Italie et dans une pensée de vengeance contre le pape qui était entré dans la ligue ennemie, fit poser à la Faculté de théologie ces trois questions (2) :

I. « Sçavoir mon (3) si le pape est tenu de dix ans en dix ans

(1) *Biograph. univers.*, nouv. édit., art. *Pharès*.

La Faculté de théologie ne témoignait pas moins de zèle dans la condamnation de la magie.

Un certain Arnold Desmaret avait écrit en faveur des superstitions magiques. Louis XI soumit ces élucubrations à l'examen de l'Université. Le 28 octobre 1466, celle-ci s'assembla et nomma une commission *ad hoc*, laquelle comprenait des membres de diverses Facultés. Thomas de Courcelles, docteur en théologie, fut nommé rapporteur ; et c'est sur son rapport que l'Université, réunie de nouveau le 10 novembre suivant, conclut à la censure des livres d'Arnold. (*Hist. de l'Univers. de Par.*, tom. IV, p. 308.

(2) Crévier, rappelant le fait, serait porté à lui assigner une autre date : « Je ne vois rien, dit-il, dans l'histoire de Charles VIII qui donne lieu de « penser que ce prince se soit occupé du projet d'un Concile général. « La consultation et la réponse dont il est ici question, conviendroient « bien mieux au temps où Louis XII, quelques années après la date de « cet acte, songeoit à procurer, comme il fit, la convocation du Concile « de Pise pour se mettre à l'abri des injustices et des violences du pape « Jules II. Une autre conjecture, non moins probable, seroit de rappeler « le fait de cette consultation à l'année 1478, durant laquelle Louis XI « vouloit, comme je l'ai rapporté, effrayer le pape Sixte IV par la menace « d'un Concile. » (*Hist. de l'Univers...*, tom. IV, p. 479-480. Mais aucune considération ne saurait prévaloir contre les registres mêmes de la Faculté. Or, dans ces registres, le document portait la date du 11 janvier 1498 : « Hæc extraxi e primo registro ms. censurarum sacræ Facultatis Parisien- « sis », dit du Plessis d'Argentré qui a fait imprimer de nouveau le document. Un désir de vengeance n'explique-t-il pas suffisamment le projet du monarque ? Et, d'ailleurs, l'histoire ne nous montre-t-elle pas Charles VIII s'occupant alors de réformes sociales et religieuses ?

(3) Particule affirmative dans l'ancien français. Marot a écrit : « A sçavoir mon si les bossus seront tous droits dans l'autre vie. »

« assembler le saint Concile représentant l'Eglise universelle, « et mesme de présent, considéré le désordre qui est tout no- « toire de l'Eglise.

II « Si en cas d'urgente nécessité, comme de présent ou « quand dix ans sont passés après le dernier Concile, si le « pape est prié et sommé de ce faire et s'il est négligent ou « diffère, à sçavoir mon si les princes, tant ecclésiastiques que « séculiers, et autres parties de l'Eglise se peuvent assembler « de soy mêmes, et s'ils feront le saint Concile représentant « l'Eglise universelle, sans estre par le pape assemblés.

III « Si en cas d'urgente nécessité, comme de présent ou « après dix ans passés comme dessus, une grande et notable « partie de la chrestienté, comme le royaume de France ou le « roy représentant iceluy, prie, somme et admoneste le pape « et les autres parties de soy assembler et pourvoir à la né- « cessité de l'Église, et les autres parties ou aucunes d'elles « sont négligentes, refusantes ou dilayantes d'y venir; à sça- « voir mon si ceux qui se trouveront, pourront célébrer « ledit Concile sans les autres et pourvoir à la nécessité de « l'Église. »

Douze docteurs furent chargés de préparer la triple solution. La Faculté se réunit, le 11 janvier 1498, aux Mathurins. Un rapport y fut lu, concluant affirmativement sur les trois points. La Faculté approuva le rapport et admit unanimement (*concorditer*) les conclusions (1).

C'était se montrer plus que complaisant.

Si la Faculté eût prononcé que le pape était obligé de réunir un Concile général tous les dix ans, il n'y aurait rien là de répréhensible après le décret du Concile de Constance; si même elle eût estimé que, eu égard à la situation actuelle de l'Eglise, la convocation d'un Concile général s'imposait strictement au pape, elle fût demeurée dans les justes limites de son droit d'appréciation.

Mais qu'elle décidât que, en cas de refus de la part du souverain-pontife, et sous le prétexte « d'urgente nécessité », les « princes, tant ecclésiastiques que séculiers », et les évêques pouvaient, en se réunissant, constituer un Concile qui re-

(1) *Collect. judic...*, tom. I, par. II p. 335; du Boulay, *Hist. Univers. Paris.*, tom. V, p. 821. Le document figure aussi dans les *Preuves des libertés l'Eglise Gallicane*, par P. Dupuy, par. II, p. 50.

présentât « l'Eglise universelle » : qu'elle osât surtout, dans l'hypothèse où les autres nations catholiques fissent, comme le pape, la sourde oreille, accorder la même puissance et la même prérogative à « une grande et notable partie de la chrestienté, comme le royaume de France » ; voilà ce qui ne saurait se justifier au point de vue de la saine doctrine. C'étaient, dit Crévier, « les principes... de la Faculté de théologie et de l'Université de Paris (1). » Nous le voulons bien. Mais c'étaient des principes faux et, qu'on nous permette cette expression moderne, révolutionnaires au premier chef.

Les vrais principes théologiques, les voici :

La convocation du Concile général appartient de droit au pape. Il n'y a que deux cas où la convocation se puisse faire autrement : le cas de vacance du siège apostolique et celui de son occupation par un pape dont la légitimité est douteuse.

Un Concile ne représente l'Église qu'autant que les évêques y sont en nombre suffisant, double point qu'assurément l'on ne saurait affirmer de la réunion des prélats d'une nation.

Il ne peut la représenter, non plus, en dehors du pape légitime : qu'on exclue ce dernier ou qu'il se tienne lui-même à l'écart, pareille assemblée serait un corps sans tête.

Si l'histoire ecclésiastique nous offre des faits qui ne sont pas en harmonie parfaite avec ces principes, on doit savoir que ces Conciles, non œcuméniques d'abord, ne le sont devenus que par l'adhésion, c'est-à-dire la confirmation du souverain-pontife et l'acceptation de l'Église universelle.

La consultation de l'illustre Faculté ne tendait à rien moins qu'à ceci : éliminer l'autorité papale au bénéfice de l'autorité épiscopale, accorder une trop grande puissance à l'élément laïque dans les choses spirituelles, substituer l'autorité d'une Église nationale à l'autorité même de l'Église universelle.

N'y avait-il pas là le germe d'une vraie et funeste révolution ?

L'IMMACULÉE CONCEPTION

L'Assemblée de Bâle avait consacré la doctrine de l'Université de Paris, en déclarant, dans sa XXXVIe session, que la

(1) *Hist. de l'Univers. de Par.*, tome IV, p. 479.

croyance à l'immaculée conception était une croyance *pieuse, conforme au culte de l'Eglise, à la foi catholique, à la droite raison et à l'Ecriture-Sainte.* Sixte IV avait donné à la doctrine une seconde consécration : par une bulle de 1476, il plaçait sur la même ligne la fête de l'Immaculée-Conception et celle du Saint-Sacrement, car il accordait pour la célébration de la première les mêmes indulgences que pour la célébration de la seconde.

Néanmoins, certains prédicateurs de l'ordre de Saint-Dominique continuaient leurs attaques contre cette *pieuse croyance.* La Faculté de théologie ne manquait pas de condamner les téméraires à la rétractation.

En 1495, Jean Grillot, apparemment dominicain, poussa la témérité jusqu'au scandale. Il prêchait à Saint-Germain-l'Auxerrois le jour de la conception de la Vierge. Il prit pour texte le passage évangélique concernant la femme adultère. Il n'entendait pas assurément en faire l'application à Marie. Mais il y avait un rapprochement forcé, voulu peut-être par l'orateur, saisi certainement par l'auditoire. Cela tendait à diminuer la dévotion à l'égard de la mère de Dieu. Jean Grillot dut faire amende dans l'église même de Saint-Germain-l'Auxerrois (1).

La Faculté de théologie estima le moment venu de faire un pas de plus dans la défense de l'insigne privilège. Elle se réunit le 3 mars 1497. De cette délibération, sortit un décret, statuant que, à l'avenir, nul ne serait admis dans ce corps, s'il ne s'astreignait par serment à soutenir l'immaculée conception, et que, dans le cas où un membre de la Faculté tenterait de défendre l'opinion contraire, il serait exclu comme un payen et un publicain (2).

(1) Jean Grillot, disait au début de sa rétractation : « Par l'ordonnance « de la très sacrée Faculté de théologie, à laquelle je frère Jehan Grillot, « prestre et docteur en icelle Faculté, ay juré et promis obéir tant que « je vivray en toutes choses licites et honnestes, me est commandé et « expressément enjoint que je disse clairement et intelligiblement au « premier sermon que je feray en ceste ville de Paris et mesmement en « l'église de Saint Germain de l'Auxerroys ce qui s'ensuit. » (*Collect. judicior...*, tom. I par. II, p. 332).

(2) *Collect. judicior..., ibid.*, p. 333 : « ... statuentes ut nemo deinceps « sacro huic nostro collegio adscribatur, nisi hujus religiosæ doctrinæ « assertorem strenuumque propugnatorem semper pro viribus futurum « simili juramento profiteatur. Quod si quis ex nostris, quod absit, ad « hostes Virginis transfuga, contrariæ assertionis, quam falsam, impiam

Confirmé par la Faculté le 3 et le 9 du même mois, le décret fut solennellement publié, le 23 août suivant, dans une assemblée de la Faculté aux Mathurins; et, le 26 du même mois, lecture en fut donnée dans une sorbonnique, en présence du recteur, de nombre de docteurs des diverses Facultés, de l'archevêque de Bourges, de plusieurs évêques, abbés, conseillers du roi. Le serment fut prêté sans retard par les docteurs eux-mêmes (1).

L'école dominicaine avait du mal à se soumettre.

Dans cette même assemblée du 23 août, la Faculté entendait l'amende honorable de Jean Morcelle, bachelier formé en théologie, lequel avait émis ces trois propositions :

« Il n'est pas certain que Marie fut corporellement plus « belle qu'Eve.

— « Il est faux que le Christ soit allé au-devant de Marie « dans son Assomption.

— « L'on n'est pas tenu de croire, sous peine de péché « mortel, que la Vierge ait été transportée au ciel corps et âme. »

Ces propositions furent révoquées par Morcelle, « prestre de l'ordre des Jacobins », et ainsi par lui qualifiées :

La première, de « détractive de la louange et dignité de la « Vierge Marie mère du plus beau qui oncques fust, ne sera, « faulse, dissonante aux dicts des saincts docteurs, vraisem- « blablement contraire à la Saincte Escripture et suspecte « d'hérésie » ;

La seconde, de « faulse, contre les escripts des docteurs, « favorisant impiété ou faulte d'honneur de fils à mère, « offensive de bonnes et dévotes aureilles, diminutive de la « dévotion du peuple chrestien qu'il a à la glorieuse Vierge « Marie, mère de nostre Saulveur et Redempteur Jesus » ;

La troisième, de « téméraire, scandaleuse, contre la com- « mune créance, diminutive de la bonne dévotion du peuple

« et erroneam judicamus..., patrocinium quacumque ratione suscipere « ausus fuerit, hunc honoribus nostris omnibus privatum atque exauctora- « tum a nobis et consortio nostro, velut ethnicum et publicamum, procul « abjiciendum decernimus. »

(1) *Ibid.*, p. 334 : « ... juraveruntque tam in præcedentibus quam in aliis congregationibus ejusdem Facultatis centum et duodecim doctores ejusdem Facultatis stantes in dictis determinatione et statuto. »

« chrestien à la très excellente et tres benoiste Vierge Marie « faulse et hérétique » (1).

Quelques jours plus tard, le 18 septembre, ce fut le tour de Jean Le Ver (*Joannes Veri*). Ce dernier, également de l'ordre de Saint-Dominique, prêchait à Dieppe. Il développa devant un auditoire étonné ces trois propositions :

La Sainte Vierge fut purifiée de la tache originelle, ce qui supposait bien qu'elle l'avait contractée.

Dans l'hypothèse contraire, comment eût-elle pu jamais prononcer ces mots de l'oraison dominicale : *Dimitte nobis debita nostra ?*

Ceux qui affirment que la Vierge est conçue dans le péché, ne commettent point de faute, même après la bulle de Sixte IV (2).

Vers le même temps, un autre frère Prêcheur, Jean Alutarius, s'était avisé de dire dans un sermon à Saint-Jean-en-Grève : « La bienheureuse Vierge Marie n'a jamais péché « véniellement; bien plus, comme le dit saint Thomas, elle « ne pouvait pécher véniellement *secundun potentiam propinquam* ». Mais il ajoutait : « Nonobstant ce qu'il semble « advis que sainct Jehan Chrysostome ayt voulu dire qu'elle « avoit péché veniellement aux nopces et qu'elle avoit eu quelque fragilité humaine, quelque petit mouvement de vaine « gloire ». Il y avait dans cette addition quelque chose de fâcheux, ce que ne pouvait laisser passer la Faculté de théologie, tant elle apportait de soin et d'ardeur à défendre les privilèges de la mère de Dieu.

Jean Alutarius fut donc cité à comparaître devant le doyen et les docteurs désignés *ad hoc*. Bien qu'il n'y eût pas matière à rétractation, le jury blâma l'orateur de « son imprudente et indiscrète prédication » et demanda que ce dernier s'engageât à ne pas prêcher de la sorte, ce qui fut promis avec serment (3).

(1) *Collect...*, *ibid.*, p. 339-340.

(2) *Ibid.*, p. 336-338.

(3) *Ibid.*, p. 338-339.

EXCENTRICITÉS

Un franciscain, du nom de Jean Marchand, entreprit, dans sa prédication à Besançon, une extraordinaire apothéose de saint François d'Assise. En comparant ce dernier à Jésus, il renouvelait la thèse, déjà vieille, des conformités entre l'un et l'autre.

Selon lui, le siège de l'orgueilleux Lucifer était au-dessus des chœurs des Anges et il avait été réservé à François, le plus humble des enfants des hommes; il y a dans ce dernier jusqu'à quarante points de ressemblance avec Jésus, en sorte que François est devenu un second Christ, un second Fils de Dieu ; la naissance de François a été annoncée par un ange et il est né également dans une étable; François a souffert autant dans l'impression des stigmates que le Christ dans sa passion ; au moment de l'impression des stigmates, un rocher se fendit et Jean Marchand avait lui-même mis son bras dans la fente ; François a reçu de Dieu le privilège de descendre chaque année, le jour de sa fête, dans le Purgatoire, de délivrer tous les religieux et religieuses de son ordre et de les conduire dans le Paradis.

La Faculté s'appliqua à faire ressortir, au point de vue historique et doctrinal, la fausseté et la témérité de pareilles affirmations (1).

Douze ans plus tard — car la première excentricité date de 1486 et la seconde de 1498 — un certain Jean Vitrarius, du même ordre, avait répandu dans la ville de Tournay, et au grand scandale de tous, des propositions comme celles-ci :

« Il vaudroit mieux couper la gorge à son enfan que de le « mettre en religion non réformée.

— « Il vaudroit mieux prendre son enfan, sa fille par la « main et la mener au bourdeau que de la mettre en religion « non réformée.

— « Quiconque oüoit la messe d'un prestre tenant une « femme en sa maison pèche mortellement.

(1) *Collect...*, *ibid.*, p. 318-319.

— « Quiconque fait célébrer Messe à un prestre tenant une « femme en sa maison pèche mortellement et, en lui donnant « argent, tu lui mets la hart au col.

— « Se ton curé ou aucun prestre tiennent femmes en leurs « maisons, vous devez aller en leurs maisons et par force tirer « la femme...

— « Le chant de musique que on chante à Nostre Dame « n'est que de paillardise et provocations de paillardaise.

— « On ne doit point donner d'argent aux églises pour les « pardons.

— « Les pardons viennent d'Enfer.

— « Il ne faut pas prier les saints. »

Ces propositions furent déférées à notre Faculté de théologie qui leur infligea les qualifications méritées de fausseté, d'étrangeté, d'inconvenance (1).

AUTRES CONDAMNATIONS

La Faculté ne laissait rien passer qui dérogeât à la vraie doctrine.

Ainsi d'une question sur les indulgences, de certaines propositions déférées par l'évêque de Meaux, d'une prière signalée par le duc de Lorraine.

L'on avait besoin d'argent pour la réparation de l'église de Saint-Pierre de Saintes. Le pape accorda certaines indulgences en faveur de ceux qui feraient des offrandes pour l'œuvre sainte.

Mais des zélateurs, allant au delà des concessions du pape, osèrent affirmer ceci : « Toute âme du Purgatoire, condam- « née par la justice divine, n'importe pour combien de temps, « s'envole immédiatement vers le Christ ou bien est délivrée « totalement de sa peine, si une personne vivante donne en « faveur de cette âme, *per modum suffragii*, six blancs pour « la réparation de l'église Saint-Pierre de Saintes. »

La Faculté, saisie de la question, s'en référa à la bulle où rien de semblable ne se rencontrait et déclara alors (1482) que

(1) *Collect...*, *ibid.*, p. 340-341.
Jean Vitrarius disait encore : « Je aymerois mieux estre cause de mort d'homme ou homicide que de coucher avec une femme. »

pareille chose ne devait en aucune manière être annoncée au peuple (1).

— L'évêque de Meaux avait déféré à la docte Faculté sept propositions, parmi lesquelles nous lisons :

« Un sacrement administré par un prêtre coupable de for-« nication ne vaut pas plus que les aboiements des chiens « (*non valet plus quam latratus canum*).

— « L'Enfer est rempli d'avocats.

— « Les apothicaires, les écuyers, les médecins et les hom-« mes de cette espèce iront en Paradis, si tous les diables ou « la queue de leur mulet les y portent (*si omnes diaboli vel* « *cauda muli sui deferant eos.* »

La première proposition est erronée et même hérétique.

La seconde est fausse et ridicule.

La troisième n'est pas seulement téméraire, présomptueuse, mais elle porte une injuste condamnation sur d'honnêtes et utiles fonctions.

Telle fut la sentence de la Faculté (1486).

Nous passons sous silence la contestation du pouvoir pour les évêques d'absoudre des fautes graves, l'affirmation que saint Yves est le seul avocat sauvé (2).

— « Oraison moult dévote contre la peste, par laquelle fu-« rent délivrez en Zare l'an cinquante et ung plus de trente « mille personnes en temps de messire André Marcel, comte « de Zare. La manière de dire ladicte oraison est telle : Pre-« mier : il faut dire trois fois *Pater noster* et *Ave, Maria*, en « l'honneur de la très saincte Trinité. Puis, avecques le gros doy « de la main dextre, faut signer la peste en croix disant les « paroles cy soubs escriptes : *Spiritus quidem* ✝ *pomptus est,* « ✝ *caro autem infirma... Dividat hanc pestem Pater* ✝, *di-* « *vidat Filius* ✝, *dividat spiritus* ✝. *Evanescat igitur malum* « *istud et ad nihilum reducatur in nomine Patris et Filii et* « *Spiritus Sancti, Amen.* Puis, il faut dire ceste Antienne. » L'Antienne suivait.

Telle était la prière que le duc de Lorraine avait fait parvenir à la Faculté qui fit cette déclaration (1492) ; « Ladite prière « s'éloigne du rite de l'Eglise, elle est véhémentement sus-« pecte de superstition, et ne doit pas être admise dans « l'Eglise (3) ».

(1) *Collect...*, *ibid.*, p. 306-309.
(2) *Collect...*, *ibid.*, p. 319-320.
(3) *Collect...*, *ibid.*, p. 324.

DEUXIÈME PARTIE

REVUE LITTÉRAIRE

LIVRE PREMIER

UBIQUISTES ET SORBONNISTES

CHAPITRE UNIQUE

I

UBIQUISTES

Jean de Montreuil. — Henri de Zoemeren. — Louis de Beaumont. Pierre d'Ouville. — Jean Santet.

Nous devrions placer, en tête de ce chapitre, un homme qu'on pourrait appeler un illustre inconnu : c'est *Jean de Montreuil.* Ami de Pierre d'Ailly, de Gerson, de Nicolas de Clamanges, il a joué, comme eux, un rôle considérable dans les troubles politiques et religieux de la fin du XIVe siècle et du commencement du XVe et, comme eux, il s'est montré écrivain remarquable. Il se place assez naturellement à côté de Nicolas de Clamanges; mais il ne saurait atteindre à la hauteur où Pierre d'Ailly et Gerson se trouvent historiquement placés. Si nous le voyons élève de l'Université de Paris, nous ne le voyons pas gradué de la Faculté de théologie, bien que probablement il ait étudié quelque peu la science sacrée (1).

(1) La thèse de M. Ant. Thomas l'a surtout fait connaître à notre époque.
Né vers 1354 et peut-être à Montreuil-sur-Mer, Jean après ses études à

Oudin nous dit qu'un autre Ubiquiste, *Henri de Zoemeren*, originaire du Brabant (1), vit sa renommée commencer en 1440 pour se continuer les années suivantes.

Docteur de Paris, Henri professa la théologie à Louvain et fut doyen d'Anvers. Il paraît que, sur les instances de Bessarion, alors légat en Germanie et en Belgique, il écrivit un *Epitomé de la première partie du dialogue des hérétiques*, de Guillaume Ockam, ouvrage qui fut imprimé, à Louvain, peu de temps après la mort de l'auteur, car la date de l'impression est de 1481, et celle du passage du temps à l'éternité de 1472. L'on a également de lui un volume de *lettres* qui parut dans la même ville et la même année (2).

On peut dire qu'il fut enseveli dans son triomphe. La question des futurs contingents, nous l'avons vu, avait concentré la lutte entre lui et un professeur de philosophie, Pierre du Ruisseau (*Petrus de Rivo*). Soumise à la Faculté de théologie de Paris, l'affaire fut portée à Rome. Le théologien eut gain de cause. Il revenait ainsi vainqueur

l'Université de Paris, passa plusieurs années auprès de Milon de Dormans, évêque de Beauvais. Puis, secrétaire du roi, chanoine de Rouen, il devint prévôt de Saint-Pierre de Lille, dignité qu'il conserva jusqu'à sa mort. Il fut mêlé aux affaires publiques et il remplit plusieurs missions en Angleterre, en Italie, en Allemagne, près des papes Benoît XIII et Jean XXIII, près du duc de Bourgogne. Il périt dans les troubles qui ensanglantèrent la capitale en 1418. Voir Thèse latine de M. Ant. Thomas, *De Joannis de Monsterolio vita et operibus, sive de Romanarum litterarum studio apud Gallos instaurato, Carolo VI regnante*, Paris, 1883, in-8° ; voir aussi Martène et Durand, *Ampliss. collect.*, tom. II, col. 1311-1315.

Nous trouvons dans cette *Amplissima collectio, ibid.*, col. 1314 et suiv., des *Epistolæ selectæ* de Jean de Montreuil et, dans les *Deliciæ eruditorum* de Jean Lami (Joannes Lamius), littérateur italien du XVIIIe siècle, tom. III, pp. 17 et suiv., un *De Gestis et factis memorabilibus Francorum*. Un *Libellus contra Anglos* écrit en français a été aussi imprimé dans le tom. II de la *Chronique Martinienne*. Voir, sur le tom. II de cette Chronique, la *Biblioth. histor. de la France*, n° 17325.

Ces ouvrages de notre auteur sont demeurés inédits : un second *Libellus adversus Anglos*, celui-ci en latin ; d'autres *Epistolæ latinæ* ; deux *Epîtres* en français. Les manuscrits renfermant ces ouvrages sont indiqués par M. Ant. Thomas.

Cet historien nomme comme écrits perdus : *Proverbia, De fabula poetica Rosæ Opusculum Gallicum, Carmina Gallica.*

(1) Foppens, *Biblioth. Belg.*, tom. I, p. 467 : « Zoemeren qui Brabantiæ visus est... »

(2) Oudin, *Comment. de script...*, tom. III, col. 2566 ; Hain, *Repertor. bibliograph.*, art. *Henricus de Zoemeren* ; Fabricius, *Biblioth...*, art. *Henricus de Zoemeren*.

de la Ville éternelle où il avait été combattre, quand la mort le frappa (1).

Quels noms inscrirons-nous en plus ?

Louis de Beaumont qui devint évêque de Paris en 1473, mourut en 1492 et dont l'épitaphe le disait *præcipuum litterarum amatorem* (2) ;

Pierre d'Ouville a qui l'on adressa cette louange :

> Artibus excultum diffundis in æthera nomen
> Et late effulges lumine theologo (3) ;

Jean Santet en qui l'art du poète s'allia à la science du théologien, qui mérita d'être loué en vers par Robert Gaguin et lui répondit dans le même rhythme (4).

Les Sorbonnistes nous retiendront un peu plus longtemps.

(1) *Hist. Univers. Paris.*, tom. V, p. 882. M. Budinszki a écrit quelques mots sur Henri de Zoemeren (*Die Univers...*, p. 170).

(2) *Hist. Universit. Paris.*, tom. V, p. 903 ; *Gal. christ.*, tom. VII, col. 152-155.

(3) *Hist. Universit. Paris.*, tom. V, p. 915.

(4) *Ibid*, p. 899. Voir ces vers, *Ibid.*

II

SORBONNISTES

Mathieu de Cracovie ou de Krakov. — Josse de Liza. — Jean Germain. — Guillaume Fichet. — Jean de la Pierre. — Jean Quentin. — David Chambelland.

Nous avons déjà fait connaissance avec plusieurs Sorbonnistes : Pierre Plaoul, Jean de Beaupère, Thomas de Courcelles, Simon Fréron, Guillaume Bouillé (*Bovillus*).

Notre manuscrit de l'Arsenal porte, il est vrai, que *Pierre Plaoul* écrivit beaucoup (*scripsit multa*) ; mais il ne saurait signaler, avec les fameux discours par lui prononcés à Paris et à Pise (1), qu'une *Lectura super Sententias* (2).

Il signale également, et sans être plus précis, pareil travail de la part de *Jean de Beaupère : In libros Sententiarum* (3).

De ces paroles déjà transcrites de Sylvius Œneas : « Plura ex decretis sacri Concilii dictavit » (Thomas de Courcelles), le même manuscrit tire cette conclusion au sujet de ce théologien : « De là, il résulte manifestement que ce docteur « a écrit une grande partie des décrets du Concile de Bâle. » *Thomas de Courcelles*, faisant partie d'une commission nommée *ad hoc* par le Concile de Bâle, aurait même formé un recueil de décrets portés par le Concile de Constance ; et ce recueil aurait été publié, à Hagueneau, en 1500 (4).

(1) Tom. III, p. 115 ; *supra*, p. 66.

(2) Ms. 1022, par. III, p. 200 ; et ms. 516[c], fol. 241, table ou on lit cette indication : *Item Lectura magistri Petri Plaoc super Sententias.*

(3) Même ms. 1022, p. 230.

(4) *Ibid.*, p. 248-249 : « Extat opus editum cum epistola dictæ Synodi Basileensis in oppido Hagenovæ per Henricum Gran anno 1500. »
Nous trouvons dans le ms. lat. 14845 de la Bibl. nat. une lettre de Thomas de Courcelles au sujet du Concile de Bâle.

Un des ambassadeurs du Concile de Bâle près l'empereur et le patriarche de Constantinople, *Simon Fréron* eut sa part de rédaction dans les actes de l'ambassade, c'est-à-dire dans les promesses formulées de la part du Concile, dans les autres déclarations, propositions et articles. L'année 1443 fut le terme de son existence (1).

Enfin, *Guillaume Bouillé*, en qualité de doyen de Noyon sans doute, prononça plusieurs « harangues des chapitres généraux » qui « estoient ardentes et zélées, traitant le plus souvent de *sanctitate et justitia* (2). » Il renonça à son canonicat en 1466 et mourut en 1476 (3).

Aux Sorbonnistes précédents, deux autres sont à ajouter : *Pierre Rayn* ou *de Rayn*, et *Pierre de Nogent*.

Maître en 1400, chanoine et pénitentier de l'église de Tours, Pierre Rayn est auteur de l'ouvrage : *La Vierge sacrée* (*Virgo sacra*), ouvrage « editum Parisiis apud Simonem Vostre (4) ». Il paraît bien qu'on le désignait aussi sous le nom de *Georges de Sélanonie* (5).

Pierre de Nogent était prieur de Sorbonne en 1395, bachelier formé en 1404, docteur en 1408. Il écrivit *sur les quatre livres du maître des Sentences*, rédigea des *questions ordinaires* et des QUODLIBETA SCHOLASTICA (6). Un Pierre de Nogent est placé, vers la même époque, au nombre des docteurs carmes par l'auteur même de la *Bibliotheca carmelitana* (7). Il y aurait lieu de

(1) Même ms., *ibid.*, pp. 222 et suiv. ; Fabricius, *Biblioth...* ; Jöcher, *Lexicon*.
Voir les actes du Concile concernant cette affaire.

(2) *Annales de l'église cathédrale de Noyon*, par Le Vasseur, docteur en théologie et doyen de la même église, Paris, 1632-1633, in-4° p. 1323 : « *De sanctitate, ut quod viri ecclesiastici debent esse graves, casti et alieni* « *a negotiis secularibus. De justitia vero, de obligatione erga Deum et* « *Ecclesiam*. Il haranguoit souvent contre le péché de la chair *quod corpus* « *inficit, animam damnat, famam denigrat, Ecclesiam diffamat, censum* « *decipit, sensum corrumpit et tandem animam ad inferna detrudit*. »

(3) *Gal. christ.*, tom. IX, col. 1035.

(4) Même ms. 1022 de l'Ars., par. III, p. 207-208.

(5) *Ibid.* : « Ipsius etiam fit mentio in computo anni 1400 et 1401 sub nomine Georgii de Selanonia. »

(6) *Ibid.*, p. 212-214.

(7) Cosme de Villiers, *Bibl. Carmelit.*, tom. II, col. 592.
Selon Fabricius, *Biblioth...*, il était *Normannus Gallus*. Il s'agissait sans doute de Nogent-le-Sec, aujourd'hui dans le départ. de l'Eure. En Jöcher, *Lexicon*, à l'art. *Pierre de Nogent*, il s'agit aussi de Nogent en Normandie.

penser que ce fut le même personnage qui passa de la Sorbonne au couvent de la place Maubert.

Ajoutons, enfin, le nom d'un Sorbonniste qui a dû voir notre xve siècle, Adam-le-Boucher (*Adam Carnifex*) qui fut docteur en 1394, après avoir été recteur en 1382. Il écrivit sur les *Sentences* (1).

A la suite de ces lignes, se placent les notices d'auteurs dont les œuvres ont fixé davantage l'attention des âges suivants.

MATTHIEU DE CRACOVIE OU DE KRAKOV

(— très probablement 1410)

Ce nom de Cracovie a fait prendre d'ordinaire ce théologien pour un Polonais. Mais, s'il faut en croire certains auteurs, il serait plutôt Allemand ou Poméranien (2). Nous ne saurions prononcer (3).

Matthieu de Cracovie s'était distingué aux écoles de Prague, avant d'acquérir de la gloire au sein de l'Université de Paris. Il y a là une nouvelle preuve que le malheur, même humainement, est bon à quelque chose ; ce fut sous les coups de la persécution des Hussites victorieux que Matthieu vint dans la capitale de la France (4). Sa parole de maître fut aussi applaudie à l'Université naissante d'Heidelberg (5).

(1) Même ms., *ibid.*, p. 203.

(2) Fabricius, *Biblioth...*, art. « *Matthæus de Cracovia* sive *arce Chrochove*, « quem... Polonum plerique faciunt, cum Germanum et genere Pome- « ranum doceant Jo. Petrus Ludewig, tom. II. Script. Bamberg., p. 149, « et Bernardus Pez, Præf. ad tom. I Anecdotor, p. VI. »

(3) L'importante ville de Cracovie se nomme en polonais Crakov et en allemand Krakau.

Il y a aussi dans la Saxe une petite ville du nom de Crackow ou Cracau (Lamartinière, *Dictionn.*; Bescherelle, *Dictionn.*)

Wiszniewski a donné place à Mathieu de Cracovie dans son *Historya litteratury Polskiéj*, tom. III, Cracovie, 1841, p. 383-384.

(4) « Floruit in Sorbonæ domo 1370, ut habetur ex libris rationum ejusdem anni, » dit le manuscrit 1022 de l'Arsenal, par. III, p. 205.

(5) *Ibid.* ; Trithème, *De Script. ecclesiast.*

Notre manuscrit 1022, de l'Arsenal, par. III, p. 209, parle d'un *Thomas de Cracovie* qu'il distingue de Mathieu et à qui il donne des *Mélanges théologiques* « ex variis disputationibus vesperiarum, resumptarum et quodlibetorum. » Il ajoute : « Extat inter codices manuscriptos Sorbonæ

Les honneurs l'attendaient : la chancellerie à la cour de l'empereur Robert, le cardinalat, l'évêché de Worms en 1405 (1). La mort, en le frappant le 5 mars 1410, devait montrer, une fois de plus, le néant des grandeurs humaines. Les restes du défunt reposèrent dans le chœur de la cathédrale.

Nous avons cru devoir adopter ces dates. Ce n'est pas qu'il y ait unanimité parmi les historiens. Bien loin de là. Du Boulay, après Trithème, assigne pour le trépas du prélat l'année 1309 (2). Oudin place la notice de ce dernier sous l'année 1360 (3). Wharton dans Cave donne 1375 pour l'époque principale de la gloire du théologien (4). Budinszki et la *Nouvelle Biographie générale* le font mourir en 1510 (5). Pour nous, nous avons estimé qu'il faut s'en tenir à l'épitaphe reproduite par Chr. Guil. Franç. Walch dans ses *Monimenta medii ævi.* Or, cette épitaphe porte : 1410 (6). C'est, du reste, la date inscrite par Fabricius (7), Brusch (8) et notre manuscrit (9).

Parmi les écrits remarquables dont Matthieu fut l'auteur (*præclara opuscula*, dit Trithème), deux ont été imprimés : le *De Squalore curiæ Romanæ*, à Bâle, en 1551, puis, à Londres, en 1670, sous ce titre : *De Squaloribns Romanæ curiæ*, dans

« unus in cujus fine sic legitur : *Iste liber est pauperum scholarium de « parva Sorbona ex ordinatione bonæ memoriæ magistri Thomæ de Cra- « covia, quondam socii dicti collegii et doctoris in theologia.* » Ce Sorbonniste obtint la licence en 1362.

(1) Fabricius, *Loc. cit.*; G. Brusch, *De omnibus Germaniæ archiepiscopatibus ac episcopatibus Epitome*, partie du *Chronicon chronicorum ecclesiasticorum politicum*, par J. Gualterius, Francfort, 1614, in-8° p. 930.

(2) *Hist. Univers. Paris.*, tom. IV, p. 975.

(3) *Comment...*, tom. III, col. 1110.

(4) *Hist. liter.*, tom. II, Oxford, 1743. *Append.*, p. 76 : « Claruit anno 1375. »

(5) « Er starb 1510... » (Budinszki, *Die Universitat Paris*, Berlin, 1876, p. 155.)

(6) « Anno Domini MCCCCX mentis martii die V obiit venerabilis pater « Dominus Matthæus Wormatiensis episcopus et S theologiæ doctor in- « signis, cujus anima requiescat in pace. » *Mominent...*, tom. I, Gottingue, 1757, in-8°, p. XX.

(7) *Loc. cit.*

(8) *Loc. cit.*

(9) Pag. 206 : « Obiit anno 1410, quinta martii... »

l'*Appendix ad fascicul. rerum expetend. et fugiend.* de Brown, pp. 584 et suiv. ; le *De Celebratione missæ*, ou *Conflictus rationis et conscientiæ de sumendo vel abstinendo corpore Christi*, ou encore, comme porte l'édition de Memmingen, en 1491 (1), *Tractatus de eo, utrum deceat sacerdotes continuare missas vel laïcos frequenter communicare* (2). Comme on le voit, c'est le critique ou le censeur qui se fit entendre dans le premier ouvrage, tandis qu'il s'agissait dans le second de la fréquente communion tant pour les prêtres que pour les fidèles.

Une édition de l'*Art de mourir (Ars moriendi)*, ouvrage d'une certaine célébrité et dont l'auteur demeure inconnu, a été faite, avant 1478, sous le nom de notre théologien. En effet, on lisait à la fin : « Explicit liber utilis de arte moriendi magistri Matthæi de Cracovia. » (3).

L'on mentionne les ouvrages inédits suivants : un traité de la *Prédestination* avec la justification de l'action créatrice, traité en forme de dialogue, auquel l'auteur a donné ce titre : *Rationale divinorum operum* (4) ; un autre sur les *Contrats* (5) ; diverses *Epitres*; des *Sermons* et des *Conférences* (6). Nous signalerons le discours *De novem peccatis alienis* (7), celui *De Emendatione morum et cleri*, prononcé au Synode de Prague en 1384 (8), les *Sermons*, également en latin, *pendant le cours* de

(1) C. Oudin, *Comment. de script. Eccles. antiq.*, tom. III, col. 1110, indique une édition de Memmingen in-4° en 1494.

(2) Fabricius, *Loct. cit.*

Il y a eu une édition de 1467, in-4°, sous le titre : *Tractatus rationis et conscientiæ* (Graesse, *Trés. de livr. rar. et préc.*, *Supplément*, art. *Crocovia Matth. de*). Hain mentionne encore une édition sous ce titre : *Dialogus... desacram. Eucharist.* (*Repert. bibliograp.*, art. *Crocovia Matth. de.*)

(3) Brunet, *Manuel...*, tom. 1, p. 501 ; Graesse, *Trésor...*, tom. I, p. 229.

(4) C. Gesner, *Epitome Bibliothecæ...*, définit ainsi, après Trithème, *De Script ecclesiast.*, cet ouvrage : « Opus de prædestinatione et quod « Deus omnia benefecerit, cujus dialogi interlocutores sunt Pater et « Filius, quem vocavit *Rationale...* »

(5) « Olim ms. in bibliotheca Matthæi Dresseri Herfordiensis in Germania » (Oudin, *Ibid.*).

(6) « Collationes manuscriptæ in bibliotheca Cæsarea » (Fabricius, *Ibid*).

(7) « Extat in bibliotheca Paulina Lipsiensi..., ut constat a catalogo mss. hujus bibliothecæ impresso, p. 195, n. 13. » (Oudin, *Ibid.*).

(8) Suivant Pez, dans sa Préface du tom. Ier du *Thesaur. Anecdot. novis.*, p. VI.

l'année (1), ainsi qu'une *Thèse* soutenue en présence d'un pape, sans doute Urbain VI (2).

JOSSE (JUDOCUS) DE LIZA

(— après 1434)

Notre manuscrit qualifie ce Sorbonniste de « très docte et très versé dans les affaires ecclésiastiques ». S'il n'assista pas au Concile de Bâle, il recueillit — nous transcrivons encore notre manuscrit — « un grand nombre de documents qui concernent ce Concile et qui ne se lisent ni dans les actes ni dans les appendices » consacrés par l'imprimerie à l'ardente et tenace assemblée.

Nous indiquerons ces ouvrages de notre docteur : le traité général sur l'*Union de l'Eglise*, le *Schisme* qui la désolait, et la *Convocation d'un Concile*; le traité, écrit à l'occasion des bulles d'Eugène IV touchant la présidence du Concile et ayant pour sujet *le pouvoir de l'Église et du pape* (1434); la réfutation des erreurs qui *in mandato generali Bohemorum continentur*. Par ces expressions, notre manuscrit nous fait penser à un autre *mandatum*, le *Mandatum Universitatis Pragensis*. La plume de ce Sorbonniste produisit encore un ouvrage *contre les erreurs des Grecs au temps de Martin IV*. Ces manuscrits faisaient partie de la bibliothèque de la Sorbonne.

Nous savons que Josse était docteur dès l'année 1427 (3).

(1) « Juxta Petrum Lambecium, tom. II Commentariorum *Bibliothecæ* « *imperatoris Viennensis*, p. 776, extant inter mss. codices... M. Mat- « thæi de Cracovia, prædicatoris Pragensis... *Sermones latini per circuitum anni*... » (Oudin, *Loc. cit.*, col. IIII).

(2) « In libro veteri inscripto : *Opus mundi*, sine loco et anno edit. « in 4., mentio quædam fit de scripto ejusdem Matthæi his verbis : *Mat-* « *thæus de Cracovia in sua positione quam fecit coram* ALEXANDRO VI *in Janua* ... Forte legendus pro Alexandro VI Urbanus VI. » (Fabricius, *loc. cit*).

Oudin ajoute : « Ejusdem videtur quod mss. extat Matthiæ de regno « Sueciæ Expositio in Apocalypsim in Medicæa Florentina bibliotheca, « ut ex catalogo mss. constat... » (*Op.* et *vol. cit.*, col. IIII.)

(3) Mss. 1022 de l'Arsenal, par. III. pp. 215 et suiv.

Nous lisons, à la page 218, au sujet des écrits de Josse : « Quæ « omnia... cum aliis ad idem negotium spectantibus collecta extant in « codice ms. 1128 bibliothecæ Sorbonicæ ab ipsomet legato. »

Nous lisons aussi, à la même page, sur la réfutation des erreurs des Hussites ou Bohémiens : « Ea autem confutatio ad marginem utriusque mandati opposita est, et ea sane doctissima. » Or, les deux *Mandata* se trouvaient dans le même ms. 1128.

JEAN GERMAIN

(Vers 1400 — 1461)

Par son origine, Jean Germain, docteur vraiment remarquable, appartenait à la ville de Cluny où il était né vers 1400, et à une famille du rang bourgeois.

Sans doute, un historien lui a donné une naissance illustre (1). D'autres ont pu le dire de condition servile (2). Le *Gallia christiana* semble prendre un terme moyen, en le faisant sortir de « civibus modicis » ou de « tenui familia. (3) » Mais l'épitaphe qui se lisait sur la tombe du père de Jean Germain dans l'église des Carmes de Dijon, ne saurait laisser subsister aucun doute, car elle était ainsi conçue : « Ci gist hono« rable homme Jacques Germain, bourgoys de Clugny, jadis « père de révérend père en Dieu Jehan Germain, évesque « de Chalon, fondeur de la nef de ceste église, qui trespassa « l'an MCCCCXXIII, le XXIIIe jour de septembre. » Aussi, M. l'abbé Bugniot qui nous fait connaître cette épitaphe, se croit-il en droit de tirer cette conclusion : « Les Germain « étaient probablement une famille de légistes attachée à la « cour du duc de Bourgogne (4) ».

La première instruction fut donnée à Jean par les soins de son père. La duchesse de Bourgogne, ayant remarqué les heureuses dispositions de l'enfant, l'envoya à Paris. Après avoir fréquenté des cours inférieurs, il fut admis en 1422 comme hôte, et l'année suivante comme sociétaire de Sorbonne. En 1428, il obtenait le second rang dans une promotion de docteurs. Il se consacra dans ce même collège aux graves fonctions du professorat jusqu'au moment où il fut appelé par le duc de Bourgogne à s'asseoir dans son conseil ou mieux dans ses conseils, le *Conseil-Étroit* et le *Grand-Conseil*. Nommé chanoine de la Sainte-Chapelle de Dijon, élevé

(1) Louis Jacob, de l'ordre des Carmes, *De claris scriptoribus Cabilonensibus*, Paris, 1652, p. 10 : « ... præclaris natus parentibus. »

(2) Notre ms. 1022 de l'Arsenal, par. III, p. 236.

(3) Tom. XII, col. 653, tom. IV, col. 930.

(4) Dans *Mémoir. de la Sociét. d'hist. et d'archéol. de Chalon-sur-Saône*, tom. IV, 1860-1862, par. II, p. 377-379.

au décanat par les suffrages du chapitre, il fut promu à l'évêché de Nevers. Il y a lieu de penser qu'il obtint ce dernier poste dans l'année 1430. Il avait été aussi nommé chancelier du nouvel ordre de la Toison d'Or.

Au Concile de Bâle où il arriva à la fin de juin 1433, il prit la parole en faveur du puissant duc dont il était, d'ailleurs, le représentant ou un des représentants (1). Il y avait discussion au sujet du placement des princes ou des électeurs de l'empire. Grâce au discours du prélat, le duc de Bourgogne obtint de prendre rang immédiatement après les rois : l'affaire de la prééminence fut décidée en juin 1434.

Deux ans plus tard, Jean Germain quittait le siège de Nevers pour celui de Chalon-sur-Saône. Sur la convocation du pape, il se rendit au Concile de Ferrare. Il était accompagné des évêques de Nevers et de Thérouanne et de l'abbé de Cîteaux. Quand le Concile fut transféré à Florence, il revint dans son diocèse.

L'administration de ce diocèse, les affaires d'État jusqu'en 1452, la composition d'œuvres théologiques, telles sont les nobles occupations qui allaient remplir la dernière partie de l'existence du prélat qui mourut le 2 février 1461 et dont la dépouille mortelle fut déposée dans la cathédrale (2).

Plusieurs des écrits de Jean Germain sont vraiment remarquables.

En 1450, le prélat entreprenait la réfutation du mahométisme. L'ouvrage était dédié à Philippe-le-Bon, duc de Bourgogne, auquel l'auteur disait : Considérant « que vous « avez eu à desplaisir la secte de Mahomet dont, en suivant « vos prédécesseurs de la glorieuse maison de France, pour

(1) L'on a parlé de deux *Discours* prononcés au Concile (*Hist. Univers. Paris.*, tom. V, p 889; Louis Jacob, *Op. cit.*, p. 11), lesquels « extabant olim « mss. in bibliotheca.... Claudii Patarini, senatus Divionensis principis, et « in illa Petri Sanjuliani Baleurrei, decani Cabilonensis. » (Louis Jacob, *Ibid*).

(2) « Sepultus est in sua cathedrali, ante sacellum divæ virgini de pietate « anno MCCCCXLII dicatum et a prædicto antistite ædificatum, in « sepulcro lapideo cum ejus effigie... » (L. Jacob, *Ibid.*).

Sources : Ms. de l'Ars. 1022, par. III, pp. 225 et suiv. ; *Gal. christi.*, *loc. cit.* ; *Hist. Univers. Paris.*, tom. V, p. 888-889; Louis Jacob, *Op. cit.*; P. Perry, *Hist. civ. et ecclesiast... de Chalon-sur-Saône*, Chalon, 1659, pp. 274 et suiv.; *Diction.* de Moréri, art. *Germain* ; *Biblioth. franç. de la Croix du Maine et du Verdier*, remarques de Rigoley de Juvigny ; abbé Bugniot, *Mémoire de la Société...*, vol. cit., pp. 378 et suiv.

« icelle fouler et amander, avez fait plusieurs grans despens « et armes envoyées és parties de l'Orient contre les Turcs et « Maures..., me suis travaillé de extraire de plusieurs docteurs « saiges ce qui m'a semblé prouffitable au reboutement de « ladite secte... » Le titre moderne de l'ouvrage sur le manuscrit de la Bibliothèque nationale (1) est celui-ci : *Débat du Chrétien et du Sarrasin* (2). C'est, en effet, un dialogue entre un chrétien et un sarrasin. Il comprend cinq livres ainsi résumés : dans le premier, l'auteur « traite de la folie de la « secte sarrasine; dans le second, il fait adresser par le chré« tien au sarrasin les reproches qu'il mérite; dans le troi« sième, il expose tous les témoignages qu'il a pu réunir en « faveur de la divinité de Jésus-Christ; dans le quatrième, il « démontre la fausseté des motifs qui ont fait abjurer la reli« gion chrétienne aux disciples de Mahomet; dans le cin« quième, enfin, il récapitule toutes les raisons alléguées en « faveur du christianisme (3) ».

Sept ans plus tard, Jean Germain écrivait un autre ouvrage. Il l'adressait au clergé et aux fidèles du diocèse. L'ouvrage porte ce titre original : *Les deux pans de la tapisserie chrétienne*. Il est demeuré, dit-on, inconnu, jusqu'à notre époque. Mais nous ne serions pas éloigné de croire qu'il a été désigné par les bibliographes sous le titre : *Du Gouvernement des ecclésiastiques et des laïques*, vrai chemin du ciel (*iter cœli*) que l'auteur voulait tracer à ses diocésains. Quoiqu'il en soit, c'est assez dire que ce second traité est également inédit. Le manuscrit de la bibliothèque nationale (4), écrit M. P. Paris,

(1) Ms. 6745 et aussi 6745 [3] (M. P. Paris, *Les Mss. franc. de la Bibl. du roi*, tom. I, Paris, 1836, p. 83-86.)

(2) Le vrai titre : « Cy commence le 1er livre de cette présente œuvre, qui parle de la secte de Mahomet, selon l'épitre du Sarrasin. »
Le ms. 6745 [3] porte à la fin : « Cy fini le livre du Christien et du Sarrasin... »
A la fin de la dédicace : « Escript en la cité de Châlon sur la Saône en « Bourgoingne l'an de N. S. J. mil CCCC cinquante, le premier jour du « mois d'avril. »
Les citations sont empruntées à M. P. Paris, *Loc. cit.*

(3) M. l'abbé Bugniot, *Op. cit.*, p. 395, d'après M. Paulin Paris, *Loc. cit.*
De cet unique traité les bibliographes en ont quelquefois fait deux sous les titres : *Contre les Mahométans et les infidèles; De la fausseté de la loi musulmane*.

(4) 7027 [3] (M. P. Paris, *Les Mss, franç.*, tom. IV. Paris, 1841, p. 93-95).

« contient seulement le premier livre de l'ouvrage qui doit, « pour être complet, en comprendre deux. » L'auteur commence par mentionner ses prédications nombreuses et rappeler les ouvrages par lui composés : des commentaires *sur les quatre livres des Sentences*, cinq livres *contre la secte de Mahomet*, un livre *contre la doctrine de maistre Augustin dit de Romme* (1), un *de la purgation des âmes*, deux *de la conception de la glorieuse Vierge Marie*, un *à Monsieur le comte de Charolais*, une *Mappemonde espirituelle*. Aujourd'hui, continue-t-il, les forces lui manquent pour le ministère évangélique ; mais « affin que pour ce ne soit retardé le bien et « salut de voz ames..., nous avons ordonné certain patron ou « figure, où sont plusieurs personnaiges en deux pans de « tapisseries, chascun contenant certains chapitres esquels « avons descript, pourtrait et figuré la conduycte et manière « comme loyaulx chrestiens militans, pèlerins et chevalereux « conquérans doivent tendre à triompher... (2) »

Nos citations prouvent que les deux ouvrages dont nous venons de donner une idée, ont été écrits dans notre langue nationale, à moins qu'on ne veuille voir là une traduction contemporaine. Mais alors l'original aurait disparu ou serait complètement ignoré.

De ceux rappelés dans *Les deux pans de tapisserie chrétienne*, nous avons à faire connaître le livre *à Monsieur le comte de Charolais* et la *Mappemonde espirituelle*. Quant aux autres, leur destinée nous est inconnue. Jadis, pourtant, l'on a su où se trouvaient les deux traités sur *la*

« Le volume que nous avons sous les yeux, ajoute le savant écrivain, « fut écrit en 1457, le 27 avril. »

(1) Augustin de Rome était archevêque de Nazareth et sa doctrine erronée était renfermée dans le livre *De Sacramento unitatis Jesu Christi et Ecclesiæ*. On en avait extrait quelques propositions fort malsonnantes, par exemple : *Le Christ a péché ; La nature humaine dans le Christ est le vrai Christ, la personne du Christ ; Ce ne sont pas tous les fidèles justifiés, mais seulement les élus qui sont membres du Christ et membres de l'Eglise* ; propositions dont une au sens hussite et qui furent déférées au Concile de Bâle. (Mgr Héfélé, *Hist. des Concil.*, traduct. franç., tom. XI, Paris, 1876, p. 318-319). Si le Concile, dans sa XXIIe session, condamna les propositions comme erronées, ce fut « sans en flétrir l'auteur qui avoit promis de se soumettre. » (*L'Art de vérifier les dates...*, *Chron. des Conc.*, Paris, 1770).

(2) Citat. emprunt. aussi à M. P. Paris, *Loc. cit.* Voir, relativement aux bibliographes visés, les auteurs précités.

conception de la glorieuse Vierge Marie et aussi les *Sermons* et *Instructions* du prélat. Les *Sermons* et *Instructions* étaient « gardez dans la bibliothèque du sieur Virey »; et les traités dans celle « de Monseigneur de Nuchèzes, évesque de Chalon (1). » C'étaient de simples manuscrits. Dans quelle langue ces divers ouvrages avaient-ils été composés? Les bibliographes en écrivent d'ordinaire les titres en latin. Assurément, ceux qui ont été rédigés pour l'école et pour le Concile de Bâle l'ont été dans la langue des érudits.

C'est dans cette même langue qu'a été écrit le livre pour *Monsieur le comte de Charolais*, lequel a été tardivement imprimé sous le titre de *Tractatus historicus de virtutibus Philippi Boni, Burgundiæ ducis*, dans la Bibliothèque historique de Burchard Struve (2).

Nous avons donc dans ce livre l'exposé des vertus du duc régnant, Philippe-le-Bon, noble exemplaire pour l'héritier de la couronne ducale, le futur Charles-le-Téméraire. Nous y voyons, avec la puissance du héros, sa religion, sa justice, sa tempérance, sa force, ses actions remarquables en temps de guerre, sa conduite, digne de louange, en temps de paix.

Une *Mappemonde espirituelle* est aussi un titre original, mais qui ne manque pas de justesse. « En considération, dit « l'auteur, que plusieurs se sont occupés a pourtraire diver- « ses mappemondes temporelles, et en icelles ont consigné « les provinces, pays, aucunes cités, villes, chasteaux, mers, « rivières, isles, lacs, gouffres, bois, forests, déserts, monta- « gnes, rochers, vallées, diverses formes d'hommes et figu- « res de bestes, serpens, oiseaux, poissons et monstres, afin « de congnoistre le merveilleux du monde; désirant a nostre « pouvoir que, sous la morson et pène du désir naturel qu'ont « les hommes de sçavoir l'estat d'estranges contrées, leur « puissions bailler aucune bonne doctrine servant au bien de « nostre sainte foy chrestienne et confusion des ennemis d'i- « celle, avons, l'an de N.-S. J.-C. 1440, fait ceste présente « mappemonde et icelle a la différence des aultres appelée « espirituelle. » C'est une sorte de martyrologe, comme on peut s'en rendre compte par cet exemple : « Ostun; ly fut

(1) Perry, *Op. cit.*, p. 286-287, où il parle des ouvrages de notre prélat.

(2) *Biblioth. historica*, avec les additions de Buder et de Meusel, tom. IX, Leipsick, 1797, in-8.

« converty S. Symphorien, du lignage des sénateurs, et « baptisé par S. Bénigne et Tyrse, disciples de S. Pollycarpe, évesque de Smirne en Orient. Cy saint Andoche, « Tyrse et Symphorien, soubz Aurélien empereur, M. cy « évesque S. Ligier, natif de Poitiers... » L'œuvre est aussi dédiée à Philippe-le-Bon. Ces citations sont prises dans le mémoire précité de M. l'abbé Bugniot qui les a transcrites d'un manuscrit (1). Nos réflexions au sujet du *Débat du Chrétien et du Sarrasin* et des *Deux Pans de la tapisserie* ont-elles ici leur application ? Le P. Claude Perry a écrit dans son *Histoire civile et ecclésiastique ancienne et moderne de la ville et cité de Chalon-sur-Saône* : « Une mappemonde « a esté imprimée en beaucoup de lieux sous le nom de *Primus episcopus Cabilonensis*, notamment à Paris par Jean « Kerver ; on doit croire qu'il (l'auteur) n'avoit mis qu'un I, « qui est la première lettre de son nom », sur l'original (2). Les bibliographes font généralement écho à cet historien. Mais, cette *Mappa mundi* ou *Mappemonde spirituelle*, nous n'avons pu la découvrir à Paris. Disons mieux. Nous avons eu entre les mains, à la Bibliothèque nationale, une *Topographia sanctorum Christi martyrum*, imprimée à Paris en 1573, « apud Jacobum Kerver », à la suite d'un *Martyrologium* et aussi sous le nom de *Primus Cabilonensis episcopus*. Or, 1573 est précisément la date assignée à l'édition parisienne de la *Mappa mundi*. De plus nous avons trouvé, à l'article *Cabulium* de la *Topographia*, ces lignes au sujet de Jean Germain : « Hic fuit primus episcopus et theologus qui « hanc Topographiam scripsit anno salutis 1450, quam Map- « pam mundi spiritualem vocavit. » La *Topographia* est donc substantiellement et dans un ordre différent le même ouvrage que la *Mappa mundi* ou la *Mappemonde spirituelle*. Nous disons : partiellement. En effet, d'après M. l'abbé Bugniot, la *Mappemonde spirituelle* peut se résumer ainsi : la description successive de l'Asie, de l'Afrique, de l'Europe ; et le livre se termine par celle de l'Angleterre, de l'Ecosse et de l'Irlande (3). La *Topographia* n'est qu'un dictionnaire

(1) Dans *Mémoir. de la Sociét. d'hist. et d'arch. de Chalon-sur-Saône*, vol. cit., p. 396-397, d'après ms. de la biblioth. du palais S. Pierre de Lyon. (*Ibid.*, p. 398, note.)

(2) *Loc. cit.*

(3) *Ibid.*, p. 397.

par ordre alphabétique des principales localités du monde. L'on y voit ensuite — mais ce sont évidemment des additions étrangères au travail de Jean Germain — des pages sur les *Prophéties*, les *Sibylles*, le *Christ Sauveur*, la *Vierge Marie*, les *Apôtres*, leurs *disciples*, sur quelques *saintes femmes*, sur certains *lieux* possédant des *reliques*. L'œuvre originale nous paraît avoir été écrite en français et la *Topographia* n'en serait qu'un résumé en latin (1).

Rappelons, en terminant, d'après les auteurs cités, un autre traité de Jean Germain : *le Trésor des pauvres*.

GUILLAUME FICHET

(1433 — au plus tôt 1474)

Nous le savons, une des gloires de ce Sorbonniste, théologien et rhéteur à la fois, a été l'introduction, à Paris, du nouvel art de l'imprimerie, gloire qu'il partagea avec un de ses collègues, Jean de la Pierre.

Nous avons écrit qu'il appartenait à la Savoie par sa naissance et nous avions parfaitement raison. Sa lettre aux princes de Savoie ne permet aucun doute à ce sujet : il s'y dit *patria Sabaudus* (2). Il est même avéré aujourd'hui qu'il vit le jour au Petit-Bornand, en septembre 1433 (3). C'est donc à tort que certains historiens lui donnent pour pays natal Aunay près Paris (4).

Bachelier de Sorbonne, il appuya, en 1464, les réclamations de la nation de France contre les prétentions de la nation de

(1) Le P. Perry, parlant d'un exemplaire de la *Mappemonde*, nous dit, *Loc. cit.* : « Ce bon évesque y est peint la mitre en teste et couvert d'une « chappe ; il le présente à genoux au bon duc Philippes assis et habillé « d'une robe d'escarlate, avec le collier de l'ordre de la toison. »

(2) Lettre imprimée dans le recueil des lettres de G. Fichet et dans la Patrologie grecque, tom. CLXI, col. 641 et suiv. : « Illustrissimis prin- « cipibus Sabaudiæ, duci ejusque fratribus, Guillermus Fichetus, Pari- « siensis theologus doctor, patria vero Sabaudus, salutem plurimam « plurimo cum honore... »

(3) Grillet, *Dict. hist., litt. et stat. des départ. du Mont-Blanc et du Léman*, Chambéry, 1807, in-8, tom. I, p, 398 ; *Revue savois.*, 24e année, p. 2.

(4) Moréri, *Dictionn...*, art. *Fichet* (*Guillaume*) ; *Nouv. Biograph. génér.*, art. *Fichet* (*Guillaume*).

Normandie : celle-ci travaillait à exclure celle-là des bourses du collège de Robert Sorbon et même entendait être seule à en profiter. Nous le voyons procureur de la nation de France en 1466 et recteur en 1467.

Sous son rectorat, Louis XI, pour tenir tête à ses ennemis, avait décidé d'enrôler, sous des étendards propres à chaque corps de bourgeois, tous les Parisiens capables de porter les armes. Il entendait par là les hommes valides depuis seize ans jusqu'à soixante, sans exception des membres de l'Université. Guillaume Fichet osa faire opposition. Il plaida la cause de l'*Alma Mater*, en s'appuyant sur les privilèges universitaires qui exemptaient du service militaire et sur les lois ecclésiastiques qui le défendaient. De plus, cette mesure porterait un coup terrible à cette noble Université qui, comptant déjà par le malheur des temps assez peu de sujets, finirait par être délaissée. La cause fut gagnée; car, dans la revue, en septembre de la même année, de la nouvelle milice parisienne formant un effectif de 80.000 hommes, on ne voit pas apparaître l'étendard de l'Université. Sans doute, le roi reviendra à la charge. Mais la parole de Guillaume de Chamfort, grand-maître du collège de Navarre, assurera définitivement le triomphe.

Paul II poursuivait l'abolition de la Pragmatique-Sanction de Bourges. Louis XI, pour gagner les bonnes grâces du pape, le soutenait ou paraissait disposé à le soutenir. L'Université tenait au maintien de la Pragmatique-Sanction. Appel fut formé par elle au futur concile. Ceci s'accomplissait encore sous le rectorat de Guillaume Fichet.

Pendant près de vingt années, ce dernier donna en Sorbonne des leçons de philosophie et de théologie le matin et de rhétorique l'après-midi. Sous le rapport littéraire, il est le premier qui ait fait, à Paris, un cours méthodique de l'art de bien dire.

Ce double professorat fut interrompu par un voyage à Rome dont on ne saurait dire positivement le motif. Du Boulay croit que ce fut une conséquence de l'opposition du recteur au projet d'enrôlement de Louis XI (1).

(1) *Hist. Univers. Paris.*, tom. V, p. 878 : « Coactus enim fuerat ex « urbe Parisiensi discedere, quia Ludovico XI Academiæ armari scholas- « ticos imperanti repugnaverat. »

Ms. 1022 de l'Arsenal, par. III, p. 265 : « ... cum, regnante in Gallia

Si Guillaume Fichet brilla dans notre capitale, il s'acquit du crédit dans la Ville éternelle; car il devint camérier de Sixte IV et grand-pénitentier.

On ne trouve plus mention de lui, depuis l'année 1474 (1).

A Paris, il eut l'honneur de compter Robert Gaguin parmi ses élèves en rhétorique. A Rome, il se lia avec le célèbre Bessarion qui, en réclamant un concours, lui fit ou lui avait fait hommage de ses *Orationes contra Turcas* (2). Il fut aussi en relation avec Jean Choard, chancelier de Calabre et ami des lettres (3).

Nous avons parlé d'un recueil de lettres de Guillaume Fichet. Ces *Epistolæ* ont été imprimées par Ulric Géring, à Paris, en 1471 ou 1472, dans le format petit in-4°. Un exemplaire de notre Bibliothèque nationale porte, à la fin, dans une note manuscrite, cette dernière année.

Des mêmes presses sont également sortis, et dans le même format, les *Rhetoricorum libri tres* de notre docteur. Une lettre à l'archevêque de Lyon qui se lit au commencement marque que ce fut en 1471 : « Scriptum impressumque anno uno et septuagesimo quadringentesimo millesimo. » Dans le premier livre l'auteur traite de l'invention *in genere* en définissant différents termes, dans le second de l'invention *in specie* et de la disposition, dans le troisième de l'élocution, de la mémoire et de la prononciation.

« rege Ludovico undecimo, exortæ essent in Academia Parisiensi con« tentiones maximæ nactusque Fichetus potentes adversarios, Lutetia « relicta, Romam vocatus abiisset... »

(1) Sourc. génér. : Chevillier, *Hist. de l'imprimer. de Paris*, Paris, 1694, pp. 27 et suiv.; *Hist. Univers. Paris.*, tom. V, pp. 665, 682 et suiv., 878-879; *Hist. de la vil. de Paris*, tom. II, p. 858-859; Ms. 1022 de l'Ars., par. III, pp. 255 et suiv.; Grillet, *Op. cit.*, pp. 398 et suiv.; *Revue savois.*, 24e année, pp. 2, 13, 21. 69, 57, 65.

(2) Publiées dans Patrol. grecq., tom. CLXI, col. 647 et suiv. La lettre adressée par Bessarion à Fichet est datée de Rome, 3 décembre 1470, et on la trouve, *Ibid.*, col. 641 et suiv. C'est à ce sujet que Fichet écrivit aux princes de Savoie.

(3) *Cabinet des manus. de la Bibl. nat.*, tom. II, p. 151. Là M. L. Delisle a placé quatre vers qu'il avait découverts au commencement du manuscrit 16233 et qui marquent leur amitié ainsi que leurs goûts bibliographiques.

L'on cite aussi au nombre des amis de Fichet un *Carolus Saccus*, docteur en théologie, lequel avait été recteur de l'Université et jouissait d'un assez grand renom.

Guillaume Fichet écrivit une sorte d'élégie en prose sur la mort d'un homme d'intelligence et de bien : *In Consolationem Parisiensis luctus.* Il se proposait d'en écrire une seconde : *In consolationem Parisiensis mortis.* La première a été imprimée à Paris, en 1521, sous ce titre général : *Consolatio luctus et mortis Parrhisiensis.* Mais, après une *Funebris Præfatio in consolationem luctus et mortis*, nous rencontrons seulement : *In Consolationem Parisiensis luctus liber primus.* Nous ne saurions dire ce qu'est devenue la seconde élégie : ce dernier titre indique que réellement elle a été composée et que l'éditeur avait dessein de la livrer aux presses.

Les bibliographes, comme Haïn, Graesse, Brunet, mentionnent un *Guillermi Ficheti Parisiensis carmen inscriptum Philippo Levino, Arelatensi archiepiscopo, tituli S. S. Petri et Marcellini presbytero cardinali, præmissa epistola e carmine Joannis Philippi Siculi ad Guillermum de Estoutavilla cardinalem Hostiensem qui vulgo Rhotomagensis nominatur.* Cet opuscule, sans lieu ni date, aurait été imprimé à Rome entre 1473 et 1476 (1).

JEAN DE LA PIERRE

(Vers 1430 — 1496)

On ne saurait séparer Jean de la Pierre de Guillaume Fichet, puisque, sur un point important, leur gloire se confond.

Allemand, c'était peut-être un enfant de Bâle. Dans sa langue maternelle, il se nommait Heynlin, de Stein. Il étudia à Leipsick. Paris l'attira. Il conquit dans cette dernière ville le grade de docteur ès arts, puis celui de docteur en théologie. Il fut prieur de Sorbonne. Ami des lettres, il professa la grammaire dans ce collège où il compta parmi ses disciples le célèbre Reuchlin. Il fit imprimer par Ulric Géring, entre autres ouvrages de Laurent Valla, les *Elégances de la langue*

(1) En 1471, mourait Jean d'Ecchonte qui, après avoir professé la théologie, devint trésorier de Saint-Pierre de Lille. Il écrivit contre Bonnet et François Mayron, prétendant, nous l'avons vu, que saint Jean était devenu le fils naturel de Marie par la transsubstantiation de son corps au corps de Jésus-Christ. (Même ms. de l'Arsenal, *loc. cit.*, p. 254-255.)

latine (1), œuvre dans laquelle il eut pour collaborateur Paul Senilis, secrétaire de Louis XI (2).

De l'Université de Paris, il passa à celle de Bâle où il enseigna avec non moins de distinction qu'à Paris. A Bâle, la matière de son enseignement fut la philosophie d'Aristote. Appelé à Tubingue, il eut part à la fondation de l'*Alma Mater* de cette ville. De retour à Bâle, il y occupa un siège de chanoine dans la cathédrale.

Nous trouvons le nom de Jean de la Pierre dans le décret de Louis XI contre les nominaux, preuve de sa doctrine réaliste.

A l'amour de l'étude Jean de la Pierre joignait l'amour des exercices religieux. Bientôt, l'amour de la retraite le conduisit, à quelques pas de là, dans un monastère cartusien où il prit l'habit de l'ordre. Tout religieux qu'il était, il savait donner un précieux concours à Jean Amerbach pour son édition des Œuvres de saint Ambroise et celle des Épîtres de saint Augustin.

L'année 1496 marqua la fin de cette laborieuse existence (3).

Ce fut un assez fécond écrivain. Trithème nous a donné la liste des ouvrages de notre docteur (4).

Les ***Resolutiones dubiorum circa Missam occurrentium*** de

(1) Paris, 1471, petit in-fol.
Voici, d'après Chevillier, *L'Origine de l'imprimerie de Paris*, Paris, 1694, p. 37, les deux autres ouvrages qui sortirent des mêmes presses et grâce à la même influence :
Ejusdem Tractatus de reciprocatione sui et suus ;
Ejusdem Liber in Errores Antonii Rudensis ou *Raudensis.*

(2) Paul Senilis était un lettré. Mais il s'estimait au-dessous de l'important travail, comme il le déclarait dans une lettre à Jean de la Pierre. « C'est un soin, disait-il, qui demande du savoir et du loisir; et vous sa- « vez mieux que personne combien l'un et l'autre me manquent. Les « cours des rois sont plus propres à rendre ignorans ceux qui savoient « quelque chose, qu'à orner l'esprit de ceux qui ne savoient rien ; et les « temps orageux où nous vivons exigent moins l'usage du papier et de « la plume, que celui du cheval et de l'épée. » (Cit. dans *Hist. de l'Univ. de Paris*. tom. IV, p. 333, avec le texte latin en note.) Le texte latin se lit aussi dans Chevillier, *Op. cit.*, p. 32, note.

(3) Sourc. génér. : Chevillier, *Op. cit.*, pp. 32 et suiv. ; *Hist. Univers. Paris.*, tom. V, p. 889-890; Petreius, *Bibliothec. cartut.*, Cologne, 1609, p. 207 ; Morozzo, en latin Morotius, *Theat. chronol. sac. cartusiens. ordin.*, Turin, 1681, in-fol. p. 111 ; *Hist. de l'Univers. de Paris*, tom. IV, p. 332-334 ; mss. 1022 de l'Arsenal, par. III, pp. 265 et suiv. ; Budinszki, *Die Univers. Paris*, Berlin, 1876, p. 144 ; Vischer, *Geschichte der Univers. Basel*, Bâle, 1860, in-8, pp. 145, 157, 165.

(4) *Catalogus scriptor. ecclesiast.*, Cologne, 1531, fol. CLXIII.

Jean de la Pierre ont eu de nombreuses éditions à Paris, à Constance, à Bâle, à Deventer, à Cologne, à Strasbourg, à Leipsick, à Anvers, à Venise, à Padoue. L'ouvrage a paru quelquefois avec ce titre : *Decisiones aureæ casuum circa Missarum celebrationem occurentium.* Un discours ou traité aurait pris place parmi les sermons de saint Ephrem, traduits et édités en latin. Chevillier, qui nous fournit ces renseignements, ajoute : « Les ouvrages philosophiques de l'écrivain furent imprimés à Bâle par son disciple, Jean d'Amerbach. » Ces ouvrages avaient pour objets : des Commentaires sur la *Logique*, la *Physique* et la *Métaphysique* du Stagirite (1).

Jean laissa d'autres œuvres demeurées inédites.

Le théologien laissa : *Du Devoir des prêtres (De his quæ ad dignum sacerdotem exiguntur); Abrégé de la Passion du Christ; Sermons au clergé et au peuple.* Le philosophe : *Introduction à la grammaire; Dialogue sur l'art de ponctuer;* des *Propositions démontrables* ou *à exposer (De Propositionibus exponibilibus);* de *l'Art de résoudre les arguments sophistiques.* L'un et l'autre : divers *Discours* et diverses *Epitres.* Nous dirons encore avec Trithème : « Complura quoque alia quorum hic non fit mentio. »

Auteur non à dédaigner, Jean était un savant et soigneux éditeur. Nous l'avons constaté déjà dans le concours qu'il donna à Amerbach. Il travailla aussi à préparer d'autres éditions d'auteurs, en revisant les manuscrits, en divisant les traités en chapitres, et en plaçant en tête des uns et des autres des sommaires explicatifs. Ainsi en fut-il pour les livres de Cicéron : *Des Devoirs, De l'Amitié, De la Vieillesse, Du Songe de Scipion;* pour les ouvrages du diacre Ephrem; pour le traité *De la Componction du cœur*, de saint Jean Chrysostôme, et celui *De la Contrition du cœur*, de saint Augustin (2).

(1) *Op. cit.*, p. 54.

En tête d'un *Traité de logique* de Jean, Sébastien Brandt avait placé un éloge. Nous reproduisons les vers suivants :

. . . .
Sed tibi plus placuit Christi schola, dogma salutis
　Sectatus ; linquis dogmata vana scholæ;
Sprevisti et pompas quas sæpe theologus alter
　Quærit . . . .
Quas tibi præbendas plures fortuna secunda
　Obtulit, has temnis. . . . .

(*Ibid.*)

(2) Trithème, *Loc. cit.;* Petreius, *Loc. cit.*, d'après le premier historien.

JEAN QUENTIN

(- au plus tôt 1499.)

Nous avons dans ce Sorbonniste un écrivain qui exprima ses pensées dans notre langue nationale en même temps que dans la langue classique.

Procureur de la maison de Sorbonne dans les années 1467-1468, docteur de la Faculté de théologie en 1472, Jean Quentin devint chanoine et pénitentier de Paris. Il posséda aussi un canonicat à Noyon et un autre à Senlis.

Deux fois, il aspira à s'asseoir sur le siège épiscopal de cette dernière ville, d'abord en 1496 ou 1497, puis en 1499; et, à l'une comme à l'autre date, ses vœux ne furent point accueillis.

Nous ne connaissons pas l'année de sa mort. Nous savons qu'il légua son cœur aux Minimes de Nigeon, près Paris, c'est-à-dire à Chaillot (1).

Jean Quentin donna au public, dans notre langue, ces trois opuscules auxquels les presses s'empressèrent de donner, avec l'art nouveau, une nouvelle existence : *Lorologe de dévocion* (2); l'*Examen de conscience pour soy cognoistre a bien confesser* (3); la *Manière de bien vivre devotement pour*

(1) Ce cœur fut placé dans la chapelle Sainte-Anne, appelée aussi chapelle de Toutes-Grâces. Cette épitaphe était gravée sur pierre, avec les armoiries du docteur :

Cy-gist au bas de ce pilier
Le cœur du bon pénitentier,
Maistre Jehan Quentin sans errer,
Qui de ce couvent bienfacteur
Fut et de l'ordre amateur,
Et pour ce y a donné son cœur.
Vous qui lirez cet épitaphe
Vers Dieu veillez intercéder,
Que a son ame mercy face
Et a tous autres trespassez.

Sourc. génér. : *Gal. christ.*, tom. X, col. 1437; La Croix du Maine, *Biblioth. franç...*, Paris, 1772, art. *Jean Cantin* et *Jean Quentin*; mss. 1022 de l'Arsenal, par. III, pp. 270 et suiv.; du Breul, *Le Théâtre...*, Paris, 1639, p. 962.

(2) Vers 1500.

(3) Egalement vers 1500.

chacun jour. Ces deux derniers opuscules ont pris place à la fin d'une édition, en 1507, des *Heures à l'usage de Paris* (1). Nous ferons trois citations de *Lorologe de dévocion*.

Dans le *Prologue*, l'auteur définit la dévotion une vertu « par laquelle volontairement et promptement nous nous « adonnons à servir Dieu, comme les payens appelloient ceulx « devotz qui promptement se sacrifioient aux ydolles pour le « salut du peuple ». Il continue en ces termes choisis : « Et pour parvenir à ceste fleur et fleurissante vertu de dévo- « cion, il est bon de sçavoir que en deux manières de jardins « on peut cueillir saincte dévocion. C'est asçavoir an jardin « de l'église militante en ce monde et de l'église triomphante « et céleste ou ciel. Comme les mouches à miel, affin qu'elles « puissent avoir miel, quierent en ung lieu et aultre arbres « et herbes odoriférantes, en tirant de leurs fleurs tout le « miel qu'elles ont; semblablement la personne, désirant et « affectant le miel ou doulceur de dévocion, doit icy bas au « jardin de saincte église militante, en considérant la perfec- « tion des aucunes creatures, voller par considération des « vertus de une saincte personne a une aultre et de une aultre « a l'aultre, en pensant et repensant cordialement combien « les saincts patriarches, prophestes, apostres, martyrs, con- « fesseurs, vierges et aultres saincts et sainctes, ont en ce « monde prins peine pour acquerir vertus et dévocions et « plaire à Dieu, et mettre peine à les ensuivre; et, si plaine- « ment nous ne pouvons recueillir leurs œuvres vertueuses « et les parfaitement ensuivre, au moins suivons les de loing « en recueillant ce que nous pouvons, comme la bonne Ruth « suivoit de loing les messoiers de Booz et apres eux cueilloit « les espeis de blé; car, comme dit monseigneur sainct Ber- « nard, Nostre Seigneur ne donne pas à ung chacun sem- « blable grace de parvenir a dévocion. » Voici deux lignes de la fin : « Icy finit lorologe de dévocion prouffitable pour exciter lame endormie par paresse. »

Ces derniers mots nous portent à croire que *l'Horloge de dévotion* serait l'ouvrage que notre manuscrit de l'Arsenal désigne sous le titre : *Traicté pour enflammer les âmes en amour divin*.

(1) M. Brunet, *Manuel*..., art. *Quentin*.

Le même manuscrit nous apprend que des *Sermones dominicales* du docteur ont été imprimés à Paris. Mais il ne nous indique pas la date. N'aurait-il pas confondu Jean Quentin avec Jean Quintin qui vivait au XVIe siècle, et sous le nom duquel des *Sermones de dominicis* de Nicolas d'Hacville ont été publiés en 1611 et 1630 (1)? Vingt-six autres Sermons, prêchés en français, tant à Saint-Séverin qu'ailleurs, étaient, au XVIIIe siècle, en la possession de Georges du Tronchay. C'était la copie faite, en 1480, par Jean Panier, seigneur de Bougival (2).

Un manuscrit du XVe, à la Bibliothèque Mazarine, renferme, sous le nom de Jean Quentin : des *Déterminations abrégées du livre des Sentences;* des *Articles où il est montré que Thomas d'Aquin s'exprime dans la Somme autrement que dans l'ouvrage des Sentences;* d'autres *Articles où il est établi que les Frères-Mineurs sont en contradiction avec saint Thomas* (3).

Nous nommerons en dernier lieu,

DAVID CHAMBELLAND

(— vers la fin du siècle)

Son doctorat date de l'année 1486. Il fut chanoine et doyen de Notre-Dame de Paris.

Il est auteur de *Méditations sur la saincte croix de Jésus-Christ et sur ses blessures, sur les Psaumes*, MISERERE MEI, DEUS, et DOMINE, EXAUDI ORATIONEM, et d'un *Office des sainctes playes de Notre-Seigneur*, ouvrages édités à Paris, « apud Claudium Garmontium anno Domini 1545. »

Il ne faut pas le confondre avec François Chambelland des mêmes familles naturelle et sorbonnienne, lequel mourut religieux de Cluny (4).

(1) Voir M. Hauréau, *Not. et Extr. de quelq. manusc. de la Bibl. nat.*, tom. VI, p. 74.

(2) Mss. cit. de l'Arsenal; La Croix du Maine, *Loc. cit.*

(3) Mss., 990.

(4) Même ms. de l'Arsenal, p. 282-283.

Une simple mention pour ces deux docteurs contemporains : *Corneille Oudendick* et *Jean du Mont*.

Le premier, allemand d'origine, était encore vivant en 1488. Nominaliste convaincu, il écrivit, entre autres ouvrages, des sortes de commentaires sur les *Quodlibeta* d'Ockam avec ce titre : *Quodlibeta Venerabilis inceptoris Guillelmi Ockam de ordine Fratrum Minorum emendata diligenter*.

Le second devint chanoine de Mâcon. Il composa un *Carmen in laudem Roberti de Sorbona*, poème dont Robert Gaguin parle dans sa lettre XXXIVe qui est adressée à Jean lui-même (1).

(1) Même ms. de l'Arsenal, p. 277-279.
L'on trouvera dans ce même manuscrit quelques notices sur d'autres Sorbonnistes moins renommés.

LIVRE II

NAVARRISTES

CHAPITRE I

JEAN DE COURTECUISSE (1)

(— 1423)

Ce docteur s'appelle en latin *Joannes de Brevicoxa, de Curtacoxa, de Cortohosa*, en vieux français *Jean de Courteheuse* (2), en français moderne *Jean de Courtecuisse*.

Fut-il normand ou manceau? Monstrelet l'a dit « natif de Normandie » (3). Jacques Meyer, Bzovius l'ont répété (4). Le *Gallia christiana*, *l'Historia Universitatis Parisiensis* l'ont enregistré à leur tour (5). Mais Launoy affirme qu'il est né dans le Maine : « in agro Cenomannorum », et qu'il faut désigner

(1) Nous n'avons pas à parler d'un Navarriste qui enseigna avec grand succès les lettres dans le collège de 1395 à 1406, que Launoy nomme *Petrus Parochia* ou *Parochianus* (*Reg. Navar. gymn. Par. Hist.*, tom. II, p. 462), et qu'on doit plutôt nommer *Pierre du Parroy*,. En effet, on trouve, dans le ms. 145 de la Bibliothèque de l'Arsenal, fol. 102 vers., la signature : *Pierre du Parroy*, laquelle paraît autographe. D'où cette juste réflexion de M. Martin : « *Pierre du Parroy* serait le nom dont « *Petrus de Parochia* est la traduction. Ce serait donc à tort qu'on aurait « jusqu'à présent traduit ce nom par *Pierre de la Puroisse.* » (*Catal. des man. de la Bibl. de l'Ars.*, tom. I, p. 76.)

(2) Monstrelet, *Chronique* publiée par la Société de l'histoire de France, tom. I, p. 255.

(3) *Ibid.*

M. Hauréau rappelle ces autres vieux noms francisés : *Jean de Courbecuisse, Jean de Curtacoessy, Jean de Brièvecuisse* (*Hist. littér. du Maine*, tom. III, Paris, 1871, p. 148.

(4) J. Meyer, *Annal. rer. Flandicar.*, lib. XV, an. 1408, *in initio* : « ... per Joanem theologum, cognomento Cortohosam, natione Normanuum... »

Bzovius, *Annal. ecclesiast.*, an. 1408, *in initio*, lequel transcrit les paroles de J. Meyer.

(5) *Gal. christ.*, tom. VII, col. 144; *Hist. Univers. Paris.*, tom. V, pp. 152, 887.

pour lieu natal le bourg d'Alleine ou Haileine (*Halena*) (1).

Dans son *Histoire littéraire du Maine*, M. Hauréau a essayé de concilier les deux opinions en ces termes : « ... le bourg « d'Allaines appartenait, en effet, au diocèse du Mans; mais il « était compris, pour le temporel, dans le Passais, et le Pas- « sais faisait partie de la province de Normandie. Aussi, « l'on peut soutenir avec autant de raison que Jean de Courte- « cuisse était Normand ou Manceau : il était l'un et l'autre » (2). En effet, nous lisons dans le *Dictionnaire* d'Expilly : « Hal- « leines, en Normandie, diocèse du Mans, parlement de « Rouen, intendance d'Alençon, élection de Domfront. » Ces derniers mots expliquent peut-être pourquoi certains auteurs ont désigné cette dernière ville comme pays d'origine. Ainsi ont écrit M. Caillebotte dans son *Essai sur l'histoire et les antiquités de la ville et arrondissement de Domfront* (3), M. Le Breton dans sa *Biographie normande* (4), M. Frère dans son *Manuel du bibliographe normand* (5).

Ce fut vers 1367 que Jean de Courtecuisse entra au collège de Navarre où il étudia la grammaire, la philosophie et la théologie. Candidat au plus haut grade dans la science sacrée, il composa, en qualité et pour son cours de *biblicus*, un traité que Launoy estime excellent (*eximius*) (6) et qu'Ellies du Pin a inséré dans l'édition, donnée par lui, des œuvres de Gerson (7).

(1) *Reg. Navar. gymn. Par. Hist.*, tom. II p. 462 : « Pagus erat nomine « Halena vel certe alter huic conterminus, ut ipsemet significat in actu « Vesperiarum Radulphi Portæ, quem Halenæ natum gentilem ac popu- « larem appellat » ; et Launoy conclut en ces termes : « Itaque Jacobus « Meyerus, lib. XV Rerum Flandicarum et, ex ejus commentariis, sapiens « ad annum MCCCCVIII Bzovius falluntur, dum illum et cognomento Cor- « tohosam et natione Normannum scribunt. »

(2) Paris, tom. III, Paris, 1871. p. 149.

Haleine se trouve aujourd'hui dans le canton de Juvigny-sous-Andaine, département de l'Orne.

Passais, également chef-lieu de canton du même département, est indiqué par les *Dictionnaires* de Girault de Saint-Fargeau et de Bescherelle comme ayant été enclavé dans l'ancienne province du Maine.

(3) 2e édit., Caen, 1816, p. 63.

(4) Art. *Courte-Cuisse*.

(5) Art. *Courte-Cuisse*.

(6) *Loc. cit.*, p. 463.

(7) *Opera omnia*, Anvers, 1706, 5 vol. in-fol., tom. I, col. 805-903 : *Tractatus de fide et Ecclesia, Romano pontifice et concilio generali*. A la suite nous trouvons ces mots : « Ista est quæstio quam tractavit Johannes Breviscoxæ super duos cursus quos legit de Biblia.... »

Trois parties constituent, sans correspondre exactement au titre, ce *Traité de la foi et de l'Eglise, du pontife romain et du concile général*. La première a pour objet la foi ; la seconde regarde spécialement la perpétuité de l'Église avec sa hiérarchie et sa juridiction ; la troisième envisage l'infaillibilité. Cette dernière partie, eu égard à la doctrine de l'auteur, doit fixer un instant notre attention.

L'Eglise romaine peut-elle errer dans la foi? Il s'agit du pape uni au collèges des cardinaux. Après avoir exposé les deux sentiments qui partagent l'école, Courtecuisse se prononce en faveur de l'affirmative : à ses yeux, cette opinion a plus de probabilité et même l'opinion contraire est à peine soutenable (1). Voilà bien la doctrine qu'on baptisera plus tard du nom de gallicane.

L'*Église universelle* est-elle exposée au même danger ? L'école est unanime à répondre : non ; et notre *biblicus* s'en fait l'écho fidèle (2).

Mais le Concile général, assemblée qui représente le monde catholique (3) et qui doit être convoquée par le pape ou, dans le cas où celui-ci serait *notoirement hérétique*, par les prélats ou bien, à leur défaut, par les rois et les princes (4) — ces dernières assertions sont plus ou moins gratuites ou téméraires —, le Concile général jouit-il, comme l'Église universelle, de la prérogative de l'infaillibilité en ce qui touche la foi et les mœurs ? Oui, disent *quelques-uns* (5), non, disent *quelques-autres* (6).

(1) *Opera...*, *ibid.*, col. 888 : « Et ista opinio apparet mihi probabilior alia ; immo vix scirem sustinere aliam opinionem isti contrariam. »

(2) *Ibid.*, col. 893 : « Ad quod ab omnibus scholasticis unanimiter respondetur quod non. »

(3) *Ibid.*, col. 895 : « ... congregationem illam, in qua diversæ personæ « gerentes authoritatem et vicem diversarum partium et provinciarum « totius christianitatis ad tractandum de communi bono rite conveniunt. »

(4) *Ibid.*, : « Debet autem hujusmodi Concilium authoritate summi pontificis congregari, nisi in casu in quo papa esset notorius hæreticus, « in quo casu convocatio Concilii generalis pertinet ad prælatos in divina lege peritos principaliter. Etiam pertineret ad reges et principes. »

(5) *Ibid.*, col. 896 : Dicunt vero quidam alii quod Concilium generale, « de potestate Dei ordinata, non potest errare, aliquid contra legem ca- « tholicam definiendo, aut quomodolibet determinando, aut etiam ali- « quid contra bonos mores statuendo... »

(6) *Ibid.* : Dicunt enim quidam quod Concilium generale potest in aliquid, definiendo aut determinando, contra fidem errare. »

Quant à l'auteur, il lui semble que la thèse pourrait présenter un double aspect, selon que les décrets auraient été portés à l'unanimité ou à la majorité des membres présents, encore qu'il soit difficile de fixer le nombre requis pour constituer une majorité suffisante (1). Peut-être dans ce second cas, serait-on en droit de conclure à la possibilité de l'erreur (2). En tout état de choses, Courtecuisse estime difficile, eu égard surtout à l'absence de témoignages explicites de l'Ecriture, de formuler une conclusion générale (3) et il se propose uniquement ce but : peser les raisons de part et d'autre, afin de mettre à même de s'arrêter à ce qui paraîtra plus probable et plus sûr (4).

Dans ces quelques lignes, l'on aura certainement remarqué l'extrême réserve du *biblicus* touchant l'autorité des Conciles œcuméniques. Faut-il la faire retomber uniquement sur la timidité qui, s'appelant aujourd'hui témérité, ferait sortir des limites de l'orthodoxie ? Nous ne le pensons pas : à cette époque, ces importantes doctrines ne nous paraissent pas avoir été abordées encore franchement et sous toutes leurs faces. Toutefois, un esprit de la trempe de Courtecuisse aurait dû saisir la contradiction qu'il y a entre professer l'infaillibilité de l'Église dispersée et n'oser admettre celle du Concile général qui représente l'épouse de Jésus-Christ.

Nous avons qualifié de gratuite ou téméraire l'opinion du *biblicus* en ce qui concerne la convocation d'un Concile général par les rois et par les princes. L'auteur s'avance encore sur ce terrain périlleux, car il ne fait pas de difficulté, en cas

(1) *Opera...*, *ibid.*, col. 898 : « ... non tamen assero quod quæcumque « major pars sufficiat aliquid definire : quæ pars autem sufficiat et quæ « non, pro nunc remitto canonistis. »

(2) *Ibid.*, : « Juxta prædictam distinctionem, posset aliquis dicere quod « possibile est Concilium generale errare, ubi tamen non omnes consen- « tirent determinationi factæ per dictum Concilium vel statuto dicti Con- « cilii. »

(3) *Ibid.*, : « Non recordor me legisse in tota Scriptura sacra nec alio « audivisse locum sacræ scripturæ, ex quo possit apparenter concludi « quod Concilium generale non possit errare. »

(4) *Ibid.*, : « Quare difficile mihi videtur ostendere qualiter potest con- « cludi, et in quo possit fundari quod Concilium generale non possit errare ; « non tamen assero quod possit errare ; sed rationes utriusque partis sol- « vere intendo, ut quilibet, prout jam tetigi, viam quæ sibi probabilior « et securior videbitur, capiat et eligat. »

de négligence de la part des têtes couronnées, d'attribuer ce droit à *tous les catholiques* (1).

Launoy a signalé, parmi les œuvres inédites de Courtecuisse, les quatre *Principia* du *sententiarius* (2).

Devenu maître dans le même collège de Navarre, après avoir cueilli la palme du doctorat vers 1388 (3), Courtecuisse y enseigna la science sacrée avec un tel succès qu'on lui donna le qualificatif magistral de *sublime* (4). Le collège avait alors pour grand-maître Pierre d'Ailly.

Trois ans plus tard, Jean de Courtecuisse devenait, par la nomination du Saint-Siège, chanoine de la cathédrale de Poitiers (5).

Nous avons tracé le rôle du savant professeur dans une période du grand schisme : nous n'avons pas à y revenir.

Grâce à du Boulay qui l'a inséré dans son *Historia Universitatis Parisiensis* (6), un discours solennel montre en Courtecuisse un des orateurs de l'Université, non seulement dans

(1) *Opera..., ibid.*, col. 895 : « Et tertio convocatio Concilii generalis in « dicto casu pertineret, licet enim minus principaliter, ad omnes Catholicos, « scientes papam sic esse hæreticum, in casu quo prælati et principes « seculares Concilium generale negligerent, ubi tamen appareret imminens « periculum, si non fieret tale Concilium catholicum. »

(2) *Reg. Navar. gymn. Par. Hist.*, tom. II, p. 465-466. Ces œuvres inédites « extant partim in bibliotheca Parisiensis Ecclesiæ, partim bibliotheca S. Victoris. » Le *Premier Principe* est ainsi indiqué par Launoy : « *Primum Principium super lecturam Bibliorum, quod incipit:* TOTA PULCHRA « EST AMICA MEA ». Evidemment les mots : *lecturam Bibliorum*, ne doivent pas s'entendre dans le sens strict de *Bible*, mais dans le sens large de *Livres*, conséquemment de *Livres des Sentences*, puisqu'il s'agit du *Sententiarius*.

(3) Launoy, *Op. cit.*, p. 463 : « Anno circiter MCCCLXXXVIII doctoris consecutus insignia... »

(4) *Gal. christ.*, tom. VII, col. 144 : « ... eximius doctor theologus aca« demiæ Parisiensis, *Sublimis* nuncupatus, plures annos magno concursu « sacras explicuerat litteras. »

(5) M. Thomas, *Les Lettres à la cour des papes, Extraits des archives du Vaticam*, Rome, 1884, p. 88, où est imprimée une bulle du 4 juillet 1391 : « Di« lecto filio Joanni Breviscoxæ, canonico ecclesiæ Pictaviensis, magistro « in theologia, salutem ». Après avoir parlé d'un canonicat et d'une prébende vacants à Poitiers, le pape continue : « Nos volentes tibi præmis« sorum meritorum et obsequiorum intuitu gratiam facere specialem, ca« nonicatum et præbendam prædictos sic vacantes cum plenitudine juris « canonici ac omnibus juribus ac pertinentiis suis motu proprio, non ad « tuam vel alterius pro te nobis super hoc oblatæ petitionis instantiam, « sed de nostra mera liberalitate apostolica tibi auctoritate conferimus. »

(6) Tom. V, pp. 83 et suiv.

les causes religieuses, mais aussi dans les causes politiques.

C'était en 1403. Le triste état du royaume avait ému l'*Alma Mater*, les magistrats et les bourgeois de Paris. Courtecuisse fut désigné pour porter la parole, en leur nom, devant le roi : mission dont il s'acquitta, avec une grande liberté, dans la langue nationale (1). L'absence de gouvernement et l'inobservation des lois, voilà la cause du mal. Si les « belles ordonnances » des « bons roys de France, vos prédécesseurs », et celles portées par vous avaient été respectées, non jamais « ce royaulme ne « ne fust mie cheu en tel inconvénient et tel poureté qu'il est de « présent. Veez le piat pays comme il est pillé et rungé de gens « d'armes qui le deussent garder, de gens de justice comme « sergens, prévost, baillifs, promoteurs, officiaulx et plusieurs « aultres, et tous par faute de justice (2) ». Par conséquent, ce qu'il faut de toute nécessité, c'est un gouvernement ferme et une réelle application des lois : œuvre sociale qui obtiendra d'autant mieux le résultat désiré, que la nation s'y prêtera par l'amour du bien public (3) et la modération dans les desirs (4).

Ce discours n'est pas la seule œuvre française de Courte-

(1) « Très hault et très puissant roy, disait l'orateur au début, mon très « redouté et souverain seigneur, vostre très humble fille, messeigneurs « le recteur et maîtres de l'Université, le prévost des marchands et esche- « vins de vostre bonne ville de Paris, vos très humbles et loyaux subjets « m'ont chargé de vous exposer aucunes choses... »

(2) *Ibid.*, p. 85.

Quelques lignes plus loin, il avait recours à la prosopopée pour faire « parler et garmenter » le défunt roi : « Diex, qu'est ce cy ? Charles, « Charles, qui est devenu l'honneur de ce royaulme ? Où sont ces habits « royaulx ? Où est cette belle et riche couronne que a si grant peine « j'ay assemblé ? Où sont ces grands thrésors que par si longtemps j'ay « esprgné ? Qui a ces riches images et aultres joyaux d'or et d'argent « macis en si grant nombre que j'ay lessé ? Pensés-vous que je les gar- « dasse pour moy ? Non, non... »

(3) P. 84 : « Je voudrois sur toutes choses, se faire se pouvoit, mon « très redouté et souverain seigneur, que un chascun, natif de vostre « royaulme, eust telle amour et telle attention à accroistre et grandir le « proufit commun et la chose publique d'iceluy, comme il a à son privé « et particulier proufit : tous vivrions en paix, en amour et en grant et « plantureuse abondance de tous biens temporels ou aultres que l'on peut « et doit souhaiter en ce monde. »

(4) P. 90 : « La deuxiesme considération... cy est que nature est con- « tente de peu ; aussi bien ou mielx garde de froid un gros drap que fait « une escarlate ; aussi bien est nature repeue d'une pièce de bœuf ou de « mouton, comme de faizans, behorreaux et estrange viande... Se tu « veulx vivre par opinion, comme hé tel a un tel coursier, j'en vieil avoir un plus bel ; celuy a une belle robe de soye, j'en vieil avoir une d'or... »

cuisse qui ait échappé à l'oubli ou à la destruction. Marchant sur les traces d'Oresme, Courtecuisse s'exerça dans l'art de traduire. Le livre des *Quatre Vertus*, attribué alors et généralement depuis à Sénèque, mais réellement œuvre de Martin, évêque de Braga en Portugal (1), attira son attention ; et, cette même année 1403, il faisait la dédicace de sa traduction, ou plutôt de sa paraphrase, à Jean de France, duc de Berry (2). Cette traduction a eu un certain nombre d'éditions, tant au siècle qui l'a vue naître qu'au siècle suivant, une fois au moins anonymement, plusieurs sous le nom de Claude de Seyssel, jamais sous celui de Courtecuisse (3).

Mais pourquoi la traduction a-t-elle porté le nom de Claude de Seyssel ? Est-ce à tort ? Oui et non. Oui, car la traduction est substantiellement celle de Courtecuisse, comme nous l'avons constaté dans deux manuscrits français de notre Bibliothèque nationale, cotés 1020 et 581 et renfermant, le premier une traduction qui se termine par ces mots : « Icy fine « le livre le livre de Senecque *Des quatre vertus cardinaulx*, « translaté en françois par Jehan de Courtecuisse, l'an mil « CCCC et trois » ; le second la même traduction précédée de ces expressions : « Seneque, *Des quatre vertus*, translaté du latin

(1) Ce prélat vivait au VIe siècle. Isidore de Séville s'est dit, quelque part, possesseur d'un écrit de ce dernier touchant la *Différence des quatre vertus cardinales* (Moréri). Cet opuscule est celui-là même que nous trouvons dans la *Maxima Bibliotheca veterum Patrum*..., Lyon, 1677, tom. X, p. 382-385, sous le titre : *Formula honestæ vitæ sive de quatuor virtutibus cardinalibus*. Il aurait été aussi imprimé à Bâle, portant à son frontispièce : *Formula honestæ vitæ sive de differentia quatuor virtutum cardinalium* (Moréri). Or, cet opuscule n'est autre que le *De quatuor virtutibus cardinalibus*, imprimé sous le nom du philosophe de Rome. Mais dans les *Opera* de Senèque *quæ supersunt*, Lipsiæ, 1852-1855, tom. III, p. 468-475, il est rendu à son véritable auteur. Là même se lit la dédicace au roi de Galice, Miron ; et il en est fait mention dans l'édition citée de la *Maxima Bibliotheca*. Cet opuscule traite brièvement des quatre vertus cardinales et de la mesure de chacune.

(2) Launoy, *Op. cit.*, p. 865 : « Quam anno MCCCCIII Joanni, Bituricentium duci, consecravit » ; et la note suivante.

(3) Nous lisons dans l'*Histoire littéraire du Maine*, par l'auteur déjà nommé, deuxième édition, tom. III, Paris, 1871, p. 175 : « Cette traduction a été souvent imprimée au XVe et au XVIe siècles, à la suite d'une traduction anonyme d'Orose, « et comme cette dernière, dit M. Paulin Paris, était précédée d'une dédicace à Charles VIII », on a supposé que l'une et l'autre étaient d'un contemporain de ce prince. Mercier de Saint-Léger les a donc attribuées à Claude de Seyssel, d'autres à Laurent de Premierfait. » L'édition de Paul Orose qu'indique Hain, *Repertor*..., art. *Orosius* (*Paulus*), est de 1491.

« en françois », et suivie de ces autres : « Explicit le livre *Des* « *quatre vertus* translaté de latin en françois par maistre « Jehan Courtecuisse, maistre en théologie, l'an mil IIII et « trois (1) ». Non, ce n'est pas tout à fait à tort ; car, nous l'avons également constaté, la traduction de Courtecuisse a été revue et retouchée, et c'est évidemment l'œuvre de celui dont elle a inscrit le nom. Aujourd'hui, on dirait qu'il eût été plus correct, plus loyal d'exprimer clairement les choses en indiquant la part qui revient à chacun. Il n'y a pas jusqu'à la dédicace de Courtecuisse au duc de Berry qui ne semble avoir été la pensée-mère de la dédicace de Claude de Seyssel au roi Charles VIII.

Pourrait-on supposer que les éditions, sous le nom de Claude de Seyssel, se sont faites après la mort de ce dernier ? Nous ne le pensons pas. Une des deux éditions que nous avons consultées — l'une et l'autre sont sans date — porte ce titre : *Seneque, des Motz dorez ; des quatre vertus cardinalles ; composé par Messire Claude de Seissel, docteur en tous droicts, esleu de Marseille, conseiller et maistre des requestes ordinaires de l'hostel du roy Loys douziesme de ce nom* ; *de latin translaté en françoys* ; *et, oultre les précédentes impressions, correctement imprimé à Paris nouvellement.* Si on le qualifie d'évêque *élu* de Marseille, c'est qu'il n'était que cela et non encore archevêque de Turin. Aussi, dans l'autre édition, lisons-nous, à la fin : « Composé par Messire Claude de Seyssel, docteur en « tous droicts, conseiller et maistre des requestes ordinaires « de l'hostel du roy et *archevesque de Thurin* » ; et le titre lui-même indique bien une retouche : *Senecque, des Motz dorez* ; *des quatre vertus cardinalles* ; *de latin translaté en francoys, reveu et corrigé nouvellement*... Toutefois il est juste d'ajouter que les *Quatre vertus cardinalles* ne constituent qu'une mince partie du volume dont les autres pages sont consacrées aux *Motz dorez*, par ordre alphabétique, depuis *âme* jusqu'à *yvresse*. Ce dernier travail paraît bien appartenir à Clause de Seyssel qui, à ce titre peut-être, se sera cru autorisé à se faire l'application de l'axiome : *Major pars trahit ad se minorem* (2).

(1) On trouve encore cette traduction, à la même bibliothèque, dans les mss. franç. 3887, 9186, 25270.

(2) D'après cette explication, les deux éditions que nous trouvons indiquées dans Brunet, art. *Seneca*, portant lieu et date, l'une : Paris, 1527 ;

Le duc d'Orléans avait été assassiné en 1407 par ordre de Jean-sans-Peur, duc de Bourgogne et son rival en ambition. Le crime eut pour résultat de rendre ce dernier maître absolu dans Paris jusqu'au moment où le comte d'Armagnac, qui s'était placé à la tête des partisans de la victime, entra victorieux dans la malheureuse capitale. Ce ne fut qu'en 1413. Dans les premiers jours de l'année suivante, on songea aux obsèques de l'infortuné duc, lesquelles n'avaient pas encore été célébrées. Le roi choisit Notre-Dame pour l'accomplissement de ce pieux devoir (1). Gerson fut désigné pour prononcer l'oraison funèbre. Il y eut aussi deux autres services solennels, l'un aux Célestins, l'autre à Navarre. Jean de Courtecuisse fut l'orateur des Célestins. Si Monstrelet dit du premier orateur : « Prescha le chancelier de ladicte église de « Nostre-Dame de Paris, nommé Jehan Gerson, docteur en « théologie, moult renommé, si parfondément et haultement « que plusieurs docteurs en théologie et aultres s'en esmer- « veillèrent »; il ajoute sur le second : « Et prescha audict « lieu maistre Jehan Courtecuisse, docteur en théologie, en « ensuivant le propos de maistre Jehan Gerson (2). »

La chaire compte, à d'autres titres, Jean de Courtecuisse au nombre de ses orateurs. L'on trouve, dans un manuscrit latin de la Bibliothèque nationale (3), sous le nom du docteur de Navarre, plusieurs sermons, tant français que latins, qui

l'autre, Lyon, 1530, seraient postérieures à l'une, au moins, des deux précédentes.

(1) Monstrelet, *Op. cit.*, même édit., tom. III, p. 55 : « En oultre, le sa- « medi ensuivant, qui fust la veille des Trois Roys, le roy de France fist « faire solennellement, en grande multitude de cierges et de torches, « l'obseque et service du défunt Loys, jadis duc d'Orléans, son frère, en « l'église cathédrale de Nostre-Dame de Paris, qui encore n'avoit point « esté fait. »

(2) *Chronique*, même édit., tom. III, page 54-57.

S'il y a eu discours à la chapelle du collège de Navarre, le même historien le passe sous silence.

Launoy (*Op. cit.*, p. 463), ne parlant point du service de N.-D., a écrit que Gerson avait prononcé une oraison funèbre à celui de Navarre. Le récit de Launoy nous surprend d'autant plus, qu'il vise lui-même la *Chronique* de Monstrelet. Ajoutons que le service de N.-D. est également mentionné et son prédicateur nommé dans l'*Histoire de Charles VI*, par Jean Le Fevre, seigneur de S. Remy, à la page, 72, édition qui fait suite à l'*Histoire* du même monarque, par un religieux de S. Denys, Paris, 1663.

(3) Ms. 3546.

permettent de constater, dès cette époque, l'envahissement du profane dans l'éloquence sacrée : aux témoignages de l'Ecriture et des Pères ce prédicateur semble préférer, à juger par le nombre respectif des uns et des autres, ceux des écrivains de l'antiquité païenne. Mauvais goût dont le déplorable règne, en s'agrandissant, devait compter une durée de plus de deux siècles (1) !

A la suite du fameux discours prononcé (1408) en réponse à la bulle menaçante de Pierre de Lune, Courtecuisse avait été nommé aumônier du roi. Il exerça ce ministère jusqu'en 1418.

Est-ce en cette qualité qu'il prit la parole dans une circonstance assez solennelle? Le religieux de Saint-Denis, dans son *Histoire de Charles VI* (2), raconte ainsi le fait sous l'année 1413 : « Le roy ayant employé pour la réformation de l'Estat « des personnes sages et bien intentionnées, on fit de bonnes « constitutions qu'il jugea à propos d'ériger en ordonnances « royaux et qu'il résolut de faire garder à l'advenir comme « la loy fondamentale du royaume. Il vint pour ce sujet au « palais le vingt sixiesme jour de may, comme il avoit promis, accompagné des ducs de Guyenne, de Berry et de « Bourgogne. Le lendemain, Sa Majesté séant au parlement, « ces ordonnances furent leues à haute voix pendant près « d'une heure et demie... ; et le roy ayant prononcé qu'il entendoit qu'elles fussent observées inviolablement, les princes et prélats, la présens, firent serment d'y obéir et levèrent la main. Deux jours après, maistre Jean Courtecuisse, « aumosnier du roy, représenta publiquement en un sermon « qu'il fit à l'hostel de Saint-Pol, combien elles estoient advantageuses au public ; il fit voir l'intérest qu'on avoit de « les observer... »

En l'absence de Gerson qui prenait part aux travaux du Concile de Constance, Courtecuisse remplit, quelque temps,

(1) Voici les sujets de quelques-uns de ses sermons :
Deux sur l'Avent, un en français, l'autre en latin ;
Un sur Noël, en français ;
Un sur la fête de S. Vincent, en français ;
Un sur la résurrection de Notre-Seigneur, en français ;
Deux sur la fête du Saint-Sacrement, un en français, l'autre en latin ;
Un sur la fête de tous les Saints, en français ;
Un sur la fête de la Trinité, en français.

(2) Paris, 1663, p. 871-872.

après Gérard Machet, les fonctions de chancelier de l'Eglise de Paris (1).

S'il se démit de ces fonctions l'année même qu'il cessa son ministère d'aumônier, une autre dignité l'attendait deux ans plus tard, celle d'évêque de Paris. Mais, son patriotisme le rendant désagréable aux Anglais, maîtres de la capitale, il ne put même recevoir la consécration épiscopale et il dut demander la paix et peut-être le salut à une prudente retraite au monastère de Saint-Germain. Transféré à Genève au mois de juin 1422, il y succomba, quelque neuf mois après (2), sous le coup, dit-on, de nobles tristesses, les tristesses patriotiques. Son testament fut l'éloquente attestation qu'il avait conservé bien vivant dans son cœur le doux souvenir de sa première épouse spirituelle (3).

Les autres œuvres inédites de Jean de Courtecuisse comprennent quelques traités, thèses, conférences, homélies. Launoy nous en fait connaître les titres en nommant les bibliothèques qui les renfermaient, c'est-à-dire les bibliothèques de Notre-Dame et de Saint-Victor (4).

L'exégète avait donc composé : deux *Louanges de l'Ecriture-Sainte* (5), quatre *Conférences* sur le même sujet et dans la même pensée (6), un certain nombre de *Lectures* (*Lectiones*) sur différents textes évangéliques (7).

(1) Launoy, *Op. cit.*, p. 464 : « Exin (il avait parlé précédemment de « l'année 1414) per aliquod tempus, absente Gersone, cancellarii Pari- « siensis officium exercuit, quo se anno MCCCCXVIII ad nonas quintiles « abdicavit. » D'autre part, nous lisons, au sujet de Gérard Machet, *Ibid.*, p. 533 : « Sub annum MCCCCXIV Joannes Gerso Machetum suum « instituit in academia procancellarium, cum esset ad Constantiense « Concilium abiturus. »

(2) *Gal. christ.*, tom. VII, col. 145, d'après le Martyrologe de l'église de Paris : « Quarta die martii 1422 (1423 nouveau style) obiit reverendus « pater in Christo Johannes Brevis Coxæ electus et confirmatus Eccle- « siæ Parisiensis et post episcopus Gebennensis. »

(3) *Gal. christ.*, *ibid.* : « ... confecto testimonio quo multa Parisiensi Ecclesiæ legavit... »

(4) *Op. cit.*, tom. II, p. 465-466.

(5) *Recommendatio S. Scripturæ quæ incipit :* OLIVAM UBEREM, PULCHRAM, etc. (Jérém., XI. 16) ;

Alia recommendatio S. Scripturæ et Facultatis theologiæ, quæ incipit : SUPER OMNEM TERRAM GLORIA TUA. (Ps. LVI, 6.)

(6) *Collationes quatuor super commendatione Scripturæ sacræ, quæ omnes incipiunt :* REGINA AUSTRI, etc.

(7) Les textes de l'Evangile selon S. Jean sont indiqués, et le premier est celui-ci : *Omnia per ipsum facta sunt.*

Et à la suite de ces textes, Launoy écrit simplement : *Super multa alia estimonia Evangeliorum.*

Le théologien avait résolu les questions suivantes :

La pluralité des personnes se concilie-t-elle avec l'unité de l'essence divine sans formelle distinction?

L'ineffable et immense essence de Dieu peut-elle être l'objet de la connaissance formelle de la créature, c'est-à-dire une grâce pour elle?

Le droit de domination royale (JUS REGALIS DOMINII) *dans le royaume de l'âme raisonnable appartient-il à la seule volonté?*

Lucifer est-il le plus sage de tous, bien qu'il soit le plus mauvais de tous?

Toute transgression de la loi divine est-elle mortelle? (1)

Notre Bibliothèque Nationale possède cette autre question traitée par le même docteur : *L'Église fiancée au Christ est-elle toute belle par la grâce et immaculée* (2).

(1) Cette dernière solution est ainsi marquée : *Responsio quæstioni in Sorbona, utrum omnis transgressio divinæ legis sit mortalis?*

On trouve encore parmi ces questions résolues :

Quæstio vesperiarum, utrum Thomas legem Christi firmiter tenuerit.

Quæstio vesperiarum in licentia et magisterio Radulphi de Porta, utrum portæ cœlestis aditum decor intravit.

Laudatio seu vesperisatio Radulphi de Porta sub hoc titulo : HOC EST OPUS DEI.

Quæstio de resumpta, utrum legis naturalis censura peccantem in legem accuset mortaliter.

(2) Ms. lat. 15004, fol, 211.

A la fin de l'opuscule, nous trouvons ces lignes : « Ista quæstio quam « Joannes Breviscoxæ super duos cursus quos legit de Biblia, qui post- « modum fuit promotus ad Ecclesiam Parisiensem anno Domini MCCCCXXI, « et deinde ad episcopatum Gebennensem et fuit sublimis doctor in « sacra theologia Parisiis suo tempore. »

CHAPITRE II

PIERRE D'AILLY

(1350-1420 ou 1425)

Ce nom rappellerait, selon certains récits, le jeune amant de la science, se mettant, pour l'acquérir, au service du portier du collège de Navarre (1). Mais les plus sérieux historiens nient absolument le fait (2) ou laissent planer sur lui le doute (3) ou bien le passent sous silence comme non avenu (4).

Pierre d'Ailly se rattache à ce collège par ses études, l'enseignement qu'il y donna, la grande maîtrise dont il exerça les fonctions.

D'après les actes de l'église de Cambray, il naquit à Compiègne (5). Telle est aussi l'opinion commune. « Les documents que j'ai été à même de consulter, dit M. Aubrelicque, « sont... à peu près unanimes pour fixer à Compiègne le « lieu de naissance de Pierre d'Ailly. (6) » C'est donc à tort que Volaterran et Thevet lui ont donné l'Allemagne pour patrie (7). Ce serait aussi à tort que d'autres historiens lui ont

(1) « Il fut si pauvre, dit André Thevet dans ses *Hommes illustres*, que « pour avoir moyen de vacquer à l'estude des lettres, il fut contraint de « servir de sous-portier au collège de Navarre ». (Cit. par Bayle, *Diction.*, art. *Ailli*, note A).

(2) Launoy, *Reg. Navar. gymn. Par. Hist.*, tom. II, p. 467 : « Germanum « fuisse tradit Andreas Thevetus; sed fallitur, ut apparet, immo etiam « dum adjicit Navarrici collegii janitorem. »

(3) Du Boulay, *Histor. Univers. Paris.*, tom. IV. p. 979 : « ... immo eum aliqui volunt famulum fuisse janitoris... »

(4) Le plus grand nombre des biographes.

(5) « Magister Petrus de Alliaco, doctor theologus, apud Compendium natus... » (*Apud* Launoy, *Reg. Navar. gymn. Par. Histor.*, tom. I, p. 137).

(6) *Le Cardinal d'Ailly*, dans *Bulletin de la Société historique de Compiègne*, tom. I, 1869, p. 150.

(7) « Il fut natif d'Allemagne, raconte Thevet, en un village fort obs- « cur, dont aussi, pour la vilité de ses parens, il a tiré sa dénomina- « tion. » (*Apud* Bayle, *Loc. cit.*) ; et ajoutons que Valaterran avait précédé Thevet (*Ibid*).

assigné une origine picarde (1). Toutefois, M. Dinaux, dans sa *Notice historique et littéraire sur le cardinal Pierre d'Ailly*, déclare qu'il se rangerait volontiers « à l'avis du petit nombre « des historiens qui, au détriment de la ville de Compiègne, « désignent comme son berceau le village d'Ailly-Haut-Clo- « cher, à trois lieues d'Abbeville (2) ». Il allègue que telle devait être la pensée de Vérité, lorsque celui-ci, dans son *Histoire du comté de Ponthieu et de la ville d'Abbevile* (3), il inscrivit, au tome II, le nom de Pierre d'Ailly parmi les *Hommes du Ponthieu dignes de mémoire* (4).

Il n'y a pas de divergence par rapport à l'année où l'illustre personnage est né : « Tous les documents qui concernent le « cardinal, dit encore M. Aubrelicque, font remonter sa « naissance à 1350 » (5).

Il appartenait par son origine à une famille bourgeoise, ainsi que l'atteste cette épitaphe consacrée à la mémoire du père et de la mère du cardinal et qui se lisait dans l'église de Compiègne : « Ci gist Colard d'Ailly, bourgeois de Compiègne, « ainsi que Périne, sa femme, père et mère du révérend père « en Dieu Monsieur Pierre d'Ailly, évesque de Cambrai et

(1) « ... quem aliqui male Picardum faciunt ». (*Hist. Univers. Paris.*, *loc. cit.*).

(2) *Notice...*, Cambray, 1824, p. 8.

(3) Abbeville, 1767.

(4) Il n'y a pas à prendre en considération le dire de Possevin qui fait deux hommes de Pierre d'Ailly, l'un évêque de Cambray, l'autre grand-maître de Navarre. Nous lisons, en effet, dans l'*Apparatus sacer* de Possevin, d'une part : « Petrus de Aliaco, episcopus Cameracensis, Gal- « lus, Parisiensis gymnasii cancellarius, S. R. E. cardinalis, qui Joan- « nis Gersonis fuit præceptor, scripsit... » ; et de l'autre : « Petrus ab « Aliaco, Navarrici gymnasii quondam archidiascalus... scripsit vitam « Petri Cœlestini quinti, pontificis maximi, ordinis Cœlestinorum institu- « toris... » (*Appar....* art. *Petrus de Aliaco*)

Comme le remarque très bien Launoy, *Op. cit.*, p. 478, le titre de la *Vie* du pape saint Célestin aurait dû tirer Possevin de son erreur ; car cet ouvrage, imprimé à Paris en 1539, porte à son frontispice : *Vita beatissimi patris D. Petri Celestini quinti, pontificis maximi, ordinis Celestinorum institutoris eximii, qui summo tandem pontificatui renuntiavit, conscripta a doctissimo theologo cardinalo Cameracensi, imprimis reverendo domino Petro ab Alliaco, Navarrici gymnasii quondam archidiascalo, necnon Caroli quinti, Celestinorum Parisiensium fundatoris, confessario dignissimo.*

(5) *Le Cardinal d'Ailly*, dans *Bulletin de la Société historique de Compiègne*, tom. I, 1869, p. 151.

« cardinal de Rome (1). » Cette famille éta . différente de la famille noble du même nom, laquelle a fourni des vidames à la ville d'Amiens (2), et à laquelle *La Henriade* a donné une plus grande célébrité, lorsque le poète, par une fiction, arme le fils contre le père pour faire tomber le fils sous les coups du père à la bataille d'Ivry (3).

C'est ainsi que se trouve victorieusement réfutée l'assertion, rappelée plus haut, d'André Thevet et de quelques autres écrivains. Du reste, nous pouvons donner une seconde preuve de la gratuité de l'assertion. Nous lisons dans l'*Historia Universitatis Parisiensis* sur Pierre d'Ailly : « Determinavit in « artibus an. 1365, sub M. Joanne de Quercu, ex cujus bur-« sarum æstimatione conjicio non fuisse adeo creditum pau-« perem, ut vulgo fertur; nam ex eis quæ scribit M. Guill. « de Marchia, tunc procurator nationis gallicanæ, constat

(1) Dans une chapelle de l'église Saint-Antoine de Compiègne, chapelle servant de sépulture à la famille du cardinal. (*Bulletin de la Société...*, *ibid.*, d'après Gillisson).

(2) « ... non ex nobilissima gente vice dominorum Ambianensium, cognomento d'Ailly. » (*Gal. christ.*, tom. III, col. 48). Voir le *Dictionnaire* de Moréri sur les terres d'Ailly-sur-Noye, d'Ailly-sur-Somme, d'Ailly-le-Haut-Clocher, et sur les familles auxquelles elles out donné leur nom. (Art. *Ailly*, Pierre). Voir aussi l'*Histoire de la ville d'Amiens* par M. Dusevel, Amiens, 1848, in-8, p. 276, note, au sujet des principaux vidames du nom d'Ailly.

Notre théologien n'appartiendrait à aucune de ces nobles familles.

Suivant le *Dictionnaire* de Moréri, le père de Pierre d'Ailly aurait exercé la profession de boucher. (Art. *Ailly*, *Pierre*).

Voir aussi sur la naissance de Pierre d'Ailly, M. l'abbé Salembier, *Petrus de Alliaco*, Lille, 1886, in-8; pp. 357 et suiv. : *Append.* 1ª.

(3) Chant VIII :

Enfin le vieux d'Ailly, par un coup malheureux,
Fait tomber à ses pieds ce guerrier généreux.
Ses yeux sont pour jamais fermés à la lumière ;
Son casque auprès de lui roule sur la poussière ;
D'Ailly voit son visage : O désespoir ! O cris !
Il le voit, il l'embrasse : hélas ! c'était son fils.
Le père infortuné, les yeux baignés de larmes,
Tournait contre son sein ses parricides armes ;
On l'arrête ; on s'oppose à sa juste fureur ;
Il s'arrache, en tremblant, de ce lieu d'horreur ;
Il déteste à jamais sa coupable victoire ;
Il renonce à la cour, aux humains, à la gloire ;
Et, se fuyant lui-même, au milieu des déserts,
Il va cacher sa peine au bout de l'univers.
Là, soit que le soleil rendit le jour au monde,
Soit qu'il finit sa course au vaste sein de l'onde,
Sa voix faisait redire aux échos attendris
Le nom, le triste nom de son malheureux fils.

« fuisse æstimatus 8 ass., quæ taxa inter maximas erat; « immo omnium maxima quæ pro eo tempore æstimatæ « sunt, una excepta Reginaldi de Gaudricuria quæ fuit ab « eodem procuratore æstimata 12 ass. » (1). A ce sujet, M. Thurot a justement écrit : « La cotisation imposée par la Nation « aux candidats était fixée d'après leur revenu présumé. « L'unité de compte était appelée *bourse (bursa)*... Le candi- « dat qui n'était pas assez riche pour payer les bourses, affir- « mait par serment en présence de la Nation qu'il était placé « dans les conditions de pauvreté qui exemptaient des frais « d'examen (2). »

Il y a donc lieu de négliger l'opinion de Launoy et des auteurs du *Gallia christiana* qui, supposant Pierre d'Ailly formé dans les lettres, sans dire où il s'y forma, le font entrer au collège de Navarre en qualité d'étudiant boursier en théologie (3). L'assertion de Du Boulay, à savoir que ce collège fut pour Pierre d'Ailly le berceau d'études littéraires nous paraît mieux fondée : non-seulement cet historien marque la date de la déterminance, mais aussi celle de l'*inceptio* : Incepit autem in artibus, 1368... » (4). Puis, il met le maître en possession d'une chaire de philosophie et transcrit les noms de plusieurs élèves qui, sous l'enseignement lumineux du maître, se sont préparés aux grades académiques (5). Dans notre récit, nous suivrons l'opinion de du Boulay.

La querelle séculaire entre les réalistes et les nominaux agitait encore l'école. Le problème philosophique se posa naturellement devant le jeune professeur, comme il avait dû se poser devant le jeune élève. La conviction du professeur fut-elle la continuation ou le développement de celle de l'élève? C'est possible. Toujours est-il que le professeur prit parti pour le nominalisme (6).

(1) *Hist...*, tom. V, p. 979.

(2) *De l'Organis. d. l'enseignem. dans l'Univers. de Paris...*, Paris, 1850, pp. 61, 63. Lire tout cet article des *Frais d'études et d'examen*.

(3) *Reg. Navar. gymn. Par. Hist.*, tom. II, p. 467 ; *Gal. christ.*, tom. III, col. 48.

(4) *Hist. Univers. Paris.*, tom. V. p. 979.

(5) *Ibid.* : « Tunc autem ille philosophiam publice profitebatur : sub « quo video multos determinasse et, inter alios, Dominicum Parvi, Ro- « bertum de Lauduno, Joannem Silvestrum... »

(6) M. Dinaux, *Op. cit.*, p. 15-16 ; M. Hauréau *Hist. de la philosoph. scolast.*, par. II, tom. II, Paris, 1880, p. 456-457.

C'est sans doute à cette époque qu'il convient de rattacher les ouvrages de l'*Ame* (1), des *Météores* (2), des *Concepts* et des *Insolubilités (Conceptus et Insolubilia)* (3), du *Traité de l'exposition (Tractatus exponibilium)* (4). Les concepts restent intérieurs ou se manifestent au dehors par la voix et par l'écriture (5). Les insolubilités ont trait au nominalisme (6).

Peut-être serions-nous assez fondé à assigner à la même époque les élucubrations suivantes : *Questions sur la sphère du monde de Jean de Sacro Bosco* (7); *Quatorze autres questions*

(1) *De Anima*, imprimé : 1° dans un des deux volumes, *Tractatus et Sermones*, de l'édition des *Opera*, Strasbourg, petit in-fol., 1490, lequel se termine par ces mots : « Explicit brevis tractatus de anima et de accidentibus ejus per reverendum dominum Petrum de Aillyaco compilatus ; 2° Paris, 1494, in-4. (M. Dinaux, *Op. cit.*, p. 95) ; 3° « Parisiis, MDV. ». (Launoy, *Op. cit.*, p. 477).

(2) *Tractatus super libros meteororum de impressionibus aeris ac de iis quæ in prima, secunda et tertia regionibus aeris fiunt, sicut sunt sidera cadentia, stellas, cometæ, pluvia, ros etc. deque generatis infra terram*, imprimé : 1° en 1490 (Launoy, *ibid.*, p. 478) ; 2° « Argentinæ anno MDIV ». (Launoy, *ibid.*, p. 478) ; 3° « Viennæ Austriæ anno MDIX ». (*Ibid.*)

(3) *Conceptus*, imprimé en 1490 (*Ibid.*).

Après avoir parlé de l'édition de Strasbourg en 1490, Launoy, *ibid.*, p. 477, écrit : « Et eodem anno prodierunt, scilicet... » ; et il donne une liste de divers opuscules. C'est à cette liste que nous en référions, quand tout à l'heure nous disions simplement : « Imprimé en 1490. » Il en sera de même dans les pages suivantes, puisque nous n'avons pas pu nous procurer ces opuscules tels qu'ils sortirent alors des presses.

Ces *Conceptus et Insolubilia* ont été aussi imprimés à Paris, s. d. : « Impressa Parisius per Johannem Lambertum... (dans recueil 834 A, fol. 137 et suiv., de la Biblioth. Mazarine à Paris, et dans celui 1108 A, fol. 149 et suiv., de la même Biliothb.) Il y a encore dans ce dernier recueil, fol. 167 et suiv., une autre édition, s. l. n. d.

(4) Dans recueil 14239 de la même Biblioth., s. d., mais de Paris : « ... acuratissime impressus ab Johanne Lamberto... » et aussi dans recueil 778 A, fol. 264 et suiv., à Paris, 1494. » Les *Exponibilia* auraient également été imprimés en 1490 (Launoy, *ibid.*)

(5) Nous lisons au commencement des *Conceptus* : « Terminorum « alius mentalis, alius vocalis, alius scriptus. Terminus mentalis est con- « ceptus sive actus intelligendi... Terminus vocalis est vox significans « ad placitum. Terminus vero scriptus est scriptura sinonima in signifi- « cando ad placitum. »

(6) A la suite des conceptus, nous lisons aussi : « Sequuntur Insolu- « bilia a magistro Petro de Alyaco secundum nominalium sectam reci- « tata. »

(7) *Quæstiones in sphæram mundi Joannis de Sacrobosco cum Petri Cirnelli commentariis*, imprimées : 1° en 1490 (Launoy, *Ibid.*) ; 2° à Paris en 1498, in-fol., et aussi s. d. (M. Dinaux, *Op. cit.*, p. 108).

sur la même matière (1); *Destructions des modes de signification (Destructiones modorum significandi)* (2).

Ce professorat ne fut pas de longue durée, car il dut prendre fin pour permettre au *biblicus* de vaquer aux cours importants qui s'imposaient à lui (3). Il semble qu'il y ait lieu de rattacher à cette préparation les *Questions sur l'œuvre des six jours* (4).

Pierre d'Ailly, conformément à la règle universitaire, était *sententiarius* trois ans plus tard, soit en 1375. Son œuvre comme *sententiarius* a été placée à côté des œuvres renommées du même genre (5) et non moins bien traitée par la presse (6). Nous avons aussi du *sententiarius* un *Principium* où l'auteur établit la supériorité de la science théologique (7).

(1) *14 quæstiones* dans un *Tractatus spheræ*, Venise 1531, in-fol., ouvrage personnel et se terminant par ces mots : « Et hic est finis quæs-« tionum subtilissimarum reverendissimi domini Petri de Aliaco, docto-« ris super æthera noti ».

(2) S. l. n. d., in-fol. (Hain, *Repertor*..., n. 833.

Il y a à la bibliothèque Sainte-Geneviève un recueil d'opuscules de Pierre d'Ailly sur l'astronomie, s. l. n. d., in-4. Il y a un autre recueil d'opuscules du même auteur sur la même matière, in-fol., recueil auquel M. Dinaux donne Louvain pour lieu d'impression et pour date 1480 ou 1483 (*Op. cit.*, p. 97). Nous désignerons ces deux recueils, en appelant le premier Recueil de Sainte-Geneviève et le second Recueil de Louvain.

(3) La qualité de *biblicus*, rappelons-le, supposait généralement cinq ou six années d'études théologiques préparatoires, selon qu'on appartenait à un ordre religieux ou qu'on était du siècle. Rien, que je sache, n'empêche de conjecturer que le *biblicus* de 1372 n'ait auparavant fait marcher de front, au moins quelque temps, ces études préparatoires et l'enseignement philosophique ; car nous avons constaté qu'en droit la licence ès arts n'était pas prescrite comme condition pour être admis aux cours de science sacrée. (Voir notre tome III, p. 70).

(4) Dans *Opera*, Strasbourg 1490. « Propter hunc libellum, dit M. l'abbé « Salembier, increpatur Alliacenus a Sixto Senensi eo quod nimis multum « astrologiæ judiciariæ concedat. » (*Op. cit.*, p. XL.) Dans l'hypothèse où l'œuvre serait bien de l'époque assignée, il faudrait dire que l'inclination de Pierre d'Ailly pour cette fausse science se manifesta d'assez bonne heure.

(5) « Hos (les commentaires) diceres ab antiquissimo et perfectissimo professore elaboratos. » (Launoy, *Op. cit.*, p. 467.)

(6) Ces commentaires ou *Quæstiones* ont été imprimés dans l'édition de Strasbourg, à l'instant signalée, avec cette inscription : « Reverendus in Christo pater ac dominus magister Petrus de Alliaco notus... » Il y a une autre édition de 1500, s. l. avec ces mots à la fin : « Impressæ sunt arte et industria ingeniosissimi viri Nicolaï Wolff Alemani. » Voir, pour autres éditions, Hain, *Repertorium*..., n. 838-844.

(7) Prit place, dans un des deux volumes de l'édition de Strasbourg

La licence l'attendait en 1379. C'est peut-être à la collation de la licence que se rapporte la *Responsio in aula episcopi, utrum Christi dono gerens potestatem juste damnetur* (1).

Le doctorat fut obtenu l'année suivante. Nous avons les *vespéries* et la *résompte* de Pierre. Les *vespéries* et la *résompte* ont pour objet l'Eglise, ses lois et ses droits. La question se pose ainsi pour les *vespéries : Utrum Petri Ecclesia lege reguletur ;* elle devient la suivante pour la *résompte : Utrum Ecclesia Petri rege gubernetur, lege reguletur, fide confirmetur, jure dominetur* (2).

Si le candidat aux grades théologiques s'attirait des applaudissements dans ses actes comme dans ses cours, le prédicateur, par ses sermons, captivait, en même temps, l'estime publique. Quelques-unes de ces œuvres oratoires figurent, sans doute, dans le recueil qui a été publié à Strasbourg (3).

Un canonicat de Noyon fut accordé, en 1381, au nouveau docteur. Le chanoine reçut, en 1383, le titre d'aumônier du roi ; et, en 1384, il fut placé à la tête du cher collège auquel il devait, avec la science, un commencement de célébrité (4).

en 1490 — il y a cependant des exemplaires qui ne le contiennent pas — un *Principium in cursum Bibliorum, præsertim in Evangelium Marci*. Ce *Principium* se voit également au tom. I, col. 610 et suiv. des *Opera* de Gerson, édit. d'Anvers, 1706.

(1) *Responsio* indiquée par Launoy, *Op. cit.*, p. 479, parmi les opuscules inédits du docteur.

(2) Les deux thèses sont imprimées : 1° dans l'édition de Strasbourg ; 2° dans les *Opera* de Gerson, Anvers, 1706, tom. 1, col. 662 et suiv., col. 672 et suiv.

Nous avons fixé les deux dates de la licence et du doctorat d'après le temps prescrit par les règlements académiques. Disons, cependant, que du Boulay, *Loc. cit.*, place la licence en 1380.

(3) *Tractatus et Sermones*, dans édit. cit. de Strasbourg.

D'autres sermons sont indiqués par Launoy, *Op. cit.*, p. 479. On peut voir dans cet historien la liste des sermons de notre orateur, sermons qui, répétons-le, ont été prononcés à diverses époques.

Le ms. lat. 3122 de notre Bibl. nat. renferme des *Sermones varii*. Voir pour plus amples renseignements : M. Salembier, *Op. cit.*, pp. XXXIII et suiv. ; P. Tschackert, dans son *Peter von Ailli*, Gotha, 1877, *Append. II, XI, XIII :*

Sermo in synodo in ecclesia Parisiensi.
Sermo de beato Bernardo.
Sermo in die omnium sanctorum.

(4) Launoy, *Op. cit.*, tom. II, p. 468 : « Anno MCCCLXXXIV ». Du Boulay, *Loc. cit.*, place le fait trois ans plus tôt, en 1381, mais tout porte à croire que c'est une erreur.

D'après un manuscrit de l'Arsenal, le manuscrit déjà cité 1022,

Nous le voyons, en effet, avant cette époque, désigné pour porter la parole à un synode d'Amiens, bien qu'il ne fût encore que sous-diacre, et aussi, comme organe de l'Université ou, du moins, l'interprète de sa pensée, en présence du duc d'Anjou : il s'agissait, dans le premier discours, de la sainteté de l'état sacerdotal, et, dans le second, du remède à apporter au schisme, c'est-à-dire la réunion d'un Concile général (1). Nous le voyons encore remplissant, en 1383, auprès de Clément VII, de la part du roi dont il était aumônier, une mission dont nous ne connaissons pas les détails, mais dont l'objet devait être le malheur religieux de l'heure présente (2).

Nous rencontrons, dans les *Opera* de Gerson, deux traités de Pierre *contre le chancelier de Paris* (3). Suivant Launoy, c'était une question qui avait été agitée et résolue « in scholis Navarræ » (4). Dans ces deux traités, l'auteur s'efforce d'établir

par. III, p. 242. Pierre d'Ailly se serait aussi rattaché au collège de Sorbonne. Ce manuscrit lui donne entrée, en 1381, dans la société même de cette maison. Nous avons d'autant moins de motifs de révoquer en doute l'assertion, que l'auteur du manuscrit s'appuie sur un grave document et que, ne se dissimulant pas l'objection naturelle, il la réfute dans ces lignes : « Nos pères de la Sorbonne ne poussoient pas le scrupule « jusqu'au point de ne vouloir ni admettre parmi eux les élèves des « autres collèges ni placer à la tête de ces collèges leurs propres socié- « taires. » Deux exemples sont même cités à l'appui. Voici la mention du document : « Ejus (Pierre d'Ailly) vero ingressus in societatem Sorbo- « nicam notatur, anno 1381, in rationibus redditis a Guillelmo Ledoz, « procuratore domus Sorbonæ. »

D'autre part, du Plessis d'Argentré constate qu'entre le collège de Sorbonne et l'ordre de Citeaux, il y avait des relations telles que des religieux de cet ordre étaient comptés « inter sorbonicos hospites ». (*Collect judicior...*, tom. I, par. I, p. 354).

(1) Launoy, *Op. cit.*, p. 467-468. Le *Sermo in Synodo Ambianensi* a été publié par P. Tschackert dans son *Peter von Ailli*, Gotha, 1877, *Append.* I.

(2) *Histor. Universit. Paris.*, *loc. cit.* : « Sic legitur in chartis cameræ « computorum : *A M. Pierre Dailly, docteur en théologie et aumosnier du « roy, cinq francs d'or à lui ordonnez et taxez par chacun jour qu'il « vacqueroit, allant, demourant et retournant du voyage où le roy l'envoyoit « lors vers nostre S. P. le pape et le collège des cardinaux pour certaines « grosses besongnes que ledit seigneur avoit lors moult a cuer, par lettres « du roy du 13 mars* 1383. »

(3) Edit. cit., tom. I, col. 723 et suiv.

(4) *Op. cit.*, tom. II, p. 479.
Nous transcrivons la conclusion du second traité : « Et ideo patet « quod cancellarius non potest sine vitio simoniæ, nec pro sui labore, nec « pro quacumque alia causa vel occasione, pecuniam nec juramentum

que la collation de la licence devait être gratuite. Le chancelier visé s'appelait Jean Blanchard (1). L'affaire fut même portée à la cour pontificale. P. Tschackert a analysé, dans son *Peter von Ailli*, une *Proposition* discutée par notre théologien *en présence du pape contre le chancelier de Paris* (2). Le texte de la proposition se lit dans un manuscrit de notre Bibliothèque nationale (3). Sans doute, la plainte se fit pendant l'embassade dont nous venons de parler.

Il est permis de le croire, Pierre d'Ailly aurait, soit avant, soit après le doctorat, composé les *De Momentis atrologiæ quædam opera*, dont un auteur, au sujet de la célébration de la Pâque, parle en ces termes : « De hac stella magorum luculenter scripserunt viri in christiana religione doctissimi » Albertus Magnus ac Petrus Alliacensis... Item omitto scripta » Petri Alliacensis, cardinalis Cameracensis, theologi celeberrimi » (4). L'on cite encore comme œuvres de la jeunesse de Pierre : le *Commentaire sur le livre de Boèce*, la *Consolation de la philosophie*; la *Description de la Vision imaginaire du jardin de l'Ecriture-Sainte*; l'*Exposition sur le Cantique des cantiques*, ouvrages dont le dernier seul a été imprimé (5).

Nous pouvons donner approximativement une date à une lettre fameuse. Vers 1381, notre théologien avait écrit — et il n'était pas l'inventeur de cette forme étrange à donner à la pensée (6) — une missive que « Leviathan, prince de ce monde »

« obsequiosum exigere a licentiandis in theologia, per substractionem « licentiæ, non obstante quacumque consuetudine, cum talis licentia sit « spiritalis... Et in hoc stat principalis intentio matris nostræ Universi- « tatis. Sub ejus correctione hæc dicta sunt de præsenti quæstione... »

(1) *Hist. Univers. Paris.*, tom. IV, p. 979.

(2) *Append. VII*, « ex codice mss. bibl. Collegii Emanuelis Cantabrigiensis... »

(3) Ms. lat. 3122, fol. 61 et suiv.

(4) *Apud* Launoy, *Op. cit.*, p. 468.

(5) En 1490 ; Paris, 1483, in-4. (Hain, *Repert*..., n° 851).
Voir *Monitum*, en tête des opuscules de Pierre d'Ailly, dans *Opera* de Gerson, Anvers, 1706, tom. I, avant col. 489 ; Launoy, *Op. cit.*, tom. II, pp. 477, 479.
Le commentaire sur Boèce se trouve à notre Bibl. nat., dans les mss. lat. 3122, fol. 110 et suiv., 14579, fol. 122 et suiv. ; et à bibl. de l'Arsenal, ms. 520, fol. 133 et suiv.
La *Description de la vision imaginaire*... est aussi à bibl. de l'Arsenal, ms. 520, fol. 177 et suiv.

(6) Voir notre tom. III, art. *Nicolas Oresme* et art. *Henri de Hesse*. pp. 301, 271.

adressait « à tous les prélats de l'Église ». Elle visait ces derniers en tant qu'ils faisaient opposition à la convocation d'un Concile général (1). Cette missive, qui se voit en copie à notre Bibliothèque nationale (2), vient d'être livrée à la publicité par Tschackert (3).

Dans le poste de grand-maître, la célébrité de Pierre d'Ailly allait croître et s'étendre. Il se montrait sage administrateur. Il rattachait le présent au passé par ses leçons et ses discours ; et, ici comme là, le succès était tel, qu'on s'y portait avec un empressement extraordinaire (4). Ses leçons, alors, étaient théologiques. Parmi ses élèves ou ses auditeurs, ceux-ci non moins admirateurs que ceux-là, l'on voit figurer Jean Gerson, Nicolas de Clamanges, Gilles des Champs.

Nous savons déjà que, dans l'affaire de l'Université contre le téméraire Jean de Montson, il fut un des députés de la très orthodoxe *Alma Mater* vers Clément VII, l'orateur choisi par la députation pour prendre la parole devant le souverain-pontife et le théologien chargé par elle de défendre la cause de l'insigne privilège de la mère de Dieu (5).

Les fonctions de chancelier de l'église de Paris ne pouvaient fuir un docteur si renommé. Une vacance, en 1389, permit de les lui confier. Mais, en présence de certains sentiments hostiles, il abandonnait, alors ou l'année suivante, la grande-maîtrise de Navarre (6). D'un côté, il succédait à

(1) Cette lettre est réellement donnée, en certaines copies, à Pierre d'Ailly.

(2) Ms. lat. 14643, fol. 331 b.

(3) *Peter von Ailly, Append*. V.

Voici le début : « Leviathan, princeps mundi, universis prælatis ecclesiæ, regni sui, pacis scindere unitatem et adversus Ecclesiam Christi « schismatis firmitatem servare. »

La fin répond au commencement : « Itaque viriliter agite et confortetur cor vestrum, quia ego protector vester sum et merces vestra « magna ero nimis. Inclinate igitur cor vestrum ad faciendas injustificationes vestras in æternum propter retributionem, quia in custodiendis « illis retributio multa, ad quam utinam sic curratis, ut comprehendatis. »

(4) « ... quam provinciam et docendo et concionando tanta nominis « sui commendatione sustinuit, ut ad eum audiendum omnes non tam « pergerent quam advolarent. » (Launoy. *Op. cit.*, tom. II, p. 468.)

(5) Voir notre tom. III, p. 156-157. Là, les deux discours prononcés et le mémoire rédigé sont indiqués et analysés.

(6) Launoy, *Op. cit.*, p. 469 « Ea propter anno M.CCCLXXXIX eodem tribus amplissimis muneribus ornatum se vidit; ceteri suspexerunt »; du Boulay, vol. cit., p. 979

Jean de Guignecourt ; de l'autre, il avait pour successeur Gilles des Champs (1).

A la tête de l'école théologique de Paris, dit Launoy, « il « décerne la palme du magistère, étouffe les factions sous les « sévérités de la loi, réduit à néant les erreurs qui surgissent « des collèges, contraint les fauteurs à la rétractation par une « profession verbale et signée de la vérité. A la cour, il « distribue aux pauvres consciencieusement et prudemment « les aumônes royales ; il fait comprendre à tous et surtout « aux princes la force et l'efficacité de la bienfaisance auprès « de Dieu ; enfin la miséricorde, vertu d'ordinaire absente des « palais, il la rend familière » (2).

On peut assigner à la période écoulée quelques autres questions décidées par notre auteur en Sorbonne (3). Ainsi des *Trois Suppôts dans une seule nature* (4), de la *Liberté de la créature raisonnable avant et après la chute* (5), de la *Conscience erronée* envisagée comme *excusant de la faute* (6). Notre théologien a aussi composé ces autres opuscules qu'il y a lieu de rapporter au même temps : la *Trinité des personnes dans une seule nature est-elle incommunicable à la créature* (7) ?; la *Louange de l'Écriture-Sainte*, véritable discours ou sermon (8) ; du *Domaine* ou de la puissance *légitime* qui suppose à sa base le « don du Christ » (9).

(1) Launoy, *Op. cit.*, tom. I, p. 84.

(2) *Op. cit.*, tom. II, p. 469.

(3) Launoy, *Op. cit.*, p. 479.

(4) Dans *Opera* de Gerson, Anvers, 1706, tom. I, col. 625 et suiv.

(5) Dans *Ibid.*, col. 630 et suiv.

(6) Dans *Ibid.*, col 636 et suiv. : *Utrum conscientia erronea excuset a culpa.*

(7) Dans *Ibid.*, col. 617 et suiv.

(8) Dans *Ibid.*, col. 603 et suiv., et dans un des vol. de l'édition de Strasbourg : *Recommendatio S. Scripturæ.*

(9) Dans *Oper.* de Gerson, *Ibid.*, col. 642 et suiv. : *De legitimo dominio.*

A cette question : « Utrum Christi dono gerens potestatem solus in hominibus juste dominetur? » il est répondu par ces trois conclusions : « Sicut Dei dono Christus homo factus est dominus creator om- « nium, sic absque Christi dono nullus homo alius gerit justum dominium; « — Sicut donum æternæ prædestinationis non requiritur ad justum « dominium, sic nec gratiæ justificantis donum gratis datum ; — Sicut « donum increatum divinæ approbationis principaliter constituit aliquem « justum dominum, sic ad hoc principaliter concurrit aliquid creatum « donum. »

Aux deux dignités de chancelier et d'aumônier du roi, une troisième vint s'ajouter, celle de trésorier de la chapelle royale ou Sainte-Chapelle : c'était la première du chapitre. La collation eut lieu dans le courant de l'année 1394 (1).

Si, cette même année, il refusait, avec Gilles des Champs, de se rendre près de Clément VII qui les mandait, il consentait volontiers à faire le voyage d'Avignon pour, au nom du roi, conférer secrètement avec le pape (2).

Précédemment, il avait été nommé grand-archidiacre de l'église de Cambray, sorte de préparation providentielle aux hautes fonctions que réservait l'avenir (3). Il est permis de penser qu'il conserva cette dignité jusqu'à sa promotion à un évêché de France (4).

L'année qui suivit sa nomination de trésorier de la Sainte-Chapelle, il quittait la chancellerie de Notre-Dame. On pourrait peut-être voir ici l'acte de l'amitié en faveur d'un disciple déjà en renom. Mais nous estimons que le vrai ou principal motif de la cession fut la nomination de Pierre d'Ailly au siège du Puy. Toujours est-il qu'il laissait la chancellerie en bonnes mains : Gerson le remplaçait.

Des documents permettent de placer cette promotion épiscopale en l'année 1395 (5). Quelque temps après, le prélat était transféré au siège de Cambray (6). Il succédait à André

(1) Launoy, *Op. cit.*, p. 470.

(2) *Hist. de Charles VI*, par Juvénal des Ursins, Paris, 1653, in-fol., p. 105 ; *Histoire de Charles VI*, par un religieux de Saint-Dénis, Paris, 1663, pp. 254, 275.

(3) D'après les actes de l'église de Cambray : « ... Cameracensis ecclesiæ major archidiaconus factus est et susceptus XXVII maï MCCCXCI. » (*Apud* Launoy, tom. I. p. 137).

(4) M. Dinaux, *Op. cit.*, p. 29, sans indiquer la source où il puise, raconte que Pierre d'Ailly conserva quatre ans son archidiaconé. Si ce n'est pas certain, c'est probable, eu égard à la promotion épiscopale dont il va être question.

(5) *Gall., christ.*, tom. II, col. 730 : « Ex archivis tamen capi-« tuli habemus eum possessionem obtinuisse an. 1395 per Petrum « Majyour ; et quidem recensetur in charta Parpalionis de Mercoyreto « pro anniversario... quod fundavit in ecclesia Retornacensi die lunæ « post festum S. Blasii eodem anno ; quo etiam, die 20 decembris, me-« moratur in terrario de Veaunes. »

(6) D'après les actes de l'église de Cambray, cités par Launoy, *Op. cit.*, « tom. I, p. 137, ce serait en 1398 : « ... ad Cameracensem Ecclesiam, « jam septem mensibus ab Andreæ de Luxemburgo decessu vacantem,

de Luxembourg, frère du saint cardinal Pierre du même nom. Ce ne fut pas sans une opposition tenace d'abord, hostile ensuite, de Philippe-le-Hardi, duc de Bourgogne, qui patronnait l'évêque de Tournay. Benoît XIII résista (1), et l'évêque du Puy, après avoir déféré aux ordres du pontife qui lui confiait une nouvelle église, ne se laissa point intimider par les menaces ou les criminelles tentatives du puissant duc. Il eut aussi à lutter contre la noblesse du Cambrésis. Elle était, d'ailleurs, poussée par Philippe-le-Hardi. A la tête des adversaires se trouvaient les seigneurs d'Esnes. Le conflit prit à peine fin par la sentence arbitrale du duc lui-même (2 novembre 1399). car il fallut, bientôt après, l'intervention de la cour de France (2).

Le rôle de Pierre d'Ailly pendant le Grand-Schisme s'était inauguré depuis longtemps. Nous l'avons vu se continuer avec sagesse ou éclat au sein de l'Université et au Concile de Constance (3). On a même proclamé le cardinal de Cambray l'âme de cette dernière et célèbre assemblée œcuménique (4).

« translatus initio mensis (?) anno MCCCXCVIII absens per procuratores « adeptus. Ipse sequenti mense Augusto ad eam venit... » Hardt, *Mag. Œcumen. Const. Conc.*, tom. I, col. 481-482, essaie de combler la lacune du mois en disant : « Forte omissum julii. »

Nous lisons ailleurs, dans le même ouvrage de Launoy, tom. II, p. 471 : « ... exeunte anno MCCCXCV, IV nonas aprilis (sextilis ?) declaratur « Aniciensis episcopus, et ineunte anno M.CCCXCVI, IV nonas junias adit « Cameracensis Ecclesiæ possessionem. Quod ipsemet ita in veteri co- « dice quem legi, propria manu exaravit. »

Enfin, M. Dinaux, *Op. cit.*, p. 34-35, fait mention d'un manuscrit ayant appartenu aux archives du chapitre, lequel assignait l'année 1397.

(1) Benoit XIII disait qu'il « soufferoit avant qu'on luy arrachat un « dens de sa bouce que contre son ordonnance il promeut ledit de « Tournay à Cambrai. » (cit. par M. Dinaux, *Op. cit.*, p. 34.)

Il n'y a pas à s'arrêter au peut-être de M. Dinaux, *Ibid.*, à savoir que l'évêque du Puy aurait bien pu passer, eu égard au moins à une nomination, par l'évêché de Noyon avant d'être promu à celui de Cambray. M. Dinaux, ce qui ne nous paraît pas suffisant, ne peut réclamer d'autre appui que la parole de l'abbé Dupont dans son *Histoire ecclésiastique et civile de la ville de Cambrai...*, Cambrai, s. d., in-12, tom. II, p. 27-28. Disons, cependant, que l'Abbé Dupont déclare rédiger « l'histoire de l'épiscopat de Pierre d'Ailly » d'après « un manuscrit de la bibliothèque métropole ». (*Ibid.*, p. 28.)

(2) *Revue des Sociétés savantes*, an. 1868, tom. VIII. pp. 140 et suiv. : *La guerre des sires d'Esnes contre la ville de Cambrai et l'évêque Pierre d'Ailly*.

(3) Tom. III, pp. 97 et suiv., *supra*, pp. 59 et suiv.

(4) *Hist. Univers. Paris.*, tom. IV, p. 980 : « ... *Constantiensis anima* nuncupatus. »

Compléter notre récit en consignant quelques faits passés sous silence ou en mettant en relief certaines circonstances laissées dans l'ombre, montrer l'évêque à l'œuvre dans son diocèse, esquisser la physionomie de l'écrivain, voilà la tâche qui nous incombe durant cette période.

En 1398, le prélat, aussi habile que savant (1), fut chargé d'une mission auprès de Boniface IX, le pontife romain (2). Revenu en France, il en remplit une seconde auprès de Benoît XIII, le pontife d'Avignon. Mais, ici comme là, ce fut sans succès. Boniface consentait à déposer la tiare, si Benoît en faisait autant, et ce dernier répondait : « Pape je demourray tant comme je vivray », Dans le premier cas, c'était un moyen dilatoire (3) ; dans le second, un refus catégorique (4).

Rentré dans son diocèse au commencement de 1399, Pierre d'Ailly en entreprit immédiatement la visite pour en connaître exactement l'état. De là, le mandement célèbre, daté de la même année, pour rappeler les devoirs du clergé et renouveler contre les délinquants les peines canoniques (5).

(1) Froissart, *Chroniques*, Bruxelles, 1870-1876, tom. XVI, p. 121 : « L'évesque de Cambray, comme sur tous bien enlangagié en latin et en « franchois... »

(2) *Ibid*, p. 86. Le chroniqueur parlant d'une assemblée de Reims a écrit : « Accordé fut que maistre Pierre d'Ailly, évesque de Cambray, « iroit en légation tant de par le Roy de France comme de par le roy « d'Allemagne devers celluy qui se nommoit et escripvoit pape de Romme, « et traitteroit devers luy de par les deux roys dessus nommés qu'il se « voulsist soubsmettre ad ce que d'atendre une autre élection de pape ; « et, se droit avoit à l'estre, en ce cas il demouroit pape, et, se le con- « traire estoit veu..., il s'en départiroit ; et celluy et chascun de ces deux « papes qui rebelle seroit à l'ordonnance des deux dessus dis roys..., « seroit dégradé et luy seroient tous drois de l'Eglise clos... »

(3) Si, d'un côté, Boniface tenait diplomatiquement ce langage, il avait soin, de l'autre, de calmer les alarmes des Romains en leur disant : « Mes enffans, soiés tous confortés et asseurés que pape je demourray... (*Ibid.*, p. 118-119.)

(4) « J'ay eu, disait encore Benoît, moult de payne et de travail pour « l'Eglise, et par bonne élection on m'a créé pape et on veult que je « me soubsmettre... Ce ne sera tant que je vive, et vueil bien que le roy « de France sache que pour ses ordonnances je ne feray rien, mais ten- « dray mon nom et ma papalité jusques à morir. » (*Ibid.*, p. 122, et pour les premières paroles citées p. 124).

Le savant éditeur belge estime, à bon droit, que « les relations de Froissart avec Pierre d'Ailly permettent de croire » que le chroniqueur « est bien informé » (*Ibid.*, p. 310). Il penserait même que le prélat aurait fourni au chroniqueur des détails sur les deux ambassades. (*Ibid.*, tom. I, *Introduct.*, par. I, p. 455.)

(5) Le mandement qui, « en 1555, sous l'épiscopat de Robert de Croy...

De là aussi, les prescriptions de concéder aux dignes les bénéfices, l'impulsion imprimée aux études surtout par l'encouragement et les récompenses décernées aux studieux (1).

Une lueur d'espérance avait brillé : Benoît XIII se montrait disposé à la paix. La France, par ordre du roi, rentra sous l'obédience du pontife d'Avignon. Pierre d'Ailly ne dut pas être étranger à l'événement qu'une imposante cérémonie consacra à Notre-Dame de Paris et pour lequel il y rendit grâce au ciel dans un sermon ayant pour texte : *Benedictus Deus qui dedit voluntatem in cor regis.* C'était en 1403 (2).

Quatre ans plus tard, le prélat accompagnait Benoît XIII à Savone, ville choisie pour l'entrevue des deux prétendants à la chaire pontificale. Si l'entrevue n'eut pas lieu, un discours de l'évêque de Cambray produisit sur l'esprit de Benoît une telle impression, que ce dernier décréta l'établissement ou mieux la solennité d'une fête dans l'Eglise. Nous venons de désigner l'éloquent discours sur la Sainte-Trinité (3) et la fête qui a pour objet cet ineffable mystère.

Adversaire de la soustraction d'obédience décrétée une seconde fois au Concile national de Paris en 1406 et déjà un fait accompli, l'évêque de Cambray ne crut pas devoir se rendre à la nouvelle assemblée conciliaire qui s'ouvrit dans la même ville le 11 août 1408 et dans laquelle on devait statuer sur la conduite à tenir pendant le schisme. Il allégua pour excuse une maladie. Comme on ne croyait pas à la sincérité de l'excuse, le roi chargea le comte de Saint-Pol de l'arrêter pour l'amener de force dans la capitale. Le comte n'eut pas cette peine. Il se

fut lu publiquement dans un synode de Cambrai », a pris place parmi les *Decreta antiqua Synodi Cameracensis.* (M. Dinaux, *Op. cit.*, p. 46).

(1) On peut lire dans l'*Histoire*, citée, de l'abbé Dupont, tom. II, pp. 44 et suiv., le récit de difficultés assez singulières au sujet du change des monnaies. Il s'agissait de changeurs qui surfaisaient les monnaies étrangères. L'évêque, ayant voulu mettre ordre à cela, rencontra de l'opposition ; et, eu égard à l'entêtement d'une femme, l'affaire prit des proportions assez considérables. Mais la justice finit par triompher.

(2) *Hist. de Charles VI*, par Juvénal des Ursins, Paris, 1653, in-fol., p. 153-154 ; *Histoire de Charles VI*, par un religieux de Saint-Denis, Paris, 1663, in-fol., p. 470.

(3) Ce discours est au nombre des sermons de l'édition de Strasbourg, *Tractatus et sermones*.

rendit réellement à Cambray. Mais le prélat prit de lui-même le chemin de Paris où il arriva avant la fin du Concile (1).

Dans une lettre adressée le 26 janvier 1408 à Benoît, il avait déjà fait pressentir que chez lui le dévouement à l'Église passerait avant l'amitié pour le pape d'Avignon (2). La même année, une lettre aux cardinaux réunis à Pise ne laissait aucun doute à cet égard (3).

Le 1er janvier de l'année suivante, il formulait dix *Propositions utiles pour la destruction du schisme présent par le moyen d'un Concile général*. La première était ainsi conçue : « Encore « que le pape, en tant que vicaire de Jésus-Christ, puisse être « dit d'une certaine manière la tête de l'Eglise, cependant « l'unité de l'Église ne dépend point nécessairement ou ori- « ginairement de l'unité du pape. » Le *quodammodo* ou *d'une certaine manière* est assurément de trop. La dixième, vraie au commencement, devient fausse à la fin : « Pour apaiser le « schisme présent, écrivait le cardinal, un Concile général « peut être réuni, indépendamment de l'autorité du pape, et « même malgré son opposition, par l'autorité de l'Église uni- « verselle, et non seulement il peut être convoqué par les « seigneurs cardinaux, mais même dans la circonstance par « les fidèles, quels qu'ils soient, sachant ainsi, si c'est possi- « ble, soit par un pouvoir d'autorité, soit par un avertisse- « ment de charité, coopérer à l'accomplissement d'un si « grand bien : *et non solum per dominos cardinales convocari*, « *sed etiam in casu per quoscumque fideles, qui vel auctorita-* « *tiva potestate vel caritativa monitione scirent, si pos-* « *sent, ad exsecutionem tanti boni cooperari* (4). » Nous avons

(1) *Revue des Société savantes*, an. 1868, tom. III, pp. 142 et suiv.

(2) *Opera* de Gerson, Anvers, 1706, tom. II, col. 105 : « Tertium reme- « dium hic taceo, quia non nisi ex generalibus (generalis) Concilii consensu « ac communi auxilio videtur posse utiliter practicari vel prætactari « salubriter ». Certes, il n'était pas assez téméraire pour vouloir « docere Minervam »; mais c'était tout simplement, ajoutait-il, afin que « debitum fidelitatis exsolvam. »

(3) Imprimée par Tschackert, *Peter von ailli*, *Append*. X. A une seconde lettre du commencement de 1409 aux mêmes cardinaux, était jointe une pièce exposant les matières à traiter dans le Concile, mais soumise à l'approbation ou à la correction de ces princes de l'Eglise. (Imprimée, *Ibid*., Appen. XI).

(4) Martène et Durand, *Ampliss. Collect*., tom. VII, col. 909 suiv. : *Aliquæ Propositiones*...

remarqué dans Courtecuisse la même doctrine erronée.

Au Concile de Pise, on ne voit pas l'évêque de Cambray prendre la parole dans les circonstances solennelles. Son passé lui imposait-il certaines réserves, surtout à l'égard de Benoît XIII ? Toujours est-il que, dans l'intérêt de l'Eglise, il sut réellement se séparer de ce dernier, et que, durant le Concile, il fit preuve de prudence et donna des preuves d'une érudition peu commune.

Qu'un peu plus tard un prieur des Chartreux, du nom de Boniface, se permette d'attaquer dans un écrit l'assemblée conciliaire, celle-ci aura un défenseur dans Pierre d'Ailly qui écrira en réponse une *Apologie du Concile de Pise* (1).

De retour à Cambray, il reprit sa plume d'auteur. C'est de cette époque que datent : le *De Imagine mundi*, véritable traité de géographie ou description des trois parties du monde connu avec quelques données sur le ciel (2); l'*Epilogus mappæ mundi*, abrégé du *De Imagine mundi* (3); le *De Correctione calendarii*, opuscule où est établie la nécessité d'une modification dans les calculs adoptés pour mesurer l'année (4), et

On lit à la fin : « In civitate Aquensi prima Januarii anno MCCCCIX per P. episcopum Cameracensem. »

Les *Propositions* sont suivies d'une courte lettre au cardinal de Saint-Angèle.

Imprimées au tom. II, col. 112 et suiv., des *Opera* de Gerson, elles sembleraient faire partie des œuvres du chancelier. Il faut les donner à Pierre d'Ailly.

(1) *Apologia Concilii Pisani contra tractatum Dom. Bonifacii, quondam prioris Carthusiæ*, imprimée par Tschackert dans *Peter von Ailly, Append. XII*. Cette *Apologie* serait de 1412.

(2) « Incipit ymago mundi, seu ejus ymaginaria descriptio ipsum « velut in materiali quodam speculo repræsentans ; non parum utilis esse « videtur ad divinarum elucidationem Scripturarum, cum in eis de partibus ipsius et maxime de locis terræ habitabilis mentio sæpius habeatur

. . . .

« Explicit ymago mundi... de Scriptura et ex pluribus auctoribus « recollecta anno domini MCCCC decimo, Augusti decimo. »

Ce traité a été imprimé en 1490 et se voit dans les Recueils de Sainte-Geneviève et de Louvain.

(3) Imprimé : 1° en 1490 ; 2° dans le Recueil de Sainte-Geneviève ; 3° dans le Recueil de Louvain.

(4) Il est dédié à Jean XXIII et sa composition a précédé la promotion de l'auteur au cardinalat : « ... antequam vestra apostolica sublimitas « me servorum suorum infimum in cardinalem S. R. Ecclesiæ nominaret, « tractatulum de correctione calendarii composueram vestræ beatitudini « præsentandum... »

Voici les points du petit traité :

auquel on doit joindre le *De vero cyclo lunari*, composé « secundum Arabum doctrinam » (1); le *De Legibus et sectis contra superstitiosos astronomos*, autre opuscule où se formule la doctrine de l'auteur relativement à la science qui a les astres pour objet (2). Par ces expressions : *leges* et *sectæ*, l'auteur entend les faits sociaux.

Pierre d'Ailly rattachait volontiers les événements de l'ordre naturel aux influences célestes et, par conséquent, estimait qu'ils pouvaient tomber sous les prévisions de la science astronomique (3). Mais il a soin d'établir une exception en faveur de l'ordre surnaturel, car cet ordre surnaturel ne saurait être compris dans la sphère du naturel. Dès lors, les astronomes qui n'en font pas autant se rendent coupables de superstitions (4). Commettent la même faute ou perpètrent le même

. . . .

« Secundum generaliter agit de tribus principalibus calendarii erro-« ribus.
« Tertium agit specialiter de errore ex mutatione equinoxiorum et « solstitiorum ;
« Quartum de errore et mutatione primationum lunæ ;
« Quintum de aliis erroribus qui ex præcedentibus consequuntur ;
« Sextum de calendarii correctione ».

La première erreur est définie : « Primus error qui radix est plurium « aliorum, est quia hujusmodi calendarium non utitur vera anni quanti-« tate. »

(1) Il est également dédié à Jean XXIII et également imprimé dans le Recueil de Sainte-Geneviève et en 1490

(2) Explicit *Tractatus de legibus*... compilatus anno Domini millesimo quadringentesimo decimo, mensis Decembris die vicesima quarta » ; imprimé : 1° en 1490 ; 2° dans les recueils précités ; 3° parmi les *Opera* de Gerson, édit. cit., tom. I., col. 778 et suiv. Dans cette dernière édition, l'on assigne à la composition du traité l'année 1416 : « Explicit « ... anno Domini millesimo quadringentesimo decimo sexto. » Nous devons estimer que le « sexto » est de trop. D'ailleurs, le cardinal avait assez à faire au Concile de Constance sans s'occuper d'astronomie.

(3) *Opera* Gers., édit. cit., tom. I, col. 789-792 : « Tres conclusiones « persuadet, quibus patet quid in hac materia probabilius sit tenendum. « Prima est quod omnes leges vel sectæ quantum ad illa quæ in eis « naturalia sunt et naturaliter fiunt, astronomicæ potestati seu constella-« tioni seu dispositioni cœlesti aliqualiter subesse possunt ; et hæc est in « hoc fundata, quia orbis iste inferior infra spheram lunæ contiguus est « et subjectus lationibus superioribus, id est cœlestibus corporibus... » — « Secunda conclusio est quod leges vel sectæ quæ vel humana adinven-« tione vel diabolica suggestione sunt, sicut secta Machometi vel supra-« dictæ sectæ idolatriæ aut aliæ hujusmodi, cœlesti dispositioni natura-« liter subsunt ; et hæc ex præmissa conclusione sequitur ; nam, cum in « hujusmodi sectis nihil miraculose aut supernaturaliter fiat, consequens « est ut totum a causis naturalibus aliqualiter dependeat... »

(4) *Opera*..., *ibid.* « Tertia conclusio est quod leges et sectæ divinæ,

crime ceux qui ne savent pas comprendre dans une seconde exception les futurs contingents, parce que leur contingence ne permet pas de les prévoir (1). Telle est encore la doctrine exposée dans un des deux traités sur les *faux prophètes* (2),

« id est non humanitus, sed divinitus inspiratæ qualis est, lex Christi et « qualem fuisse credimus legem Moysi, in quantum a divina voluntate « libera supernaturaliter miraculose procedunt, nullatenus astrorum « legibus seu eorum constellationibus subjectæ sunt, nec ad eas vel earum « veritates sublimes et rationem naturalem excedentes astronomicæ scien-« tiæ potestas aliquatenus se extendit. » La raison que l'auteur développe, c'est toujours que le surnaturel est indépendant du naturel.

Il répond même à l'objection qu'on pourrait tirer de certaines notions, répandues parmi les païens, de plusieurs vérités chrétiennes : « Ad hæc « respondeo quod hi seu alii gentiles vel philosophi vel astronomi qui de « his scripserunt, non hæc habuerunt per astronomicam seu naturalem « scientiam; sed hæc receperunt ex divinis scripturis, quæ forte aliqui « legerunt, vel ad hæc præcognoscenda elevati sunt per revelationem « divinam...

D'ailleurs, au commencement de son traité, visant ceux qui « fidei christianæ detrahunt », il écrit : « De quorum numero illos maxime fore « existimo qui legem Dei astrorum legibus subjiciunt et ab eis dependere « contendunt. » Telle est l'erreur qu'il se propose de combattre.

(1) La conclusion de l'opuscule est ainsi formulée, col. 802 : « Unde « ex his iterum concluditur et confunditur alius error pejor priore, « videlicet quorumdam superstitiosorum, qui per astronomiam de judi-« ciis præsumunt, non solum generaliter, sed particulariter et distincte « cognoscere atque prædicere eventus contingentium futurorum... »

(2) Les deux traités, *De falsis fratribus*, sont imprimés parmi les œuvres de Gerson, au tom. I. col. 490 et suiv., 511 et suiv. de l'édition d'Anvers. Dans le premier, le mot *prophète* est pris dans le sens ordinaire. Dans le second, après avoir parlé de diverses sortes de superstitions, il s'exprime, col. 593-594, sur l'astronomie ou astrologie en ces termes qui ne laissent rien à désirer : « Quantum ad tertium, in quo videndum est « quæ pars astronomiæ licita sit et quæ illicita ; licet ex prædictis satis « pateat responsio, tamen pro majori declaratione sciendum est quod « quædam est pars astronomiæ, quæ speculatur motus corporum cœles-« tium, quorum consideratio non solum est licita, sed utilis et honesta. « Et hoc patet ex triplici fine hujus speculationis. Primus, cognitio... re-« rum. Secundus, præparatio ad cognitionem divinorum. Tertius, appli-« catio ad judicia futurorum. »

Le *Secundus* ou la « præparatio ad cognitionem divinorum » est entendue par l'auteur dans le sens de ces paroles apostoliques : *Invisibilia enim ipsius, a creatura mundi, per ea quæ facta sunt intellecta, conspiciuntur; sempiterna quoque ejus virtus et divinitas.* (*Ad. Rom.*, I, 20.)

Quant au *tertius* ou l' « applicatio ad judicia futurorum », nous lisons : « ... distinguendum quod hujusmodi futura sunt in duplici diffe-« rentia... Quædam sunt dispositiones et qualitates temporum et alia. « Quædam aliquid hujusmodi dispositiones consequentia, sicut sunt altera-« tiones in corporibus humanis..., et de istis aliqua et generalia præ-« videri possunt seu conjecturari, quorum observatio non solum est licita, « sed etiam utilis... Quædam autem sunt futura contingentia circa actus « humanos, circa quæ versantur judicia astrologiæ, de nativitatibus, inter-« rogationibus et electionibus; et hæc pars astrologiæ, ut quidam docto

et dans celui qui a pour titre et pour sujet *l'accord de la vérité astronomique et de la narration historique* (1).

Toutefois, on a accusé le savant prélat d'avoir eu un faible, un grand faible pour l'astrologie judiciaire. Malheureusement l'accusation est fondée. Mais il importe à la vérité historique de bien déterminer les limites que l'accusation ne doit pas franchir.

En ce qui touche l'ordre naturel, l'on a dû remarquer dans nos citations un travail d'imagination. Mais il y avait plus que cela; et ce n'est pas comme simples conséquences des prémisses posées que Bodin a pu dire de Pierre d'Arliac — il appelle ainsi notre prélat — : « Celui-ci a rapporté les naissances, « changements et ruines des républiques et des religions aux « conjonctions des hautes planètes (2) »; car ce sont là autant de thèses qui s'étalent dans les traités de Pierre d'Ailly sur la matière (3).

« res dicunt, falsa est, superstitiosa et inutilis ac etiam impossibilis sciri. »
La conclusion, col. 605, est conforme aux prémisses :

« Ex omnibus ergo supradictis possumus concludere, dicendo quod « Joannes Salberiensis, *sui Policratici* lib. 2 : *Est autem astrologia nobi- « lis et gloriosa scientia, secundum clientelam suam, si intra moderationis « metas se exhibeat; quas si immoderate excedat, non tam philosophiæ « species quam impietatis discipula est.* Et rursus : *Verum mathematici et « planetarii, dum professionis suæ potentiam dilatare nituntur, in erroris « et impietatis mendacia pernitiosissima irruunt.*

« Unde etiam ex historiis patet, quod, sive principes, sive alii, qui « mendosis vanitatibus de astrorum judiciis curiose vacaverunt, com- « muniter infortunati fuerunt, ac si fortuna indignaretur et eos impu- « gnaret qui ipsius consilia vanis artibus perscrutantur. »

(1) Le *Tractatus de concordia astronomicæ veritatis et narrationis historicæ*, imprimé en 1490, fait aussi partie des deux Recueils de Sainte-Geneviève et de Louvain.

« Nous lisons au commencement : « Inter præactos errores tres pos- « sunt notari præcipui. Primus est eorum qui ex astronomia futura ne- « cessitate fatali evenere senserunt. Secundus error est eorum qui ex « astronomicis libris plures superstitiones execrabiles artis magicæ mis- « cuerunt. Tertius est eorum qui terminos astronomicæ potestatis respec- « tuque liberi arbitrii et quarumdam rerum quæ solum subsunt divinæ « et supernaturali potestati, superbe et superstitiose excesserunt.

« Præfati errores non solum a sacris theologis, sed etiam a veris « astronomis fuerunt reprobati. »

Dans une lettre adressée à Gerson qui avait écrit sur l'astronomie, nous voyons encore qu'il faut discerner « inter veram astronomiam et superstitiosam magicam, quod facere nequeunt qui theologiam et philosophiam, pariter et astronomiam veram prorsus ignorant... » (Dans *Opera* Gersonis, Anvers, 1706, tom. I, col. 226).

(2) *De la République*, Paris, 1577, in-fol, p. 453.

(3) On peut voir, en particulier, le *Tractatus*, dont nous allons parler,

Dans les événements surnaturels où il distingue ou croit pouvoir distinguer un côté naturel, Pierre d'Ailly le soumet aux lois et, dès lors, aux révélations astronomiques. Après avoir appliqué, dans le *De Legibus et sectis*, en s'appuyant sur Guillaume de Paris, cette théorie au déluge, il n'hésite point à écrire : « Pourquoi n'en pourrait-on pas dire autant de plu-« sieurs autres faits qui se lisent dans la loi ancienne ou « même dans la loi nouvelle (1)? » Et qu'on ne croie pas qu'il ait varié sur ce point. Le *Traité*, déjà mentionné, et de plusieurs années postérieur, *de l'accord de la vérité astronomique et de la narration historique* (2) s'offre au contraire comme un *confirmatur;* et, pour exemple, au fait du déluge (3) il joint celui de la naissance du Sauveur (4). Une semblable doctrine eut

elucidarius astronomicæ concordantiæ cum theologia et cum historica narratione, lequel vise spécialement le *Tractatus*, déjà cité, *De Concordia astronomicæ veritatis et narrationis historicæ*.

Nous transcrirons seulement ces paroles du chapitre XI du *Tractatus elucidarius* : « Et quia mars fuit in angulo cœli in scorpione in domo pro-« pria multum fortis illa conjunctio habuit significare super mutationibus « et destructionibus regnorum et regum et perturbationibus legum. Et « sub hac conjunctione inceperunt ordines Prædicatorum et Minorum. « Et sub eodem tempore invaluit dominium Tartarorum multaque alia « mirabilia sunt secuta ; » et ces autres du chapitre XXXII : « ... appli-« cavi has et similes conjunctiones medias ad magnos et mirabiles even-« tus rerum quales multos notavi in prællegato tractatu : *De Concor-« dia...* »

Il faut savoir que l'auteur distingue plusieurs conjunctions : les très grandes (*maximas*), les majeures (*majores*), les grandes (*magnas*), les moyennes (*medias*), les moindres (*minores*).

(1) *Loc. cit.*, première conclusion. col. 790 : « Cum igitur hæc dicat « (Guillaume de Paris) ex diluvio illo quod tanquam miraculosum narrat « lex hebraica, quare non similiter dici poterit de *pluribus aliis* quæ in « eadem lege vel etiam in lege christiana leguntur ? »

(2) Ce traité en comprend réellement deux, l'un « compositus et completus in civitate Basiliensi anno Christi I XIX, mensis may, die decima » ; l'autre « compilatus et completus in civitate Coloniensi anno Christi I XIX. »

De ce traité ou de ces deux traités, l'on ne doit pas séparer les vingt propositions dont ils semblent le développement : *Vigintiloquium de concordia astronomicæ veritatis cum theologia*. Ces vingt propositions ont été imprimées en 1490 et sont dans les Recueils de Sainte-Geneviève et de Louvain.

(3) *Verbum quintum* : « Et ideo, licet Noe illud diluvium præcognoverit « per revelationem propheticam, tamen probabile videtur quod aliqua « constellatio astronomica illum effectum præsignaverit et ipsius æqua-« liter partialis causa fuerit, ad quod etiam concurrere potuit aliqua con-« junctio magna, major vel maxima quæ hujusmodi diluvium ante-« cessit... »

(4) *Ibid.*: « ... cum humili reverentia dico quod, benedicta Christi incar-

besoin d'éclaircissements et appela l'apologie : double besogne à laquelle l'auteur ne fit pas défaut, mais sans beaucoup de succès ; d'une part, dans le *Tractatus elucidarius astronomicæ concordantiæ cum theologia et cum historica narratione*, et dans le *De Concordantia discordantium astronomorum* ; de l'autre, dans l'*Apologetica Defensio astronomicæ veritatis* et dans la *Secunda apologetica Defensio astronomicæ veritatis*.

Si nous ne pouvons pas fixer la date de la composition des deux premiers opuscules (1), nous sommes en droit de les estimer postérieurs, le premier au *Tractatus de concordia astronomicæ veritatis et narrationis historicæ*, puisqu'il en paraît l'explication, le second au *De Imagine mundi*, ainsi qu'il apparaît à la lecture du début des *Cosmographiæ Tractatus duo*, traités d'une date incertaine (2). Quant aux deux *Apologies*, elles portent pour dates, la première septembre 1419, la seconde octobre de la même année (3).

Launoy assigne l'année 1418 à la composition de plusieurs de ces traités astronomiques (4). M. Dinaux a écrit : « C'est 1414 qu'il faut lire » ; et il place sous cette date ces divers

« natio et nativitas licet in multis fuerit miraculosa et supernaturalis « tamen etiam quoad multa huic operi deifico conceptionis et nativita- « tis natura, tanquam famula domino suo et creatori subserviens, divi- « næ omnipotentiæ cooperari potuit et in his per cœli et astrorum virtu- « tem concurrere cum virtute naturali virginis matris ejus. Et ideo vide- « tur rationi consonum nec christianæ legi dissonum in his potestati « astronomicæ veritatem theologicam commodare. »

(1) imprimés en 1490, ils font aussi partie, le premier des deux Recueils de Sainte-Geneviève et de Louvain, le second du Recueil de Sainte-Geneviève seulement.

(2) Imprimés en 1490, ils se trouvent aussi dans le Recueil de Sainte-Geneviève.

(3) Imprimées en 1490, elles ont aussi pris place dans les deux Recueils précités, la seconde dans celui de Sainte-Geneviève seulement.
1re *Apologie* : « Datum Coloniæ anno Christi I XIX, die 26 septembris » ; 2e *Apologie* : « Datum Coloniæ anno Christi I XIX, die tertia mensis octobris. »
Nous lisons dans les *Opera* de Gerson, édit. cit., tom. I, col. 226, une *Epistola ad Joannem Gersonium doctorem et cancellarium Parisiensem, in qua laudat ejus de astronomia judicium*. Pierre d'Ailly avait reçu, en effet, des lettres de Gerson. Il rappelle dans la sienne qu'il faut « discernere inter veram astronomiam et superstitiosam magiam ».
La lettre du cardinal au chancelier se rapporte au séjour de celui-ci dans l'ancienne capitale de la première Lyonnaise, car le destinataire est prié de rappeler l'auteur au souvenir de l'archevêque de Lyon.

(4) *Op. cit.*, tom. II p. 478.

traités, sauf le *De Legibus et sectis*... et le *De Concordia discordantium*... Mais il ne suffit pas à un homme qui se pose en réfutateur, d'affirmer et d'ajouter simplement comme condamnation de l'opinion contraire : « Cette erreur, répétée par « Bayle et plusieurs autres, est une suite de l'opinion accré« ditée par plusieurs autres, que d'Ailly aurait été en Alle« magne après le Concile de Constance (1). »

Le même écrivain, sans dire davantage où il a puisé, formule cette autre assertion : « Par un hasard singulier, Pierre « d'Ailly conclut de ses observations astrologiques que l'An« téchrist devait venir en 1789. Si l'Antéchrist signifie l'en« nemi de Jésus-Christ, ainsi qu'on l'explique, on pourrait « considérer comme tel la Révolution française (2) ». Mais comment concilier l'assertion avec ces paroles de Pierre d'Ailly, paroles exprimant un sentiment, qu'il semble bien adopter, relativement à l'Antéchrist et à la fin du monde, à savoir que « le temps écoulé de la chute d'Adam ou du com« mencement du monde au Christ, doit être le même que « celui qui s'écoulera du Christ à la fin du monde (3)? »

Plusieurs des travaux de l'écrivain sont donc postérieurs au Concile de Constance. Si l'ordre logique nous a fait avancer si loin, la vérité historique nous commande de revenir un peu en arrière.

Alexandre V, en clôturant le concile de Pise, en avait indiqué un autre pour une époque prochaine, l'année 1412. En ce qui touchait la réformation dans l'Église — car il ne fallait pas se borner à l'extinction du schisme —, l'évêque de Cambray ne plaçait plus — si ardues se dressaient alors les difficultés ! — de très grandes espérances dans un Concile général. Ce fut le sujet de plusieurs considérations soumises à Gerson dans le *De Difficultate reformationis in Concilio universali* (4).

(1) *Notice*..., p. 98, note.

(2) *Op. cit.*, p. 70 note.

(3) *Tract. elucidar*... : « Ex præmissis ergo concludunt isti quod, sicu « spatium cœlestis circuli, quod est ab Ariete ad Libram, est medietas « illius circuli æqualis altius medietati a Libra usque ad Arietem, sic quan« tum est spatium temporis lapsi ab Adám sive a principio mundi usque « ad Christum, tantum naturaliter debet esse a Christo usque ad finem « mundi. »

(4) Dans *Opera* de Gerson, édit. d'Anvers, 1706, tom. II, col. 867 et suiv.

Cet écrit est de « A. 1410, proxime ante Concilium Constantiense... »

Ne valait-il pas mieux « laisser le pape et les cardinaux à « leur bon génie que de célébrer sans nécessité ledit Concile, « épargnant à ces mêmes prélats des sollicitudes et des « dépenses superflues (1)? » Et le schisme lui-même ne trouverait-il pas plus sûrement sa fin dans une sentence arbitrale d'un Concile particulier que dans une décision d'un Concile général? Telle est bien la pensée écrite dans l'opuscule : *Utrum indoctus in jure divino possit juste præesse in Ecclesiæ regno* (2).

Les résultats du Concile de Pise avaient-ils un peu découragé l'évêque de Cambray? Toujours est-il que jusque-là, en présence de l'obstination des contendants, il n'avait cessé d'appeler de ses vœux la réunion d'un Concile général. Nous l'avons marqué précédemment (3).

Comme Jean de Courtecuisse, Pierre d'Ailly ne paraît pas bien convaincu qu'un Concile œcuménique soit infaillible; car, pour infirmer le premier moyen proposé, il a écrit : « Nec « videtur habere locum quod allegatur; licet enim concede« retur quod non potest errare in his quæ sunt fidei, tamen « potest errare in his quæ sunt facti, et per consequens in « proposito (4). » C'est l'Église universelle qui jouit incontestablement du privilège de l'infaillibilité, ainsi que le prélat le

(1) *Opera, ibid.*, col. 872.

(2) Dans *Ibid.*, tom. I, col. 646 et suiv. Deux moyens s'offraient pour mettre un terme au lamentable état de choses : le Concile général et celui qui est indiqué en ces termes : « Præsens schisma convenientius « potest terminari per compromissi seu particularis Concilii arbitrariam « ordinationem quam per Concilii generalis determinationem. » (*Ibid.*, col. 661). L'auteur incline vers cette seconde opinion; et il termine par ces mots : Circa reliqua, hanc materiam tangentia, principaliter « tractavi in quibusdam cedulis variis temporibus per me scriptis; se« cundo principaliter in Concilio generali celebrato in civitate Pisana, et « in quibusdam congregationibus antea celebratis. »

(3) Voir, pour une circonstance spéciale, cette réflexion de Juvénal des Ursins au sujet d'un discours prononcé par Pierre d'Ailly et qui avait pour texte : *Pax Dei quæ exsuperat omnem sensum... et intelligentias vestras* (*Ad. Philip.*, IV, 7) : « Ce qu'il déduisit, comme il estoit bien aisé, et monstroit que pour cesty matière on devoit faire un Concile général ». (*Hist. du roy Charles VI*, Paris, 1653, in-fol., p. 182-183.)

(4) *Opera* de Gerson, édit. cit., tom. I, p. 661.
Hardt cite encore ces paroles de Pierre d'Ailly : « Secundum magnos « quosdam doctores, generale Concilium potest errare non solum in facto, « sed etiam in jure et, quod magis est, in fide. » (*Mag. Œcum. Const. Conc.*, tom. II, col. 201.)

montrera dans un autre traité, le *Tractatus de Ecclesiæ, Concilii generalis, Romani pontificis et cardinalium autoritate* ; car, dira-t-il, « universalis Ecclesia a Christo et non a papa hoc « privilegium autoritatis habet, quod in fide errare non po- « test; et hanc etiam autoritatem, secundum aliquos, habet « Concilium, universalem Ecclesiam repræsentans ; sed talem « autoritatem non habet papa, cum errare possit in fide ; « ergo in hoc major est autoritas Concilii vel Ecclesiæ quam « papæ (1). »

En s'occupant de l'Église universelle et en se livrant à la composition de nombreux écrits, le prélat ne négligeait en rien l'administration de son diocèse et le salut des fidèles qui lui étaient particulièrement confiés : il y avait temps pour tout.

Une secte avait levé la tête dans la ville de Bruxelles qui, alors, faisait partie de l'évêché de Cambray. Elle se disait la secte des *hommes d'intelligence*. Elle avait pour fondateur un certain Gilles-le-Chantre (Ægidius Cantator) et pour adhérent Guillaume de Hildenissen, de l'ordre des Carmes, successivement prieur des couvents de Malines et de Bruxelles. Parmi les erreurs professées par la secte, nous indiquerons seulement celles-ci : le salut des démons, la fin de l'enfer. Les erreurs furent condamnées par le prélat et le Carme, cité au tribunal de ce dernier, prononça sa rétractation. C'était en 1411 (2).

Nommé cette même année cardinal du titre de Saint-Chrysogone par Jean XXIII qui voulait l'attacher à la cour ro-

(1) Dans *Opera* de Gerson, Anvers, 1706, tom. II, col. 953.

(2) Baluze, *Miscellanea*, édit. in-8., tom. II, pp. 277 et suiv., édit. in-fol., tom. II, pp. 288 et suiv. : *Errores sectæ hominum intelligentiæ et processus factus contra fratrem Willelmum de Hildenissen ordinis B. Mariæ de Monte Carmeli per Petrum de Alliaco, episcopum Cameracensem, anno Christi MCCCCXI.*

Cosme de Villiers appelle le Carme *Guillelmus de Hildernisse* (*Biblioth. Carmelit.*, tom. I, col. 602.)

Voici les deux propositions qui sont les premières de celles retractées par Guillaume :

« ... quod omnes christiani, Judæi, pagani et etiam diaboli salva- « buntur...;

« ... aliquando infernus non erit. »

L'on trouve aussi les *Errores sectæ hominum intelligentiæ* dans la *Collectio judiciorum*..., de du Plessis d'Argentré, tom. I, par. II, pp. 201 et suiv., et dans les *Actes de la province ecclésiastique de Reims*, tom. II, Reims, 1843, pp. 667 et suiv.

maine (1), démissionnaire pour cette raison de l'évêché de Cambray (2), Pierre d'Ailly continua à être désigné, comme s'il avait conservé son siège, sous le titre de cardinal de Cambray (*cardinalis Cameracensis*). Il fut, trois ans plus tard (1414), envoyé en qualité de légat en Allemagne. Sa mission n'avait évidemment d'autre objet que les malheurs de l'Eglise et la cause de Jean XXIII. Le diplomate savait réserver quelques loisirs à l'écrivain : pendant le mois de juin et de juillet qu'il passa à Bâle, sa plume traça des commentaires sur le psaume XLII : *Judica me, Deus, et discerne causam meam*, et sur l'*Ave Maria* (3).

Le moment approchait de la célébration du Concile de Constance. Dans une première lettre à Jean XXIII, le cardinal de Cambray, dépeignant le triste état de l'Eglise, rattachait ses espérances à une sérieuse et sainte réformation (4). Dans une

(1) « ... a Joanne XXIII, pontifice maximo, S. R. E. presbyter cardi-« nalis tituli S. Chrysogoni creatus mense maio MCCCCXI ». (Actes de l'égli. de Cambray, *apud* Launoy, *Op. cit.*, tom. I, p. 137). — « Dans un « tableau exposé à l'entrée du chœur de l'ancienne métropole de Cam-« brai, dit M. Dinaux, on lisait que l'élévation de Pierre d'Ailly au car-« dinalat avait eu lieu en mai 1411. » (*Op. cit.*, p. 64). Pourquoi donc M. Dinaux la place-t-il le 6 juin? Il est vrai qu'il prétend que « ce ta-« bleau a quelquefois été reconnu fautif pour ce qui regarde les anciens « évêques de Cambrai ».

(2) M. Dinaux, *Ibid.*, p. 65, a rédigé cette note : « Erasme a écrit « que d'Ailly avait été chassé de son église épiscopale, et il ajoute « que cet exil lui procura le chapeau de cardinal. Erasme est le seul qui « qui parle de cette anecdote peu vraisemblable. » Ici, l'historien a été mieux inspiré.

Le pape donna pour successeur à Pierre d'Ailly Jean de Lens : « Hic « legitur gregem suum cum laude rexisse per annos 25, qui annorum « numerus ut reperiatur, inchoandus est Joannis episcopatus an. « 1411. » (*Gall. christ.*, tom. III, col. 49). M. Dinaux assigne le 13 juillet 1412 : pourquoi ?

De nouveaux liens se seraient formés entre le cardinal et l'église qu'il avait quittée. L'année suivante, il obtint « un de ces canonicats de son « ancienne église cathédrale qu'il conserva jusqu'à ce qu'il en fût évincé, « en juillet 1414, par une sentence apostolique, conférant cette prébende « au cardinal Guillaume Fillastre, ancien archevêque d'Aix. Enfin, le « 21 janvier 1415, il jouit encore d'un autre bénéfice dans la « même église, qu'il résigna trois ans après. » (M. Dinaux, *Op. cit.*, p. 60-69).

(3) Ces deux commentaires ont été imprimés en 1490. (Launoy, *Op. cit.* pp. 474, 477).

(4) *Opera* de Gers., édit. d'Anvers, 1706, tom. II, col. 876 et suiv. A la col. 879, nous lisons : « ... restat dare salubre consilium; et istud « concluditur ex prædictis, videlicet quod, licet, secundum præmissa, « super Ecclesiam sit tribulatio præparata, tamen, si mores nostros in

seconde, il conseillait d'arrêter, après examen préalable, les principaux points de l'œuvre salutaire et désirée (1). A la suite de cette seconde lettre, nous trouvons : *Fragmentum epistolæ ejusdem ad Joannem XXIII* (2). Le début nous fait comprendre que le cardinal demandait des éclaircissements au pape ou mieux visait sous cette forme délicate à lui en donner : « Nunc puto, amantissime pater, aliud ut dubium mihi velit vestra dilectio reserare. » Il s'agit dans ce *doute* de l'élection et de la science des papes.

« melius reformemus, si fastus nimios cum prudentia et modestia tem-
« peremus, si corde et opere ad Deum revertamur, ipse modo inestimabili
« nos juvabit et a flagellatione cessabit, sicut ipse per Jeremiam ait :
« *Si pœnitentiam egerit gens illa a malo suo, ita et ego a malo quod cogi-*
« *tavi facere.* »

A la fin de cette missive, l'Eglise apparait qui tient ce langage au pape :

« Ego, Christi sponsa, tibi tuæque gubernationi commissa, nunc inter « tot et tanta malorum pericula constituta, ad te lachrymosa clamare « compellor... Vide me multipliciter divisam, mirabiliter laceratam, mise- « rabiliter deformatam. Si hoc piis oculis vides, ostende quod summus « pater, summus pastor, summus pontifex esse mereris : ostendes uti- « que, si me divisam unire, laceratam reparare et difformatam reformare « studeas. O me felicem matrem teque vere beatum et sanctum patrem, « si tam beatum et sanctum opus tamque utile et necessarium, coope- « rante tibi sacro generali Concilio, divina gratia implere concedat. »

L'Eglise n'a pas des accents moins émus pour les fidèles, les cardinaux, les prélats :

« Vos igitur, o Christi fideles, omnes invoco, omnes exhortor ad tam « bonum opus consilium et auxilium dare, ad hoc totis viribus intendere. « ... Sed ad hoc vos specialiter invoco et singulariter exhortor, o sanctæ « Romanæ Ecclesiæ cardinales, qui propter hoc lateri summi pontificis « assistitis, ut, absentibus aliis membris, totius ecclesiastici corporis « vices geratis. Vos igitur, o pastores et prælati cæterique ad hoc generale « Concilium evocati, omnes generaliter admoneo vobisque mala mea la- « mentabiliter explico, dicens : *O vos omnes qui transitis per viam, atten-* « *dite et videte si est dolor sicut dolor meus.* »

Les évêques du dehors ne sont pas oubliés :

« Sed ad vos me converto, o christiani reges et principes, et ad te « præcipue, illustrissime Romanorum rex, qui, tanquam fidelis advocatus « Ecclesiæ, ad hujus Concilii congregationem te devotum esse monstrasti « teque in ea personaliter interessé spopondisti. »

(1) *Ibid.*, col., 883 et suiv., *De præcipuis reformationis Ecclesiæ capitibus*. Col. 883 : « Ante celebrationem Concilii expediret a sancta sede « apostolica certos commissarios deputari, qui, examinata et diligenter « discussa materia tractandorum, tandem Vestræ Sanctitati per eos « digesta referrent, priusquam venirent in publicum. »

Ces *Epistolæ duæ ad summum pontificem Joannem XXIII* sont dites, sans indication précise de l'année, « scriptæ paulo ante Concilium Constantiense »; et la seconde porte dans son texte : in generali Concilio proxime celebrando... »

(2) Col. 885.

Le cardinal n'arriva à Constance, pour prendre rang dans l'assemblée conciliaire, qu'après la première session qui se tint le 16 novembre de cette même année 1414. L'autorité de ses conseils s'imposa immédiatement sur un point capital, le droit de suffrage. Il soutint, contre les partisans de Jean XXIII, « dans un mémoire qui fut rendu public, que non seulement « les évêques et les abbés, non seulement les docteurs en théo- « logie et en droit canon, mais aussi tous les ambassadeurs « des princes et tous les procureurs des prélats et des chapi- « tres pouvaient donner leur suffrage dans l'affaire présente; « que telle avait été la pratique du Concile de Pise, et que, la bulle « de convocation s'étendant à toutes sortes de personnes, il « n'était pas vraisemblable qu'elle eût voulu ôter à qui que ce « soit le privilège de juger et de définir. Le Concile adopta « cet avis et n'exclut personne du droit de suffrage (1) ».

Il ne faut pas oublier que le Concile de Constance avait pour but premier l'extinction du schisme. Afin d'éviter la confusion qui entraînerait nécessairement le grand nombre de votants, on partagea d'abord le Concile en quatre nations : l'Italie, la France, l'Allemagne, l'Angleterre (2). Une cinquième fut ajoutée plus tard, l'Espagne, qui se sépara de Pierre de Lune. Chaque nation s'assemblait en particulier « pour délibérer « des choses qui dévoient être portées au Concile. Quand on « étoit convenu de quelque article, on l'approuvoit à une as- « semblée générale des quatre nations; et, si l'article étoit « unanimement approuvé, on le signoit et on le cachetoit, « pour le porter dans la session suivante, afin d'y être auto- « risé par tout le Concile (3) ».

Suivirent à assez peu d'intervalle les *Monita*, tracés par la même plume cardinalice, sur la nécessité de la réformation de l'Eglise (4). Les deux antipapes écartés, le pape légitime ayant le devoir de se sacrifier au bien public, il fallait astreindre le nouveau successeur de saint Pierre à l'observation des décrets du Concile. Les *Monita* avaient ensuite pour principal

(1) Rohrbacher, *Hist. univ. de l'Eglise*, tom. XXI, Paris, 1865, p. 145. Le Mémoire est résumé par Hardt dans *Mag. œcum. Constant. Conc.*, tom. II, col. 224-225.

(2) *Dictionn. portat. des Concil.*, Paris, 1764.

(3) *Opera* de Gerson, même édit., tom., II, col. 885 et suiv. : *Monita de necessitate reformationis Ecclesiæ in capite et in membris, scripta in principio Concilii Constantiensis.*

(4) *Ibid.*

objet les réserves, les expectatives, les commandes que le passé condamnait et que l'avenir ne devait plus connaître (1). Moins de deux ans plus tard, un *De Reformatione Ecclesiæ* (2) précisait et complétait les *Monita* : la réformation devait être vraiment universelle et, dès lors, porter sur le souverain-pontife, les cardinaux, les évêques, les ecclésiastiques, les religieux et religieuses (3), le peuple chrétien. Si la rareté des Conciles n'a pas été sans influence sur la situation actuelle, un des bons moyens d'éviter le retour de semblables maux était la tenue plus fréquente de ces assemblées universelles et même provinciales. Il y a là une nouvelle preuve des appréhensions du cardinal relativement à l'action réformatrice d'un Concile général, se limitant aux difficultés particulières de l'époque présente.

La parole du cardinal se faisait aussi entendre. Le pape, l'empereur, les membres du Concile avaient une mission à remplir dans l'œuvre entreprise. Quelle devait être cette mission? Ce fut le sujet, de la part de Pierre d'Ailly, d'un discours, dans lequel l'orateur, comparant la majeste papale au soleil, la puissance impériale à la lune, l'ordre ecclésiastique aux étoiles, demandait à chacun d'eux un concours unanime, dévoué, efficace ; car c'est ainsi que, conformément

(1) Le cardinal disait au sujet des réserves : « Quid est utile, ut sub « colore ipsarum reservationum paucæ admodum personæ ditentur et « tota christianorum communitas depauperetur et opprimatur ? (*Opera* « de Gerson, même édit., tom. II, col. 887.)

(2) *Ibid.*, col. 903 et suiv. : *Tractatus de reformatione...* A la fin : « Scriptum Constantiæ, anno Domini M.CCCCXVI, die prima mensis No- « vembris. »

Ce traité a été imprimé en 1490 sous le titre : *De Emendatione Ecclesiæ* (Launoy, *Op. cit.*, p. 478), et sous le même titre dans *Pragmatica Sanctio Caroli VII*..., Paris, 1666, in-fol., 13e pièce (Le Long, *Bibl. hist*..., n° 7539).

(3) Sur les ordres religieux, il écrivit, entre autres choses : « ... vide- « tur quod tanta religiosorum numerositas et varietas non expediat, quæ « inducit ad varietatem morum et quandoque ad contrarietatem et repu- « gnationem observationum, et sæpe ad singularitatem et superbiam et « vanam extollentiam unius status super alium.

« Et maxime videtur necessarium ut diminuantur religiones ordinum « mendicantium : quia tot sunt et in numero conventuum et in numero « suppositorum, ut eorum status sit onerosus hominibus, damnosus le- « prosoriis et hospitalibus ac aliis vere pauperibus et miserabilibus indi- « gentibus quibus convenit jus et verus titulus mendicandi, ipsisque quo- « que curatis parochialibus et, si bene consideretur, etiam præjudicialis « omnibus Ecclesiæ statibus... » (*Opera, ibid.*, col. 911.)

à cette parole sacrée, inspiratrice du discours : *Erunt signa in sole et luna et stellis*, ils feraient apparaître en eux, pour le bonheur de l'Église, des signes de joie et d'allégresse. Ce discours était prononcé en 1417 (1).

Cette même année ou l'année précédente, les Pères du Concile pouvaient lire un nouveau traité du cardinal de Cambray, celui déjà cité, *De l'Autorité de l'Eglise, du Concile général, du pontife souverain et des cardinaux* (2). Sans doute, leur conviction était faite et demeurait profonde sur ce point capital. Mais n'y avait-il pas encore à projeter, d'une part, à recueillir, de l'autre, quelques nouveaux rayons de lumière ? L'origine de la puissance ecclésiastique, le droit des ministres de l'Église sur les biens à elle appartenant, la plénitude du pouvoir dans la société religieuse, telles sont les trois parties du traité. L'origine de la puissance ecclésiastique est divine et apostolique, encore que certaines parties de sa hiérarchie ne présentent pas ce caractère (3). Le pape et les évêques ne sont que les dispensateurs des biens de l'Église. L'examen de la plénitude du pouvoir dans l'Église fait naître des questions, non seulement du plus haut intérêt, mais essentiellement actuelles.

Où réside ce pouvoir suprême? Est-ce seulement dans le pape? Est-ce aussi dans le Concile? Dans l'un et dans

(1) *Opera, ibid.*, col. 917 et suiv. : *Oratio Petri de Alliaco, cardinalis Cameracensis, de officio imperatoris, papæ reliquorumque membrorum Concilii Constantiensis pro emendatione Ecclesiæ, habita Constantiæ in Concilio generali, anno M.CCCCXVII.*

(2) *Ibid.*, col. 925 et suiv. : *Tractatus de Ecclesiæ, Concilii generalis, Romani pontificis et cardinalium autoritate, liber unus, scriptus in Concilio Constantiensi M.IDXVII*, ou, comme on lit à la fin, « post depositionem Joannis papæ XXIII ». Ce traité n'est pas autre que celui qui a été imprimé en 1490 (Launoy, *Op. cit.*, tom. II. p. 478) sous le titre : « *De Potestate Ecclesiæ*, et s. l. n. d. (Hain, *Repertor...*, n. 853) sous celui-ci : *Tractatus de potestate papæ et auctoritate cardinalium.*

(3) Il est dit de l'Eglise romaine : « ... Mater est et magistra ». Et encore :

« Romana Ecclesia quæ in papa et cardinalibus principaliter repræ-
« sentatur, pars principalis sive membrum est Concilii generalis, in quo
« papa vel suus vicarius, ipso absente, præsidere debet, nisi causa mani-
« festa et in jure divino fundata obsisteret...

« Romana Ecclesia tantæ authoritatis est, quod, secundum aliquos,
« sine ea vel eam repræsentantibus in generali Concilio, nihil decerni
« aut diffiniri debeat, nisi causa rationalis obsisteret...

« Romana Ecclesia totumque generale Concilium ad universalem
« membrorum Ecclesiæ reformationem debent unanimiter concurrere.
(*Ibid.*, col. 938-939)

l'autre, mais plus parfaitement, plus immuablement dans le Concile général : « Ex præmissis patet quod, sicut plenitudo potestatis est in generali Concilio repræsentative, ita aliquo « modo, licet non æqualiter, est in Romana Ecclesia, quia ipsam universalem Ecclesiam repræsentat... Et ideo Romana « Ecclesia dicitur sedes apostolica, quia in ea sedet apostolicus, « id est præsidet apostoli Petri successor (1) ». Il était au moins étrange de faire découler pour le Saint-Siège la plénitude du pouvoir de ce que l'Église romaine est la représentation de l'Église universelle. Fausse alors, cette théorie, renouvelée par Richer, ne pouvait éviter plus tard la trop juste qualification d'hérétique.

Dans ces conditions et pour des raisons graves, le pape est-il passible du jugement du Concile général ? Incontestablement : « Ad quam quæstionem breviter respondeo « affirmative : nec ei solum subjicitur in casu quo accusaretur de crimine hæresis proprie dictæ, sed etiam in quibusdam aliis casibus, qui possent quodammodo reduci ad « hæresim, large sumptam, ut ratione obstinationis et incorrigibilitatis in crimine. Hæc autem conclusio in condemnatione et depositione Joannis papæ XXIII prædicata est « per hoc Concilium generale (2) ». Doctrine à laquelle l'auteur veut assigner cette triple base : le droit naturel, le droit divin, le droit humain (3).

On ne pouvait entamer efficacement l'œuvre de la réformation qu'après l'élection d'un pape. Ainsi pensait le Concile. Mais comment procéder dans la circonstance exceptionnelle ? Le mode fut indiqué par Pierre d'Ailly dans un mémoire que le Concile, en le faisant substantiellement sien, convertit en constitution (4). Chaque nation nommerait des

(1) *Opera*, *ibid.*, col. 951.

(2) *Ibid.*

(3) *Ibid.*, col. 956 : « ... probare intendo jure naturali, divino et humano, quod papa subest in multis casibus judicio Concilii generalis ; et hæc declarabo ex his quæ scripsi in Tractatu quem dudum compilavi : *De Concilio generali*.

Ce Traité, selon Launoy, *Op. cit.*, tom. II, p. 478, a été imprimé en 1490 ; mais nous n'avons pu le découvrir dans les Bibliothèques de Paris. On en trouvera des copies dans les mss. lat. 1480, 1571, 3124 de notre Bibliothèque nationale.

(4) Hardt, *Mag. œcum. Const. Conc.*, tom. II, col. 586 : *De Modo vel forma eligendi novum pontificem in Concilio Constantiensi Constitutio*, ca-

députés, mais de façon à ce que le nombre total de ceux-ci ne dépassât point le nombre des cardinaux présents; l'élection ne serait valide qu'autant que l'élu réunirait les deux tiers des suffrages des cardinaux et les deux tiers de ceux des députés; on observerait les lois portées ou les coutumes suivies pour les conclaves; les électeurs feraient serment de voter avec impartialité et sans passion; enfin le Concile suppléerait aux irrégularités, s'il s'en rencontrait (1).

La nécessité de cette élection, la raison de ce mode électoral, le cardinal de Cambray se faisait un devoir de les faire ressortir dans ses discours. L'on peut citer, à ce sujet, un sermon de la Pentecôte et un autre pour la fête de saint Louis, évêque de Toulouse (2).

Savant dans les écrits, orateur apprécié dans les discours, l'éminent prélat se montrait ferme et modéré dans les discussions aussi bien que dans la conduite des affaires. Voilà ce qui se remarque, en particulier, dans les principaux actes qu'il a accomplis en qualité de commissaire *in materia fidei*. Une commission, en effet, dont il faisait partie, avait été nommée avec pleins pouvoirs touchant les questions dogmatiques.

Une question se posa en premier lieu. Au nom de qui condamnerait-on les erreurs? Au nom du pape avec l'approbation du Concile? Ou seulement au nom du Concile? Les uns se prononçaient dans un sens, les autres dans un autre. Pierre d'Ailly produisit un mémoire pour établir qu'il fallait parler au nom du Concile. La raison était péremptoire : la supériorité de ce dernier sur le pape (3).

lamo Petri de Alliaco cardinalis Cameracensis delineata ac publica, postmodum Concilii autoritate probata.

D'après Launoy, *Op. cit.*, p. 477, le *De Forma et modo eligendi papæ*, de notre cardinal, a été imprimé en 1490.

(1) Labbe, *Concil.*, tom. XII, col. 244, reproduit la constitution conciliaire qui précise ce point : « Sacrosancta synodus Constantiensis... ordi-« nat, statuit et decernit quod hac vice duntaxat, ad eligendum Romanum « et summum pontificem, una cum cardinalibus sex prælati vel aliæ hono-« rabiles personæ ecclesiasticæ, in sacris ordinibus constitutæ, de qualibet « natione, in eadem synodo pro tunc existentes..., ipsis cardinalibus adjun-« gantur. » On estime généralement qu'il y avait 23 cardinaux présents. Les 30 députés des cinq nations sembleraient donner raison à ceux qui élèvent à 28 ou 32 le nombre de ces cardinaux. (Lenfant, *Hist. du Conc. de Const.*, Amsterdam, 1727, in-4, tom. II, col. 149.)

(2) Hardt, *Op. cit.*, tom. IV, col. 1330, 1400.

(3) Ce Mémoire fut inséré dans le traité, déjà mentionné et analysé

Si la logique du commissaire se montrait inflexible touchant les erreurs de Jean Hus, son cœur s'ouvrait à la commisération pour engager l'hérésiarque à venir à résipiscence (1).

Il poursuivait avec une égale ardeur et non moins de force les séditieuses propositions de Jean Petit. Mais, en présence de certaines criailleries des partisans de ce dernier, il ne voulut plus siéger dans cette cause en qualité de commissaire (2).

Un dominicain de Saxe, Matthieu Grabeen ou Grabon, avait écrit contre les *Frères de la vie commune*, religieuse association qui, nous le savons, sans se lier par des vœux, s'astreignait à la communauté d'existence. Il prétendait, oubliant sans doute l'approbation de Grégoire XI, qu'une semblable association était illégitime ; car, lorsqu'il s'agit d'ordres religieux, l'adoption de la vie commune est inséparable de l'émission des vœux. Cette théorie qui rigoureusement, c'est-à-dire dans le sens strict, pouvait peut-être se

De Ecclesiæ, Concilii generalis, Romani pontificis, et cardinalium autoritate. (Hardt, *Op. cit.*, tom. VI, col. 59 et suiv.; *Opera* de Gerson, édit. cit., tom. II, col. 951 et suiv.) Non seulement il conclut : « Ergo in hoc major est authoritas Concilii vel Ecclesiæ quam papæ », mais il réfute les raisons des adversaires : « Ex præmissis sequi videtur, secundum aliquos, quod falsa quorumdam juristarum opinio dicentium quod « in Concilio generali papa duntaxat judicat et diffinit, et si, eo præsente, ibi aliqua statuerentur, Concilium nihil statuit, sed suadet et « consulit ; nec papa tenetur sequi deliberationem vel suasionem Concilii. » Il ajoute, enfin, qu'on ne saurait se prononcer contre la doctrine par lui établie sans encourir, aux yeux de beaucoup, la note d'hérétique : « Unde oppositum dicere multis est hæreticum... » (*Opera* de Gerson, édit. cit., tom. II, col. 953).

(1) Il tenait, par exemple, ce langage à Jean Hus : « En viæ propositæ « sunt tibi, ut ex his eligas unam : aut te offeras omnino totum in potestatem et gratiam Concilii, ejusque decretis super hac re acquiescas ; ita « namque fiet, ut Concilium... clementer acturum sit tecum ; aut si ex « dictis articulis quosdam tenere ac defendere intendas et desires aliam « audientiam, concedetur tibi quidem. Sed tunc scias hic magnos « et illuminatos viros, qui fortissima habent adversus articulos tuos fundamenta ; et verendum est ne inde gravioribus involvaris erroribus. Id « consulendo dixerim tibi, non ut judex. » (Launoy, *Op. cit.*, tom. II, p. 474, d'après Bzovius.)

(2) *Opera* de Gers., tom. V, col. 481 : « Reverendus in Christo Pater « Dominus Leonensis episcopus retulit aliis dominis judicibus et commissariis, qualiter dominus cardinalis Cameracensis sibi dixerat quod in « hujusmodi causa ulterius tanquam judex interesse vel se intromittere « noluit. » Voir aussi toute la procédure dans ce même volume et, en particulier, col. 353, 383, 492, 495.

soutenir, il l'appuya sur des considérations qui n'étaient rien moins que conformes à la saine doctrine. Aussi, de son livre un certain nombre de propositions furent-elles extraites pour être déférées au Concile (1). Pierre d'Ailly, se joignant à Gerson pour appeler sur elles la sentence méritée, appelait ce livre *hérétique* et *digne du feu*. Le téméraire écrivain dut se rétracter (2).

Le Concile touchait à sa fin. Si, comme nous l'avons dit d'abord et comme le lecteur ensuite a pu le constater lui-même, la mission du cardinal de Cambray fut grande, ce ne fut pas sans lui avoir imposé un travail considérable; mais l'amour de l'Église soutenait les forces et animait le zèle de l'illustre théologien (3).

Après le Concile, Pierre d'Ailly fut-il chargé par Martin V d'une nouvelle mission en Allemagne ou de la légation d'Avignon ? Les uns se sont prononcés pour la mission; les autres pour la légation. Ne pourrait-on pas concilier les deux opinions, en admettant la mission d'abord, la légation ensuite (4) ?

L'incertitude sur ce point est suivie de l'incertitude sur deux autres : le lieu et l'année de la mort sont aussi demeu-

(1) Une de ces propositions se formulait ainsi : « Religio christiana non obligat ad observantiam consiliorum neque cum voto neque sine voto. » (*Opera* de Gerson, tom. I, col. 470.)

(2) *Ibid.*, col. 467 et suiv.; Hardt, *Op. cit.*, tom. III, col. 107 et suiv.; *Collect. judicior*.... tom. I, par. II, pp. 197 et suiv. Dans les *Opera*, *ibid.*, col. 474, et dans *Collect. judicior*..., *ibid.*, p. 199, se lit la *Revocatio et abjuratio prædictorum articulorum et conclusionum*.

(3) Launoy a écrit ces mots, *Op. cit.*, tom. II, p. 474 : « Nunc vero explicari vix potest quantam in omnibus triennis synodi negotiis operam « navarit : vel enim cum hæreticis disputabat, vel edebat libros vel « diebus festis concionabatur. »

(4) Le Concile prit fin en avril 1418, et nous avons vu, d'après l'édition très ancienne du recueil de divers *opuscula*, que plusieurs d'entre eux portent pour lieu de la composition l'Allemagne, et pour date l'année 1419.

Hardt, *Op. cit.*, tom. I, par. VIII, p. 479, dans sa *Vita Petri de Alliaco cardinalis Cameracensis qui magna Concilii Constantiensis pars fuit*, consigne de son côté une mission en Allemagne après le Concile de Constance : « Senex septuagenario major altera vice a pontifice Martino V in « Germaniam ablegatus est, quo officio proxime ante Concilii Constan- « tiensis tempora erat functus. » Il est vrai qu'il la fait précéder d'un retour « ad Cameracensem suam ecclesiam. » (*Ibid.*, col. 477.)

Les actes de l'église de Cambray — nous allons transcrire les paroles dans la note suivante — sont également formels sur le fait de la mission en Allemagne, bien qu'ils la placent, ce nous semble, trop tard.

rés un problème. Est-ce en France ou en Allemagne? Est-ce en 1420 ou 1425 (1)? Chacune de ces interrogations a eu sa réponse affirmative. Ceux qui se prononcent pour l'Allemagne et l'année 1425, s'appuient sur les actes de l'église de Cambray qui sont explicites (2). Ceux qui assignent la France et Avignon donnent pour principale raison que, après le Concile de Constance, Pierre d'Ailly a été chargé de la légation de la ville des papes en France; et, relativement à l'année 1420, d'autres documents, également respectables, ne font pas défaut (3). Pour nous, en reposant le problème, nous n'avons pas la prétention de le résoudre péremptoirement. Mais nous estimons qu'il y aurait lieu de préférer la ville d'Avignon et l'année 1420 : à nos yeux, il y a d'une part presque une certitude, et de l'autre une grande probabilité.

Quoi qu'il en soit, la dépouille mortelle de l'illustre cardinal fut portée à Cambray et elle reposa derrière le maître-autel de la cathédrale (4).

(1) D'autres dates ont été données qui s'échelonnent de 1416 à 1429. (M. l'abbé Salembier, *Petrus de Alliaco*, Lille, 1886, in-8, p. 367.) Mais on ne saurait remonter au delà de 1419, puisque le cardinal a adressé une lettre à Gerson dans la ville de Lyon, et Gerson n'est rentré en France qu'après la mort du duc de Bourgogne arrivé en septembre 1419. Quant aux autres années assignées, il n'y a rien de probable.

(2) « ... in Germania inferiori pro sede apostolica legatione fungens moritur IX Octobris MCCCCXXV. Exuviæ corporis, sequenti (anno), mense julio, Cameracum deportantur retro majus altare et ibi conduntur. » (Cit. *apud.* Launoy, tom. I, page 137.)

(3) Le *Gal. christ.*, tom. III, col. 48, après l'avoir fait mourir le 9 août 1425, ajoute en note : « De anno tamen dubitare cogit quod legitur in « actis capituli generalis Cartusianorum an. 1420, ubi habetur : *Obierunt* « *reverendus in Christo cardinalis Cameracensis sacerdos, pro quo fiat per* « *totum ordinem unum tricenarium defunctorum*, etc. »

C'est un premier document. Il en est un second dont le *Gallia christiana* au tome précédent, col. 730-731, a consigné l'existence en ces termes : « Prioris sponsæ non immemor, ipsi legavit 400 *muttones* aureos « pro stipendio annuarum precum, quas in hac ecclesia fieri pro se cons- « tituerat; quæ pecunia est allata an. 1421, die 19 Augusti. »

Nous transcrivons aussi, après M. l'abbé Salembier, *Petrus de Alliaco*, Lille, 1886, in-8, p. 370, le témoignage d'un presque contemporain, Jean-le-Robert, dont les *Memoralia* vont jusqu'en 1468 : « L'an 1420, dit ce der- « nier, Monsieur le cardinal de Cambray, Pierre d'Ailly, trépassa la nuit « de S. Laurent; puis fut porté son corps à Cambray et son service fait « en l'église de N.-D. moult révéremment, le corps présent, le 6 août « 1422. » On lit ces mêmes paroles dans l'*Almanach histor., ecclésiast....* « *de Cambrai et du Cambrésis*, an. 1764, p. 10, après *Hist. de Cambrai.* »

(4) Documents cités tout à l'heure.
Voir aussi M. l'abbé Salembier, *Op. cit.*, p. 371-372 : Append. 4ᵉ.
On lisait sur la tombe du cardinal :

Dans notre récit, nous avons fait passer sous les yeux du lecteur les principaux ouvrages du célèbre cardinal. Il en est quelques autres dont les titres, avec un mot d'explication, doivent s'inscrire ici, en passant, pour la plupart du latin en français.

Ce sont : des *Méditations sur les sept psaumes de la pénitence* (1) ; un *Discours abrégé (Verbum abbreviatum)* sur les *livres des Psaumes* (2) ; un *Sacramental* ou *Traité théologique des sacrements* (3) ; un *Miroir de considérations* (4) ; un *Epilogue sur le quadruple exercice spirituel* (5) ; une étude sur la *Vie du Christ* (6) ; une seconde sur les *Quatre degrés de l'échelle spirituelle d'après les paroles de saint Bernard* (7) ; une troisième appelée *Liber instrumentorum* et ayant pour objet les conventions ou *contrats* (8).

Il faut citer aussi *Deux Dialogues sur les conflits de la France et de l'Angleterre*, et tous deux ayant pour interlocu-

« Hic jacet reverendus pater dominus Petrus de Alliaco, S. theologiæ « doctor, quondam episcopus Cameracensis. Orate pro eo. »
Et plus bas :

« Mors rapuit Petrum, petram subiit putre corpus,
« Sed petram Christum spiritus ipse petit. »
. . . .
« Nam quid amor regum, quid opes, quid gloria durent,
« Aspicis : Hæc aderant nunc mihi, nunc abeunt. »

(Gall. christ., tom. III, col. 49; Launoy, *Op. cit.*, tom. I, p. 137.)

(1) S. l. n. d., in-4, et Paris, s. d. (1483), in-4 (Hain, *Repert...*, n°s 831-832.

Il y a eu une traduction en français avec ce titre : *Lexposicion des sept pseaumes en françois*, avec ces mots, comme sommaire, au second folio : *Sensuivent les sept degrez de leschelle de pénitence, figurez et exposez au vray sur les sept pseaumes pénitentielz, composez par ung très souverain docteur en théologie, nommé maistre Pierre de Aliaco...* s. l. n. d. in-4.

Cette traduction est d'Ant. Belard. Elle a été réimprimée à Lyon, en 1542 ou 1544, et peut-être en l'une et l'autre année, sous ce titre : *Traité très utile des sept degrés de l'eschelle de pénitence, figurés au vrai sur les sept psalmes penitentielz.* (M. Brunet, *Manuel...*, art. *Aliaco* ; Launoy, *Op. cit.*, p. 478-479 ; Dinaux, *Op. cit.*, p. 111.)

(2) Dans recueil de 1490.

(3) 1487, in-4, (Hain, *Repert...*, n° 852). Voir, pour autres éditions, M. Dinaux, *Op. cit.*, pp. 96, 101, et Launoy, *Op. cit.*, p. 478.

(4) Strasbourg, 1483, in-fol. (Hain, *Ibid.*, n° 849).

(5) Dans un recueil de Lubeck, 1490, (Hain, *Repert...*, n° 16298).

(6) Paris, 1483, in-4 (*Ibid.*, n° 851).

(7) En 1490 (Launoy, *Op. cit.* p. 477 ; Hain, *Ibid.*, n° 16298).

(8) Louvain, 1483, in-fol. (Hain, *Ibid.*, n° 856).

teurs un Français et un Anglais (1) ; des *Discours en l'honneur de la bienheureuse Vierge* (2) ; une *Vie*, déjà signalée, *du pape Célestin V* (3) ; des *Éclaircissements sur l'Astronomicon de Manilius* (4).

Suivant Launoy, il y a lieu d'inscrire encore comme imprimés également dès la fin du XVe siècle, c'est-à-dire en 1490 (5) : des commentaires sur les trois cantiques de l'Évangile, c'est-à-dire *sur le cantique de la bienheureuse Vierge Marie*, sur celui de *Zacharie*, sur celui de *Siméon* ; un *Compendium de contemplation* ; un *Résumé* (*Conflatus*) *en douze chapitres de la doctrine de saint Thomas dans la Première de la Seconde* ; un travail *sur la généalogie spirituelle de Jacob et les exemples figurés touchant la perfection de la contemplation* ; une *Méditation dévote sur le psaume* IN TE, DOMINE, SPERAVI, NON CONFUNDAR IN ÆTERNUM ; des études *sur l'Oraison dominicale*, *sur les douze honneurs de saint Joseph*, *sur l'interdit*, *sur la mutation des bénéfices*.

P. Tschackert vient de donner au public, dans l'ouvrage précédemment indiqué, le texte ou l'analyse de ces autres opuscules : l'*Apologie de la version de la Bible par saint Jérôme*, version à laquelle il faut adhérer « à cause de l'irréfragable autorité de l'Église » (6) ; les *Invectives d'Ezéchiel contre les faux pasteurs* (7) ; la *Réprimande de saint Pierre par saint Paul* (8) ; l'*Entrée en religion* (9) ; une décision,

(1) A la suite de la *Sibylla Francica*, c'est-à-dire de Jeanne d'Arc, Ursel (*Ursellis*), 1606, in-4. Ces *Dialogues* sont imprimés sous le nom de *Pierre, évêque de Cambray et cardinal*.

(2) Hain, *Ibid.*, n° 6250.

(3) Imprimée en 1539, avons-nous déjà dit.

(4) Venise, 1490 (Hain, *Repertor*..., n° 855).

(5) *Op. cit.*, p. 477-478.

Voir Hain, *Repert*..., n°s 831-857, 6250, pour certaines éditions de quelques ouvrages cités dans le cours de la notice.

M. Léandre de Saint-Martin, « docteur en théologie et professeur de langue hébraïque en l'Université de Douai », publia, en 1634, dans cette dernière ville, les *Opuscula spiritualia* (M. Dinaux, *Op. cit.*, p. 104).

Voir aussi *Ibid.*, pp. 92 et suiv., pour quelques éditions particulières.

(6) *Peter von Ailli, Append. XIV*, d'après ms. 18978 de la Bibl. roy. de Bruxelles.

(7) *Ibid.*, *Append. IV*, d'après ms. lat. 3122 de notre Bibl. nat., fol. 76 et suiv.

(8) *Ibid.*, *Append. IX*, d'après ms. lat. 3122 de notre Bibl. nat., fol. 64 et suiv.

(9) *Ibid.*, *Append. XV*.

adressée à Jean de Gonnehans, de l'ordre de Saint-Bruno, et déclarant en faveur des Chartreux qu'ils peuvent *raisonnablement s'abstenir de l'usage des viandes* (1) ; une *Lettre aux nouveaux Hébreux* (*ad novos Hebræos*), nouvelle justification de la traduction des Écritures par saint Jérôme (2).

Il y a à mentionner quelques œuvres inédites composées dans la langue de l'Église. Nous citerons : un *Compendium de philosophie* (3); les *Douze Parallèles auxquels sont ramenés ceux de Ptolémée* (4); un *Commentaire* et un *Abrégé du Dialogue d'Ockam* sur les *hérétiques* ; les *Erreurs de Jean XXII* (5) ; des *Traités*, dont un *Contre les Vaudois*; des *Méditations*, *Sermons sur les fêtes de l'Église et des saints* (6); d'autres *Traités divers sur le schisme* (7); une *Lettre contre l'observance superstitieuse des jours* (8); une autre *sur la pluralité des bénéfices* (9); divers *Actes épiscopaux* (10);

(1) *Peter von Ailli, Append. VIII.*

(2) *Ibid., Append. III.*
L'auteur s'adresse aux Hébreux de l'époque.
La thèse est ainsi posée : « Numquid firmiter credendum de neces« sitate salutis beatum Hieronymum sine additione, diminutione vel errore « in latinum transtulisse sermonem literalem sensum hebraicæ veri« tatis? »
La conclusion est affirmative : « Nam autoritas Ecclesiæ catholicæ « dictam translationem nequaquam recepisset tanquam scripturam cano« nicam seu divinam nec approbasset tanquam firmiter credendam de « necessitate salutis, si ipsa esset tali errore vitiata ». Et la raison c'est que l'autorité de l'Église ne doit pas être considérée comme « autoritas humana, sed divina ».

(3) Bibliothèque de la ville de Cambray (M. Dinaux, *Op. cit.*, p. 93.

(4) M. Salembier, *Op. cit.*, pp. XV, XXV, d'après Ciaconius et Thevet.

(5) Biblioth. nat., ms. 14579, fol. 88, et suiv., et Bibl. de l'Ars., ms. 517, fol. 1 et suiv.

(6) Biblioth. de Cambray (M. Dinaux, *Op. cit.*, p. 109). Le *Contra Waldenses et eorum articulos* dans ms. 1683 de la Mazarine.

(7) Biblioth. du Vatican et provenant de la reine Christine (M. Dinaux, *Op. cit.*, p. 104).
Voir aussi, pour autres indications, relativement à ces *Traités* sur le schisme, M. Salembier, *Op. cit.* pp. XXIX et suiv.

(8) Bibl. nat., ms. lat. 7292.

(9) *Ibid.*, ms. lat. 2692, fol. 187 : *Epistola, Constantiæ scripta, ad quemdam Avenione degentem de pluralitate beneficiorum.* C'est une réponse à une lettre qui avait été envoyée de la même ville d'Avignon et qui est transcrite au-dessus.

(10) M. Salembier, *Op. cit.*, p. XXXVII.

enfin la *Question* de savoir *si un philosophe par des recherches philosophiques et avec le secours de la lumière naturelle et de la philosophie morale peut parvenir à la notion de la béatitude humaine*, question que l'auteur résout en établissant que la béatitude vient de la connaissance de Dieu et ne peut être qu'en Dieu (1).

Il y a aussi à rappeler ces quelques écrits en langue vulgaire : *Le Jardin amoureulx de l'ame dévote*, suivi dans le manuscrit d'Avignon de pièces de vers, comme *Chanson*, *Ballade, Livre du Rossignolet*; une *Piteuse Complainte et Oraison dévote de humaine créature qui de l'estat de péché nouvellement à Dieu veult retourner* (2); un *Appointement final auquel sont d'accord le conseil du roi et de l'Église de France le 28 mai 1403* (3).

Le premier opuscule est inscrit dans un manuscrit de notre Bibliothèque nationale (4), avec ce titre : *Le Jardin amoureulx de la sainte ame qui de joye chante les louanges du Dieu d'amour*, et sous le nom de Gerson : *composé par maistre Jehan Jarson*. Il se termine par ces vers :

Or, ayons doncques de ceste amour lardure ;
Amons celuy qui est bel sans laidure ;
Amons la belle qui est de luy amée ;
Amons pour luy toute beauté créée
Sans villaine ordure.

M. Dinaux a transcrit une petite pièce de vers français, attribuée à notre prélat et ayant pour titre : *Combien est misérable la vie du tyran* (5). Nous en extrayons ce qui suit :

Ung chasteau scay, sur roche espouvantable,
En lieu venteux, sur rive périlleuse.
La vit tyran, séant à haute table,
En grand palais, en sale plantureuse,
Environné de famille nombreuse,
Pleine de fraud', d'envie et de murmure ;
Vuide de foi, d'amour, de paix joyeuse ;
Serve, subjecte, en convoiteuse ardure

(1) Bibl. nat., ms. lat. 14580, fol. I et suiv.

(2) Ces deux ouvrages avec les pièces de vers se trouvent dans le ms. 295 du musée Calvet à Avignon. (Salembier, *Op. cit.*, p. XLIII.)

(3) Dans Biblioth. du Vatican, d'après Montfaucon, ms. qui faisait partie de la Biblioth. de la reine Christine « sub numero 211 et jam non invenitur » (*Ibid.*)

(4) Ms. fr. 24865, fol. 221.

(5) *Op. cit.*, p. 91-92.

. . . .
. . . .
Cœur a félon, enflé d'orgueil et d'ire,
Triste, pensif, plein de mélancolie.
Las ! trop mieux vaut de *Franc-Gontier* la vie,
Sobre liesse et nette povreté,
Que poursuivir, par ordre gloutonnie,
Cour de tyran, riche malheureté (1)

La gloire littéraire de Pierre d'Ailly ne vient pas assurément de ses poésies à peu près inconnues. Cependant, Prosper Marchand l'estimait comme poète, à tel point — il plaçait sur la même ligne Philippe de Vitry — qu'il écrivait : « ... l'ordre, « l'arrangement, la clarté, la diction et surtout la mesure de « ces deux pièces de vers sont si nettes, si exactes et si ap- « prochantes de notre poésie moderne, quoique écrites, « l'une par Philippe de Vitry, mort dès 1361, et l'autre par « Pierre d'Ailly, mort vers 1425, que, si Des Préaux les avoit « connues, il est à croire qu'il leur auroit accordé, préféra- « blement à Villon, la gloire d'avoir sçu les premiers » :

...... dans ces siècles grossiers
Débrouiller l'art confus de nos vieux romanciers (2).

Cette gloire littéraire est ailleurs, c'est-à-dire dans les lettres sacrées.

Néanmoins, nous avons signalé plusieurs erreurs de Pierre d'Ailly touchant la convocation des Conciles, l'autorité du souverain-pontife, l'astrologie.

Sont-ce les seuls reproches à faire à sa science ou à son langage théologiques ?

Qu'il ait pris rang parmi les nominalistes, nous n'y voyons pas grand inconvénient. Que les cartésiens soient fondés à le mettre « au nombre de leurs précurseurs dans la ques-

(1) M. Dinaux fait remarquer que cette pièce fut traduite par Nicolas de Clamanges en vers latins sous le titre *De Miseriis vitæ tyrannorum*, et indique les différents endroits où l'original et la traduction ont été imprimés avec d'autres ouvrages. Nous nous bornerons à indiquer le *Dictionnaire historique* de Prosper Marchand, La Haye, 1758-1759, in-fol., tom. II, p. 307.

(2) *Op. cit.*

Nous avons déjà renvoyé et nous renvoyons encore en général, pour certains compléments, à M. l'abbé Salembier qui, au commencement de son *Petrus de Alliaco*, a donné un *Index omnium Alliaceni operum*, d'abord *juxta chronologicum ordinem*, puis *juxta logicum ordinem*. C'est la liste la plus complète et, à la fois, la plus méthodique que nous possédions. Toutefois, quelques indications sont inexactes ou ont besoin de vérification.

tion des accidents » (1), c'est le faire partisan d'une opinion peu probable sans doute, mais non condamnée. Que sur le principe de causalité il ait écrit, en expliquant sa pensée avec assez de rectitude : « Nulla causa secunda sic est proprie causa alicujus effectus... » (2), nous ne lui en ferons pas un crime.

Nous lui ferons encore moins un crime de sa doctrine sur l'infaillibilité dans l'Église : c'était, nous achèverons bientôt de nous en convaincre, la doctrine des plus grands docteurs de l'époque, au moins en France.

Nous confessons qu'il a refusé à la raison la puissance démonstrative de l'existence de Dieu (3).

Nous confessons qu'il n'a pas parlé avec assez d'exactitude sur l'ineffable mystère de l'adorable Trinité (4).

Malgré tout cela, pour l'historien comme pour les contemporains, la carrière de Pierre d'Ailly fut brillante dans les lettres et dans l'Église, et elle légitime bien ce double titre sous lequel il est désigné : *Aigle de France ; Marteau infatigable de ceux qui s'éloignent de la vérité (Aquila Franciæ ; Malleus a veritate aberrantium indefessus)* (5).

(1) Bayle, *Diction.*, art. *Ailli* (*Pierre d'*).

(2) Cit. faite par M. l'abbé Salembier dans son *Petrus de Alliaco*, p. 162, et empruntée aux *Quæst. in Sent.*

(3) « Licet propositio : *Deus est*, non sit nobis evidens aut evidenter « demonstrabilis, tamen est naturaliter probabilis... Nam ex nullis apparentibus naturaliter potest concludi Deum esse evidenter. » (Cit. faite par M. l'abbé Salembier dans *Ibid.*, p. 209, et également empruntée à *Ibid*).

(4) « Una res simplissima est tres res et quælibet earum, scilicet una « divina essentia est conjunctim Pater et Filius et Spiritus Sanctus, qua« rum trium rerum una non est alia, sed sunt eadem indivisibilis essen« tia ; quæ quidem essentia nullam illarum trium rerum generat, nec « ab aliqua generatur, nec aliquam producit nec ab aliqua producitur ; « sed una illarum rerum, scilicet Pater, a nulla re generatur vel produ« citur, sed generat et producit unam illarum trium, scilicet Filium ; et « Pater et Filius tanquam unum principium producunt sed non gene« rant Spiritum Sanctum. » (Cit. faite par le même dans *Ibid.*, p. 213-214, et empruntée encore à *Ibid.*, lib.).

(5) Launoy, *Op. cit.*, tom. II, p. 476.

M. Pameyer, dans sa thèse sur *Pierre d'Ailly* pour le baccalauréat en théologie dans la faculté protestante de Strasbourg, Strasbourg, 1840, in-4, transcrit, p. 50, et partage le jugement du P. Berthier, continuateur de l'*Histoire de l'Eglise gallicane* : « Ce fut un homme savant pour « son siècle, irréprochable dans ses mœurs, attentif à maintenir la disci« pline de l'Eglise, bon Français, docteur zélé pour l'Université de Paris

Sa générosité (1) lui mérita un troisième titre, moins glorieux sans doute, très honorable cependant, celui de second fondateur du collège de Navarre (2).

« et ami particulier du collège de Navarre, qu'il enrichit de sa biblio« thèque et encore plus de la gloire de son nom. »

Nous avons cité plusieurs fois le *Peter von Ailli* de Paul Tschackert, au sujet des *Appendices* qui sont à la fin. Quant à l'ouvrage lui-même, on en trouvera le compte rendu critique dans la *Revue historique*, an. 1879, tom. IX, p. 464-471, et dans la *Revue critique*, an. 1878, tom. VI, p. 328-330. M. P. Violet, l'auteur du second compte rendu, dit avec raison de l'historien allemand : « Son livre exhale je ne sais quelle répul« sion native et profonde pour l'orthodoxie catholique, répulsion qui « éloigne parfois l'auteur des solutions simples et vraies et lui dicte sur « les événements dont il s'occupe et sur le caractère d'un personnage « qu'il aime au fond et pour lequel il s'efforce d'ailleurs d'être sympa« thique et équitable, des jugements que ne ratifie pas toujours, à mes « yeux, le simple bon sens. »

(1) On lisait cette inscription dans la chapelle du Collège : « Memoria « est reverendissimi in Christo patris domini Petri de Alliaco..., hujus « pridem domus præceptoris seu magistri ac benefactoris amplissimi, « cujus gesta atque legata in literis super his confectis atque tabellis sup« positis continentur. » A cette inscription était joint un portrait du cardinal avec ces mots : *Veritas vincit* (Launoy, *Op. cit.*, tom. I, p. 136). Les pages précédentes font connaître ces dons.

(2) « ... secundus ipsius domus rite fundator dici mereretur et esset. » (*Ibid.*)

CHAPITRE III

JEAN GERSON

(1363-1429)

Gerson est un nom emprunté au pays natal. Le vrai nom était Charlier. Celui-ci s'effaça dans la mémoire des hommes pour n'y laisser subsister que celui-là.

Le pays appelé Gerson était un hameau, aujourd'hui ruiné, dépendant du village de Barby, dans les environs de Réthel (1).

Arnulphe Charlier et Elisabeth Lachardenière — ainsi se nommaient le père et la mère de Jean (2) — paraissent avoir

(1) Le village de Barby « subsiste encore, mais le hameau de Gerson « paraît avoir été détruit depuis longtemps. Dès 1666, il n'en restait « qu'un pan de muraille, que les gens du pays appelaient le *Pignon de « Gerson* et que, d'après une tradition, on croyait avoir fait partie de la « maison natale de notre célèbre docteur ». (*Essai sur la vie de Jean Gerson*, par M. L'Ecuy, docteur de Sorbonne, ancien abbé général de Prémontré, Paris, 1832, in-8, tom. I, p. 209.)

(2) Nous transcrivons d'après Marlot, *Histoire de la ville, cité et université de Reims*. Reims, 1843-1846, in-4, tom. IV, p. 151, note, l'épitaphe qui se lisait dans l'église de Barby et s'y lit encore après sa reconstruction.

Elisabeth la Chardenière,
Qui fin bel ot et vie entière,
D'Arnault le Cherlier espouse,
Auxquels enfans ont esté douze,
Devant cest huz fust enterrée
M. quatre cent I l'année,
Estant de juin le jour huictiesme ;
Jhesus lui doint gloire sainctiesme.

Du Boulay, *Hist. Universit. Paris.*, tom. IV, p. 999, et L'Ecuy, *Op. cit.*, p. 215, l'avaient précédemment reproduite, mais avec quelques variantes dans l'orthographe.

Dans cette nouvelle église, l'Académie de Reims a fait placer, en 1881, cette inscription : *A la mémoire de Jean Gerson, chancelier de Notre-Dame et de l'Université de Paris, né à Gerson, paroisse de Barby, le 14 décembre* 1363..., *mort à Lyon le 12 juillet* 1429. (*Recherches sur le village natal et*

été d'honnêtes cultivateurs, profession qui n'excluait pas, du moins chez la mère, une certaine culture intellectuelle ; car des lettres qu'elle écrivit à l'un de ses fils, autorisaient plus tard Gerson lui-même à voir en elle une autre Monique (1).

Jean naquit le 14 novembre 1363. Il était l'aîné de douze enfants. De ce nombre, trois garçons embrassèrent la vie religieuse, et cinq filles en firent autant ou renoncèrent au mariage, ainsi qu'il nous l'apprend lui-même dans des vers adressés à l'un de ses frères (2). Quant à lui, ses premières années se passèrent dans la maison paternelle. Le collège de

la famille du chancelier Gerson, par M. H. Jadard, dans *Trav. de l'Acad. nat. de Reims*, an. 1879-1880, tom. LXVIII, p. 23). L'étude de M. H. Jadard est une œuvre remarquable.

(1) *Alia epistola ejusdem* : « Frater secundum carnem germane, in « Christi tamen charitate germanior...,

« Meministi, ut opinor, litterarum quæ super hoc præbent judicium et « quæ alteram Augustini matrem repræsentant sam erga te. » (*Opera* de Gerson, Anvers, 1706, tom. III, col. 744-745.)

C'est à cette édition que nous renvoyons dans le cours de notre étude. Œuvre d'Ellies du Pin, elle est la meilleure, sans être complète. « La « première collection des œuvres de Gerson, dit M. Brunet (*Manuel du* « *libraire*), a été imprimée à Cologne en 1483, en 4 vol. in-fol. Elle ne « conserve que peu de valeur, et il en est de même des autres éditions « faites, soit à la fin du XVe siècle, soit dans le courant du XVIe. » Il y a eu, en effet, à cette époque, plusieurs éditions à Bâle, Strasbourg, Lyon, Vienne et Paris. L'avant-dernière a été donnée en 1606 par Richer. Pour plus de détails, voir : l'ouvrage précité de M. Brunet ; Hain, *Repertor*..., art. *Gerson* ; Graesse, *Trésor*..., art. *Gerson*, et *supplém.*, aussi art. *Gerson*.

Quant aux éditions partielles, nous en indiquerons quelques-unes au XVe siècle, renvoyant, pour le reste, à ces auteurs.

(2) Monice, quem mihi dat fratrem natura sequendum,
Nostri sunt generis quæ monumenta vides.
Arnulpho Charlier, cui nupsit Elisabeth olim,
Gerson origo fuit, advena voce sonans.
Ditavit Deus hos bis sena prole. Puellæ
Septenæ numero; quinque fuere mares.
Primus theologus, monachi tres, mortuus alter
Infans, et nupsit filia sola viro,
etc.

(*Opera*, tom. III, col. 767.)

L'auteur faisait allusion au nom de Gersom ou Gerson, qui se rencontre assez fréquemment dans la Bible.

Une des sept filles dut mourir aussi dans l'enfance; car, au commencement du *Dialogue spirituel*, nous lisons : « Nous vos cinq suers avons « renoncé à tout mariage mortel, et devant et après, pour acquérir plus « convenablement le mariage de celuy fils du souverain roy qui est le « glorieux espous des vierges. » (*Opera*, tom. III, col. 805.)

Reims l'initia aux études littéraires (1), et celui de Navarre, à Paris, l'admit, en qualité de boursier, dans la société des artiens : c'était en 1377 (2).

Si le père et la mère traitèrent Gerson comme un aîné de famille, celui-ci se montra fidèle aux obligations qui, à ce titre, lui incombaient : « ... puisque nos bons parens, père « et mère, disait-il, ont exposé jadis leurs biens et héri- « tages communs, pour moy vostre premier frère aprendre la « saincte Esripture, raison veult que ou prouffit vous y par- « ticipiés. Ils vouloient dire que quant le premier des enffans « se porte bien, les autres en sont communément meillieurs, « et me dois plus efforcier à estre tel que vous soye à prouf- « fit... » (3).

(1) Marlot, *Op. cit.*, tom. IV, p. 131 ; Anquetil, *Hist. civ. et polit. de la vil. de Reims*, Reims, 1756, tom. II, p. 324.

(2) Launoy, *Req. Navar. gymn. Paris. Hist.*, tom. II, p. 481 : « Factus est socius Navarricæ artistarum communitatis. »

(3) *Dialogue spirituel de J. Gerson avec ses sœurs*, *Opera*, tom. III, col. 805. Aussi lisons-nous dans Launoy : « Ex his autem Gersonis fra- « tribus sunt duo, Nicolaus et Joannes, quorum primus anno M.CCCXCI « in grammaticorum, tum anno M.CCCXCVII in artistarum societatem « admissus est ; alter anno M.CCCCIV in theologorum societatem intra- « vit. » (*Op. cit.*, p. 482).

Nicolas et Jean entrèrent ensuite dans l'ordre des Célestins. Le premier devint, en 1419, sous-prieur de la Sainte-Trinité de Villeneuve-lez-Soissons (L'Ecuy., *Op. cit.*, p. 211). Nous possédons deux lettres que Gerson lui écrivit (*Opera*, tom. III, col. 741, 746). On confia au second, qui fit profession à la Trinité, près Mantes, le gouvernement du monastère de Lyon. (L'Ecuy., *Op. cit.*, p. 212-213 ; Becquet, *Gallicæ Cœlestin. congregat. ord. S. Bened. monast. fundationes virorumque vita aut scriptis illustr. elogia hist...*, Paris, 1719, in-4, p. 109-111). Quant au troisième frère, qui se fit aussi religieux, il vécut sous la règle de saint Benoit dans l'abbaye de Saint-Denis de Reims. (L'Ecuy., *Op. cit.*, p. 216, avec notes.)

Il y a dans les *Opera* du chancelier, tom. I, p. CLXXIV-CLXXVII, une *Epistola fratris Johannis de Gerson, ordinis Cœlestinorum, directa fratri Anselmo ejusdem ordinis, super opusculis Johannis Gerson, cancellarii Parisiensis*. Cette lettre est datée de Lyon, mai 1423. « Dom Benoit « Haeften, bénédictin belge, traitant dans ses *Disquisitiones monasticæ* « (Anvers, 1644, 2 vol. in-fol.) des commentateurs de la règle de saint « Benoit, met à leur tête frère Jean, célestin. Son commentaire, dédié aux « PP. Célestins, où il dit avoir été élevé, était dans la bibliothèque de « Saint-Martin de Tournay. Dom Becquet pense que ce commentateur « peut être Jean Gerson. » (Abbé Bouillot, *Biographie ardennaise*.) Nous lisons ensuite : « L'homonymie des deux frères Jean Gerson leur a fait « attribuer à l'un et à l'autre *Tractatus de elevatione mentis in Deum sive* « *Alphabetum divini amoris*, ouvrage tiré en grande partie des écrits du « chancelier et inséré dans le tome III, col. 770 à 799, de l'édition de Du « Pin... Ce livre est de *Jean Nyder*, dominicain allemand... » L'ou-

Gerson ne comptait donc pas encore trois lustres, quand il entra au collège de Navarre. Dès l'année suivante, le nom patronymique était remplacé par celui de Gerson (1).

Le jeune artien eut pour maître Laurent Guillet (2). Après quatre années d'études, il obtenait la licence (1381) (3). Les classes de théologie s'ouvrirent bientôt pour lui (1382). Son premier maître, dans la science sacrée, fut Laurent de Chavanges (4), son second, Pierre d'Ailly, son troisième, Gilles des Champs.

Mais ce furent les leçons de Pierre d'Ailly qu'il suivit plus longtemps, car pendant sept années il s'assit au pied de la chaire de ce dernier. De là, l'amitié qui s'établit entre l'un et l'autre et que la mort seule pouvait rompre (5). Ils étaient dignes l'un de l'autre : si le maître était déjà illustre, l'illustration attendait l'élève (6). Celui-ci conquit la palme du doctorat en 1392 (7).

vrage a été imprimé : s. l. n. d., vers 1470, in-4 : à Louvain, s. d. (1479), in-8 (Graesse, *Trésor*..., art. *Gerson*).

(1) Launoy, *Ibid.* : « In hoc anno societatis primo dictus est Joannes « Charlerii; in secundo dici cœpit Joannes de Gersono, quod postea « cognomentum retinuit. »

(2) C'est certainement le maître que du Boulay nomme Laurent Quillet, avec ces mots : « Suessionensis, procurator nationis Gal. electus est die 21 oct. 1376. Regebat adhuc in philosophia an. 1385 ». (*Hist. Univers. Paris.*, tom. IV, p. 973.)

(3) M. L'Ecuy, *Op. cit.*, même vol., p. 210, dit avec raison : « Si l'on en « croyait Meyer, Gerson, tout jeune qu'il fût encore, aurait pris une sorte « de part active à ce qui se passait et aurait été avec Gilles, chantre de « l'église de Paris, du nombre de ceux qui se retirèrent avec le docteur « Roncé vers Urbain, pour fuir la persécution du duc d'Anjou... ; mais, « ceci se passant en 1380, il n'est pas probable que Gerson, âgé alors « seulement de 17 ans et occupé de ses études, eût pu en rien fixer l'at- « tention du duc; Meyer, d'ailleurs, est le seul qui parle de ce fait. » Du Boulay avait également rejeté l'assertion de Meyer, parce que Gerson « inter alumnos collegii Navarrici fuit educatus donec lauream doctora- « lem promeruit ». (*Hist. Univers. Paris*, tom. IV, p. 583.)

(4) Ce Laurent de Chavanges fut le successeur de Fréron dans la grande-maîtrise de Navarre. « Illud (magisterium) ex senatusconsulto, « dit Launoy, Joannes Laurentius Chavangius adeptus est anno « MCCCLXXI, III nonas sextiles adeptus est... » (*Op. cit.*, tom. I, p. 80.)

(5) Gerson aimait à se dire le disciple de Pierre d'Ailly : « Tum discipulus Joannes... » (*Epistola ad Petrum episc. Camerac.*, *Opera*, tom. III, col. 429); — « Bene Vale, Pater reverende et præceptor charissime... » (Autre *Epistola*, *ibid.*, col. 430.)

(6) Launoy, *Loc. cit.*, a écrit : « Profecto, considerata re, dici vix potest uter utri plus attulerit honoris ac dignitatis. »

(7) *Ibid.* : « ... designatus est magister anno scilicet MCCCXCII. » Du Boulay, *Hist. Univers. Paris.*, tom. IV, p. 978, lui fait accorder la

Le bachelier en théologie s'était déjà acquis du renom par ses succès ; autrement on ne l'eût pas choisi pour être adjoint à la députation envoyée à Clément VII par l'Université dans l'affaire du dominicain Jean de Montson (1).

Le maître ne dut pas avoir moins de succès que le bachelier.

Lorsque Pierre d'Ailly fut promu à l'épiscopat, Gerson le remplaça dans la chancellerie de l'église de Paris. Nous avons assigné au double fait l'année 1395. Si Gerson ne s'éleva jamais à une plus haute dignité, il se distingua tellement dans celle-ci, qu'il se fit, selon la pensée de Launoy, de ce mot chancelier une sorte de nom propre (2).

L'année précédente, si nous nous en rapportons à la date du *Gallia christiana*, il avait été, grâce au duc de Bourgogne dont il était aumônier, mis en possession du décanat de la cathédrale de Bruges (3). Ce bénéfice devait lui attirer un long et pénible procès et finalement lui être enlevé (4).

C'est durant un séjour dans cette ville flamande qu'il écrivit, plaidant la cause des Dominicains, une lettre aux *étudiants du collège de Navarre, dans la ville de Paris*. L'on n'a pas oublié que ces religieux, prenant parti pour le téméraire Montson, avaient contraint l'Université à prononcer leur exclusion. Gerson désirait la fin de la peine ; et, en s'adressant aux membres du collège qui avait eu une si grande part dans la condamnation du téméraire, il sollicitait la réintégration de l'ordre au nom de la religion, de la justice et pour l'honneur du corps enseignant. Le lecteur n'a pas oublié

licence seulement en 1392 : « Licentiatus est in theologia an. 1392. » Suivant l'*Hist. littér. de la France*, tom. XVII, p. 657, Gerson occupa le premier rang parmi les licenciés.

(1) Gerson a constaté le fait dans une lettre : « ... quæ (causa) dum « defenderetur in Romana curia, ego, ipse baccalareus cursor tunc exis- « tens cum cæteris præcellentissimis atque sapientissimis viris ab Univer- « sitate legatis præsens interfui. » (*Opera* de Gerson, édit. cit., tom. I, col. 112.)

(2) *Loc. cit.* : « ... tam honorifice gessit, quam qui honorificentis- « sime, ut deinceps etiam hodieque, audito Parisiensis cancellarii no- « mine, cancellarius non alius præter Gersonem intelligatur. »

(3) *Gallia christ.*, tom. V, col. 258 : « Joannes II Gerson..., Burgundiæ duci ab eleemosynis, in decanum Brugensem admittitur 18 aprilis 1394. »

(4) *Ibid.* : « Lite vero subinde ipsi mota per Amandum de Brevi Monte, « qui sequitur, cedere coactus est an. 1411 per sententiam sacri palatii « apostolici. »

non plus que le désir du chancelier finit par devenir une heureuse réalité (1).

Aux embarras du procès vinrent se joindre des difficultés qu'aggravaient la loyauté et le zèle, des attaques que dirigeaient l'envie et l'hostilité. Comment satisfaire aux exigences, parfois peu équitables, des amis ? Comment conserver une digne neutralité au sein des rivalités qui se disputaient le pouvoir, lorsqu'en qualité d'aumônier, Gerson touchait de si près à l'un des rivaux ? S'il n'y avait encore que cela ! « Je suis en « butte, ajoutait le chancelier, aux attaques d'hommes fac- « tieux qui calomnient jusqu'à mes intentions, trouvent « mauvais tout ce que je fais, épiloguent mes moindres pa- « roles et en détournent le sens ; persécution qui m'est d'au- « tant plus sensible que je n'ai aucun moyen de m'en délivrer « qu'en me retirant (2). » Il songeait, en effet, à quitter ses hautes fonctions de Paris (3). Il ne fallut rien moins que l'intervention du duc de Bourgogne pour déterminer Gerson à renoncer à son projet, détermination qui, précédée de résistances dans le présent, fut suivie de quelques regrets dans l'avenir (4).

La lettre aux *étudiants* est précédée, dans le même volume

(1) Cette lettre, *missa eisdem studentibus collegii Navarræ Parisiensis*, n'est pas datée, mais elle a été « scripta antequam restituerentur Dominicani in Universitatem, quod factum est anno 1403, die 21 Augusti. » On lit seulement à la fin : « Scriptum Brugis ». (*Opera* de Gerson, tom. I, col. 110 et suiv.)

(2) Il disait encore : « Si, voulant avoir de quoi vivre, je garde le « doyenné et la chancellerie et que j'aille remplir les devoirs que celle-ci « m'impose, que de bruit, que de murmure de la part des malveillants. « Monstre, pour ainsi dire, à deux têtes, je serai traité d'ambitieux et de « violateur de mon serment. D'un autre côté, s'il me faut renoncer au « doyenné ou que je succombe dans le procès qui m'a été intenté..., « indépendamment du dommage qui en résultera pour moi, je deviendrai « un objet de moquerie ; et enfin, si je suis réduit à soutenir ce procès, « il me faudra éternellement combattre un adversaire opiniâtre, ce que « j'ai surtout en horreur. »

(3) *Causæ propter quas cancellariam dimittere volebat* (*Opera*, tom. IV, col. 725). Les citations sont empruntées à l'*Essai* de M. L'Ecuy, tom. I, p. 289. L'on a pensé que cette lettre était adressée à Pierre d'Ailly. Elle est s. l. n. d. On la place vers 1400 : « Circa annum 1400 », dit Hardt dans sa *Vie* de Gerson. (*Mag. œcum. Const. Conc.*, tom. I, par. IV, p. 37).

(4) Hardt, *Op. cit.*, tom. I, par. IV, *Vita Johannis Gersonis..., regii in Constantiensi Concilio legati*, p. 38 : « ... cui ægre obsecutus... Haud raro « tamen consilii recordatio animum ab æmulis lacessitum iterum velli- « cavit, seque a duce Burgundiæ retentum doluit. »

des *Opera*, d'une autre à même destination (1). En celle-ci, l'auteur trace des règles au jeune théologien et cherche à le prémunir contre la vaine curiosité (2). Notre intelligence est tellement bornée, qu'elle ne saurait suffire à l'étude des bons livres : pourquoi donc se livrer à des lectures sans réel profit? Gerson distingue trois sortes de livres : il s'en trouve sur lesquels on jette un regard, pour ne point paraître les ignorer complètement; l'usage de quelques autres est prescrit par la nécessité ou conseillé par l'agrément; il en est, enfin, avec lesquels on ne saurait avoir un commerce ni trop fréquent, ni trop intime. Dans cette troisième classe, il faut assurément, pour en nommer quelques-uns, ranger les œuvres de Guillaume d'Auxerre, de saint Thomas, de saint Bonaventure, d'Henri de Gand, la rhétorique de Guillaume de Paris, les volumes qui traitent de l'histoire sainte et de l'histoire ecclésiastique (3). Le chancelier attachait tant d'importance à une réforme sur certains points, qu'il allait jusqu'à écrire pour le cas où la Faculté n'agirait point : « Il pourra incomber au « chancelier de pourvoir à la chose en quelque manière, en « n'admettant pas à la licence ceux qui se seront rendus cou« pables en ces matières, lors même que la Faculté le vou« drait. » En ajoutant : « Il serait de beaucoup préférable « que, dans une affaire pareille, le chancelier et la Faculté « agissent de concert », Gerson montrait bien que son zèle voulait et savait prendre la prudence pour guide. Ainsi parlait-il dans une troisième missive à l'instant signalé et ayant pour objet la *réforme de la théologie (De Reformatione theologiæ)* et datée des calendes d'avril 1400 (4).

(1) Ceci explique ces mots de la missive citée par nous en premier lieu : *eisdem studentibus*.

(2) *Quid et qualiter studere debeat novus theologiæ auditor, et contra curiositatem studentium. Ad studentes collegii Navarræ Parisiensis.*

Elle est s. l. n. d. Mais il est permis de la rapporter à la même époque, et cela avec d'autant plus de vraisemblance qu'une autre missive, touchant le même sujet : *De Reformatione theologiæ*, imprimée dans le susdit volume I, col. 120 et suiv., se termine par ces mots : « Scriptum Brugis calendas aprilis 1400. »

(3) Le chancelier disait des livres païens : « Cæterum scriptis gentilium se non tradere, sed commodare, et ea velut peregrinando percur« rere nequaquam improbaverim, tum pro copia sententiarum moralium, « tum pro stilo et ornatu verborum... » (*Opera*, tom. I, col. 108).

(4) *Opera*, tom. I, col. 120 et suiv.

Qui voudra se faire une idée complète des règles tracées et des réformes appelées par Gerson, devra lire encore : *Deux Leçons contre la vaine curiosité dans l'affaire de la foi*, l'une et l'autre de la fin de l'année 1402 (1); le *Recueil en forme de prologue dans lequel l'auteur exprime le désir qu'on lise les docteurs anciens* (2).

Dans la missive *De Reformatione theologiæ*, il demandait la composition d'un petit traité de religion pour le peuple (3). Ce n'est pas la seule preuve de ses généreux efforts en faveur de l'instruction populaire : nous trouvons encore l'attestation du fait dans un certain nombre d'opuscules composés par lui, opuscules que le public désirait tant se procurer, et même *per fas et nefas*, au dire de l'auteur lui-même (4).

Ainsi, il écrivit pour le public plusieurs petits traités d'éducation, comme nous le voyons par ces mots : « Entendez, mes « petits enfans, fils et filles et autres gens simples, je vous « escripray en françois votre A B C, qui contient plusieurs « points de nostre religion chrestienne. Et quant a plus « sçavoir, je vous renvoi à l'*Exemplaire des petits enfans* « et au *Miroir de l'ame parlant des dix commandemens* et à la « *Science de bien mourir* (5), et a l'*Examen de conscience* (6) « et a aultres tels petits traittiez. »

(1) *Opera ibid.*, col. 86 et suiv. : « ... die mercurii ante festum Martini in hyeme.

(2) *Ibid.*, col. 119 et suiv.

Ceux qui préfèrent les ouvrages nouveaux se conduisent « more puero- « rum qui novos fructus, licet acerbiores, edunt avidius quam maturos « digestos et sanos. »

(3) *Ibid.*, col. 124 : « ... ita fieret per Facultatem vel de mandato ejus « aliquis tractatulus super punctis principalibus nostræ religionis et « specialiter de præceptis ad instructionem simplicium, quibus ullus « sermo aut raro fit aut male fit. »

(4) « ... contra domesticos talium rerum fures non fuit aliqua mihi « satis fortis sera, quin, me prohibente, clam fere omnia diriperentur, « incorrecta etiam et sparsa per minuties... » (*Opera, ibid.*, col. 120.)

(5) Bibl. Mazar., ms. 966, fol. 119 : *Traictié de la médecine de l'ame ou aultrement pour apprendre à bien mourir.*

(6) *Le Livre des trois parties, c'est a sçavoir des commandemens de Dieu, de la confession et de l'art de bien mourir*. Lyon, 1490, in-8. (Launoy, *Op. cit.*, p. 508.)

La Confession de maistre Jehan Jarson, in-4°, s. d., vers la fin du xve siècle, opuscule qui n'est autre chose qu'un examen de conscience.

Il y a, à notre Bibl. nat., ms. fr. 1793, fol. 116 vers., et ms. fr. 1845, fol. 11, une *Briefve Manière pour admonester ceulx qui sont en l'article*

L'*A B C des simples gens* comprenait la traduction du *Pater noster*, du *Credo*, des *Commandements* (1).

Ces *aultres petits traittiez* étaient peut-être : *L'Eguillon de l'amour divin, traduit de saint Bonaventure* (2); *Le Livre du trésor de sapience*, traduit du même docteur (3); *Les Reigles de bien vivre* (4); *La Doctrine de bien vivre en ce monde* (5), ouvrage différent du précédent, avec un titre presque semblable; *Les Contemplacions historiez sur la Passion de nostre Seigneur* (6); *Le Dénat espirituel* (7). Nous pouvons citer aussi le *Confessionnal autrement appelé le Directoire des confesseurs* (8)

Gerson composait pour ses sœurs *La Montagne de la contemplation*, *La Mendicité spirituelle*, opuscules qui ont pris place, en latin, dans les *Opera* de l'édition d'Anvers (9). Suivant M. Paulin Paris, la *Contemplation* pourrait être considérée comme la seconde partie de la *Mendicité spirituelle*. D'autre part, ce dernier ouvrage devrait plutôt s'intituler : *Le secret parlement de l'homme avec son âme* ; et, à l'appui de son sentiment, le critique transcrit le commencement du livre : « Cy « commence le secret parlement de l'homme contemplatif a « son ame et de l'ame a l'homme sur la povreté et mendicité « espirituelle, pour aprendre a recourir a Dieu et a ses sains « par oroison dévote, et pour recevoir les aumosnes de grace « et de vertus, et pour venir aussi à la science des affections « qui proprement se nomment sapience, c'est-a-dire de sa-

de la mort ; et dans les mêmes mss., fol. 78 et fol. 47, les *Dix Commandemens de la loy*. Le premier commandement est ainsi exprimé :

Un seul Dieu de tout créatour croyras, craindras et serviras.

(1) Bibl. nat., ms. fr. 1845, fol. 16; Bibl. Mazar., ms. 966, fol. 129, ms. 976, fol. 157.

(2) Paris, 1554, in-4 (Launoy, *Op. cit.*, p. 508).

(3) Toulouse, 1564, in-8 (*Ibid.*).

Imprimé aussi, s. l. n. d. (Lyon, vers 1480), in-fol. (Graesse, *Trésor...*, art. *Gerson*.)

(4) Paris, 1506, in-4 (M. Brunet, *Man. du librair.*, art. *Gerson*.).

(5) S. l. n. d., in-fol. (*Ibid.*)

(6) Paris, 1507, pet. in-fol. ou gr. in-4° (*Ibid.*).

(7) Bruges, s. d., pet. in-fol. (*Ibid.*)

(8) Paris, 1539, in-8 (Launoy, *Loc. cit.*). M. Brunet, *Man. du librair.*, écrit : *Sensuyt le Confessional autrement appelé le Directoire des consciences*, in-16.

(9) Tom. III, col. 487 et suiv., 541 et suiv. Le *De Mendicitate spirituali* imprimé s. l. n. d. (1467-1470), in-4° (Graesse, *Trésor...*, art. *Gerson*).

« veureuse science. » Ce livre, « l'un des plus beaux de Ger-« son, continue le critique, et qui rivaliserait en réputation « avec l'*Imitation*, si on le lisait aussi communément, a été « imprimé par Michel Lenoir en 1500 (1). »

Une objection pouvait s'élever. Gerson y répondait d'avance. « Aucuns pourront se donner merveilles pourquoy de « matière haulte comme est de parler de la vie contemplative, je « vueil escripre en françois plus que en latin et plus aux « femmes que aux hommes, et que ce n'est matière qui ap-« partiengne a simples gens sans lettres ? A ce je respons « que, en latin, ceste matière est donnée et traittiée très excel-« lemment es divers livres et traittiez des saincts docteurs... « Si peuvent avoir clercs qui scevent latin, recours a telz « livres ; mais aultrement est des simples gens et par espé-« cial de mes sœurs germaines auxquelles je vueil escripre de « ceste manière et de ceste vie... » Il n'admettait pas que ces hauteurs de la vie chrétienne fussent interdites aux personnes du peuple (2).

Gerson a encore rédigé pour les mêmes proches parentes un *Dialogue spirituel*, renfermant des conseils demandés par celles-ci, un *Discours de l'excellence de la virginité* et une méditation sur *la mort et la passion de Nostre Seigneur Jésus-Christ*. Les deux premiers opuscules ont pris place dans les *Opera* (3). Le troisième a été édité par M. Thomassy dans son *Jean de Gerson* (4).

Les interlocuteurs dans le *Dialogue* sont Gerson lui-même et ses sœurs. Les premières paroles qu'il leur adressait étaient celles-ci : « Mes suers très amées en Jhesu Crist plus qu'au

(1) *Les Manuscrits françois*..., tom. II, Paris, 1838, p. 115-117.

Nous citerons aussi, à l'appui de l'opinion de M. P. Paris, le ms. de l'Ars., lequel porte également : « ... *le secret parlement de l'homme contemplatif à son ame et de l'ame à l'homme sur la povreté et mendicité spirituelle* (M. Martin, *Cat. des mss. de la Bibl. de l'Ars.*, ms. 2113, fol. 45).

D'après un autre historien, Launoy, ce livre a eu une autre édition en français avec deux autres opuscules : « *La Mendicité spirituelle*, *Les Méditations de l'ame*, *Le Consolatif de tristesse*, Paris, 1519, in-4° (*Op. cit.*, p. 508).

(2) Les citations précédentes, à moins d'indications contraires, sont empruntées à M. Thomassy, dans son ouvrage, *Jean Gerson*, Paris, 1843, in-12, pp. 76, 77.

(3) *Opera*, tom. III, col. 805 et suiv., 829 et suiv.

(4) Pp. 338 et suiv., d'après le ms. fr. 7867 de la Bibl. nat., lequel est aujourd'hui le ms. 1843.

« monde, vausist Dieu que je peusse accomplir ceste vostre « requeste et chacune aultre aussi effectueusement comme « affectueusement ; car a ce faire je suis tenu volontaire et « enclin, et vous l'avés descri, n'en ensuivant mon conseil, « mais celuy de l'Apostre qui dit : 1 *Cor.* VII, estre chose « meilleur a une pucelle demourer en l'estat de virginité que « soy donner a mariage. »

Le *Discours*, comme le titre complet l'indique, roule spécialement sur la virginité. « Ung pelerin, dit l'auteur, veult aler a « Saint Jaques et demande le chemin ; on l'y en monstre deux, « desquels l'ung est moult bel et plaisant au commencement, « plain d'erbes, de flourestes, de bois vers, environnés de ri-« vières ; l'aultre chemin par le contraire est sec, plain de « pierres agues et de montaignes ; mais le premier a dedens « soy partout serpens venimeux et couleuvres mordens ca-« chiés et muciés dessoubs la verdure et qui point ne se « monstrent, fors quant on est dedens entré et qu'on ne puet « retourner... ; par l'aultre chemin on parvient a son but. « N'est point de doubde que, quant a la voulenté sensuèle « qui ne seult regarder que le plaisir et délit appétissant et « présent, le pelerin prendroit le premier chemin ; mais, en « nom de Dieu, raison corrige et doit corriger ceste voulenté « et croire conseil de ceulx qui bien scevent la nature des deux « chemins et mieulx que le pelerin qui passer y doit ». Cette comparaison est employée *in initio* pour montrer que le chemin sûr est la virginité et le chemin dangereux le mariage.

Le troisième opuscule était spécialement adressé par Gerson à l'une de ses sœurs. L'auteur recommandait la contemplation de la passion et de la mort du Sauveur : « Affin, dit-il, que tu en ayes plus grant douleur et compassion ». Et pour que fut « plus parfecte contemplation », il divisait ainsi son traité : « Affin que plus légièrement et parfectement tu puisses rete-« nir et avoir en ton cuer et en ta mémoire, je la diviseray « en sept parties selon les sept œuvres de miséricorde de « saincte Eglise : Complies, Matines, Prime, Tierce, Midy, « Nonne et Vespres, selon lesquelles heures il fut prins et « tourmenté moult griefment pour nous ».

Faut-il conclure que Gerson a composé en français ces diverses œuvres ? La conclusion ne serait pas rigoureuse ; quelques-unes ont pu être postérieurement traduites du latin et même par d'autres que par l'auteur : « Gallice editi vel conversi », dit Launoy(1). C'est ainsi que l'*Opus tripartitum*, c'est-à-dire *De Præceptis Decalogi*, *De Confessione*, *De Arte moriendi* (2), est devenu *Le livre des trois parties* dont nous avons parlé, traduction qui aurait aussi été imprimée sous ce titre : *Instruction des curez pour instruire le simple peuple*, et avec cette prescription : « Il est enjoinct à tous les curez, « vicaires, maistres des escolles, dospitaulx et aultres pour « tout l'évesché de Paris davoir avec eulx ce petit livre et en « lire souvent » (3). C'est ainsi que nous voyons le *Denal espirituel que fit honnourable et discret maistre Jehan Gerson... translaté de latin en françois* (4).

Disons aussi que, mentionnant ici ces œuvres, nous n'avons nullement prétendu affirmer qu'elles fussent toutes de cette époque.

Une coutume s'était, malgré la constitution de Clément V au Concile de Vienne, maintenue en France ainsi qu'en Angleterre et dans quelques autres contrées : on refusait le sacrement de pénitence aux condamnés à mort. Notre chancelier avait rédigé, en son nom et au nom des docteurs de Paris, un mémoire pour demander instamment et motiver fortement l'abolition de la déplorable coutume. Ce ne fut pas sans succès, car un édit du mois de février 1396 autorisa ces malheureux à avoir recours au ministre sacré de la réconciliation (5).

(1) *Loc. cit.*

(2) *Op. tripart.* imprimé s. l. n. d. vers 1470, in-4° (Graesse, *Trésor...*, art. *Gerson*).

(3) M. Brunet, *Man. du librair.*, art. *Gerson*, et *Bullet. du bouquin.*, an. 1868, p. 363-365.

(4) *Manuel...*, *ibid.*

(5) *Opera*, tom. II, col. 427 et suiv. : *Considerationes V, ut condemnatis ad mortem permittatur confiteri*. Le mémoire est ici en latin et en français. Le texte français porte : « Pour l'information de très chrestien « roy de France et de tous autres princes et justiciers de son noble « royaume, sont proposées les cinq véritez dessous escrites, examinées « souffisamment par clercs, spécialement par théologiens maistres... » Disons, en même temps, que la coutume ne disparut pas complètement devant l'édit, ainsi qu'il appert des statuts promulgués, au commencement du XVI° siècle, par Étienne de Poncher, évêque de Paris.

Le fameux Jean Petit eut une noble part, sinon la première initiative, dans ce changement, si l'on en juge par ce passage d'un ms. : « La « coustume de donner des confesseurs aux criminels, pour les assister au « supplice, n'estoit point encore bien en usage... Ceste faveur ne leur fut « premièrement accordée qu'en un échiquier (parlement) qui se tint en « Normandie, à la poursuite et à l'instance d'un docteur nommé Jean « Petit, qui y harangua puissamment pour obtenir ceste grâce, qui

La lettre de Gerson en faveur des Dominicains retranchés de l'Université n'avait pas son effet. Il plaida leur cause avec force devant l'Université. Sa parole eut du succès : la réconciliation se signa en août 1403 (1).

Depuis longtemps le chancelier de Notre-Dame appelait de ses vœux ardents la paix dans l'Église.

Ces vœux, les discours les formulaient. En 1390, il disait, parlant en présence de Charles VI : « Hélas ! très souve- « rain roy des chrestiens, vous véez comment chrestienté ja « par l'espace de douze ans est tellement divisée, que une « partie répute l'aultre schismatique, excommuniée et hors « de l'estat de grâce et de salut... Comme grant dommage a « esté et seroit-il, si grant peuple et tant de princes qui sont « en vostre alliance périssoient si cruellement en corps et en « âme ! » Il ne craignait pas d'ajouter : « O si Charlemagne « le Grant, si Rolland et Olivier, si Judas Machabœus, si Eléa- « zar, si S. Loys et les aultres princes estoient maintenant « en vie et qu'ils veissent une telle division en leur peuple et « en saincte Église qu'ils ont si chèrement enrichie, augmen- « tée et honorée, ils aimeroient mieulx cent fois mourir que « la laisser ainsi durer... » (2)

Cette paix, il la saluait, à la mort de Clément VII, dans une espérance qui ne se réalisa jamais : « Alons, alons, disait-il « en une circonstance solennelle, sans atargier, alons de « paix le droit sentier... Elevons nos cuers, o dévot peuple « chrestien... Boutons hors toutes aultres cures, donnons ceste

« depuis fut confirmée aux criminels des autres provinces par l'autorité « royale de Charles VI. Ce docteur... avoit entrepris autrefois une « harangue scandaleuse pour justifier le crime du duc de Bourgogne « contre le duc d'Orléans. » (Cit. empruntée à l'*Histoire*, inédite, de *Marcoussis*, par Simon de la Mothe, dans *Nouv. Biograph. génér.*, art. *Petit* (Jean).

(1) *Hist. Univers. Paris.*, tom. V, p. 82-83 ; Crévier, *Hist. de l'Univ. de Paris*, tom. III, p. 217-218.

Plus tard, Gerson disait dans son *Sermon contre la bulle des Mendiants* : « Novit Deus qualem displicentiam habui, habeo et habebo de hac « turbatione. Deus ostendi me non odio habere Mendicantes aut eorum « voluisse destructionem, ut apparet in reconciliatione Fratrum Prædica- « torum. » (*Opera*, tom. II, col. 436.)

Gerson s'est toujours montré bien disposé pour ces religieux : voir *Gerson, l'Université et les Frères-Prêcheurs*, par M. H. Jadard, Arcis-sur-Aube, 1880.

(2) Cit. empruntée à l'ouvr. cité de M. Thomassy, p. 55, d'après un ms. de la Bibl. nat.

« heure à considérer le bon don de paix qui nous appro-
« che... Quantes fois par grans désirs depuis près de trente
« ans nous avons demandé paix, huchié paix, soupiré
« paix... » (1).

De consciencieux écrits examinaient, indiquaient, conseillaient les moyens de procurer ou favoriser le rétablissement de la paix. Pour lui, la soustraction d'obédience était une mesure violente et inutile ; la réunion d'un Concile général présentait de grandes difficultés ; la cession ou l'abdication des deux contendants lui paraissait préférable. Telles sont les pensées qu'on recueille dans la *Protestation sur l'état de l'Eglise*, dans un premier *Traité sur le schisme présent* ou la *Manière de se compòrter en temps de schisme*, dans la *Soustraction* durant ces temps malheureux, dans deux autres *Traités sur le même schisme*, dans les réflexions *pour le Concile d'une seule obédience*, dans le *Dialogue à trois (Trilogus) touchant la matière du schisme*, dialogue où l'auteur fait parler le zèle, la discrétion et la bienveillance (2). En cet état, regrettant qu'en France on eût adopté le premier parti, il savait, dans des *Considérations touchant la restitution d'obédience à Benoît*, exprimer le désir de la fin de cet état de choses (3), pour ensuite, dans un *Discours* de circonstance, en faire ressortir les avantages (4).

Si la restitution d'obédience au pape d'Avignon, en 1403, ne pouvait ramener la paix dans l'Église, elle avait, d'autre part, nous l'avons constaté déjà, suscité des dissensions dans le royaume. L'Université de Paris envoya alors à Benoît XIII une députation, à la tête de laquelle elle plaça le chancelier de Notre-Dame (5). A ce titre, orateur de la députation,

(1) Exode de l'*Oratio habita in solemni supplicatione pro pace Ecclesiæ*. *Opera*, tom. IV, col. 565.

(2) *Opera*, tom. II, col. 1 et suiv., pp. 83 et suiv.
Dans le troisième traité sur le schisme, nous lisons, col. 19 : ...
« nec est expediens celebrare hujusmodi Concilium generale pro hac
« causa. ... Probatur minor multipliciter. Primo, ex parte convocantis.
« Secundo, ex parte convocatorum. Tertio, ex parte medii in tractando.
« Quarto, ex parte finis in obediendo. »

(3) *Ibid.*, col. 32 et suiv.

(4) *Ibid.*, col. 35 et suiv. : *Sermo... factus feria secunda Pentecostes, anno* 1403, *post restitutionem obedientiæ*.

(5) *Hist. Univers. Paris.*, tom. V, p. 71 : « Princeps legationis Universitatis, fuit M. J. Gerson cancellarius... »

il porta la parole devant le pontife à Marseille et à Tarascon. La cession était conseillée (1). On peut appliquer à chacune des deux œuvres oratoires ces paroles de Crévier : « Méchant modèle en genre d'éloquence », le discours « ne laisse « pas d'être recommandable par d'autres endroits : l'orateur « traite son sujet avec modération, avec ménagement ; il a « soin de ne point irriter celui à qui il est obligé de dire des « vérités peu agréables ; il tâche, au contraire, de se le ren- « dre favorable par des éloges placés et mérités (2) ». Pourtant, il fut accusé auprès du roi et de l'Université d'avoir, dans le discours de Tarascon, passé bien des choses sous silence ou de ne les avoir pas présentées sous leur vrai jour (3). De là, deux lettres justificatives, l'une au duc d'Orléans (4) à qui il faisait tenir en même temps le discours incriminé (5), l'autre à Pierre d'Ailly, évêque de Cambray, alors en cour pon-

(1) *Opera*, tom. II, col. 43 et suiv. : *Sermo... habitus Massiliæ coram papa Benedicto, anno* 1403, 9 *novembris* et imprimé aussi dans *Hist. Univers. Paris.*, tom. V, pp. 71 et suiv. ; — *Opera, ibid.*, col. 54 et suiv. : *Sermo... factus in die circumcisionis Domini coram papa apud Tarasconem, cui adjunctæ sunt considerationes de reformatione et pace Ecclesiæ.* Ce second sermon était prononcé le 1er janvier suivant.

Voilà ce que l'on peut appeler les discours d'apparat. Il y eut d'autres paroles échangées. C'est en ce sens et dans l'ordre indiqué qu'il faut entendre ces lignes de Launoy : « Hinc Tarasconæ semel atque « iterum et tertio Massiliæ concionatur coram Benedicto XIII et proponit « multa rationum momenta quibus Benedictus ad pacem adducatur. » (*Op. cit.*, p. 483) ; et ces autres de Hardt : « Primum Tarasconæ, « deinde eodem anno Massiliæ coram Benedicto, præsente duce Aurelia- « censi, longos sermones habuit, quibus ad unionem viamque cessionis « Benedictum protraheret. » (*Op. cit.*, tom. I, par. IV, p. 39.)

(2) *Hist. de l'Univers. de Paris*, tom. III, p. 212.

(3) Du Boulay, *Hist. Univers. Paris.*, tom. V, p. 81 : « Nihilominus « tamen apud regem et Universitatem accusatus est multa subticuisse aut « aliter dixisse quam debuisset. »

(4) Lettre reproduite dans *Ibid.* et dans *Opera* de Gerson, tom. II, col. 74, et ainsi datée : Scriptum Tarascone, an. D. 1403 in vigilia Epiphaniæ », ou, d'après le nouveau style, 1404. On le voit, si l'accusation fut prompte, la justification ne se fit pas attendre.

(5) *Ibid.* : « En accipite itaque sermonem, qualiscumque ille est, « ubi aliqua, sed pauca ex dictatis in margine posita sunt, quæ brevitas « præceps eripuit ne proferrem. » Sur ce, Crévier fait cette réflexion : « Si la réputation de Gerson n'était pas aussi parfaitement nette, une « pareille addition donnerait des soupçons. » (*Op. cit.*, *loc. cit.*, p. 216). M. L'Ecuy écrit, à son tour, et non sans raison : « ... Ce qui me paraît « suffisant pour justifier Gerson, c'est l'aveu qu'il fait avec tant de « franchise. Aurait-il parlé de cette suppression, si elle avait été de « nature à jeter du doute sur sa conduite ? » (*Op. cit.*, p. 303).

tificale : dans la première, rappelant qu'il s'était chargé à regret de cette mission (1), il indiquait comment il l'avait remplie par le conseil donné et motivé ; dans la seconde, il se plaignait de ce qu'on avait mal interprété ses paroles et même de ce qu'on lui en avait gratuitement prêté d'autres (2).

Jean-sans-Peur succédait à Philippe le Hardi à la tête du duché de Bourgogne (1404). Déjà la rivalité s'accentuait entre lui et le duc d'Orléans, pour le malheur du royaume. Le chancelier de Notre-Dame, qui était devenu en même temps curé de Saint-Jean-en-Grève, dut être, devant Charles VI, en ces tristes circonstances, l'interprète de l'Université (1405) (3), laquelle ne faisait pas des vœux moins ardents pour le salut du roi que pour la prospérité du royaume. Elle souhaitait au roi et « la vie corporelle » et « la vie politique et civile » et « la vie spirituelle ». Mais dans la seconde partie du discours, celle consacrée à « la vie politique et civile », l'orateur ne craignait pas de faire apparaître la Dissimulation, engageant à laisser agir le roi au gré de ses caprices, la Sédition allant jusqu'à dire qu'il « n'est pas de sacrifice plus agréable à Dieu que la mort des tyrans », la Discrétion condamnant les deux premières conseillères, mais établissant ce principe dont elle tire les conséquences : « Un roi n'est pas une personne privée, « mais bien un pouvoir public organisé pour le salut de toute « la communauté » (4). Le *Discours solennel* et plus encore,

(1) *Opera, ibid.*, et *Hist. Universit. Paris.*, *ibid.* : « ... non tam missus quam coactus legatus. »

(2) *Opera* de Gerson, tom. II, col. 74 : *Epistola Domino Cameracensi existenti in curia* : « Experior veram esse Comici sententiam : *Nihil esse,* « *quin male narrando possit deteriorari*. Hanc ego esse unam ex maxi- « mis difficultatibus æstimo, quæ reddunt officium prædicationis onero- « sissimum... Fit enim plerumque (loquor centies expertus), ut præsentes « in sermone aliquo non solum depravent bene dicta, sed ea, quæ nullo « modo dicta sunt, constanter affirment pro prolatis. »

(3) *Hist. Univers. Paris.*, tom. V, p. 119 : « ... cancellarius ecclesiæ et « Universitatis Parisiensis et parochus seu curio S. Joannis de Gravia « sermonem habuit ad regem Carolum... » Nous ne savons pourquoi M. L'Ecuy, *Op. cit.*, p. 361, le fait nommer à cette cure deux ans plus tard.

(4) *Opera*, tom. IV, col. 583 et suiv. : *Joan. Gers... solemnis oratio ex parte Universitatis Parisiensis in præsentia regis Caroli sexti, delphini, complurium ducum et comitum atque dominorum de stirpe regis et multorum singulorum statuum hominum*. Les citations aux pages 583, 595, 597.

Le Discours a été publié dans notre langue en 1561, suivant du Boulay, qui a transcrit le commencement ainsi rendu : « Vive le roy, vive le roy,

il semble, l'intervention déplurent au duc d'Orléans. Le prince avait pourtant fait appel au concours de l'*Alma Mater*. Mais alors il paraissait l'avoir oublié, car il trouvait mauvais que l'Université s'occupât des affaires de l'État, et il allait même jusqu'à nier ses démêlés avec le duc de Bourgogne (1).

Deux ans après, il tombait sous les coups portés par ordre de ce dernier. Jean-sans-Peur fut impudemment justifié dans une audience royale; mais la doctrine étrange qu'on invoqua pour la justification fut victorieusement réfutée par Gerson, finit par être solennellement condamnée, d'abord à Paris, puis à Constance (2).

Notre chancelier travaillait, avec les plus illustres docteurs de Paris, à l'extinction du schisme, pour arriver à une sage rénovation dans l'Église.

En 1406, pas plus que dans le passé, il ne se montrait favorable à la mesure extrême de la soustraction d'obédience. Mais, en présence de l'opiniâtreté des contendants, il en appelait, dans ses écrits comme dans ses discours, à un Concile général qui rendît à l'Église la paix et la sainteté des anciens jours. On peut consulter, à ce sujet, les travaux suivants qui sont dus à sa plume : diverses *Conclusions* et *Propositions utiles pour l'extermination du présent schisme par le moyen d'un Concile général* (3); *Certains Actes pour mettre fin au schisme, après la mort d'Innocent VII;* et une *Dispute au sujet de ce même schisme* (4).

En 1408, au Concile de Reims, tout en s'occupant de l'objet

« vive le roy; vive corporellement, vive politiquement et civilement, « vive spirituellement, perdurablement et raisonnablement. Cy offre et « propose cette belle salutation la fille du roy, la mère des estudes, le « beau clair soleil de France, voire de toute la chrestienté, l'Université « de Paris, de par laquelle nous sommes icy envoyez en la présence très « honorable de vous, très noble et très excellent roy, princes... » (*Hist. Univers. Paris.*, tom. V, p. 119).

Suivant le P. Le Long, *Biblioth. histor. de la France*, n° 27180, le *Discours* ne fut pas prononcé devant le roi qui était malade.

Voir *Catalog. de la Biblioth. imper.*, *Hist. de France*, 1855, tom. I, p. 311, où se trouvent indiquées diverses éditions du *Discours solennel*.

(1) *Histor. Univers. Paris.*, tom. V, p. 120.

(2) *V. supra*, pp. 90 et suiv., ce que nous avons écrit sur la doctrine du tyrannicide, telle que l'entendait Jean Petit, et le rôle considérable de Gerson dans la double procédure : nous n'avons pas à y revenir.

(3) *Ibid.*, tom. II, col. 110 et suiv.

(4) *Ibid.*, col. 76 et suiv.

de la réunion, il produisait le petit traité : *De la Visite des prélats ou du soin des curés* (1) et il ne perdait pas de vue, dans le *Sermon*, qu'il prononçait devant la noble assemblée, sur le *devoir des pasteurs*, la pensée et les espérances d'un Concile général (2).

Orateur de l'Université, il exposait dans une *Proposition*, en présence des ambassadeurs du roi d'Angleterre et des députés de l'Université d'Oxford, lesquels se rendaient au Concile de Pise, que cette assemblée aurait incontestablement l'autorité nécessaire pour écarter les deux contendants et élire un nouveau pape ; car, disait-il, encore que le Concile « ne puisse instituer ou détruire la papauté » qui est d'institution divine, il est en droit « d'établir un nouveau mode d'élection papale »; il est en droit aussi « de déposer un pape, « même régulièrement élu, et d'en constituer un autre, si cela « importe au bien de l'Église, comme dans le cas d'un grave « scandale, d'une scission qui ne peut autrement prendre fin, « ou autre circonstance extrême : le pasteur n'est-il pas établi « pour l'utilité du troupeau (3). »

L'institution divine de la papauté a toujours été affirmée, proclamée par le chancelier de Notre-Dame de Paris. Un passage, entre autres, en fera foi. Il est tiré du traité des *Etats ecclésiastiques* (4). Le voici : « L'état « papal a été institué par le Christ surnaturellement et immé- « diatement : c'est une primauté monarchique... Quiconque « l'attaque, le rabaisse, l'égale à tout autre état ecclésias-

(1) *Opera*, tom. II, col. 558 et suiv.

(2) *Ibid.*, col. 542 et suiv. L'orateur disait, dans l'exorde, au sujet du Concile de Reims : « Fit ad evulsionem schismatum et pulcherrimæ pacis rationem. »

Ce Concile traita : « de sacramentalibus ; de habitu et conversatione clericorum ; de monachorum et monialium reformatione ; contra officialium exactiones ; de schismatis extinctione... » (Mansi, *Concil.*, d'après Marlot dans son *Histoire* inédite alors et publiée en 1843-1846, *de la ville, cité et Université de Reims*). Marlot, au tom. IV, pp. 142 et suiv., nous apprend que ce Concile avait d'abord été convoqué au 21 juin 1407 et que plusieurs fois remis, il s'ouvrit enfin le 28 avril 1408.

Ce Concile précéda de quelques mois celui, qualifié de national, qui fut tenu à Paris du 11 août au 5 novembre de la même année.

(3) *Propos. facta .. coram Anglis*, dans *Opera*, tom. II, col. 123 et suiv., IVe Considération.

« ... veniat utinam pax, s'écriait-il, ... veniat et requiescat in cubili suo, quod est Ecclesia... » (*Ibid.*, col. 125).

(4) *Opera*, tom. II, col. 529 et suiv.

« tique, s'il y a opiniâtreté, est hérétique, schismatique, impie « et sacrilège. » (1)

Assez peu de temps après, en janvier 1409, notre chancelier, dans la crainte de ne pouvoir assister au Concile, précisait, accentuait la même doctrine, touchant les moyens à employer pour mettre fin au schisme, dans un écrit : *De l'Unité de l'Eglise*, qui devait la propager partout et la présenter aux Pères de la grande assemblée (2). Un scrupule peut-être pouvait arrêter certains esprits : le Concile œcuménique doit être convoqué par le pape. En temps ordinaire, assurément. Mais dans les jours si profondément troublés que l'on traversait, il en était, il devait en être autrement : « L'Eglise alors, tant « de droit divin que de droit naturel, double droit auquel ne « s'oppose aucun droit positif bien compris, peut, à l'effet de « se procurer un vicaire unique et certain, se réunir en Con- « cile général qui la représente, et cela non-seulement par « l'autorité des seigneurs cardinaux, mais aussi avec le con- « cours et l'aide de tout prince et de tout chrétien. » (3). Gerson, sur ce point, n'allait pas tout à fait aussi loin que Pierre d'Ailly.

On ne lira pas, non plus, sans fruit, au point de vue doctrinal et historique : les *Quatre Considérations pour appuyer et expliquer les points établis*; l'*Avertissement ébauché*, (*Commonitorium informe*) *pour remettre en mémoire certains chapitres* (4).

Gerson put se rendre à Pise. Nous savons qu'il salua l'heureuse issue du Concile dans le nouvel élu, en même temps qu'il exprimait ardemment les espérances de l'Église dans les salutaires remèdes à apporter à de lamentables maux (5).

Est-ce pendant la tenue du Concile, est-ce un peu après qu'il mit au jour l'opuscule de la *Déposition du pape par l'Eglise* ?

(1) *Opera*, *ibid.*, col. 529.

(2) *De Unitat. ecclesiast.*, dans *Opera*, tom. II, col. 113 et suiv.

(3) 2ᵉ considération.

(4) *Opera*, tom. II, col. 118, 121.

(5) *Opera*, tom. II, col. 131 et suiv. : *Sermo factus in die Ascensionis coram Alexandro V anno 1409.*

Parmi les paroles pressantes qu'il place dans la bouche de l'Eglise, nous recueillons celles-ci : « Tolle igitur vitia, reduc virtutes. Redde « mihi formam, redde vitam, redde etiam cum Domino gratum locum in- « venire... » (*In fine*).

La première hypothèse nous paraît plus probable. C'était, dans l'examen des cas où le pape peut-être déposé, une sorte de *confirmatur* pour les écrits précédents au sujet du schisme (1).

L'assemblée de Pise trompa l'attente commune (2). Fallait-il, pour cela, s'abandonner au découragement ou, à l'exemple de Pierre d'Ailly, chercher ailleurs le remède? Gerson ne le pensait pas. Un vrai Concile œcuménique était toujours l'unique ressource pour constituer *un bon pontife à la place de trois mauvais*. De là l'opuscule dédié au cardinal de Cambray, sous le titre : *Des Manières d'unir et de réformer l'Eglise dans un Concile général* (3).

En ce traité, l'auteur commence par définir l'Église catholique ou universelle la réunion de tous ceux qui croient en Jésus-Christ, « soit grecs, soit latins, soit barbares », pour constituer « un seul corps », composé « d'hommes et de femmes, de paysans et de nobles, de « pauvres et de riches. » Définition trop large, qui devient pour Gerson la cause ou l'occasion d'une première erreur : « Cette Église, dit-il, sous la loi évangélique (*de lege currenti*), « n'a jamais pu errer, jamais défaillir, n'a jamais été déchirée « par le schisme, jamais souillée par l'hérésie, n'a jamais pu « être trompée ou tromper, n'a jamais péché... » Il distingue une autre Église : c'est « l'Église apostolique, particulière « et privée, renfermée dans l'Eglise catholique, formée du

(1) *De Auferibilitate papæ ab Ecclesia*, dans *Opera*, tom. II, col. 209 et suiv.

Nous lisons dans la XI° Considération : « Fateamur prius quod regula- « riter Concilium generale non est celebrandum de jure etiam divino, non « vocante vel approbante papa, si et dum est unicus nec adversus eum « allegatio legitima. Sed regulæ generales bene sucsipiunt exceptiones, « sicut in grammaticalibus, ita et in moralibus. »

(2) *V. supra*, p. 33, au sujet d'un sermon prononcé à Notre-Dame de Paris par Gerson contre une bulle d'Alexandre V en faveur des religieux mendiants.

Un autre sermon fut donné après le Concile de Pise par le même orateur, au nom de l'Université de Paris et en présence du roi de France : la paix de l'Eglise en était le premier objet, et l'union des Grecs le second. Tout cela pouvait s'obtenir avec des hommes de bonne volonté : *Pax hominibus bonæ voluntatis*, paroles sacrées qui servent de texte. (*Opera*, tom. II, col. 141 : *Sermo*...)

(3) *Opera*, tom. II, col. 161 et suiv. Le traité : *De Modis uniendi ac reformandi Ecclesiam in Concilio universali*, a été « scriptus paulo ante Concilium Constantiense ad Petrum de Alliaco. »

A la col. 169 : *De Modis, loco trium malorum pontificum, unum bonum eligendi in universali Concilio Constantiensi.*

« pape, des cardinaux, des évêques, des prélats et person-« nages ecclésiastiques, et ordinairement appelée romaine, « parce que le pape en est estimé le chef. » Autre définition hasardée et qui donne lieu à une seconde erreur : « Et cette « Église, continue le théologien, peut et a pu être trompée et « tromper, connaître le schisme et l'hérésie, et même dé-« faillir » (1). Sous ce rapport, Gerson ne serait même pas arrivé à la faible exactitude théologique de Pierre d'Ailly et de Courtecuisse.

A l'article : *De l'Autorité du Concile universel sur le pape*, nous lisons ces mots : « Est-ce qu'un Concile où le pape ne « préside pas, est au-dessus du pape ? Assurément. Il est su-« périeur en autorité, supérieur en dignité, supérieur en of-« fice ; à un semblable Concile le pape lui-même est tenu « d'obéir en toutes choses ; un semblable Concile peut limiter « le pouvoir du pape, parce qu'à un semblable Concile, puis-« qu'il représente l'Église, a été concédée la puissance de lier « et de délier ; un semblable Concile peut supprimer les droits « de la papauté ; d'un semblable Concile personne ne peut « appeler ; un semblable Concile peut nommer un pape, le « dépouiller et le déposer ; un semblable Concile peut établir « des droits nouveaux et mettre fin aux droits anciens » (2). En vertu de cette doctrine, Jean XXIII peut être déposé par le futur Concile œcuménique, car il n'y a pas d'autres moyens « de pourvoir au bien de l'Église en y rétablissant l'unité de tête ». Voilà ce que Gerson formule catégoriquement dans un autre opuscule dont le titre indique bien l'objet (3).

Cette doctrine de la supériorité du Concile, il la prêchait

(1) *Opera, ibid.*, col. 163.

(2) Col. 172 : *De Autoritate Concilii universalis supra papam.* L'auteur allait jusqu'à écrire à la colonne suivante : Nec potest nec « potuit aliquando papa dispensare contra canones sanctos in Conciliis « generalibus, nisi Concilium specialiter hoc illi commiserit ex magna « causa. Nec facta Concilii potest papa immutare, imo nec interpretari « aut contra ea dispensare, cum sint sicut Evangelia Christi, quæ nullam « recipiunt dispensationem et super quæ papa nullam habet jurisdictio-« nem ».

(3) *Ibid.*, col. 181 : *De Joanne XXIII in Concilio generali sede movendo.*

Dans cet opuscule, nous rencontrons cette assertion presque autant exagérée, presque aussi moins théologique que les précédentes : « Cum « etiam papa in hoc casu membrum sit et non caput universalis Eccle-« siæ... »

dans son fameux discours au Concile de Constance, lorsque l'assemblée était sous le coup de la retraite du pape (1). *Marchez*, disait l'orateur par son texte, *pendant que vous avez la lumière, de peur que les ténèbres ne vous surprennent* (2).

La définition large que, dans ce discours, Gerson donne du Concile œcuménique, montre bien qu'il partageait la manière de voir de son illustre maître relativement à l'extension du droit de suffrage ou, du moins, du droit de conseil, et que, s'il ne fût arrivé trop tard, le chancelier de Notre-Dame de Paris se serait joint au cardinal de Cambray pour réclamer et faire prévaloir cette extension : il ne doit y avoir, en effet, dans un Concile, « d'exclusion pour aucun fidèle qui demande à être entendu » (3).

Le même orateur se fit entendre plusieurs autres fois en présence du Concile.

La seconde fois, ce fut à l'occasion du voyage entrepris, en 1415, par l'empereur pour déterminer Benoît XIII à l'abdication. Après avoir appelé les bénédictions du ciel sur l'auguste voyageur : *Prosperum iter faciet nobis Deus salutarium nostrorum* (4), il crut devoir formuler de nouveau la doctrine de la supériorité du Concile (5).

Cette doctrine, il saisit l'occasion d'un troisième sermon, prononcé en janvier 1417, pour y revenir encore. On s'était

(1) *Opera*, *ibid.*, col. 201 et suiv. Voir *supra*, p. 71.

(2) *Joan.*, XII, 35.

(3) *Opera*, *ibid.*, *Considerat.* VI : « Concilium generale est aggregatio « legitima autoritate facta ad aliquem locum ex omni statu hierarchico « totius Ecclesiæ catholicæ, nulla fideli persona quæ audiri requirat « exclusa, ad salubriter tractandum et ordinandum ea quæ debitum regi- « men ejusdem Ecclesiæ in fide et moribus respiciunt. »

Ce sermon est ici résumé, parce que le développement a été improvisé : « Attendat benignus lector quod prolator hujus sermonis, « Joannes..., pressus nimia temporum angustia, probationes dictatas non « apposuit ad has considerationes ; sed prout in mentem et linguam ex « recordatione præteritorum opusculorum, præsertim tempore Concilii « Pisani, dum absens ab eo legebat Parisiis, inserebat materiam hanc... » (*In fine*).

Suivant l'orateur, « Dieu a placé les Pères dans le monde pour être comme autant de lumières ». (*Loc. cit.*, col. 202.)

(4) Ps. LXVII, 19.

(5) *Opera*, tom. II, col. 273 et suiv. : *Sermo... habitus die XXI Julii anno* 1415 *super processionibus faciendis pro viagio regis Romani ad Petrum de Luna in sacro generali Concilio Constantiensi.*

armé d'elle pour procéder contre Jean XXIII. On devait se servir des mêmes armes contre l'opiniâtre Benoît XIII. Gerson avait aussi à cœur la réussite d'une autre affaire : la condamnation par le Concile des neuf propositions censurées par l'évêque de Paris touchant le tyrannicide qu'avait prêché Jean Petit. Commentant ce texte : *Il y eut des noces à Cana en Galilée et la mère de Jésus y était*, l'orateur trouva moyen de mettre en relief ces deux points doctrinaux (1). Cependant, comme les règles ou la brièveté du discours ne lui avaient pas permis d'exprimer toute sa pensée, il ajouta à l'œuvre oratoire un *Traité* complémentaire (2).

Un quatrième sermon, prononcé à une fête de l'immaculée conception, roulait sur *les calamités de l'Église et les signes du jugement futur* (3).

Un discours sur la nativité de la Sainte Vierge, en 1416, fut, par les questions qu'il soulevait, l'occasion de l'opuscule : *Déclaration des vérités qu'il faut croire de nécessité de salut* (4).

Nous possédons encore un *Sermon sur l'Oraison dominicale au Concile de Constance* (5). Mais revenons à ce qui regarde plus directement l'objet même du Concile.

L'on peut considérer encore comme un *confirmatur* de la doctrine de la supériorité du Concile sur le pape l'ouvrage ayant pour titre : *De la Puissance ecclésiastique et de l'origine du droit et des lois*, et écrit au commencement de l'année 1417 (6). Dans ce traité, en effet, l'auteur professe que « la

(1) *Opera*, tom. II, col. 349 et suiv. : *Sermo habitus coram Concilio Constantiensi in dominica, quæ erat festum Antonii*, c'est-à-dire le 17 janvier.

(2) *Ibid.*, à la suite du *Sermo* : *Tractatus in quo solvit quæstiones in præcedenti sermone motas, et tunc, brevitate temporis urgente, non solutas*. Il envisage principalement son sujet sous le rapport des *Noces du Christ et de l'Église* (*De Nuptiis Christi et Ecclesiæ*).

En 1470, à Nuremberg, l'on a édité *De spiritualibus nuptiis* (Graesse, *Trésor...*, art. *Gerson*.)

(3) *Ibid.*, col. 309 et suiv. : *Sermo de morbis et calamitatibus Ecclesiæ et de signis futuri judicii*.

(4) *Opera*, tom. I, col. 22 et suiv. : « Pro solutione dubitationis quæ nuper movebatur in sermone de nativitate Virginis... anno 1416. »

(5) *Opera*, tom. III, col. 269 et suiv.

(6) *Opera*, tom. II, col. 225 et suiv.

Nous lisons à la fin : « Finit tractatulus... pronuntiatus Constantiæ tem« pore generalis Concilii pro parte cancellarii Parisiensis, anno a nati« vitate Domini 1417, die 6 Februarii. »

« plénitude de la puissance ecclésiastique réside dans le sou- « verain-pontife et dans l'Église, quoique non tout à fait sem- « blablement ». Ordinaire dans le pape seul, cette puissance ecclésiastique devient supérieure dans l'Église réunie en Concile, car c'est à elle de rappeler à la vérité le pape errant, et c'est à lui de se soumettre à elle comme « à l'épouse du grand roi » (1).

Le chancelier de Notre-Dame de Paris ne se bornait pas au discours dans ses attaques contre celui qu'on ne voulait plus guère désigner que sous le nom de Pierre de Lune (2). Sa plume mettait au jour des opuscules pour établir que ce Pierre de Lune était notoirement hérétique, crime qui appelait les coups les plus terribles de l'Église. Nous venons de désigner les deux *Petits livres des articles théologiques... contre Pierre de Lune* et l'*Appréciation (Articulatio) d'une constitution* de ce prétendu pape (3).

L'illustre et sainte princesse de Suède, Brigitte, avait été canonisée par Boniface IX. Le roi et la reine de ce pays avaient ensuite adressé à Jean XXIII une supplique à l'effet d'obtenir la même glorification de la sainteté en d'autres personnages de leur royaume. L'affaire fut déférée au Concile et une commission nommée, comprenant des cardinaux, des évêques et des docteurs. Pierre d'Ailly prenait rang parmi les premiers et Gerson parmi les troisièmes. C'est en cette circonstance que le chancelier de Paris composa son traité de l'*Épreuve des esprits* (*De Probatione spirituum*) ; opuscule où il établit les règles qui permettent de discerner les visions vraies des fausses et dont les principales, au nombre de trois,

(1) Doctrine résumée dans les trois conclusions de la fin.
Dans la XIIe considération, Gerson distingue ainsi les deux puissances, la spirituelle et la temporelle : « Que la puissance ecclésiastique se ren- « ferme dans ses limites naturelles, de telle sorte quelle se souvienne « que le pouvoir séculier, même parmi les infidèles, a ses droits propres, « ses dignités, ses lois, ses jugements, sur lesquels la puissance ecclé- « siastique doit se garder d'entreprendre, à moins que la puissance sécu- « lière ne se permette d'agir contre la foi, contre Dieu, contre les droits « manifestes de l'Église ». (*Ibid.*, col. 248).

(2) « ... Petri de Luna, Benedicti decimi tertii a nonnullis nuncupati, « memoria. » (Labbe, tom. XII, col. 235).

(3) *Opera*, tom. II, col. 293 et suiv.
Dans l'*Articulatio*, Gerson pose comme première thèse : « Constitutio « illa est hæreticalis, quæ directe et expresse præjudicat et contrariatur « legi evangelicæ... Sed hæc constitutio Petri de Luna est hujusmodi. « Igitur est hæreticalis. »

se puisent dans les données d'une saine doctrine, de l'Écriture-Sainte (*per modum artis et doctrinæ generalis sicut per eruditionem sacrarum Scripturarum*), dans celles du sens intime (*per inspirationem intimam seu internum saporem*), dans les lumières surnaturelles des révélations (*requiritur donum Spiritus Sanctus, quod Apostolus nominavit discretionem spirituum*). Le travail est de l'année 1415 (1).

Nous rencontrons parmi les *Opera* de Gerson un autre opuscule, sans date, sur la même matière, celui *De la Distinction entre les visions vraies et les fausses* (2). A ce sujet se rapporte aussi le suivant dont nous ne pouvons pas davantage préciser l'enfantement : *Jugement sur la vie de sainte Ermine*, morte à Reims en 1396 (3). Cette *Vie de sainte Ermine* avait été écrite en français par un chanoine régulier de Saint-Denis de Reims, lequel avait sollicité sur son œuvre le jugement de Gerson et des autres théologiens de Paris (4). Le *Judicium* établit qu'il n'y a, dans cette *Histoire de plusieurs choses merveilleuses*, rien qui soit contraire à la foi catholique, mais rien, non plus, qu'on soit obligé de croire de foi divine, et que, eu égard à la disposition de certains esprits et au peu de lumière du grand nombre, il n'est pas opportun de jeter ces histoires dans le public (5).

(1) Lenfant, *Hist. du Concil. de Const.*, Amsterdam, 1727, tom. I, pp. 447 et suiv.; *Opera*, tom. I, col. 37 et suiv. Cet opuscule est daté : « Anno Domini 1415, in die S. Augustini. »

Nous lisons à la col. 41 des *Opera* : « On ne saurait dire combien cette « curiosité de connaître les choses futures et cachées, de voir ou de faire « des miracles a trompé de gens et les a souvent détournés de la vraie « religion. De là, dans le peuple, des superstitions qui infectent la religion « chrétienne : on cherche des signes prodigieux comme les Juifs ; on « rend à des images un culte de latrie ; et à des hommes qui sont loin « d'être des saints canonisés, à des écrits sans autorité on donne « croyance plus grande qu'aux vrais saints et qu'à l'Evangile. »

Le *De Probatione spirituum* a été imprimé avec le *De Simonia* s. l. n. d., vers 1470, in-4 (Graesse, *Trésor*..., art. Gerson).

(2) Tom. I, col. 43 et suiv.

(3) *Ibid.*, col. 84 et suiv.

(4) Bibl. nat., ms. fr. 25213 : *Narration de la nouvelle histoire de plusieurs choses merveilleuses nouvellement advenues a Reims par la permission de Dieu a une simple et humble créature nommée Ermine.*

(5) La seconde conclusion porte : « Quamvis non sit necessarium ad « salutem credere omnia et singula de facto contigisse et taliter qualiter « in prædicto libello narratur ; puto nihilominus esse temerarium et « incivile talibus omnino pertinaciter dissentire aut animositate obstinata « eadem impugnare ».

La troisième conclusion est ainsi exprimée : Tam ob parvam eruditio-

Cette même année 1415, le savant chancelier présentait son *Traité de la simonie* à la congrégation de la réforme. L'auteur, conformément aux vrais principes, y prouve que tout homme, fût-il pape, est simoniaque, quand il se fait allouer des biens temporels pour la collation de bénéfices spirituels (1).

Les erreurs de Wiclef avaient trouvé un ardent propagateur dans Jean Hus. Le Concile de Rome (1412-1413) condamna les erreurs et le propagateur. La Faculté de théologie de Paris censurait, de son côté, dix-neuf propositions extraites du *Traité de l'Eglise* que Jean Hus avait lancé dans le public (2). Gerson, alors, écrivit à l'archevêque de Prague pour l'engager à extirper l'ivraie qui infectait le champ du Seigneur (3). Il n'a pas dû se déjuger, à Constance, dans les commissions où il fut appelé à siéger (4).

« nem multorum in sacris Scripturis et historiis, quam propter obstina-« tam quorumdam incredulitatem et duram cervicem, non expedit « passim et generaliter modo publicari; sed illis duntaxat quos verisimile « erit ex hinc salubriter ædificari. »

C'est de la vraie théologie.

(1) Lenfant, *Op. cit.*, tom. I, p. 505; Hard, *Op. cit.*, tom. I. par. IV, pp. 1 et suiv., où ce traité, qui a pris également place avec quelques variantes parmi les *Opera*, tom. II, col. 645 et suiv., est imprimé sous le titre : *Nobilis Tractatus de simonia in generali Concilio Constantiensi damnata*.

Il a été précédemment imprimé, nous venons de le marquer, avec le *De Probatione spirituum* s. l. n. d., vers 1470, in-4, (Graesse, *Trésor*..., art. *Gerson*).

(2) *Supra*, p. 102-105.

(3) Dans *Histor. Univers. Paris.*, tom. V, p. 269-270.

Le docte chancelier faisait aussi l'historique de la manière dont on avait procédé contre les hérétiques : « Inveniuntur hactenus hæreses « extirpatæ ab agro ecclesiastico diversis viis veluti falce multiplici. « Inveniuntur quidem primitus falce vel acuto sarculo miraculorum « astantium divinitus catholicæ veritati, et hoc tempore Apostolorum. « Inveniuntur extirpatæ postmodum per falcem disputationis argumen-« taticæ per doctores. Sunt extirpatæ perinde per falcem sacrorum « Conciliorum, faventibus imperatoribus, quando disputatio doctrinalis « particularium doctorum inefficax esse videbatur. Tandem accessit « velut in desperata peste securis brachii sæcularis, excidens hæreses « cum authoribus suis et in ignem mittens : providens hac tanta severi-« tate et misericordi, ut sic dicatur, crudelitate, ne sermo veluti cancer « serpat in perniciem tam propriam quam alienam. »

(4) Comment M. B. Aubé, dans la *Nouvelle Biographie générale*, art. *Gerson*, a-t-il pu écrire : « Le grand crime de Jean de Hus aux yeux des docteurs était moins d'être hérétique que réaliste. » Il n'a évidemment lu ni les dix-neuf propositions condamnées par la Faculté de théologie de Paris, ni l'assertion qui suit : « Asseruimus, disent les docteurs « de la Faculté, quod articuli præfati notorie sunt hæretici et ut tales

On se rappelle ce que nous avons dit précédemment, dans la notice sur Pierre d'Ailly, au sujet de la condamnation de Matthieu Grabeen ou Grabon, condamnation poursuivie par le chancelier de Paris.

Ce dernier a composé aussi un opuscule se rapportant à l'année 1417 et ayant pour titre : *Contre l'hérésie touchant la communion des laïques sous les deux espèces* (1).

La grande autorité dont, à si juste titre, Gerson jouissait à Constance, ne le mit pas à l'abri des attaques les plus virulentes. Il est vrai que tout cela surgissait à l'occasion du procès intenté à la doctrine de Jean Petit : les partisans du duc de Bourgogne ne pouvaient lui pardonner l'ardeur qu'il avait déployée et qu'il déployait en faveur de la saine doctrine. Dans une *Lettre d'un anonyme à un ami anonyme de Paris*, on lui reprochait de se laisser conduire par « l'envie et la haine (2) », et le cardinal de Cambray qui lui prêtait son concours, n'était pas mieux traité (3). Une autre fois, on produisait vingt-cinq articles tirés de ses œuvres ou recueillis de ses paroles et à plusieurs desquels on infligeait les notes théologiques les plus dures (4). Ainsi l'accusation prenait corps. La justification fut facile à l'accusé : les propositions attaquées, à l'exception d'une seule, étaient vraiment inattaquables, ou en elles-mêmes, ou grâce aux antécédents et conséquents qui les expliquaient, ou d'après les intentions de l'auteur (5). L'exception portait sur la vingt-cinquième et dernière. Elle était ainsi conçue « J'aimerais mieux avoir des Juifs « et des païens pour juges dans les causes de foi que des com- « missaires d'un Concile général. » Cette proposition avait été formulée contre les lenteurs apportées dans l'affaire de Jean Petit. D'abord, Gerson attribue cette phrase à la chaleur de l'improvisation (*volatiliter prolatum est*) et aussi au mécon-

« judicialiter condemnandi..., cum doctrinis suis scandalosissimis extir- « pandi. »
(*Suprà*, p. 102-103.)

(1) *Opera* de Gerson, tom. I, col. 457 et suiv.

(2) *Opera*, tom. V, col. 382 et suiv. : *Epistola*...

(3) Lui aussi aurait pris pour inspirateur l' « odium inter ipsum et defunctum M. Joannem Parvi ».

(4) *Ibid.*, col. 439 et suiv. : Qu'on n'oublie pas que l'évêque d'Arras tenait le premier rang parmi les créatures du duc de Bourgogne.

(5) *Ibid.*, col. 445 et suiv.

tentement si légitimement ressenti par suite d'un procès qui traînait depuis cinq mois. Puis, il montre que, loin d'être hérétique, cette phrase ne revêt même pas le caractère de nouveauté (*novum vel hæreticum*), car il s'agit d'un point de droit naturel qui touche également les Juifs et les Sarrasins.

Tout cela se passait vers la fin de 1415. Avançons.

Le Concile allait se séparer. Le cordelier Jean Petit avait trouvé un émule dans le dominicain Jean de Falkemberg. Le livre de celui-ci avait été déféré aux Pères de Constance, comme les propositions attribuées à celui-là ; mais la condamnation s'en faisait encore attendre, malgré les instances des ambassadeurs polonais. L'affaire était alors entre les mains du nouveau pape qui estimait inutile de fulminer, la censure portée contre Jean Petit s'étendant logiquement, vu la similitude des principes, à Jean de Falkemberg. Comme les ambassa-qui avaient des ordres précis à ce sujet, menaçaient, si l'on ne terminait pas cette affaire au gré du roi, leur maître, d'en appeler au Concile actuel et même futur, Martin V lança, le 10 mars 1418, une bulle dans laquelle il formulait ce point doctrinal : « Il n'est permis à personne d'appeler du juge « suprême, c'est-à-dire du siège apostolique, en d'autres « termes, du pontife romain, vicaire de Jésus-Christ sur la « terre, ou de décliner son jugement dans les causes de foi ». Aux yeux du chancelier de Notre-Dame, cette solution ne pouvait se concilier avec les décisions des IVe et Ve sessions du Concile encore réuni. De là, le *Traité quand et s'il est permis dans les causes de foi d'appeler du souverain-pontife ou de décliner son jugement* (1). La règle tracée est basée sur les principes du chancelier : l'Église étant infaillible, et non le pape, l'Église étant supérieure au pape, il suit qu'on peut appeler du pape au Concile, comme on peut appeler de l'évêque au pape (2).

(1) *Opera*, tom. II, col. 303 et suiv.

(2) Jean Zürcher a tracé avec un esprit impartial le rôle de Gerson au Concile de Constance : *Gersons Stellung auf dem Concile von Constanz*, dans *Untersuchungen zur Mittlern Geschichte*, Leipsick, 1871, tom. II, pp. 105 et suiv. Mais ce ne fut pas sans inscrire dans une note, à la fin de l'article, ses sévérités d'Allemand à l'égard de la France : il déclare qu'il a examiné les écrits des Français sur ce point important et qu'il n'a rien trouvé à recueillir.

M. l'abbé G. Boileau a publié, dans la *Revue du Monde catholique*, année 1881, tom. X, pp. 60 et suiv., 394 et suiv., 627 et suiv., trois articles ayant

Lorsqu'à la XLV• session, le 22 avril 1418, le pape eut prononcé l'*Ite in pace*, *allez en paix*, l'illustre chancelier ne put rentrer à Paris où dominait de nouveau le duc de Bourgogne. Il passa en Bavière et séjourna quelque peu à Rothenbourg.

C'est là, dans son exil, qu'à l'exemple de Boëce dans sa prison il écrivit les *Quatre Livres de la consolation de la théologie*, œuvre originale présentant, comme celle du philosophe romain, sous la forme du dialogue, un mélange de prose et de vers. L'auteur, se désignant sous le nom de *Peregrinus*, met en scène deux personnages, appelés l'un *Volucer*, l'autre *Monicus*. Le premier est un messager envoyé vers le second, qui n'est autre que Jean, frère de Gerson, et enseignant comment la théologie est une grande consolatrice (1).

Gerson rédigea aussi un *Dialogue apologétique* de ses agissements dans l'affaire de Jean Petit. Les interlocuteurs sont les mêmes que dans les *Quatre Livres de la consolation de la théologie*, c'est-à-dire *Volucer* et *Monicus* (2).

Le noble exilé revoyait, en même temps, son poème sur saint Joseph, intitulé *Josephina*, *La Joséphine*, composé en vers hexamètres et comprenant douze chants. En voici le début :

Clare Josept, Josephina tuo pro nomine carmen
Narrat, ut is Memphim, septem illic conficis annos,
Nazareth unde reois operans, ubi virginis olim
Conceptum noras, et ea cum virgine nubis
Itque redit nupta........................ (3).

L'Autriche lui offrit ensuite l'hospitalité, et le duc régnant quelques honneurs, car il le fit admettre au nombre des maî-

pour objet les *Variations doctrinales du chancelier Gerson sur la souveraineté et l'infaillibilité pontificales*. Ces articles sont sévères à l'égard de l'illustre chancelier. Nous pensons qu'ils l'eussent moins été, si l'auteur s'était historiquement rendu compte de l'état de la question.

(1) *Opera*, tom. I, col. 126 et suiv. M. Brunet, *Manuel*...., cite un *Tractatus pulcherrimus de consolatione theologiæ*, imprimé vers 1471. Voir aussi Graesse, *Trésor*..., art. *Gerson*.

(2) *Opera*, tom. II, col. 386 et suiv.
Voir aussi : Launoy, *Op. cit.*, p. 490 ; Hardt, *Op. cit.*, tom. I, par. IV, p. 45.
Ouvrage imprimé s. l. n. d. (1471), in-4 (Graesse, *Trésor*..., art. *Gerson*).

(3) *Opera*, tom. IV, col. 743 et suiv.
Nous lisons, à la fin, col. 783 : « ... quædam manu ipsius christianis-
« simi viri Joannis de Gerson correcta 1418..., quando compilabat *De*
« *Consolationet heologiæ*. »

tres de l'Université de Vienne. Aussi le reconnaissant exilé demanda-t-il à la poésie d'exprimer les sentiments de son cœur :

Austria tu felix, felix studiosa Vienna,
Dux quibus est talis traditus in regimen,
Zelo qui fidei fervens, ob eam fugitivo
Huic miserans, offert ultro refrigerium ;
Assignatque locum cum libertate, suique
Patribus egregii commoda collegii,
Sis sua magna, Jesu, merces pro cujus honore
Doctorem recipit discipulumque tuum.
Gloria, laus et honor, dux inclyte, te resonabunt,
Dum pietas terras sancta fidesque colent.

. . . .

Et au souvenir de la France, il s'écriait :

Heu pietas, heu prisca fides ! Coguntur alumni
Francigenæ mortes exiliumque pati (1).

Mais peut-on être bien loin de sa patrie ? Après la mort du duc de Bourgogne, la frontière fut franchie et Lyon reçut le chancelier à la fin de 1419 (2). L'archevêque était son ami, et un de ses frères, Jean, prieur du couvent des Célestins (3). C'est dans cette pieuse maison que s'écoulèrent les dix dernières années de sa vie, années de tranquillité, années de progrès spirituels, années d'études encore (4) ; car, si l'athlète

(1) *Opera*, tom. IV, col. 787.

(2) Voir *Gerson dans l'exil, du 15 mai 1418 au 15 novembre 1419*, dans *Travaux de l'Acad. impér. de Reims*, an. 1856-1857, tom. XXV, pp. 335 et suiv.

(3) Cet archevêque s'appelait Amédée de Talaru qui, étant chantre et archidiacre de Lyon, fut député au Concile de Constance. C'est pendant son séjour au Concile qu'il fut nommé à l'archevêché de Lyon le 9 décembre 1415. (*Gall. christ.*, tom. IV, col. 175.)

(4) Hardt, *Op. cit.*, tom. I, par. IV, p. 46, où nous trouvons sur ce séjour les vers suivants écrits par Gerson :

Se, Lugdune, tua fratres solantur in urbe,
Dum de quolibet est sermo frequens in eis.
Junior et Senior : hic celestinus et iste
Theologus. Plaudens junior hæc loquitur

JUNIOR.

Ecce bonum fratres et jucundum simul esse,
Idem quos uterus parque dies peperit.

SENIOR.

Fraternalis amor cor nostrum nectat in unum,
Firmet et hoc unum gratia, Christe, tua.

se reposait de la lutte, le savant ne renonçait ni aux livres ni à la plume.

La doctrine qui avait prévalu au Concile de Constance était-elle attaquée ou bien Gerson voulait-il lui donner simplement une confirmation. Toujours est-il qu'il écrivit l'*Examen des Doctrines* (*De Examine doctrinarum*) (1), œuvre qui, d'un côté, est la justification du Concile sous le rapport doctrinal et, de l'autre, embrasse les doctrines en général, œuvre à laquelle doit être joint son complément, les *Quelques Considérations* qui suivent (2).

Nous avons consigné l'opinion du chancelier au sujet de l'accusation portée contre Albert-le-Grand, à savoir que ce dernier ne s'était pas suffisamment mis en garde contre les erreurs astrologiques (3). C'est assez dire que Gerson se tenait dans les limites d'une rigoureuse orthodoxie. L'évidence du fait apparaît dans les opuscules où il traite de la matière et, en particulier, dans le *Trilogium astrologiæ theologizatæ*, écrit cette même année 1410 pour le « Dauphin, fils unique

JUNIOR.

Carne quidem frater, meritis pater atque magister,
Sunt data quæ nobis otia gratis vides.

SENIOR.

Otia post diros conflictus atque procellas
Dat Deus atque locat littore nos placido.

JUNIOR.

En fas est vivas pariter dare, reddere voces :
Fert mens de studiis quærere multa tuis.

SENIOR.

Quare vices reddam. Lenit fastidia sermo :
Est sua solamen garrula vox senibus.

. . . .

Ces vers se lisent aussi dans les *Opera*, tom. IV, col. 233, en tête du *Collectorium super Magnificat*.

(1) *Opera*, tom. I, col. 7 et suiv.
Imprimé s. l. n. d. vers 1470, in-fol. (Graesse, *Trésor*..., art. *Gerson*.

(2) *Ibid.*, col. 20 et suiv.
En tête du *De Examinatione doctrinarum* on trouve ces lignes : « In Colbertino codice adscriptus est annus Lugduni 1413 in Maio; sed « cum in hoc tractatu mentio fiat dereti Constantiensis hoc anno poste-« rioris, forte legendum erit 1423. » Nous pensons qu'il faut s'en tenir à cette dernière indication.

(3) Tom. III, p. 291.

du roi de France ». L'astrologie naturelle est une science, la judiciaire une fausseté superstitieuse (1).

Gerson poursuivait avec non moins d'ardeur la magie. Nous avons de lui, en effet : *Contre la doctrine d'un médecin de Montpellier sculptant sur une médaille la figure d'un lion avec certains caractères pour le soin des choses*..., opuscule qui est de l'année 1428 (2).

Une autre fois, il prenait encore la plume pour l'héritier du royaume de France. « Si enseigner tout enfant, disait-il, est louable et méritoire », combien plus est-on en droit de le dire, quand il s'agit d' « un enfant royal appelé à régner ! » Il soumit des *Considérations ad hoc* « au maître et confesseur du sérénissime prince et seigneur Charles VII (3) ». Nous ne saurions préciser l'année. Mais nous savons qu'en 1429 il en fit autant pour le même dauphin, le futur Louis XI (4). Ces opuscules avaient pris également pour objet la religion et la morale si nécessaires dans un prince pour bien gouverner.

Un certain nombre des traités ou opuscules de Gerson sont de cette époque. Nous nommerons les suivants : le *Dialogue de la Sagesse et de la Nature sur le célibat ou la chasteté des ecclésiastiques* (5), composé en 1423 ; l'écrit, de la même année, *sur la louange des écrivains*, adressé *aux Frères célestins et chartreux* et où cette question est examinée et résolue affirmativement : *Est-il permis les jours de fêtes d'écrire gratis des livres de dévotion* (6) ; les *Contrats* (*De Contractibus*) rédigés, en 1422, à la « demande du prieur et couvent de la Chartreuse de la Savoie (7) » ; la vraie *Noblesse* (*De Nobilitate*), c'est-à-dire la no-

(1) *Opera*, tom. I, col. 190 et suiv. On y lit l'opinion sus-indiquée.
Ce dernier traité figure aussi à la fin du Recueil d'opuscules de Pierre d'Ailly s. l. n. d. à la Bibl. de Sainte-Geneviève. Nous avons mentionné ce Recueil dans la notice de l'illustre cardinal.

(2) *Opera*, tom. I, col. 206 et suiv.

(3) *Opera*, tom. III, col. 226 et suiv. : *De Considerationibus quas debet habere princeps*. C'est du prologue que nous avons tiré les paroles traduites à l'instant.
Le Prologue porte ensuite : « ... et ad præfulgendum sapientiæ culmen prolem regis inclytam provehere. »

(4) *Ibid.*, col. 235 et suiv. : *Instructiones... ad M. Joannem Majorem, instructorem domini Ludovici.*

(5) *Opera*, tom. II, col. 617 et suiv.

(6) *Ibid.*, col. 694 et suiv.

(7) *Ibid.*, tom. III, col. 166 et suiv.

blesse morale et surnaturelle, de l'année 1423. avec dédicace à l'archevêque de Lyon (1); la *Perfection du cœur* (*De Perfectione cordis*), dialogue entre le théologien et l'âme, de la même année (2); une *Lettre* sur *la douce et ardente doctrine de saint Bonaventure* (*laudans mellifluam et igneam D. Bonaventuræ doctrinam*), adressée, en 1426, à un Frère-Mineur (3); un *Collectorium* ou douze *Traités sur le Magnificat*, en 1427 (4); les *Propositions sur la manducation de la chair chez les religieux de Saint-Benoit* (5); le *Monotessarum seu unum ex quatuor Evangeliis*, en d'autres termes une concordance des Evangiles (6); l'ANAGOGICUM *sur l'hymne* GLORIA IN EXCELSIS (7); des pièces de vers, l'une assez longue sur le *Magnificat* (8), l'autre ayant pour objet la *Méditation de la Croix* (9). Le *Monotessarum* date d'après le Concile de Constance. Les autres opuscules sont rapportés à l'année 1428.

Grand par son talent, Gerson le devint aussi alors par son humilité. Rien de plus admirable que ses soins à catéchiser les petits enfants. Rien de plus touchant que cette prière qu'il leur faisait réciter pour lui : « Mon Dieu, mon créateur, ayez pitié de votre pauvre serviteur Gerson » (10).

Il venait de composer, pour l'ordre des Chartreux, une étude sur le *Cantique des cantiques* (11), quand la mort le frappa le

(1) *Opera, ibid.*, col. 208 et suiv.

(2) *Ibid.*, col. 436 et suiv.

(3) *Ibid.*, tom. II, col. 11 et suiv.

(4) *Ibid.*, tom. IV, col. 235 et suiv.
Ouvrage imprimé s. l., 1473, in-fol. (Graesse, *Trésor*..., art. *Gerson*), et s. l. n. d., in-fol. (Hain, *Repertor*..., art. *Gerson*.)

(5) *Opera*, tom. II, col. 739.

(6) *Ibid.*, tom. IV, col. 83 et suiv.
Ouvrage imprimé aussi s. l. n. d., in-fol. (Graesse, *Trésor*, art. *Gerson*), et Reutlingen, 1489, in-4. (Hain, *Repert*..., art. *Gerson*).

(7) *Opera*, tom. IV, col. 542 et suiv.

(8) *Ibid.*, col. 513 et suiv.
L'éditeur dit avec raison, sur ces *Carmina*, que Gerson, « pro abigendo « tædio quietæ senectutis et recordatione præteritorum studiorum, non « tam nitori studens quam devotioni et utilitati, modulatus est. »

(9) *Ibid.*, col. 537 et suiv.

(10) Launoy, *Op. cit.*, p. 491 : « Deus meus, creator meus, miserere pauperrimi famuli tui Joannis Gersonis »; — Hardt, *Op. cit.*, tom. I, par. IV, p. 50.

(11) *Opera*, tom. IV, col. 27 et suiv.

12 juillet 1429 (1). Sa consultation, dans l'hypothèse où elle serait authentique, en faveur de la mission divine de Jeanne d'Arc : *De mirabili victoria cujusdam puellæ... contra Anglicos*, aurait été rédigée deux mois auparavant, car elle porte cette date : « Lugduni 1429, die decima quarta Maii (2)... Son tombeau dans l'église collégiale de Saint-Paul ou plutôt de Saint-Laurent à elle contiguë et desservie par le même chapitre (3) allait devenir l'objet d'une sorte de culte (4).

(1) Il achevait cette étude « anno Domini 1429 die, sabbati 9 mensis Julii » (*Opera*, tom. IV, p. 82), et il mourait « IV idus Julii » (Launoy, *Op. cit.*, p. 494).

(2) *Opera*, tom. IV, col. 864 et suiv.; *Procès de condamnation et de réhabilitation de Jeanne d'Arc*, par M. Quicherat, tom. III, pp. 298 et suiv. Le même doute plane sur l'*Opus de quadam puella quæ olim in Francia equitavit* (*Opera*, tom. IV, p. 859 et suiv.)

L'éditeur des *Opera*, Ellies du Pin, a écrit, au sujet de cette consultation : « Opus... etiam Gersonio perperam ascriptum. » Voir aussi P. Le Long, *Biblioth. hist*..., n°s 17197, 17198.

Le docteur Schwab (Jean-Baptiste) a publié une savante étude sur *Johannes Gerson Professor der Theologie und Kanzler der Universitat Paris*, Wurtzbourg, 1858, in-8.

(3) M. L'Ecuy, *Op. cit.*, tom. II, p. 249; M. Thomassy, *Op. cit.*, p. 301

(4) On grava sur ce tombeau :

> Magnum parva tenet virtutibus urna Joannem,
> Præcelsum meritis, Gerson cognomine dictum.
> . . . .
> . . . . Anno
> Milleno Domini centum quater atque vigeno
> Nono luce petit superos Julii duodena.

(Launoy, *Op. cit.*, p. 494.)

Quant à la vénération religieuse des restes du chancelier, voir dans *Gersoniana*, tom. I, des *Opera*, p. CLXXXVIII et suiv. : *Joannes Charlierus de Gerson in tumulo gloriosus, seu narratio eorum quæ contigerunt, aperto tumulo Gersoniano, anno 1643* M. Thomassy, *Op. cit.*, pp. 302 et suiv., a constaté, à la suite du P. de Colonia, *Hist. litt. de la ville de Lyon*, tom. II, pp. 369, 378-379, que cette vénération avait subi deux éclipses, l'une à la suite des ravages du calvinisme, pour prendre fin à la découverte du tombeau, en 1643, l'autre au XVIIIe siècle et surtout à la Révolution française. Les précieux restes ayant été retrouvés en 1842, le premier historien ajoute, p. 305, ces paroles un peu hasardées : « Et maintenant, pourquoi tarder à rendre à Gerson les premiers honneurs ? « Pourquoi ne ferions-nous pas revivre dans la maison de Dieu une des « plus belles renommées de l'Église ? Serait-ce donc plus difficile pour « nous que pour le dix-septième siècle ? Ou bien serait-il moins hono- « rable à la France nouvelle de se rattacher à celle de Louis XIV et de « Richelieu qu'à celle-ci de s'être unie à l'ancienne France du moyen « âge ? Imitons ce bel exemple d'un grand siècle qui fut aïeul du nôtre. « Renouons comme lui la chaîne des temps... »

La Bibliothèque nationale possède un *De Vita et Miraculis Joannis Gersonis*, pièces s. l. n. d., in-4.

Nous connaissons l'inscription de la nouvelle église de Barby. D'autres

Dans l'étude qui précède et qui a été généralement rédigée d'après l'ordre chronologique, nous avons vu surtout apparaître le théologien et l'orateur, sous le coup des événements ou inspiré par les circonstances. En Gerson, il y avait aussi le théologien qui écrit, tant en vue des cours, que pour la satisfaction des âmes, l'édification ou l'instruction du public, la réfutation des erreurs, et l'orateur qui parle dans l'assemblée des fidèles ou autres réunions. Nous devons aussi achever de faire connaître en lui l'exégète et le poète. D'autres œuvres sont donc à joindre aux précédentes. Par là, se complétera la physionomie de l'écrivain.

L'orateur nous a laissé des sermons et des discours assez nombreux tant en latin qu'en français. Nous en avons déjà signalé quelques-uns. On trouvera les autres, soit dans les *Opera* (1), soit parmi les manuscrits.

Le prince Augustin Galitzin a donné au public, pour la première fois, à Paris, en 1859, d'après un manuscrit de la Bibliothèque nationale, un *Sermon inédit de Gerson sur le retour des Grecs à l'unité, prêché en présence de Charles VI en* 1409. Ce sermon publié en français se trouve en latin dans les *Opera* (2) et nous l'avons précédemment mentionné.

L'on peut consulter l'*Essai historique et critique sur les sermons français de Gerson d'après les manuscrits inédits de la Bibliothèque impériale et de la bibliothèque de Tours*, par M. l'abbé Bourret, mort dernièrement cardinal-évêque de Rodez (3). Enfin, pour compléter l'étude, l'on fera bien de se

honneurs, sous le rapport civil, ont été également, de nos jours, rendus à Gerson. Sa statue se voit, à Lyon, sur la place Saint-Paul.

(1) *Opera*, tom. II, col. 565 et suiv.; tom. III, col. 895 et suiv. : *Sermones de tempore et sanctis*, prononcés en français. traduits, en 1401, « in latinum per Joannem Brisgoicum theologum » (*Ibid.*, col. 897), et suivis de quelques autres édités pour la première fois dans notre langue; tom. IV, col. 565 et suiv. : *Orationes solemnes*, c'est-à-dire donnés au nom de l'Université ou dans de solennelles circonstances.

Parmi ces *Orationes solemnes* ont pris place : *Considerationes contra adulatores principum*, en 1408 (col. 622 et suiv.); *Recommendatio licentiandorum in decretis* (col. 686 et suiv.); *Collatio pro licentiandis in Facultate decretorum* (col. 695 et suiv.); *Collatio pro Facultate decretorum* (col. 703 et suiv.); *Oratio pro licentiandis in medicina* (col. 712 et suiv.).

(2) *Opera*, tom. II, col. 141 et suiv.

(3) Paris, 1858, in-8.

reporter au savant travail de M. Paulin Paris, *Les Manuscrits françois...* (1).

Nous nous arrêterons plus longtemps au docteur qui a traité du dogme, de la morale, de la théologie mystique, a repoussé les attaques de l'erreur, a conseillé les ordres religieux ou s'en est déclaré le champion, s'est acquis de la réputation comme casuiste.

Aux nombreux travaux dogmatiques, déjà cités, nous ajouterons : le traité de l'Incarnation (*De Susceptione humanitatis Christi*) (2); une *Protestation* (*De Protestatione*) *touchant la matière de la foi contre les diverses hérésies* (3); les *Douze Considérations ou signes ordinaires pour accuser ou convaincre d'hérésie* (4); la *Lettre à un provincial des Célestins sur ce verset du cantique de Marie* : SUSCEPIT ISRAEL PUERUM SUUM (5). Nous pouvons citer encore : les *Conclusions en ce qui concerne cette proposition* : *les Anges, la bienheureuse Vierge Marie, tous les saints et saintes entourent-ils* (ASSOCIENT) *le corps du Christ dans le sacrement de l'autel* (6) ; l'*Avertissement court et nécessaire sur les précautions à apporter dans la lecture de certains livres à cause des erreurs qui y sont cachées*, opuscule où il est question des singulières assertions d'Ubertin de Casal sur Jésus-Christ et où l'auteur vise son *De Examinatione doctrinarum* et ce qu'il a dit ailleurs sur la *Doctrine de Raymond Lulle* (7); le traité *Du Pouvoir de lier et de délier* avec *Huit Propositions sur la même matière* (8).

Nous devons au moraliste : les *Règles morales* (9) ; les *Définitions des termes concernant la théologie morale* (10); la *Vie spirituelle de l'âme* (11); les *Quatre Vertus cardinales* (12) ; les

(1) Tom. VII, *passim*.
(2) *Opera*, tom. I, col. 450 et suiv.
(3) *Ibid.*, col. 28 et suiv.
(4) *Ibid.*, col. 36 et suiv.
(5) *Ibid.*, col. 450 et suiv.
(6) *Ibid.*, col. 475 et suiv.
(7) *Opera*, tom. I. col 113 et suiv.
(8) *Ibid.*, tom. II, col. 398 et suiv.
(9) *Opera*, tom. III, col. 77 et suiv.
(10) *Ibid.*, col. 107 et suiv.
(11) *Ibid.*, col. 1 et suiv.
(12) *Ibid.*, col. 113 et suiv.

Impulsions (*De Impulsibus*) (1); les *Premiers mouvements et le consentement* (*De primis motibus et consensu*) (2); les deux écrits sur les *Passions de l'âme* (3); les *Signes bons et mauvais* (4); le *Frein* ou la *Garde de la langue* (5); un *Avertissement pour les religieuses* (6); des *Conclusions contre une conscience trop étroite et scrupuleuse* (7), *contre la honteuse tentation du blasphème* (8), *contre la fête des fous* (9); une *Explication de cette sentence : Que votre volonté soit faite* (10); des réflexions *sur la prière et sa valeur* (11), *sur la consolation de la mort des amis* (12), *sur la préparation à la Messe* et *De Pollutione nocturna* (13); *De Pollutione diurna* (14); ces autres écrits qui regardent ou la doctrine des mœurs ou les règles de la discipline ecclésiastique : la *Juridiction spirituelle* (15) avec une thèse *sur la juridiction spirituelle et temporelle* (16); la *Déclaration des défauts des ecclésiastiques* (17); les *Excommunications, irrégularités et leur absolution* (18);

(1) *Opera, ibid.*, col. 146 et suiv.

(2) *Opera*, tom. II, col. 483 et suiv.

(3) *Opera*, tom. III, col. 123 et suiv., 128 et suiv.
Un des deux, au moins, a été imprimé s. l. n. d. vers 1467. (Graesse, *Trésor*..., art. Gerson.)

(4) *Opera*, tom. III, col. 1?7 et suiv.

(5) *Ibid.*, col. 161 et suiv. Imprimé s. l. n. d., vers 1470, in-4 (Graesse, *Ibid*).

(6) *Ibid.*, col. 237 et suiv. En français dans ms. de S.-Victor, 288.

(7) *Ibid.*, col. 241 et suiv. En français dans même ms. de S.-Victor.

(8) *Ibid.*, col. 243 et suiv. En français, dans ms. de S.-Victor, 284.

(9) *Ibid.*, col. 309 et suiv.

(10) *Ibid.*, col. 355 et suiv.

(11) *Ibid.*, col. 247 et suiv.

(12) *Ibid.*, col. 345 et suiv. En français, dans ms. fr. 25552, fol. 5 vers. de Bibl. nat.

(13) *Ibid.*, col. 323 et suiv. Imprimé s. l. n. d. vers 1467, in-4; et vers 1470, aussi in-4 (Graesse, *Loc. cit.*).
Graesse signale encore, *Ibid.*, un *Super materia celebrationis missæ*, s. l. n. d., vers 1467, in-4.

(14) *Ibid.*, col. 335 et suiv. Imprimé s. l. n. d., vers 1467, in-4, et vers 1470, aussi in-4. (Graesse, *Loc. cit.*)

(15) *Opera*, tom. II, col. 261 et suiv. L'éditeur assigne à l'opuscule l'année 1382.

(16) *Ibid.*, col. 267 et suiv.

(17) *Ibid.*, col. 314 et suiv.

(18) *Ibid.*, col. 403 et suiv.

l'*Art d'entendre les confessions* (1); la *Manière de chercher les péchés en confession* (2); les *Remèdes contre les rechutes* (*contra recidivum peccati*) (3); le *Double Péché veniel* (4); la *Différence entre les péchés mortels et les véniels* (5); l'*Absolution de la confession sacramentelle* (6); le *Pouvoir d'absoudre et la réserve des péchés* (7), avec une lettre à un prélat *sur la modération à apporter* dans la réserve des cas (8); les *Indulgences* (9); la *Correction du prochain* (10); le *Désir et la fuite de l'épiscopat* (11); la *Vie des clercs* (12); la *Tempérance pour les prélat dans le manger, dans le boire et les vêtements* (13); la *Manière de vivre pour tous les fidèles*, ou règlement pour tous depuis l'enfance jusqu'à la vieillesse, depuis le simple artisan jusqu'aux nobles prélats (14).

Nous connaissons déjà plusieurs ouvrages de mysticité. A ce point de vue, Gerson a pris à partie Jean Rusbrock qui faisait consister la béatitude dans l'absorption en Dieu. Delà, la *Lettre sur la troisième partie du livre de Jean Ruysbroeck touchant l'ornement des noces spirituelles* (15); et, comme

(1) *Opera, ibid.*, col. 444 et suiv.

A la fin, nous lisons : « ... quorum nonnulla jam conscripsi partim latino eloquio, partim gallico in variis tractatulis. » Imprimé s. l. n. d., vers 1478, in-fol. (Graesse, *Loc. cit.*).

(2) *Ibid.*, col. 453 et suiv.

(3) *Ibid.*, col 457 et suiv. Imprimé s. l. n. d., vers 1470. (Graesse, *Loc. cit.*)

(4) *Ibid.*, col. 479.

(5) *Ibid.*, col. 486 et suiv. A la Bibl. de l'Ars.. ms. 2113, fol, 21, nous avons : *Prouffit de scavoir que est pechié mortel et veniel;* et à Bibl. nat., ms. fr. 1795, fol. 11, et ms. fr. 1843, fol. 20, *Traicté qui enseigne quest peché mortel et veniel.*

Bibl. Mazar., ms. 966, fol. 124 : « Sur le passage de l'estat de pechié en l'estat de grace ».

(6) *Ibid.*, col. 406 et suiv.

(7) *Ibid.*, col. 410 et suiv.

(8) *Ibid.*, col. 415 et suiv.

(9) *Opera*, tom. II, col. 514 et suiv.

(10) *Ibid.*, col. 480 et suiv.

(11) *Ibid.*, col. 565 et suiv.

(12) *Ibid.*, col. 576 et suiv. C'est un sermon.

(13) *Ibid.*, col. 634 et suiv.

(14) *Ibid.*, col. 538 et suiv. Imprimé avec *De Remediis contra pusillanimitatem* et *De Diversis tentationibus*, s. l. n. d., in-4, et, une seconde fois, aussi s. l. n. d. vers 1481. (Graesse, *Loc cit.*)

(15) *Opera*, tom. I, col. 59 et suiv.

une *Défense* s'était produite, il s'ensuivit une nouvelle *Lettre contre la dite Défense* (1). Gerson a touché aussi ces hautes régions de la science sacrée dans : la *Théologie mystique* (2); avec le travail postérieur : l'*Eclaircissement scolastique de la théologie mystique* (3); le *Carmen* sur la *Purification des sens intérieurs* (4); la *Méditation, traité* qui porte le nom de *consolatorius* (5); l'*Illumination du cœur* (6); la *Simplicité et la pureté du cœur* (7); la *Direction et la droiture du cœur* (8); l'*Œil et son objet* (9); les *Remèdes contre la pusillanimité, les scrupules, les consolations trompeuses de l'ennemi et les subtiles tentations* (10); les *Diverses tentations du diable* (11); l'*Epitre à ses sœurs pour enseigner ce que chacun doit penser chaque jour* (12); les *Exercices appropriés aux dévots simples* (*De Exercitiis discretis devotorum simplicium*) (13); les *Trois traités sur les cantiques* (14); les *Douze Considérations que doit faire l'homme à l'égard de Dieu pour que la prière soit exaucée* (15); la *Prière*

(1) *Opera, ibid.*, col. 78 et suiv.
Gerson, *Ibid.*, p. 60, résume ainsi l'erreur : « Ponit autem tertia pars « libri præfati quod anima, perfecte contemplans Deum, non solum videt « eum per claritatem, quæ est divina essentia, sed est ipsamet claritas « divina; imaginatur enim, sicut scriptura sonat, quod anima tunc « desinit esse in illa existentia quam prius habuit in proprio genere, « et convertitur seu transformatur et absorbetur in esse divinum. »

(2) *Opera*, tom. III, col. 361 et suiv.

(3) *Ibid.*, col. 422 et suiv.
Si l'on ne peut assigner de date à la *Théologie mystique*, l'on donne à l'*Eclaircissement* l'année 1424.

(4) *Opera*, tom. III, col. 428 et suiv.

(5) *Ibid.*, col. 449 et suiv.

(6) *Ibid.*, col. 456, 479 et suiv. Ce sont deux opuscules très courts, surtout le premier.

(7) *Ibid.*, col. 457 et suiv.

(8) *Ibid.*, col. 468 et suiv. Ces différents traités sur le *cœur* ont été imprimés s. l. n. d., vers 1470, in-4. (Graesse, *Loc. cit.*)

(9) *Ibid.*, col. 483 et suiv.

(10) *Ibid.*, col. 577 et suiv.

(11) *Ibid.*, col. 589 et suiv. Imprimé s. l. n. d., vers 1467, in-4. (Graesse, *Loc. cit.*). A Bibl. nat., ms. fr. 1793, fol. 48 : *Traittié des temptacions*. A Bibl. de l'Arsenal, ms. 2113, fol. 1 : *Traitié très prouffitable des temptacions soubtives de l'ennemi.*

(12) *Opera, ibid.*, col 602 et suiv. En français, ms. de Saint-Victor 286.

(13) *Ibid.*, col. 605 et suiv.

(14) *Ibid.*, col. 619 et suiv.

(15) *Opera*, tom. III, col. 691 et suiv. En francais, ms. de S.-Victor 288.

du pécheur lorsqu'il a beaucoup d'inquiétude sur ses péchés (1); les *Quelques pieuses méditations de l'âme sur l'Ascension* (2); les *Plaintes des défunts dans le feu du Purgatoire à l'adresse des amis sur la terre* (3); le *Testament quotidien du pèlerin*, suivi de *Considérations sur le même sujet* et terminé par le *Testamentum metricum* du même pèlerin (4); les *Conseils évangéliques et l'état de perfection*, où l'auteur s'élève de l'ordre naturel aux hauteurs de l'ordre surnaturel, en commentant ces mots : *Utrum aurora mane rutilans solem ediderit* (5); la pièce de vers qui est l'*Epithalame mystique du théologien et de théologie sous la figure de Jacob et de Rachel* et qui s'ouvre ainsi :

Oro per cervos capreasque campi,
Oro sanctos per amoris ignes,
Per fidem sanctam, decus et honorem,
Jacob, amas me? (6)

cette autre pièce de vers ayant pour titre : *Miroir de la vie humaine* (2): c'est l'exhortation pour tous à faire du bien et à fuir le monde; et nous trouvons, en particulier, cette strophe pour les papes, les cardinaux, les archevêques et autres prélats :

Intuemini vos hic in speculo, papæ et cardinales
Qui supra sedes cathedrales
Sedetis in altis sedibus,
Archiepiscopi et officiales
Qui facere potestis bona et mala,
Potius quam alii, multis modis ;
Mors accedet sine mora
Quæ vos vertet in nihilum.
Nonne verum est. Sic revera. (7)

Ces ouvrages sont en latin. Quelques-uns, il est vrai, sont passés dans notre langue, ainsi que nous l'avons indiqué en note.

En voici d'autres uniquement en français : les *Considérations sur saint Joseph* et *Aultres Considérations*, des *Confé-*

(1) *Opera*, *ibid.*, col. 695 et suiv.
(2) *Ibid.*, col. 697 et suiv.
(3) *Ibid.*, col. 703 et suiv.
(4) *Ibid.*, col. 765 et suiv.
(5) *Opera*, tom. II, col. 669 et suiv.
(6) *Opera*, tom. III, vol. 684.
(7) *Ibid.*, col. 688 et suiv.

rences spirituelles, des *Avis pour la conduite chrestienne*, quelques aperçus *sur le péché de blasphème* (1).

Dans les *Considérations sur Saint Joseph* et *Aultres Considérations*, l'auteur parle à son âme. Au commencement des premières, nous lisons : « Considérons, mon âme, par reli-
« gieuse et pure dévotion, pour revenir de toy dedens toy;
« considérons sur le virginal mariage de Nostre Dame et de
« saint Joseph aucunes choses qui soient à nostre récréation,
« doctrine et consolation. »

Les *Conférences spirituelles* sont un dialogue entre le *Cuer mondain* et le *Cuer seulet*. Le *Cuer mondain* a le premier la parole et pose au *Cuer seulet* ces questions : « Dy moy, je
« te pry, ô cuer seulet, pourquoy te tiens tu en ceste place
« déserte? Comment y peulx tu vivre et durer ainsy enclos
« hors du monde, sans compaignie des aultres et sans leur
« consolation? Mais vivre comme un oyselet en solitude ou
« en désert, n'est-ce pas faict d'un triste et d'un mélencolieux?
« *Homo naturaliter est animal sociale* ». Le *Cuer seulet* reprend :
« Je te respons certes, ô cuer mondain, que je ne suis point
« triste ne mélencolieux, ainçoys suis toudis joyeux, alliégé,
« lye et amoureux : *Mecum est consolator meus, mens*
« *secura... in voce exultationis.* »

Le principal fondamental et fécond de la *Conduite chrestienne*, c'est l'amour de Dieu placé au-dessus de tout amour. Or, « aimer Dieu sur toutes choses, selon que Dieu l'a com-
« mandé, est avoir bonne voulenté et ferme affection d'accom-
« plir ses commandemens et mettre arrière toute chose, nez
« sa propre voulenté et son propre corps, qui seroit au con-
« traire de la voulenté de Dieu. »

Le péché de blasphème est ainsi défini : « Le peschié de
« blasphème est quand on mesdit de Dieu contre la vraye reli-
« gion chrestienne ou quand on dit chose au diffame de son
« sainct nom, comme est le maulgréant ou despitant, ou des-
« honnestement et vilainement parlant et jurant de luy et de
« ses benoists saincts et sainctes. »

Nos réflexions précédentes relativement aux ouvrages français qui nous sont parvenus sous le nom de Gerson, s'appliquent également à ceux que nous venons de nommer :

(1) *Opera, ibid.*, col. 842 et suiv. : « De novo editæ (considerationes) a ms. cod. Vict. 284 ».

nous ne saurions dire, si, pour tous, le texte français est de l'auteur ou d'un simple traducteur.

Dans cette revue déjà bien longue des œuvres littéraires du chancelier, nous avons dû, à moins de vouloir étendre outre mesure la notice, passer sous silence des discours, des lettres, de minimes opuscules. Du reste, ces discours, ces lettres et surtout ces opuscules dont quelques-uns ne rempliront même pas une colonne, ne présentaient rien de bien important. On pourra, si on le désire, en prendre connaissance dans les *Opera* de l'édition d'Ellies du Pin.

D'un autre côté, dans cette édition, nous rencontrons, sans parler de ceux attribués faussement à Gerson (1), des écrits dont l'authenticité paraît douteuse. Ce sont les suivants qu'il faut, dès lors, ajouter aux deux sur Jeanne d'Arc : *Contre les propriétaires sous la règle de Saint-Augustin* (*Contra proprietarios regulæ S. Augustini*) (2); *Teneur de l'appel d'un pécheur de la justice divine à la divine miséricorde* (3); *Commentaire sur les paroles du Seigneur* : VENEZ A MOI, VOUS QUI ÊTES FATIGUÉS ET ACCABLÉS... (4); *Dialogue entre un Français et un Anglais sur la guerre injuste faite à la France par les Anglais* (5); *Compendium de théologie court et utile,* traité dogmatique et moral (6).

(1) Ainsi du *De Statu Ecclesiæ in veteri et novo Testamento* (*Opera*, tom. II, col. 154 et suiv.), car le nom de Gerson ne figure pas dans les mss.

Ainsi de l'*Alphabetum divini amoris* (*Opera*, tom. III, col. 769 et suiv.), car Gerson est cité comme autorité par l'auteur. Nous avons marqué plus haut, p. 225 à qui appartenait l'ouvrage.

Ainsi du *Donatus moralizatus*, car c'est un travail plus divertissant que sérieux sur les huit parties du discours (*Opera*, tom. IV, col. 835 et suiv.), lesquelles, sous les titres de nom, pronom, verbe, adverbe, participe, conjonction, proposition, interjection, sont ainsi définies : « Cognitio substantiæ, cognitio præcepti Dei, operatio ejusdem, cognitio hominis secundum Deum et secundum naturam consideratio futuri judicii, « consideratio lætitiæ electorum et consideratio tristitiæ damnatorum. »

M. l'abbé V. Dufour a réédité, à Paris, en 1875, sous le nom de Gerson, une *Danse macabre*. Nous estimons que cet écrit n'est pas digne de l'illustre chancelier.

(2) *Opera*, tom. II, vol. 795 et suiv. : « ... qui ascribitur, dit l'éditeur, « cancellario Parisiensi, quamvis suum non esse verisimilius sit, quia « neque in stilo neque in doctrina scriptis suis prorsus concordat. »

(3) *Opera*, tom. III, col. 700 et suiv. : « Non habeter in mss. nec videtur esse Gersonii ».

(4) *Ibid.*, col. 709 et suiv. : « Non videtur esse istud opus Joannis de « Gerson, cujus stylum non sapit, sed monachi cujusdam qui divi Bene- « dicti regulam profitebatur. »

(5) *Ibid.*, tom. IV, col. 844 et suiv. : non apparet esse cancellarii. »

(6) *Opera*, tom. I, col. 233 et suiv. : « ... non apparet esse suum ».

Aux yeux de Gerson, la théologie mystique l'emporte sur la théologie positive. Il y a quatre raisons principales de cette supériorité : la théologie mystique rend le chemin qui conduit à Dieu plus facile et accessible à tous; elle se suffit à elle-même, mais on ne saurait en dire autant de la spéculative; elle produit, en particulier, les vertus d'humilité et de patience, tandis que la spéculative engendre souvent l'amour-propre, l'orgueil et, par suite les contestations; elle procure ici-bas à l'âme, dans le calme, la sérénité dont elle lui assure la jouissance, comme un avant-goût de la céleste béatitude (1).

Défenseur de la foi, Gerson combattait vaillamment les sectes religieuses. Les Flagellants essuyèrent ses coups dans la *Lettre* à saint Vincent Ferrier (*Epistola missa M. Vincentio...*) (2), dans le *Traité contre la secte (Tractatus contra sectam flagellantium se)* (3); et les Turlupins ou Bégards dans le *De Consolatione theologiæ* (4), le sermon *in die S. Ludovici*, roi de France (5).

Les superstitions attiraient également les coups du chancelier. Il écrivit : *Contre la superstition des Innocents*, c'est-à-dire contre la superstition qui faisait considérer comme néfaste le jour consacré à la fête de ces jeunes victimes de la cruauté d'Hérode, si ce jour-là on entreprenait quelque chose (6); *Contre ceux qui veulent publiquement dogmatiser ou prescher au peuple qu'en entendant la messe tel jour on ne deviendra pas aveugle et on ne mourra pas de mort subite*, et mille autres *choses semblables* (7) : c'était attribuer à des pratiques une vertu qui n'y est point divinement attachée. Il écrivit encore les deux opuscules suivants : *Est-il permis*

(1) Voir : l'article de M. Ch. Jourdain dans le *Diction. des scienc. philos.* et sa thèse, *Doctrina J. Gersonii de theologia mystica*, Paris, 1838.

(2) *Opera*, tom. II, col. 658 et suiv.

(3) *Ibid.*, col. 660 et suiv.

(4) *Opera*, tom. I, col. 174.

(5) *Opera*, tom. III, col. 1435.

(6) *Opera*, tom. I, col. 203 et suiv.

« Si dies Innocentum, disait Gerson au commencement de l'opuscule, « dicitur infortunatus vel infaustus ad aliquid inchoandum et alii dies « consequenter per totum annum similiter situati, oportet dare causam radicalem hujus infortunii, quia nullus effectus est sine causa « faciente. »

(7) *Opera*, tom. II, col. 521 et suiv.

au chrétien de régler ses entreprises (*initia rerum observare*) *d'après l'aspect des astres?* (1). *De l'Observation des jours quant aux œuvres* (2).

Son ardeur à poursuivre la magie apparaissait aussi dans l'ouvrage *Des Erreurs relativement à l'art magique et des Articles réprouvés* (3). Ces articles, au nombre de vingt-sept, sont condamnés par le chancelier et la Faculté de théologie.

D'autre part, il se montrait champion ardent des ordres approuvés par l'Église et de la règle qu'ils suivaient, comme l'attestent les trois écrits où il prend la défense des Chartreux et de leur règle sévère : *Contra impugnantes ordinem Carthusiensium* (4); *Contra impugnantes Carthusienses* (5); *De non Esu carnium Carthusiensium contra eos qui eosdem ex hoc statuto tanquam indiscretos et inhumanos judicant...* (6). Au besoin, il prenait la plume, s'inspirant toujours tant de l'Evangile que des constitutions particulières, pour donner des conseils aux religieux ou les rappeler au devoir. Nous citerons : les *Livres à lire par un moine,* opuscule où nous trouvons mentionnés ceux de saint Bernard, de Richard et de Hugues de Saint-Victor, de saint Bonaventure (7); la *Perfection et le gouvernement de la religion* (8); l'*Exhortation à la constance dans la résolution prise, adressée à un moine chartreux* (9); la culpabilité d'un *profès qui désobéit* (*Contra professum inobedientem*) (10); une *Admonition morale pour des religieuses* (11); la *Sollicitude ecclésiastique*, opuscule redigé pour les *Frères célestins* (*De Sollicitudine ecclesiasticorum ad Fratres cœlestinos*) (12).

(1) *Opera*, tom. I, col. 220 et suiv.

(2) *Ibid.*, col. 208 et suiv.

Ces deux derniers opuscules ont pris place à la fin du Recueil, mentionné précédemment, d'opuscules de Pierre d'Ailly sur l'astronomie, s. l. n. d., in-4, à la Bibl. de Sainte-Geneviève.

(3) *Opera*, tom. I, col. 210 et suiv.

(4) *Opera*, tom. II, col. 711 et suiv.

(5) *Ibid.*, col. 714.

(6) *Ibid.*, col. 715 et suiv.

(7) *Opera*, tom. II, col. 704 et suiv.

(8) *Ibid.*, col. 682 et suiv.

(9) *Ibid.*, col. 741 et suiv.

(10) *Ibid.*, col. 770 et suiv.

(11) *Ibid.*, tom. III, col. 237 et suiv.

(12) *Ibid.*, tom. II, col. 597 et suiv.

Son regard et ses saints désirs s'étendaient plus loin : ils embrassaient l'Église entière depuis les simples fidèles jusqu'aux prélats. Aussi, rencontrons-nous parmi ses œuvres des traités qui « spectant ad munia et officia prælatorum, clericorum et aliorum fidelium (1), » et dont les principaux ont été par nous mentionnés à la suite des travaux sur la morale.

Nous avons constaté le dévouement de Gerson aux intérêts intellectuels et religieux de l'enfance et de la jeunesse. Ce dévouement s'est affirmé de nouveau dans la composition de ces œuvres : *Doctrine* ou règlement *pour les enfants de l'église de Paris* (2) ; *Des Enfants à conduire au Christ* (3) ; *Adresse aux pouvoirs publics au sujet de la corruption de la jeunesse par des images lascives et autres choses semblables* (4) ; *De l'Innocence de l'enfant*, défense du précédent opuscule (5) ; Ce dévouement a une de ses explications dans les paroles suivantes extraites du *Ressouvenir* de saints projets : « C'est « par les enfants que doit commencer la réforme de « l'Église (6).

Nous trouvons un certain nombre de cas de conscience résolus par lui au milieu des traités qui concernent le for intérieur (*Tractatus* qui *spectant ad forum pœnitentiæ*) et qui remplissent la troisième partie du tome II des *Opera* (7).

(1) *Opera*, tom. II, col. 529 et suiv.

(2) *Opera*. tom. IV. col. 717 et suiv.

(3) *Opera*, tom. III, col. 277 et suiv. Imprimé s. d., Nuremberg, in-fol. (Hain, *Repert*..., art. *Gerson*).

(4) *Ibid*., col. 291 et suiv.

(5) *Ibid*., col. 293 et suiv.

(6) *Opera*, tom. II, col. 109.
Titre de l'ouvrage, qui est de 1407 ou 1408 : *Rememoratio quorumdam quæ per prælatum quemlibet pro parte sua nunc agenda viderentur* (*Opera*, tom. II, col. 106 et suiv.).

(7) Ainsi, en particulier ;
De Absolutione defuncti apud Carthusienses (tom. II, col. 412) ;
Resolutio super casu irregularitatis (*Ibid*., col. 417) ;
Resolutio super casu emendationis litterarum apostolicarum : Utrum eas emendans incurrat excommunicationem (*Ibid*., col. 420) ;
Resolutio circa materiam excommunicationum et irregularitatum (*Ibid*., col. 422) ;
Discussio illius assertionis : Sententia pastoris, etiam injusta, timenda est et tenenda (*Ibid*., col. 424) ;
Responsio super quæstione sibi facta per vicarium domus carthusiæ de statu ordinis ejusdem, quod commissi ad confessiones audiendas non absol-

L'on trouvera aussi, dans le même volume, quelques écrits présentant ce caractère (1), et même parmi les opuscules que nous avons cités.

L'œuvre de l'exégète se complète par les ouvrages suivants : *Du Sens littéral de l'Écriture-Sainte et des causes des erreurs*, petit traité qui renferme quelques principes d'herméneutique (2) ; les commentaires *sur les sept psaumes de la pénitence* (3) ; Deux *Lectures très utiles sur saint Marc* (4).

Nous le savons, à certaines heures, sans aspirer certainement à être poète, il cultiva la poésie. Aux pièces citées, il faut joindre : la *Pauvreté volontaire* (5); *Comment cette vie est un certain sommeil*, vers adressés à Pierre d'Ailly (6); le *Dialogue du cœur, de la conscience, de la raison et des cinq sens* (7); des vœux pour que les *lis croissent*, *Lilia crescant* (8); divers *Carmina*, parmi lesquels l'on remarque le *Poème lugubre sur la désolation de l'Université de Paris à cause des guerres civiles*, poème divisé en strophes, qui ont pour refrain :

Pallade flete (9).

L'on dit que la musique est sœur de la poésie. Si nous n'avons pas à attribuer à Gerson des compositions musicales, nous avons, sans parler de l'opuscule touchant le *Cantique du cœur (De Canticordo)* (10), nous avons à signaler son petit poème, l'*Éloge de la musique* (11), et sa

vant a mortali certo, sed remittant confitentem ad superiorem suum (*Ibid.*, col 460) ;

Responsio ad quæstiones quatuor circa pœnitentiam (*Ibid.*, col. 463) ;

Quæstiones aliæ cum responsionibus (*Ibid.*, col. 470).

(1) Ainsi :

Resolutio casus istius : An liceat gravato debitis intrare religionem (*Opera*, tom. II, col. 730).

(2) *Opera*, tom. I, col. 2 et suiv. : *De Sensu litterali... et de causis errantium.*

(3) *Opera*, tom. IV, col. 2 et suiv.

(4) *Ibid.*, col 203 et suiv.

(5) *Opera*, tom. III, col. 207.

(6) *Opera*, tom. IV, col. 789.

(7) *Ibid.*, col. 830 et suiv.

(8) *Ibid.*, col. 1439.

(9) *Ibid.*, col. 784 et suiv.

(10) *Opera*, tom. III, col. 643 et suiv

(11) *Opera*, *ibid.*, col. 673 et suiv.

Raison première des cantiques (De Canticorum originali ratione) (1). Voici le début de l'*Éloge* :

> **Musica divini nova pulsu quæ fit amoris**
> **Extolli nulla laude satis poterit.**
> **Cor recreat, curas abigit, fastidia mulcet,**
> **Fitque peregrinis quos vehit apta comes.**

Esprit éminemment philosophique, il a cependant laissé un sillon moins profond dans le champ de la science rationnelle. Le nominaliste trouva en lui un adepte et la philosophie effective un interprète éminent. A ce second point de vue, nous prions le lecteur de se reporter à plusieurs écrits, précédemment cités, du mystique. Sous le premier rapport, nous transcrivons le titre de ces quatre opuscules : *Des Concepts* où se montre, en particulier, la théorie de l'auteur sur les universaux (2) ; *De la Cause finale* (3) ; *Des Modes significatifs (De Modis significandi)* (4) ; *De l'Accord de la métaphysique avec la logique* (5).

Enfin, dans un autre ordre d'idées, il a fait œuvre de critique, en signalant les dangers du fameux *Roman de la rose* « qui ad illicitam venerem et libidinorum amorem excitatat » (6).

Nous ne parlerons pas du *Jardin amoureulx de la sainte Ame qui de joye chante les louanges du Dieu d'amour*. Nous avons marqué, dans la notice sur Pierre d'Ailly, que le *Jardin amoureulx*, attribué à ce dernier, l'était aussi à Gerson.

Mais nous signalerons ces deux opuscules en français que possède, sous le nom de Gerson, notre Bibliothèque nationale parmi ses manuscrits : les *VII dons du Saint Esperit* (7), une *Prière à Nostre-Dame* (8).

(1) *Opera*, *ibid.*, col. 621 et suiv.

(2) *Opera*. tom. IV, col. 793 et suiv.

(3) *Ibid.*, col. 807 et suiv.

(4) *Ibid.*, col. 816 et suiv.

(5) *Ibid.*, col. 821 et suiv.
Voir, sur ce point, M. Hauréau, *Hist. de la phil. scol.*, par. II, tom. II, Paris, 1880, pp. 461 et suiv.

(6) *Opera*, tom. III, col. 297 et suiv. : *Contra Romantium de rosa*.

(7) Ms. fr. 2460, fol. 35.

(8) Ms. fr. 12581, fol. 571.

Le premier est un sermon avec ce texte : *Ascendisti in altum, cepisti captivitatem, accepisti dona in hominibus.* L'orateur commence ainsi son exorde pour appliquer ces paroles au Verbe fait chair : « Quant ungs homs hault, ou « roy ou empereur, qui a appris estre en paix en cité et en « son palais, oit dire que estrange gent fort bien garnie d'ar« meures ont sa terre assise et assalie de celle partie où elle « est plus faible, moins garnie de tous biens, et il oit dire « que len exille sa terre et que on prent ses hommes à « dextre et a senestre, que nulz ne peut yssir du champ qui « ne soit pris et liez et gittez en prison, se il est bon cires « envers ces hommes, il s'apareille et mande sa gent et se « va combatre contre ses ennemis... »

Dans la Prière à Nostre-Dame, laquelle est en vers, le poète trouvait ces accents :

Estoile de mer,
A mon cuer amer
Ne soiez amere.
Daigniez lentamer
A vos bien amer,
Ma tres douce mere.
Por dieu larmoiez
Et si ne soiez
Vers moi si amere.
Clarté manvoiez
Si me ranoiez
Tres sage et tres clere
. . . .
. . . .
Grans est vostre odor,
Dame de doucor,
Nus ni puet descrire
Comme vostre amor
Humble pecheor
Volantiers déliure.
Donez moi dou pain
Qui fait le cuer sain,
De leesce plainne,
Dou pain sans levain
Qui les filz évain
Gita hors de painne.
Je cri a vostre huis
Si comme je puis.
Besoigs mi amainne
Grans est mes annuiz.
. . . .
. . . .
Donez moi lamor
De mon bon seignor
Auant que je muire.

Que il toute error
Par sa grant doucor
Ueeille en moi destruire.
Gardez malamort
De lannemi fort ;
Qu'il ne me puist nuire
Mais a secur port,
O joie, o déport,
Me daigniez conduire.
Amen.

On a fait au grand docteur l'honneur de le compter parfois au nombre des auteurs présumés de l'*Imitation*. L'origine de l'admirable livre a été un problème qui a longtemps suscité les recherches et exercé la plume des savants. A l'heure qu'il est, la solution se fait encore attendre (1). Toutefois, nous serions porté à nous prononcer pour la négative au sujet de Gerson; parmi les raisons qu'on a alléguées ou qu'on peut alléguer en faveur de ce sentiment (2), la principale, selon nous, se trouve dans le style : le style du chancelier, toujours plus ou moins scolastique, même dans les œuvres de piété, ne semble pas avoir pu devenir celui, simple et noble à la fois, du plus beau livre — c'est une redite — après l'Évangile. Il est juste de le reconnaître, Gerson parfois, et spécialement

(1) Voir ce que nous avons dit, pour le XVIIe siècle, dans un précédent ouvrage, l'*Abbaye de Sainte-Geneviève et la Congrégation de France*, tom. II, pp. 219 et suiv.

Au XVIIIe siècle, la discussion reprit avec l'abbé Valart, d'un côté, et, de l'autre, Ghesquière, Desbillons, Amort. Nous citons les principaux athlètes.

Dans notre siècle, le problème se pose toujours sans pouvoir être, non plus, péremptoirement résolu. Nous ne citerons aucun nom d'historien critique.

Nous dirons, cependant, que M. Victor Leclerc a émis une nouvelle opinion : il fait du livre l'œuvre de plusieurs. « Le langage humble et « calme du premier livre, dit-il, paraîtrait difficilement l'œuvre de cet « esprit plus hardi, plus familiarisé avec l'antiquité profane, et qui se « plaît aux grandes images et aux amples développements du troisième « livre, et ni l'une ni l'autre de ces deux parties n'a le moindre rapport. » (Préface de l'*Imitation*, Paris, Imprimerie nat., 1855, in-fol.)

(2) En voici deux : la vie militante de Gerson n'a pas dû lui permettre de s'élever si haut dans le mysticisme; d'autre part, le frère du chancelier a dressé la liste des ouvrages de celui-ci, et le livre en question n'y a pas pris place (*Opera*, tom. I, p. CLXXVII du *Gersoniana*). Ces deux raisons sont loin d'être péremptoires. A la première, l'on peut opposer la vie solitaire de l'auteur, à Lyon, et même la connaissance profonde que, dans ses œuvres de piété, il a montrée de la vie intérieure. A la seconde, un oubli, d'autant mieux que la liste est loin d'être complète.

On peut consulter aussi le *Gerson und Gersen*, du professeur Funk, dans *Historisches Jahrbuck*, Munster, 1881, tom. II, p. 149 et suiv.

dans le *De Consolatione theologiæ* et le *De Parvulis ad Christum trahendis*, sait trouver l'accent de la douceur et d'un familier abandon. Malgré cela, l'obstacle nous paraît subsister.

Nous venons de qualifier, en général, la diction de l'illustre écrivain dans le langage libre : oui, il fut didactique jusque dans ses œuvres oratoires, et même les discours qui n'appartiennent pas au genre sermon ou qui étaient prononcés dans des circonstances solennelles, présentent presque toujours des divisions particulières sous le nom de *Considérations*. Toutefois, il règne plus de simplicité dans les discours français. Plus de chaleur se fait aussi sentir dans ceux de la jeunesse.

Quant au langage mesuré, Gerson emprunta le rhythme, mais ne s'appropria point — tant s'en faut ! — la grâce et la délicatesse des Horace et des Virgile. Ses poésies furent même attaquées par des contemporains et il dut en prendre la défense : de là *Carminum suorum honesta defensio decantata Lugduni* (1). Il disait dans son apologie :

> Vidit livor edax, ut (et) mea carmina
> Despexit : nitida veste carent, ait.

Franchement la critique n'avait pas tort.

D'autre part, M. Darmès s'est plu à faire l'éloge de l'*Epithalamium mysticum theologi et theologiæ sub typo Jacob et Rachel*, idylle « ni pâle ni froide », dit-il, avec raison, qu'il traduisit en vers français (2).

En revanche, il nous est permis de compter Gerson, avec Oresme et Courtecuisse, parmi les bons écrivains en notre vieux français.

Nous ne terminerons pas cet article sans faire brièvement justice de certaines prétentions à voir dans l'illustre chancelier un des précurseurs des réformateurs du XVIe siècle. Les prétentions sont, en particulier, celles de MM. Emile de Bonnechose (3), Charles Schmidt (4), Jean Muller (5).

(1) *Opera*, tom. IV, col. 540.

(2) *Revue du Lyonnais*, an. 1846, tom. XXIII, pp. 286-287.

(3) *Les Réformateurs avant la réforme, XVe siècle*, Paris, 1844. Voir, en particulier, le parallèle entre *Wycliffe et Gerson*, tom. I, pp. 49 et suiv.

(4) *Essai sur Gerson, chancelier de l'Université et de l'Eglise de Paris*, Strasbourg, 1839.

(5) *Essai sur J. Charlier Gerson considéré comme réformateur*, Stras-

Elles s'appuient sur certaines propositions erronées ou peu exactes, nous l'avons vu, du théologien, en ce qui concerne le Pape et l'Église. Cela ne suffit pas : il faudrait pouvoir s'appuyer aussi sur la conduite de Gerson dans les graves événements auxquels il prit part. Mais il n'en est rien : toute sa conduite, au contraire, atteste son amour profond et ardent pour l'Église catholique et sa constitution séculaire. Et, d'ailleurs, comment expliquer son rôle, à Constance, à l'égard des deux principaux disciples de Wiclef, Jean Hus et Jérôme de Prague ?

bourg, 1851. C'est une thèse présentée, pour le baccalauréat en théologie, à la Faculté protestante de cette ville.

Signalons aussi, sur la matière, *Gerson, Wiclefus, Hussus inter se et cum reformatoribus comparati, commentatio*, par Jean Winkelmann, Gottingue, 1857, in-4.

CHAPITRE IV

NICOLAS DE CLAMANGES

(Vers 1360. — Vers 1440)

L'on dit aussi : Nicolas de Clémenges et Nicolas de Clémangis.

En ce Navarriste, nous avons surtout à apprécier le penseur distingué, le satirique mordant et parfois outré, l'écrivain, sinon brillant, du moins correct et non dénué d'élégance, en d'autres termes, presque classique.

Ce n'est pas que les événements n'aient touché et les troubles agité son existence. Mais, s'il s'y trouva mêlé, son influence sur eux ne fut pas à la hauteur de celle de Pierre d'Ailly et de Gerson.

Le village de Clamanges, au diocèse de Châlons (1), fut son berceau, vers 1360, et le futur théologien devait, selon l'usage, en emprunter le nom (2). Un de ses oncles, qui s'était distingué dans la science d'Hippocrate, avait déjà été semblablement désigné : on disait Pierre de Clamanges (3). Ce nom de Clamanges allait même devenir une sorte de nom patronymique, car il devait être porté aussi par un frère de Nicolas.

(1) Ce village, aujourd'hui dans l'arrondissement de Châlons-sur-Marne, compte moins de 400 habitants.

(2) *De Clamangiis dictus*.

(3) Nicolas, dans une de ses lettres, la XVIIIe, dit de cet oncle maternel : « Audi quid Petro de Clemangiis, artis medicæ professori, matris meæ quondam germano, in civitate Catalaunica nuperrime contigit. » (*Opera*, de Nicolas de Clamanges, Leyde, 1613, in-4, *Epistolæ*, p. 99.)
Cette édition des *Opera* porte ce titre explicatif : *Opera omnia quæ, partim ex antiquissimis editionibus, partim ex ms. V. Cl. Theodori Canteri, descripsit, conjecturis notisque ornavit et primus edidit Johannes Martini Lydius.*
Ces *Epistolæ*, formant un second tome dans les *Opera*, sont au nombre de 137.

Etienne (*Stephanus Clamangius*), qui fut, sous Charles VII, proviseur de notre collège de Navarre (1).

Il y a lieu de conclure que Nicolas, par sa famille, appartenait à la classe bourgeoise. C'est, du reste, l'affirmation de Lydius, son historien qui à l'honorabilité de la famille joint la médiocrité de fortune : « Parentes habuit familiæ quidem honestæ, sed quibus res minime lauta » (2). On pourrait trouver une preuve de cette médiocrité de fortune dans la lettre *ad Petrum de Cancella regium confessorem*, lettre par laquelle Nicolas recommande le fils de sa sœur, désirant le faire admettre à ce même collège de Navarre (3).

Nicolas avait moins de douze ans, lorsqu'il entra, en qualité de boursier, à ce collège (4). Quelle était l'année ? La réponse est impossible, puisque l'histoire est muette sur l'époque précise de la naissance.

Le jeune élève passa de la grammaire aux arts libéraux supérieurs, et de ceux-ci à la théologie. Ses professeurs dans les arts libéraux furent Pierre de Nogent (5) et Gérard Machet (6). C'est de Gerson, son principal maître en théologie, qu'il conserva le plus précieux souvenir (7). Quand nous écrivons : principal maître, notre pensée se porte tout spécia-

(1) Launoy, *Reg. Nav. gym. Paris. Hist.*, pp. 164, 558. Etienne quitta cette charge en 1450.

(2) Dans *Vita*, par Lydius, en tête des *Opera*.

(3) *Opera*, *Epist.*, p. 326.

(4) « Alter ab undecimo nondum me ceperat annus », écrit Nicolas dans une lettre adressée au collège de Navarre. Cette lettre est la XLIIe du recueil, *Opera*, p. 127.

(5) *Opera*, Epist. LXIV, p. 184 : « Grates magnas ago Petro de Nongento, præceptori doctissimo... », dit Nicolas.

Ce Pierre de Nogent fut reçu docteur en théologie dans l'année 1408 : « Nongentinus anno MCCCCVIII doctoris theologiæ lauream consecutus est... » (Launoy, *Op. cit.*, p. 558). Est-ce le Sorbonniste dont nous avons parlé ? Il y a lieu de répondre négativement, à moins de dire que, comme Pierre d'Ailly, il ait appartenu, à un titre quelconque, aux deux collèges.

(6) *Opera*, Epist. CVIII, p. 303, où le même Nicolas appelle Gérard Machet : « ...præceptor charissime amiceque fidelissime... »

Du reste, nous allons écrire tout à l'heure une notice sur ce professeur.

(7) *Opera*, Epist. XXXII, p. 111 : « Ille præsertim inter cæteros præ« ceptor meus, pio animarum zelo magnoque magnopere accensus, cœ« lestisque itineris dux atque præmonstrator optimus, cancellarius Pari« siensis. »

lement sur Pierre d'Ailly qui, selon Launoy, a pu lui enseigner aussi la science sacrée (1). Malgré de profondes études, il n'aspira point au grade de docteur en science sacrée, se contentant sans doute d'un grade inférieur (2). Eloquent,

(1) Launoy, *Op. cit.*, tom. II, p. 558-559 : « ... cui (à Gerson) potest « adjungi Petrus Alliacus, quo regiam Navarram moderante, huic professioni vacare cœpit, anno MCCCLXXXVI. »

C'est au collège de Navarre que Nicolas a dû lier une amitié très grande avec Jacques de Novion (*Jacobus Novianus*). Novion est un bourg, près de Réthel, au diocèse de Reims. Recteur de l'Université en 1401, licencié en théologie en 1408, Jacques mourut dans l'année 1410. (*Hist. Univers. Paris.*, tom. V, p. 884.) Nicolas, en apprenant cette fin prématurée, disait dans une lettre à Jacques *de Burreyo* : « De morte optimi Jacobi « nobis ambobus amicissimi, quando primum nunciatata est, vehementer « conturbatus sum, lacrymasque non continui, tanti viri casu acerbo « percussus ; quem, etsi vitæ honestate, morum gravi maturitate, devoto « ad Deum affectu, pio ad omne bonum zelo, in partes sortis electorum « censeo verisimiliter adscriptum, graviter tamen fert animus tantum « lumen nostris tenebris nostrisque caliginosis temporibus ereptum, qui, « velut lumen ardens et lucens, ut de Christi præcursore dictum est, « poterat amplissime et saluberrime in domo Domini radiare, noctisque « umbram et errorum nebulas e cæcis hominum mentibus doctrinæ « suæ jocundissimæ clarissimo fulgore discutere. » (Epist. LXIX dans recueil, p. 199.)

Cette lettre est suivie d'une *Deploratio elegiaca* sur le même sujet. Le début de cette élégie est solennel :

Jam suspensa ferant salices læta organa nostra,
Et mœstos elegos anxia musa canat.

Une épitaphe nous fait lire sur Jacques de Novion :

Belgica me genuit, docuit Parisia tellus.
Bononis ossa tenet, spiritus astra petat.
(*Opera*, p. 200-204.)

Nicolas de Clamanges a écrit deux lettres à Jacques de Novion, *ad Jacobum de Noviano* : ce sont les Epist. XLV et LVII du recueil.

Voir aussi une notice écrite par M. l'abbé Bouillot, dans *Biograph. des Ardennes*, tom. II, Paris, 1830, p. 286-289.

Il y a encore dans le même recueil des *Epistolæ* de Nicolas de Clamanges, trois lettres adressées à Jean de Novion, *ad Joannem de Noviano*, autre contemporain qui, suivant du Boulay (*Hist. Univers. Paris.*, tom. V, p. 885) « determinavit in artibus anno 1409. » Ce sont les Epist. XXXIII, XXXIV, XXXV.

(2) Launoy, *Op. cit.*, tom. II, p. 559 : « Verum licet plures annos vacaverit, eos tamen non celebravit actus scholasticos, qui ad gradus et « magisterium perducunt. Cum editi de variis theologicarum rerum « monumentis libri et epistolæ, tum suscepti pro sancienda Ecclesiæ pace « labores innumeri effecerunt, ut eum posteri doctorem theologicum nuncuparint, quo nomine, nec se unquam, cum tulit occasio, nec tablinum « Navarricum, nec scriptores æquales insignierunt. »

Dans le *Liber de studio theologico*, qui a pris place au tom. VII de l'édit. in-4, pp. 138 et suiv. du *Spicilegium* de Luc d'Achery, Nicolas de Clamanges nous a révélé sa pensée sur le doctorat : « Non cappa quippe,

poète à ses heures, il fut, vers 1393, placé à la tête de l'Université (1).

C'est à cette époque et en cette qualité qu'il parut avec un certain éclat sur la scène politico-religieuse.

Une lettre pressante accompagnait le fameux mémoire présenté au roi, en janvier 1394, touchant les trois moyens de mettre fin au schisme. Cette lettre était de Nicolas de Clamanges qui parlait au nom de l'Université. Juvénal des Ursins mentionne le fait en ces termes : « Et sur ce, un bien notable clerc « et grand orateur, nommé maistre Nicole de Clémangis, fit « une très belle épistre, qui fut montrée au roy et présentée de « par l'Université ; lequel très béguignement et doucement la « receut » (2). L'auteur pressait Charles VI de commencer l'œuvre salutaire : « Incipe, lui disait-il, pugil Ecclesiæ invicte, incipe feliciter... » (3).

Nicolas de Clamanges rédigeait également, au nom de l'Université, les lettres suivantes (4) : une à l'adresse de Clément VII, auquel il fallait inspirer l'amour de la pacification (5),

« dit-il, doctorem facit, non biretti magistralis impositio, non cathedra « sublimior aut locus superior. » (*Ibid.*, p. 141.) Toutefois, il ajoutait pour celui qui le consultait : « Quare, si quæris utrum te doctorem esse « expediat, facile et incunctanter respondeo omnino expedire nec ullum « posse tibi statum perfectiorem inter mortales contingere. Si vero quæris « utrum ad apicem vel gradum magisterii signis illis exterioribus designari « soliti te provehi tibi conducat, non me super ea re debes interrogare, « sed teipsum. »

(1) Hardt, *Op. cit.*, tom. I, par. II, p. 72 : « Anno circiter 1393 ab Aca« demia Parisiensi rector creatus est. »

(2) *Hist. du roi Charles VI*, an. 1393, anc. style.

(3) *Opera*, Epist. I, p. 3 : « *Ad potentissimum Galliarum regem Carolum VI...* » Cit. p. 5.

(4) *Hist. Univers. Paris.*, tom. IV, p. 716 : «... Universitas in componendis « litteris suis tunc manu styloque M. Nicolaï Clemangii, insignis rhetorices « professoris... »

Aussi, dans la plupart des missives de notre auteur, la formule de la fin contient-elle ces mots : « Rector et Universitas studii Parisiensis. »

(5) *Hist. Univers. Paris.*, *ibid.*, p. 699. « *Sanctissimo in Christo patri ac « domino D. nostro Clementi, sacrosanctæ Romanæ Ecclesiæ ac universalis « Ecclesiæ summo pontifici.*

Il disait à la p. 700 : « Eapropter, Pater beatissime, per fidem inte« gerrimam, per fœdus inviolandum, per amorem amplissimum et sanc« tissimum quem ad sponsam Ecclesiam habere debetis, per pastoralis « vigilantiæ sollicitudinem, per maternæ miseriæ, dissentionis aut scan« dali compassionem commiserationemque, per si quid vestri honoris « animo curæ residet, per quam vobis cara est salus animæ, vos hortamur « et iterum iterumque repetentes charitatem vestram monemus, ut ad « hanc sanctissimam concordiam, quæ in manu vestra sita est, non ultra « jam prorogando intendatis. »

et, comme cette lettre était jugée très sévèrement à Avignon (malæ-litteræ-et venenosæ), une seconde était écrite dont l'envoi se trouva arrêté par la mort du pontife (1); une en réponse à l'avis demandé par l'Université de Cologne (2); deux au roi d'Arragon, qui avait consulté trois fois l'*Alma Mater* de Paris, et auquel était recommandée la noble fermeté d'un fils dévoué de l'Église (3); une aux cardinaux d'Avignon pour les supplier de ne point procéder à une élection sans s'être fait préalablement édifier sur les dispositions des autres princes de l'Église, partisans de Boniface IX (4); une aux prélats du royaume, leur demandant de s'aider des prières publiques dans l'œuvre de la paix (5); une au nouveau pontife Benoît XIII, à qui étaient donnés des conseils analogues à ceux transmis au prédécesseur (6). Nicolas de Clamanges, ayant connu jadis à Paris l'élu d'Avignon, osa lui écrire aussi en son nom personnel et dans le même sens (7). Mais il devait toujours demeurer l'adversaire de la soustraction. Voilà bien

(1) *Hist. Univers...*, *ibid.*, p. 701.
Il paraît bien que dans la première lettre c'était Pierre de Lune qu'il dépeignait sous les traits d'un ardent et misérable fauteur du schisme : « Heu, Pater beatissime, s'écriait-il, etiam heu, tertio heu, quod vir « ecclesiasticus hoc audeat. ! »
Dans la seconde, il exprimait ainsi son étonnement : « Nam, proh Dei « hominumque fidem! Pater beatissime, unde venenum emergit in « re ista? Labor iste tam sanctus est, materia tam sancta tamque impol- « luta, ut nec veneno pollui nec venenum admittère ullum in se possit, « etiamsi quis cuperet infundere! »
La première lettre est du 5 juillet 1394. La seconde n'a pas de date.

(2) *Ibid.*, pp. 703, 704.

(3) *Hist. Univers. Paris.*, tom. IV, pp. 706, 708, 720, où on lit les trois lettres du roi d'Aragon; pp. 719, 720, où sont reproduites les deux réponses. Ces lettres ont été échangées du mois d'août 1394 au mois de mars 1395.

(4) *Hist. Univers. Paris.*, *ibid.*, p. 711, lettre du 23 septembre 1394.

(5) *Ibid.*, p. 712, même date.

(6) *Ibid.*, p. 713, lettre du 23 octobre 1394.

(7) *Opera*, *Epist.*, p. 6 : *Ad dominum Benedictum tertium decimum, ad Romani pontificatus apicem recenter assumptum.* Il disait, p. 9 : « Hoc « vulnus tuæ charissimæ sponsæ tandiu neglectum, tanto intervallo tem- « poris incuratum, te medicum curatoremque exspectat. Ad hoc te debes « existimare a Deo vocatum, a Spiritu sancto electum, imo vero in lucem « editum. »
A la page suivante, il s'exprimait ainsi sur le chef de l'ambassade, Pierre d'Ailly : « En habes inter viros egregios virum litteris eruditis- « simum, fide, prudentia, probitate, vigilantia commendatissimum, et zelo « unitatis ecclesiasticæ ardentissimum, Petrum cancellarium ecclesiæ « Parisiensis et regis Francorum eleemosinæ... »

ce que nous révèlent ces deux lettres : *Ad papam Benedictum tertium decimum declaratio incommodorum ex substractione obedientiæ secutorum* (1); — *Ad Carolum sextum, regem Francorum, dissuasio substractionis obedientiæ a Domino Benedicto XIII, cum latiori explicatione incommodorum inde regno et Ecclesiæ venturorum* (2). Launoy place cette seconde et longue missive « ad annum MCCCCVIII » (3).

La réputation de notre Navarriste grandissait de jour en jour.

Le cardinal Galeotti *de Petramala* s'étonnait qu'un Français ait pu s'élever si haut dans les arts difficiles de l'éloquence et de la poésie (4). Il lui écrivait même que l'élégant orateur et l'agréable poète avaient dû passer par Bologne, « la mère des études » (5). Nicolas rappelait à l'éminent personnage que, devant un étonnement analogue, saint Bernard avait, dit-on, répondu « quercus et fagos se docuisse ». Il confessait qu'il a fait connaissance avec Cicéron et Quintilien, et que, parmi ses auxiliaires dans les études, il fallait compter le *labor improbus* qui *omnia vincit* (6). Dans une autre lettre adressée au même personnage, il réfutait un téméraire ayant osé dire, en forme d'axiome, que *hors de l'Italie il ne fallait point chercher d'orateurs ni de poètes* (7).

Sur les instances de ce cardinal et de Jean Muret, notaire de Benoît XIII, il se rendit à la cour d'Avignon, et il fut nommé secrétaire pontifical, poste qu'il accepta uniquement par obéissance (8). Dans les *Opera*, nous avons trois réponses

(1) *Opera, Epist.*, p. 51.

(2) *Ibid.*, p. 61.

(3) *Op. cit.*, tom. II, p. 562.

(4) Nous lisons dans une lettre au cardinal Galeotti : « Mirari te, Pater « optime, scribis, me, in Galliis progenitum, in oratoriis poeticisque disci- « plinis aliquid sapere potuisse. Miraris præterea quem sim in illis artibus « præceptorem nactus, cum Galli, ut ais, ad talia studia non sua soleant « adaptare ingenia, nec propterea ulla apud illos hujusmodi præcepta « disciplinarum tradantur. » (*Opera, Epist.*, p. 20.)

(5) *Ibid.*, p. 21 : « Crede mihi, Bononiam vestram, quam matrem studiorum vocas, numquam omnino vidi, nec Italiam... »

(6) Cette lettre, la quatrième du recueil, a pour en-tête : « *Ad egregium et disertum virum Galeotum de Petra mala, sanctæ Romanæ diaconum cardinalem.* »

(7) La suivante ou cinquième du recueil.

(8) *Opera, Epist.*, p. 57, *Ad Joannem præpositum insulensem* : « Sancti « in me pontificis eximia benevolentia, illorumque præterea, qui ejus no-

que, au nom de Benoît XIII, il adressa à Grégoire XII sur l'union à faire dans l'Eglise (1).

Vers le même temps, il était nommé trésorier de l'église de Langres.

Le poste de secrétaire pontifical fut pour lui une occasion d'infortune (2).

Lorsque, en 1408, Benoît XIII, usant de représailles, lança sa bulle, grosse d'anathèmes et de menaces, contre le roi de France, le susdit secrétaire fut accusé d'en avoir été l'inspirateur et le rédacteur (3). Il s'en défendit dans une missive au collège de Navarre (4), affirmant même, avec serment, qu'il n'avait eu connaissance de l'acte papal qu'après la publication (5). Une autre missive attestait, en outre, qu'il avait quitté la cour pontificale quelque trois mois avant la fulmi-

« mine hanc mecum rem tractabant, mira instantia, amicorum denique « meorum summa impressione tandem victus, succubui, cervicemque eatenus jugo nesciam jugo subdidi, qui magnorum antea principum... « famulatus ac servitia contempseram. Sed si serviendum fuerat, cui honestius servire potui quam summo pontifici et sanctæ Ecclesiæ Romanæ, « extrema hodie perturbatione desolatissimæ? Re enim vera, etsi illam « non volo curiam a vitiis absolvere, major tamen illic erat morum mo- « destia, honestatis species gestuumque gravitas, quam in sæcularium « principum curiis esse deprehendi, ubi omnia nimis hodie confusa « sunt. »

(1) *Opera*, pp. 179 et suiv., *Ad litteras Gregorii papæ super unione fienda transmissas Benedicti pontificis responsoria*.

(2) Il nous apprend encore qu'une maladie pestilentielle le conduisit aux portes du tombeau, que le bruit de sa mort se répandit dans la capitale de la France et ailleurs, et même que la poésie voulut la pleurer : « ... in tantum res processerat, ut jam super meo interitu querelæ et « lugubria carmina per nonnullos scripta essent... » (*Opera*, *Epistolæ*, p. 100.)

(3) On lui attribue aussi quelques lettres (*Epistolæ aliquot*) portant le nom de Benoît XIII et qui ont pris place dans le *Spicilegium* de Luc d'Achery, tom. I de la 2e édit., in-fol., pp. 787 et suiv. (V. Fabricius, *Biblioth...*, art. *Clemangis*.)

(4) *Opera*, *Epistol.*, p. 127 : *Ad collegium studii Parisiensis purgatio super litteris excommunicationis in regem Franciæ regnumque editis*. Parmi les raisons alléguées, il place aussi le style.

(5) *Ibid.*, p. 130 : « ... Deum testor et sanctos omnes et quidquid « æternæ salutis a Deo exspecto, sicque Deum propitium in extremo « examine experiar, quod numquam visu, numquam auditu, numquam « verbo, nec ullo scripto, fama vel rumore aliquo aliove quolibet notitiæ « signo, quicquam de litteris illis antea persensi, quam per litteras a « vestris profectas illas in Franciam perlatas esse... ».

Cette lettre est aussi reproduite dans *Hist. Univers. Paris.*, tom. V, pp. 154 et suiv.

nation de la bulle, pour se fixer dans la ville de Gênes (1), projet déjà vieux de deux ans alors et dont la réalisation avait été retardée par l'espérance, assez prudemment quoiqu'inutilement conçue, de la paix entre les deux contendants (2). Enfin, ajoutait-il, le Christ m'est témoin que j'ai désapprouvé et condamné la bulle, aussitôt que j'ai pu la connaître (3).

Malgré cette justification qui [illegible]blait ne devoir rien laisser à désirer, on ne voulut pas, à Paris, croire à l'innocence. On estimait juste d'infliger un châtiment : les uns opinaient pour la prison, d'autres pour l'exil, d'autres pour la dépossession de l'unique bénéfice que possédât l'accusé, celui de l'église de Langres ; il y en avait même qui demandaient qu'on le traitât comme un criminel de lèse-majesté (4).

Devant tant de colères, il alla en Italie s'enfermer dans une maison de Chartreux qu'il nomme *Vallis profunda* (5).

Néanmoins, il n'oublia pas l'œuvre de son apologie, ainsi que le montrent plusieurs missives adressées à divers personnages (6). Parmi ces missives, nous en remarquons

(1) *Opera*, *Epistol.*, p. 135 : « ... vulgo notorium trimestri me ferme « spatio, priusquam infaustæ illæ litteræ Parisiis innotescerent, ex curia « illa excessisse in urbeque Janua constitisse... »
Nous ne saurions dire s'il s'est réfugié d'abord à Langres. La chose, toutefois, dans la circonstance, nous paraît assez improbable.

(2) *Ibid.* : « Imo Deum testor, biennio ante illud tempus, inde discedere constitueram, nisi de unione Ecclesiæ per contendentium congres- « sionem spes ingesta illam meam digressionem aliquantisper suspen- « dendo retardasset. »

(3) *Ibid.*, p. 136 : « Si capitale est probasse litteras illas in regni « contumeliam confectas, testis est mihi Christus, testes insuper pleri- « que alii, quamprimum de illarum forma atque tenore certius agnovi, « quantum illas detestatus sim quantave ex dementia processisse dixerim. »

(4) Launoy, *Op. cit.*, p. 563.

(5) « Apud Vallem profundam », disait dans ses lettres Nicolas de Clamanges. Nous ne savons pourquoi Feller, *Dict.*, la *Nouv. Biog. gén.* et M. Chevalier, *Répert.*, disent que c'était l'abbaye de Vallombreuse. L'abbaye de Vallombreuse en Toscane (Vallombrosa) était chef de l'ordre fondé par Gualbert. D'autre part, à la fin de la *Bibliotheca cartusiana*, du P. Petreius, Cologne, 1609, et du *Theatrum chronologium S. cartusiensis ordinis*, du P. Morozzo, Turin, 1681, il y a la liste des monastères de l'ordre. Or, nous n'y avons pas rencontré, pour l'Italie, de monastère portant l'un de ces noms. Un seul, s'appelait *Vallis profunda* et il était dans la province de France, où Nicolas de Clamanges ne pouvait se retirer.

(6) Voir dans *Epistolæ* :
P. 139, *Ad Gontherum Colli* ou, comme il est marqué, p. 48, *Colli secretarium*.

une *ad Jaonnem de Arconvalle*, le précepteur du dauphin de France (1). Sur l'avis du maître (2), il écrivit au royal et très jeune élève, *ad Ludovicum, ducem Aquitaniæ, regis Francorum primogenitum* : c'était, par l'éloge des deux vertus, une exhortation à la mansuétude et à la clémence (3).

Nous ne saurions dire en quelle année il quitta cette sainte solitude pour se retirer dans une autre à laquelle il donne le nom de *Fons in Bosco* (4), probablement un autre monastère de Chartreux (5).

Sa correspondance n'y fut point interrompue : il est si doux de s'entretenir avec ses amis, de répondre à leurs questions, d'épancher ses peines dans leur cœur ! (6). La

P. 142, *Ad Reginaldum de Fontanis.*
P. 143, *Ad Everardum Moriseti, archidiaconum in Ecclesia Morinensi, ducis Biturigensis secretarium.*
P. 144, *Ad Jacobum de Burrego.*

(1) *Ibid.*, p. 146.
Il y a, imprimé ici : *Ad Joannem de Arkevalle.*
Le recueil des *Epistolæ* contient, p. 267, une autre missive postérieure, du même au même : *Ad Joannem de Arconvalle*... Ecrite « apud Fontem », elle roule sur la « negligentia majorum regni circa mores ac disciplinam memorati adolescentis ». Mission grande et difficile que l'éducation d'un jeune prince ! A lui, comme aux autres enfants, est applicable ce vers d'Horace :

Quo semel est imbuta recens servabit odorem.

(2) Détail fourni par l'auteur au commencement de son *De Lapsu et reparatione justitiæ.*
(3) *Ibid.*, p. 154.
Il rappelait, entre autres, p. 157, ces deux vers d'un hymne de l'Église :

Quæ te vicit Clementia
Ut ferres nostra crimina.

(4) De la lettre LIX, p. 160, à la lettre LXXV, p. 220, nous lisons à la fin de chacune : « Datum apud Fontem in Bosco », ou seulement « apud Fontem. »
(5) Launoy, *Op. cit.*, p. 564 : « E Fonte Cartusianorum, opinor, monasterio... »
Nos réflexions sur *Vallis profunda* s'appliquent à *Fons in Bosco.*
(6) Nous signalerons la missive *Ad Reginaldum de Fontanis*, p. 269. Une vive contestation s'était élevée entre ce dernier et *Radulphum de Porta*, tous deux ses amis, au sujet de la grande-maîtrise de Navarre. Il supplia de mettre fin à la fatale contestation, « ne illud egregium « collegium, in quo educati estis, mira pace ac tranquillitate florentissi« mum, omni rupto pacis fœdere, partium studio, divisum, dilapsum « dissolutumque tandem desolaretur. » (P. 272.). Preuve que les intérêts de son cher collège n'étaient pas mis en oubli.
Nous signalerons également la missive écrite du même lieu et imprimée plus haut, p. 133, *Ad Petrum episcopum Cameracensem* : dans les tribulations, il voulait recevoir les avis de l'ancien grand-maître de Navarre.

note triste ne roulait pas seulement sur les malheurs personnels, mais aussi sur ceux de l'Église et de la France. L'Église et la France ! comme il savait encore les recommander aux princes du royaume, les priant de tourner leurs armes pour la défense de ces deux chères patries, la spirituelle et la temporelle (1).

Le noble exilé composait en même temps son *Livre des études théologiques*, sorte de réponse à une lettre d'un bachelier en théologie, lequel avait pensé que l'ancien recteur était tout à fait défavorable au classique livre des *Sentences* (2). L'appréciation, exagérée sans doute, avait un fond de vérité ; car la scolastique, mise en regard de l'ancienne théologie qui préférait les témoignages de l'Écriture-Sainte aux subtilités du raisonnement (3), est sévèrement jugée dans l'œuvre de notre théologien (4). Ce dernier recommandait aussi le désintéressement et la pureté d'intention dans l'étude de la science sacrée, flétrissant ceux qui s'y livraient par basse ambition.

La question capitale de l'époque, celle du Concile général, ne pouvait ne pas attirer l'attention du théologien. Le Concile de Pise était célébré. Un autre devait se réunir. Le premier

(1) *Opera*, p. 169 et suiv. : *Oratio ad illustrissimos Galliarum principes*. Ce discours ou prière n'est pas autre chose qu'une missive donnée « apud Fontem in Boscho. »

Nous lisons aussi, un peu plus bas, p. 174, une autre missive *Ad Gerardum Macheti, doctorem Parisiensem*, également écrite « apud Fontem » pour l'engager à s'éloigner de Babylone, évidemment Paris : « ... licet aliquid Babylonis ubique sit, non tamen ubique illa est « Babylon mater fornicationum et abominationum terræ, cujus usque ad « cœlum, ut ait Joannes, pervenit judicium... Sunt denique, si omne « humanum times consortium, loca solitaria, in quibus tecum habitare « poteris et intra cor tuum secedere, tibi vivere, solum tuæ vitæ testem « sociumque Deum habere... »

(2) *Liber de studio theologico* dans *Spicilegium* de L. d'Achery, tom. VII, édit. in-4°, pp. 138 et suiv. : *Ad Joannem de Pedemontio, baccalarium in theologia, eruditum ac discretum virum*.

(3) *Ibid.*, p. 150 : « Solebant antiqui patres et theologi, quorum per « Ecclesiam approbata sunt scripta, nihil dicere aut astruere, nisi quod « Scripturarum testimonio possit confirmari. Unde Hieronymus ait : « *Quod de Scripturis sacris non habet auctoritatem, eadem facilitate contem-* « *nitur, qua probatur*. »

(4) *Ibid.*, p. 150-151 : « Nunc autem plerosque videmus scholasticos « sacrarum inconcussa testimonia litterarum tam tenuis æstimare « momenti, ut ratiocinationem ab aucthoritate ductam velut inertem et « minime acutam sibilo et subsannatione irrideant, quasi sint majoris « ponderis quæ phantasia humanæ imaginationis adinvenit, quam quæ « divinitas cœlitus aperuit... »

n'avait guère réussi qu'à compliquer la situation. Quel serait le résultat du second ? Pour être en droit d'espérer un résultat salutaire, il fallait bien s'entendre sur le point capital, l'autorité d'un Concile œcuménique. Est-ce la plus haute, la plus sainte autorité ? Oui, assurément. Dès lors, ses décisions formelles et, s'il le faut, appuyées sur l'Écriture-Sainte et les Conciles reçus, feront loi, encore qu'elles ne soient, comme celles de l'Église, par lui représentée, infaillibles qu'en ce qui concerne la foi. Tel est l'objet principal de trois petits traités, écrits « apud Fontem » et se faisant suite, publiés dans les *Opera*, sous le titre : *Disputatio Nicolaï de Clamengiis habita per scriptum super materia Concilii generalis cum quodam scholastico Parisiensi* (1).

(1) *Opera*, pp. 61 et suiv.

Il y avait eu précédemment trois éditions : l'une en 1482, in-4°, à Vienne (Hain, *Répert.*, n° 5406), une autre à Paris, 1512, in-4°, la troisième, s. l., 1519, également in-4°. Ces deux dernières à la suite du *De Lapsu et reparatione justitiæ*.

Relativement à la matière de l'infaillibilité de l'Église, nous transcrivons ces paroles de l'auteur, à la page 61 : « Licet autem Ecclesiæ militantis authoritas sit maxima, quæ, fundata supra petram, convelli non « potest et adversus quam portæ inferi numquam prævalere poterunt, « non illi tamen nos oportet, ut videtur, triumphantis Ecclesiæ titulos « adscribere, ut infaillibilis sit aut impeccabilis ; quæ sæpe, ut nosti, et « fallit et fallitur ; non dico in his quæ fidei sunt, cum Christus, ad « mortem properans, de illa ad Petrum dixerit : *Petre, rogavi pro te, ut* « *non deficiat fides tua* ; sed in aliis quæ vel facti, vel morum, vel judi- « ciorum, in quibus, propter circumstantiarum infinitam varietatem ac « multitudinem, perdifficile est optimi medium semper attingere. »

Relativement à l'autorité à accorder aux décisions en dehors des questions de foi, nous transcrivons ces autres paroles : « Si igitur aut « moralia sunt aut judicialia ista Concilii acta, cum in talibus falli possit « Ecclesia, non absurdum videtur fuisse, si ad argumentum majoris « firmitatis aliqua similium exempla vel de Scripturis canonicis profe- « rantur, vel de antiquis ac probatissimis Conciliis quæ inconcussæ sunt « authoritatis. »

Cette doctrine est confirmée dans le second opuscule : *Ad eumdem scholasticum super eadem materia largior atque uberior collatio*, *Ibid.*, pp. 65 et suiv., et aussi dans un troisième : *Ad eumdem scholasticum super eadem materia largior atque uberior collatio*, *Ibid.*, pp. 78 et suiv.

Conséquemment « non debent insuper, ut videtur, qui Concilium « agunt..., nimis inniti æstimationi : generale Concilium sumus, fidenter « agamus, errare non possumus. » (P. 64.)

L'auteur trouve moyen de décocher ce trait à l'Église romaine : « Mea « autem fert opinio, si Ecclesia illa collationem omnium graduum « Ecclesiæ universalis numquam sibi arrogasset, cœterasque suis juribus, « universa ingurgitando, Ecclesias nequaquam expoliasset, vel hoc « schisma numquam in illa exorturum fuisse vel non tanto saltem « tempore perdurasse. » (P. 64.)

Launoy estime — *ni fallor*, dit-il, — que le *Fons in Bosco* est aussi le lieu d'origine des traités du *Fruit du désert* (1) et du *Fruit de l'adversité* (2), traités qui envisagent, l'un les avantages de la solitude (3), l'autre ceux du malheur, et que cet historien range, sous le rapport des pensées et du style, parmi les œuvres les plus remarquables de l'époque (4).

Benoît XIII essaya de nouveau d'attirer Nicolas à la cour d'Avignon. Ce fut en vain : ce dernier préférait la solitude (5).

Enfin, l'innocence de l'exilé fut reconnue. Il put donc, remettant sans crainte le pied sur le sol de la patrie, aller à Langres remplir fidèlement ses fonctions de trésorier et de chanoine (6).

C'est de là qu'en 1412 il écrivit à Henri IV, roi d'Angleterre, en faveur de la paix qui avait été signée, à Auxerre, entre les princes français (7). Cette paix, il la désirait éternelle,

(1) *De Fructu eremi*, dans *Opera*, pp. 121 et suiv.

(2) *De Fructu rerum adversarum*, dans *Ibid.*, pp. 132 et suiv.

(3) Nous lisons, au commencement de l'opuscule — indice d'une réponse : « Doceri per me desiras, qui ita in solitudinibus atque in eremo, ut ais, « versari delector, quos ibi fructus inveniam... »

(4) Launoy, *Op. cit.*, p. 565.

(5) *Opera*, *Epistol.*, p. 296 : *Ad Nicolaum de Baya* : « ... tædebat me curiæ, « tædebat turbæ, tædebat tumultus, tædebat ambitionis et morum in « plerisque vitiorum, quanquam ipsum profecto præsulem, licet graviter « accusatum, magnum et laudabilem, imo sanctum virum fuisse crediderim ; nec scio an laudabiliorem unquam ullum viderim. » Nicolas conservait donc la meilleure opinion de Benoît XIII.

Il citait aussi ces vers :

Crede mihi, bene qui latuit, bene vixit, et intra
Fortunam debet quisque manere suam.

C'est par distraction, sans doute, que Launoy, *Op. cit.*, p. 568, assigne à ces tentatives la date : « circa annum MCCCCXV » ; car la lettre porte à la fin : « Apud Fontem », et cet historien, comme nous allons le voir, fait cesser l'exil au plus tard 1412.

(6) « ... ubi capitulum universum benevolum reperi », disait-il (*Epistol.*, p. 60).

(7) Launoy, *Op. cit.*, p. 564.

Si Paris montrait une « grande joye de ce qu'il y avoit traité de paix, lequel se devoit parfaire à Auxerre », surgissait aussi une grande difficulté, celle de se débarrasser de récalcitrants alliés, les Anglais. « Le duc « de Clarence et les Anglois faisoient maux innumérables, tant que les « ennemis pourroient faire, et disoient qu'ils ne partiroient du royaume « jusqu'à ce qu'ils fussent contentez et payez de leurs soldes. Or « n'avoit le duc d'Orléans et le duc de Berry rien : auquel il fallut, à « Bourges, prendre les reliquaires de la saincte chappelle et autres « églises pour payer ses gens qui estoient dedans en garnison. Et pour

quoique par le meilleur des temps, il n'osât l'espérer (1).

Cette retraite lui devint chère ou du moins lui parut préférable au séjour de Paris et même aux avantages de la cour, car il nous apprend que le roi lui avait fait offrir un poste de secrétaire (2) : sans ambition, il préférait le calme de la vieille capitale des *Lingones* (3).

Là, l'amour de l'Église ne l'animait pas moins que l'amour de la France : sa correspondance en fait foi (4).

Le théologien produisait aussi de nouvelles œuvres. La simonie était un véritable fléau : il la combattait dans les prélats, les principaux coupables ; de là le traité *Des Prélats simoniaques* (5). Les fêtes, loin d'être sanctifiées, étaient souvent une occasion de désordres : il demandait qu'on n'en augmentât pas le nombre ; de là le traité *Du Non-Établissement de nouvelles fêtes* (6). L'Église n'avait plus la pureté d'autre-

« ce le duc d'Orléans leur bailla en gage et en ostage le comte d'Engou-« lesme, son frère, jusques à ce qu'on leur eust baillé certaines grosses « sommes d'argent, qui leur fut promises. » (Juvénal des Ursins, *Hist. du roy Charles VI*, an. 1412).

Tout cela explique l'intervention de Nicolas de Clamanges.

(1) *Opera, Epistolæ*, p. 251 : *Ad Nicolaum de Baya, scribam curiæ parlamenti.*

(2) *Epistol.*, *Ad Johannem de Monsterolio*, p. 81 : « Ecce princeps ille « sua tibi offert obsequia in suamque te familiam cum honore magno et « amplissimo suo motu, non alieno impulsu evocat. » Paroles supposées dans la lettre à l'adresse de Nicolas.

(3) *Ibid.*, p. 82 : « ... undique audiendi tumultus, audiendi sunt novi « rumores... ; videnda regni desolatio, curiæ dissolutio, regiminis negli-« gentia, curiæ incuria... », écrivait-il, en parlant de la cour.

On peut lire plusieurs lettres adressées à ce même personnage. *Ibid.*, pp. 72 et suiv.

(4) Voir *Epistolæ*, pp. 228 et suiv.

(5) *De Præsulibus simoniacis*, dans *Opera*, pp. 160 et suiv. : *Ad Joannem de Gersonio Parisiensem.*

Il s'écriait, p. 160 : « O quantum a Christi institutione, ab Apostolorum « traditione, a ritu et forma primitivæ Ecclesiæ nostra teterrima tempora « defluxerunt ! »

Et dans la prière de la fin, nous recueillons ces ardentes paroles : « Expergiscere, Domine, tandem aliquando et respice nos et miserere « nostri et visita Ecclesiam in salutari tuo. Sana eam, quia extra te non « est qui sanare valeat. Infunde vulneribus ejus vinum increpationis « oleumque consolationis. Sume in manu ventilabrum et permunda « aream tuam tantis tamque impurissimis sordibus contaminatam. « Expurga vineam tuam sentibus undique et labruscis oppletam. »

(6) *De novis celebritatibus non instituendis*, dans *Opera*, p. 143 et suiv. A la page 146, l'auteur cite cette proposition de S. Augustin : « Mallé se dominico die aratro terram proscindere, quam choreas ducere. » Conclure que la chose est permise serait une mauvaise conclusion : le

fois : il dépeignait le triste état de l'épouse de Jésus-Christ, si toutefois le traité *De l'État corrompu de l'Église* est bien de lui (1).

Dans ce dernier opuscule, l'auteur passe en revue les diffé-

saint docteur veut dire simplement qu'entre deux maux il faudrait choisir le moindre.

A la page 159, il loue les églises qui, à l'exemple de Lyon, dit-on, n'admettaient point de nouvelles fêtes : « ... sicut de Lugdunensi fama est, quæ nullas fertur novitates prorsus admittere ».

Launoy, *Op. cit.*, p. 564, assigne à la composition de ces deux opuscules les années 1413 et 1414.

(1) *De corrupto Ecclesiæ Statu*, dans *Opera*, pp. 4 et suiv.

Cet ouvrage, dit M. Brunet, *Manuel*..., art. *Clemangis*, « a paru pour « la première fois imprimé dans le deuxième volume des œuvres de « Jean Gerson, édit. de Cologne... 1483, in-fol... On l'a réimprimé « ensuite d'après un autre ms. in-4°, sans lieu ni date, mais avec une « dédicace d'Ebulus Cordatus terminée ainsi : *Datum Romæ, calendis « juliis, anno MDXIX.* » Il y a aussi une édition de 1562, in-12. M. Brunet ajoute qu'on préfère l'édition d'Helmstædt, 1620, in-8°. Hardt a donné place à l'œuvre dans son *Mag. œcum. Const. Concil.*, tom. I, par. III, col. 1 et suiv., sous le titre : *De Ruina Ecclesiæ*. V. Graesse, *Trésor*..., art. *Clemangis* pour quelques autres éditions.

L'on a imprimé à Orléans, en 1564, in-12, une traduction de l'ouvrage sous ce titre : *Escrit de Nicolas Clemangis, docteur de Paris et archidiacre de Bayeux, touchant l'estat corrompu de l'Eglise*...

Une traduction a été aussi insérée dans la *Biblioth. étrang, d'hist. et de littér*..., par M. Aignan, tom. III, Paris, 1823, pp. 7 et suiv.

Pour nous, nous renvoyons à l'édition des *Opera*.

Feller, dans son *Dictionnaire*, a écrit ces mots : « Quant au traité *De « corrupto Ecclesiæ Statu*, que quelques auteurs lui ont attribué, il paraît « certain qu'il n'est pas de lui ». Puis il renvoie à l'article *Jean de Chelm.* Mais, à cet article, on cherche vainement des explications. M. Müntz, *Nicolas de Clémanges, sa vie et ses écrits*, Strasbourg, 1846, in-8°., p. 66, s'est aussi prononcé pour la non-authenticité ; et nous devons dire que ses raisons ne sont pas à dédaigner. Toutefois, c'est la grande généralité des auteurs qui a donné l'œuvre à Nicolas de Clamanges.

Launoy, *Op. cit.*, p. 567, estime, avec raison, dans l'hypothèse de l'authenticité, qu'on doit placer la composition du *De corrupto Ecclesiæ Statu* avant le Concile de Constance, par conséquent à l'époque indiquée ; et il incline à penser que l'auteur, dans une lettre *Ad Joannem de Pedemontio*, p. 189, visait ce travail, projeté au moins, lorsqu'après avoir fait allusion au *De novis celebritatibus non instituendis*, il écrivait : « Populi peccata arguere errataque comprehendere mediocrium est « (quorum me utrumque audeo sorti immiscere), at vero papæ aut « pontificis vitia carpere ad majores et doctores spectat, quorum necdum « audeo munera usurpare. »

Hardt, à son tour, fait suivre le titre par lui adopté de ces mots : « Circa tempora Concilii Constantiensis. »

Le livre s'ouvre par ces paroles qui en révèleraient la pensée première ou l'inspiration : « Cum hesterno die sacrorum eloquiorum « codicem arripuissem, et, quæ prima fuit obvia, primam Petri Epistolam « legere cœpissem, incidi in ea verba quibus apostolus ait : *Tempus est « ut incipiat judicium de domo Dei.*

rents degrés de la hiérarchie ecclésiastique. Aucun ne trouve grâce devant l'âpre pinceau du peintre et la plume mordante du satirique : les couleurs sont sombres et les traits acérés. Mais nous devons ajouter que, si les couleurs sont trop chargées pour rendre toujours exactement la vérité, souvent aussi les traits, lancés avec trop de violence, dépassent le but (1). Néanmoins, au risque de se contredire, l'auteur convient lui-même qu'au sein de l'Église il y a de nobles et saintes exceptions; car, écrit-il, « je sais que celui-là n'a pas « menti qui a dit : *Pierre, j'ai prié pour toi, afin que ta foi ne « défaille point* ; et je n'ignore pas que dans chacun des « états de l'Église il se trouve des hommes, et peut-être en « grand nombre, qui sont bons, justes, innocents et qui ne « doivent pas être compris dans ce que nous avons dit précé- « demment » (2).

(1) L'exagération n'apparait pas seulement quand l'auteur se tient dans ces généralités du commencement où, après avoir parlé des vertus nécessaires aux ministres de l'Église, il s'écrie : « Sed pro his atque aliis « quibus adornari deberent virtutibus, omnium colluvione vitiorum « contaminati sunt. Quid tandem mirum, si illis multa adversa eveniant, « aut si aversus ab eis Deus, immanitate facinorum, dicat per verba Psal. : « *Odivi Ecclesiam malignantium*.

Cette exagération confine au mensonge sur certains points. Voici quelques exemples :

S'il dit des souverains-pontifes : « Plerumque se super alios libidine dominandi extulerunt » (cap. V), il ose donner, dans l'origine, aux cardinaux des fonctions très ordinaires, celles des cérémonies funèbres, pour frapper mieux ce qu'il appelle leur orgueil : « Quippe quibus id olim erat « negotii ut efferendis mortuis sepulturæque mandandis inservirent ; « nunc vero phylacteria sua in tantum dilataverunt, ut non modo epis- « copos..., sed patriarchas, primates, sed archipræsules... despiciant... » (cap. X). Il prétend qu'en fait de bénéfices, ils en possèdent « non « quidem duo vel tria, decem vel viginti, sed contena et ducentena, et « interdum usque ad quadringenta vel quingenta aut amplius » (cap. XI). Les prêtres savent à peine lire : « De litteris vero et doctrina, quid « loqui attinet, cum omnes fere presbyteros sine aliquo captu rerum aut « vocabulorum morose syllabatimque vix legere videamus » ? (cap. XVI). Et les évêques qui ont ordonné ces prêtres, que sont-ils ? « Sed redeo « ad nostros episcopos qui in omni lubricitate ab ineunte adolescentia « educati... » (cap. XVII).

Les religieux et les religieuses ne sont pas mieux traités.

« De monachis autem et monasteriis late patet ad loquendum materia, « nisi jam me dudum tæderet in tot tantarumque abominationum « enumeratione demorari... » (cap. XXI). Voilà pour les premiers. Voici pour les secondes : « De his autem plura dicere... Verecundia « prohibet, ne non de cœtu virgiuum Deo dicatarum, sed magis de « lupanaribus, de dolis et procacia meretricum, de stupris et incestuosis « operibus dandum sermonem prolixe trahamus » (cap. XXIII).

(2) Cap. XXV, qui ne se lit pas cependant dans l'édition de 1519. Cette

L'on est fondé à croire que le chanoine-trésorier de Langres ne prit point rang à la grande assemblée conciliaire de laquelle, partageant l'espérance commune, il attendait tant de bien pour l'Église, c'est-à-dire le rétablissement de son unité et la réformation de ses membres. Mais ses vœux ardents avaient accompagné les pères de Constance, et, au besoin, il leur faisait parvenir ses vifs encouragements à poursuivre instamment l'œuvre commencée : *Omnia vincit amor*, disait-il ; *Audacem faciebat amor*, rappelait-il encore (1).

Les malheurs s'aggravaient pour la France. Nicolas de Clamanges entreprit, après avoir tracé le tableau des calamités publiques, d'indiquer les remèdes à apporter, et le principal, celui qui les résumait tous en quelque sorte, se trouvait dans la réunion des États-Généraux. Nous venons de désigner le *De Lapsu et reparatione justitiæ* (2), opuscule dont la composition ou la dédicace au duc de Bourgogne — car il parut alors sous le patronage du puissant duc (3) — se place dans l'année 1421 (4).

prière termine l'opuscule : « Unum in fine opusculi quod jam longe « tenditur, te, benignissime Jesu, supplices exoramus, ut, quæcumque « tua super Ecclesiam futura sint judicia (magna enim absque dubio fu- « tura sunt), non ea in severitate ultionis secundum ipsius iniquitates im- « mensam jam mercedem ei retribuas, sed juxta inenarrabilem tuæ cle- « mentiæ lenitatem... »

(1) *Epistol.*, p. 310, epist. CXII : *Ad Concilium generale Constantiæ celebratum.*

Launoy, *Op. cit.*, p. 567, fait remarquer qu'il faut arriver jusqu'au siècle suivant pour trouver mention de la présence de Nicolas de Clamanges au Concile de Constance. L'assertion a été formulée, en particulier, par Claude d'Espence et Claude de Sainctes qui qualifiaient l'illustre Navarriste de *lampe très brillante du Concile de Constance*, de *savant théologien dans les lettres sacrées et profanes*, de *lumière étincelante parmi les docteurs de l'œcuménique assemblée*. Historiquement une assertion si tardive perd beaucoup de sa valeur. Il serait permis encore d'invoquer, en faveur de la négative, la lettre indiquée à l'instant, à moins qu'on ne préfère la placer pendant une simple absence de l'auteur.

(2) *Opera*, pp. 41 et suiv.

Nous avons déjà indiqué deux précédentes éditions au sujet de la *Disputatio... super materia Concilii...* Hain, *Repert...*, n° 5404, en signale une de 1481, in-4°, à Vienne. Voir pour quelques autres édit., Graesse, *Trésor...*, *Loc. cit.*

L'auteur disait dans la conclusion p. 59 : « Et, ut in summa concludam, perutile, imo necessarium mihi videtur, ad universalem regni « hujus in cunctis suis membris et abusibus reformationem, concilium « universale trium statuum convocari... »

(3) *Epistola dedicatoria M. Nicolai de Clamangiis ad illustrem ac principem, Philippum, ducem Burgundionum.*

(4) Launoy, *Op. cit.*, p. 569 : « Sub annum MCCCCXXI... ». Nous lisons dans

Le théologien avait trop fulminé contre la pluralité des bénéfices pour s'exposer à tomber lui-même sous les coups portés aux cupides possesseurs. Du reste, comme il le disait spirituellement, il ne voulait pas avoir l'air de faire d'autant plus de provisions qu'il lui restait moins de chemin à parcourir dans la vie. S'il fut chanoine et chantre de l'église de Bayeux, c'est après avoir cessé d'être chanoine et trésorier de l'église de Langres (1). Fut-il aussi archidiacre de l'antique cité normande ? Cela a été dit. Mais, suivant Launoy, on ne saurait donner de fondement solide à l'assertion (2).

Sur la fin de sa carrière, le vénérable chanoine se retira dans le cher collège où s'étaient écoulés les heureux jours de sa jeunesse studieuse et les quelques années suivantes, et dont il devint peut-être proviseur (3). A quelle époque s'éteignait cette existence si bien remplie ? 1440 paraît être la date approximative (4). Son corps fut déposé dans la chapelle

l'*Historia Universitatis. Paris.*, tom. V, p. 908 : « An. 1421 contendebat « (Nicolaus) cum Jacobo de Templeune de præpositura Normanniæ in ec« clesia Carnutensi, ut legitur in Actis curiæ in quibus vocatur *Nicolas* « *de Clamanges, chantre de Bayeux*. Lis erat de libertatibus Ecclesiæ Gal« licanæ, istamque causam rex Anglorum curiæ commendavit, sed illa « certas ob causas indicare abstinuit ». L'auteur de la *Vie de Nicolas de Clamanges*, dans le *Gersoniana*, reproduit à peu près les mêmes paroles. (*Opera* de Gerson, tom. I, p. XXIX).

(1) Jean Muret, qui était demeuré son ami, lui ayant fait entrevoir l'espérance d'une prébende à l'église du Mans, reçut cette réponse : « ...quod te sperare de Cenomanicæ ais præbendæ adeptione, cum « unum teneam beneficium, non te puto talis consilii velle mihi autho« rem fieri, ut pro præbenda vestræ ecclesiæ illud commutarem : qua au« tem alia ratione his diebus hoc fieri valeat, nequaquam intelligo, cum « multiplicationem præsertim titulorum ecclesiasticorum non concupis« cam, ne quo minus mihi restat viæ, plus viatici quæsisse arguar. » (*Epistolæ*, p. 229).

(2) Launoy, *Op. cit.*, p. 570; Hardt, *Op. cit.*, tom. I, par. II, p. 80. Ce dernier historien ne s'accorde pas toujours avec le premier relativement à l'ordre des faits qui jusqu'alors ont marqué l'existence de Nicolas. L'ordre observé par Launoy nous a paru plus vrai, et nous l'avons suivi. L'on peut consulter aussi, à ce sujet, la thèse déjà citée, présentée par M. Ad. Müntz à la faculté protestante de Strasbourg, pour le grade de bachelier en théologie, sur *Nicolas de Clamanges, sa vie et ses écrits*. Strasbourg, 1846.

(3) Suivant du Boulay et l'auteur de la *Vie de Nicolas de Clamanges* dans le *Gersoniana*, lesquels invoquent les actes de la nation de France, le chanoine serait devenu proviseur de Navarre (*Hist. Univers. Paris.*, tom. V, p. 908; *Opera* de Gerson, tom. I, p. XXIX). Mais nous préférons l'année 1434 marquée dans le *Gersoniana* à celle de 1424 assignée dans l'*Historia Universitatis Parisiensis*.

(4) Launoy, *Op. cit.*, p. 571-572 : « ...in rationibus Navarrici collegii,

du collège sous la lampe du grand autel, et, au-dessus, ce vers fut écrit :

Qui lampas fuit Ecclesiæ, sub lampade jacet (1).

Les *Opera* (2) renferment encore ces opuscules de notre auteur :

Deploratio calamitatis Ecclesiæ per schisma nefandissimum cum exhortatione patrum et pontificum ad ejus extirpationem (3), poème en vers hexamètres, dans lequel l'auteur déplore les maux de l'Église et dont le début est une prière au Christ pour la fin de ces malheurs :

Christe, graves sponsæ semper miserate labores,
Aversos refer oculos, et respice tandem
Desertam, laceram, funesta clade jacentem;

Descriptio vitæ tyrannicæ cum detestatione ac reprobatione (4), autre poème, mais incomplet, également en vers hexamètres, lequel, traduit de la pièce de Pierre d'Ailly : *Combien est misérable la vie du tyran*, est une énergique réprobation de la tyrannie et s'ouvre par cette description vive et non sans charmes :

Rupis in horrendæ scapulis locus altus ad auras
Eminet; hic castri constructa est machina celsi,
Prævalidi, ingentis, vixque expugnabilis ulli:
Ad cœlum assurgunt turres, paulumque videtur
Murorum inferior species; prope turbidus astat
Et rapidus nimiumque minans præterfluit amnis;

Carmen de vitæ rusticæ felicitate, troisième poème com-

« quo se jampridem receperat, anno MCCCCXL, *bonæ vir memoriæ* dici-
« tur, ac *piæ recordationis;* quæ verba ad eum, cujus vetus non est, sed
« recens excessus, aptari solent ».

(1) L'on ajouta, comme seconde épitaphe, ce distique :

Belga fui, Catalaunus eram, Clamengius ortu;
Hic humus ossa tenet, spiritus astra petit.
(Launoy, *Loc. cit.*).

Il a été dit que Nicolas avait quitté Bayeux pour entrer réellement dans la famille chartreuse; opinion que le P. Petreius ne peut admettre : « Porro cartusianum illum extitisse mea nullatenus fert opinio ». (*Biblioth. cartus.*, Cologne, 1609, p. 249).

(2) Edition mentionnée *supra*.

(3) PP. 52 et suiv.

(4) P. 355, à la suite des *Epistolæ*.

prenant seulement 63 hexamètres commençant par ces mots :

Fronde super viridi locus est... (1) ;

De Filio prodigo, commentaire sur la célèbre parabole de l'enfant prodigue (2) ;

De Antichristo et ortu ejus, vita et moribus et operibus (3), œuvre qui ne comprend que trois pages et sur l'authenticité de laquelle M. Muntz a émis quelque doute (4) ;

De Raptoris raptæque virginis lamentabili excessu, récit émouvant sur la fin tragique de deux amants, mais où la question théologique n'est pas absente : en effet, le couple tombe entre les mains des brigands ; le jeune homme meurt en combattant ; la jeune fille, pour éviter d'être souillée, se suicide ; est-on fondé à croire qu'elle a pu obtenir son pardon de Dieu. Le théologien veut l'espérer (5).

Aux lettres précédemment indiquées, il y a lieu d'ajouter les trois publiées par Baluze, dans ses *Miscellanea* (6).

Nous aurons un souvenir pour le *De Annatis non solvendis* (7). Cependant, l'éditeur estime qu'il y a des raisons de croire que l'opuscule *Des Annates* n'est pas de notre auteur, « utpote quod multa ibi adversus Benedictum pontificem « dicantur, cui ipse a secretis fuit, quodque ineptiem stilus « minime Clamingius sapiat » (8). M. Muntz se prononce contre l'authenticité (9).

(1) « Extat gallice et latine in Philippi Camerarii operis subcisivis sive « meditationibus historicis, tom. III, cap. 93, et latine in Casparis Dor- « navii amphitheatro sapientiæ socraticæ » (Fabricius, *Bibl...*, art. *Clemangis*). Le savant historien nous apprend encore, *Ibid.*, que ce *Carmen* était traduit de la pièce de Philippe de Vitry, mort évêque de Meaux : « Sous feuille verd, sur herbe délectable ».

(2) *Opera*, pp. 109 et suiv.

(3) Pag. 357, à la suite des *Epistolæ*.

(4) *Op. cit.*, p. 60.

(5) Dans J. Hommey, *Supplem. Patr.*, Paris, 1684, in-8°, p. 508-518. C'est l'ouvrage que Launoy indiquait sous ce titre : *Description d'une chose étonnante qu'on dit être arrivée en France*.

(6) Tom. VI, édit. in-8, pp. 539 et suiv.

(7) *Opera*, pp. 82 et suiv.

(8) *Ibid.*, p. 80.

(9) *Op. cit.*, p. 75.

Il y a eu de cet opuscule au moins une édition précédente, celle s. l. 1519, in-4°.

L'on a imprimé ensemble, à Paris, en 1521, in-4°, les opuscules sui-

Nous avons à mettre à l'actif de Nicolas de Clamanges, quelques œuvres inédites.

Ce sont : neuf *Lettres* écrites au nom de l'Université touchant l'unité de l'Église, plus douze sur divers sujets (1) ; dix *Prières* (*Orationes*), dont sept étaient à réciter avant les sept parties de l'office (2) ; des commentaires sur les soixante premiers chapitres d'*Isaïe* (3) ; une *Exhortation à la lutte contre les Mahométans* (4) ; une pièce de poésie, la *Description et l'éloge de la ville de Gênes*, comprenant près de cent vers (5) ; un Discours sur les saints *Innocents* (6).

L'exagération est le propre de toute épitaphe. L'épitaphe de Nicolas de Clamanges ne devait pas faire exception. S'il est difficile de voir, avec l'auteur, en Nicolas de Clamanges, une grande lumière de l'Église. (*Qui lampas fuit Ecclesiæ*), le lecteur, en s'appropriant les quelques coups de pinceau du commencement de cette notice, y ajoutera ceux-ci : Nicolas de Clamanges est riche en pensées, heureux quand il applique les passages des auteurs sacrés et profanes, naturel dans ses descriptions, agréable dans ses récits, fin et délicat dans ses lettres, pressant dans ses raisonnements, pathétique dans ses exhortations en même temps que sage dans ses conseils. Un coin de ce tableau doit s'éclairer davantage, et le rayon lumineux qu'il attend se dégage de cette proposi-

vants : *De Filio prodigo ; De Fructu eremi ; De Fructu rerum adversarum ; De novis celebritatibus non instituendis ; De Præsulibus simoniacis.*

Fabricius et Graesse, *Loc. cit.*, citent encore une édition du *De novis festivitatibus non instituendis*, à Helmstædt, 1703, in-8°.

(1) *Opera*, p. 191 ; Fabricius, *Biblioth..., loc. cit.*
Fabricius ajoute au sujet des douze *Lettres* : « ... quarum nonnullæ « etiam in bibliotheca Lambethana et apud V. C. Joannem Batteley, et « in aliis Angliæ bibliothecis »

(2) *Opera, ibid.*; Launoy, *Op. cit.*, p. 579 ; Fabricius, *Loc. cit.*
Il y a dans le ms. 960, fol. 44, de la Bibl. Mazar., une *Oratio valde devota per N. de. Clamangiis, cantorem Baiocensem*, commençant par ces mots : *Deus, Deus meus, respice in me...*

(3) Launoy, *Ibid.*; Fabricius, *Ibid.*
Suivant Launoy, *Op. cit.*, p. 579 : « Opuscula hæc (les inédits indiqués « par Launoy) habent codices manuscripti duo, unus penes me est, alter « penes amicum nostrum Raimundum Formentinum, Parisiensem theolo- « gum, Aurelianensis ecclesiæ canonicum et subdecanum... »

(4) Bibl. Mazar., ms. 1652, fol. 261.

(5) *Ibid.*, fol. 258.

(6) Launoy, *Op. cit.*, p. 579 ; Fabricius, *Loc. cit.*

tion : Nicolas de Clamanges peut être considéré comme le principal promoteur, en France, par son exemple, des études de la littérature classique de Rome.

D'un autre côté, une ombre s'étend sur l'œuvre du théolo-« gien : « Les *Opuscula* de Nicolas de Clamanges ayant été « insérés dans Marguerin de la Bigne, *Biblioth. Patr.*, 1575, « tome VIII, ce volume a été mis dans l'*Index*, surtout à cause « de la *Disputatio de Concilio generali* et du *Tractatus de præ-* « *sulibus simoniacis* » (1). Et, en effet, nous lisons dans l'*Index librorum prohibitorum*, édition de 1786, art. *Bigne Margarinus* : « *Bibliotheca sanctorum Patrum*, donec expurge- « tur ».

(1) Graesse, *Trésor...*, art. *Clemangis*.

CHAPITRE V

AUTRES NAVARRISTES

Guillaume Erard ou Evrard. — Gérard Machet. — Robert Cibole. — Gilles Charlier. — Quelques docteurs d'un moindre renom : Guillaume de Châteaufort ; Martin-le-Maître ; Guillaume Houppelande ; Jean Rély ; Jacques Loup ou le Loup.

GUILLAUME ÉRARD OU ÉVRARD.

(. — Vers 1444.)

On l'a communément confondu avec Guillaume Erard ou Evrard, qui joua un si triste rôle dans le procès de Jeanne d'Arc. Launoy lui-même a fait cette confusion (1). M. Quicherat ne l'a pas évitée (2). Mais M. de Beaurepaire vient d'établir, au moyen de documents particuliers, que ce sont réellement deux personnages distincts (3). Nous avons dit précédemment quelques mots du chanoine de Rouen (4). Nous avons maintenant à faire connaître le docteur du collège de Navarre.

Originaire de Langres, notre Guillaume Erard fut d'abord un brillant élève de ce collège. Si ses succès littéraires lui valurent les fonctions de recteur de l'Université, ses connaissances théologiques lui méritèrent le grade de docteur en science sacrée. Il prit part au Concile de Bâle, où il représenta

(1) *Reg. Navar. gymnas. Paris. Histor.*, tom. II, pp. 585 et suiv.

(2) *Procès de condamnation et de réhabilitation de Jeanne d'Arc*, tom. I, p. 92, note.

(3) *Notes sur les juges et les assesseurs du procès de condamnation de Jeanne d'Arc*, Rouen, 1890, p. 33-37.

(4) *Supra*, p. 51.

la nation de France. Il fit également partie de l'assemblée de Bourges (1).

Nous possédons cinq lettres qu'il écrivit à cette nation de France et qui sont imprimées, trois dans l'*Historia Universitatis Parisiensis* (2), deux dans la *Regii Navarræ gymnasii Parisiensis Historia* (3).

Suivant l'historien du collège de Navarre, Erard aurait, à Paris, exercé les fonctions de doyen de la Faculté de théologie, celles de grand-maître de ce collège et gouverné la paroisse de Saint-Gervais et de Saint-Protais (4).

Il fut lié avec Nicolas de Clamanges et Gérard Machet. Le premier lui écrivait : « J'ai été assez heureux pour recevoir, « enfin, vos lettres longtemps désirées. Je les ai lues avec « joie, tant parce qu'une main amie les avait écrites, que « parce qu'elles me faisaient connaître le bon état de votre « santé : le bon état de la santé de nos amis, nous aimons à le « constater dans leurs lettres, et cela avec d'autant plus de « bonheur que, à notre connaissance, une complexion déli- « cate, fruit d'une nature avare, les expose à de plus fré- « quentes incommodités » (5). Le second le proclamait dans une première missive « un homme docte assurément », dans une seconde « un homme d'une éclatante vertu et d'une céleste sagesse », et dans une troisième « un homme très digne de la sagesse divine » (6).

L'existence de Guillaume Erard s'est prolongée jusque vers l'année 1444 (7).

GÉRARD MACHET

(Vers 1380 — très probablement 1448)

Nous avons entendu Nicolas de Clamanges appeler Gérard Machet, un de ses professeurs es-arts, « maître très cher et

(1) Launoy, *Op.* et *loc. cit.*; du Boulay, *Hist. Univers. Paris.*, tom. V, p. 877-878.

(2) Tom. V, pp. 408, 409, 415.

(3) Tom. I, p. 143-147.

(4) Launoy, *Op. cit.*, p. 587.

(5) *Opera* de Nic. de Clamanges, Leyde, 1613, in-4, Lettre CXXXVI.

(6) Cit. dans Launoy, *Op. cit.*, p. 586.

(7) *Ibid.*, p. 588 ; « ...ad annum MCCCCXLIV mortalitatem exuit ».

ami très fidèle ». Maître d'un disciple illustre, Gérard fut disciple d'un maître plus illustre encore, car ce dernier s'appelait Gerson (1).

Gérard Machet « naquit à Blois, environ l'an 1380, d'une « honnête famille de cette ville où il y avoit dès l'an 1249 un « *Robertus de Macheto,* et où l'on voyoit encore l'an 1572 « des officiers de ce nom dans la maison du roi de Na- « varre » (2).

C'est au collège de Navarre qu'il compléta ses humanités et se forma dans les sciences philosophiques et théologiques (3). Recteur de l'Université en 1405 (4), docteur en science sacrée en 1411 (5), peu après chanoine de Paris, puis de Chartres (6), il prit part, dans la capitale de la France, à la condamnation des erreurs du trop célèbre apologiste du duc de Bourgogne. Il remplit les fonctions de chancelier, quand Gerson dut se rendre au Concile de Constance, en attendant que lui-même cédât à d'autres le poste de vice-chancelier (7). C'est à ce titre qu'il eut l'honneur de complimenter, au nom du corps enseignant, l'empereur Sigismond, lors de la venue de ce souverain dans la capitale de la France (8).

Confesseur du dauphin, il quitta Paris, avec ce dernier, de-

(1) Bernier, *Hist. de Blois...*, Paris, 1682, in-4, p. 388.

(2) *Ibid.*

Pourtant, « ...alii Majetum esse volunt, Marietum alii... », dit le *Gallia christiana*, tom. I, col. 75. — « ...Alias Maketi et Magueti », dit, à son tour, l'auteur de l'*Historia Universitatis Parisiensis*, tom. V, p. 875.

(3) Bernier, *Op. cit.*, *ibid.*

(4) *Hist. Univers. Paris.*, *ibid.*; « Anno 1405, 23 Junii, electus est Universitatis rector ».

(5) Bernier, *Ibid.*, et Launoy, *Reg. Navar. gymnas. Paris, Hist.*, tom. II, p. 533.

(6) Bernier, *Ibid.*, p. 389, le fait « successivement chanoine de Chartres et de Paris ». Launoy, *Ibid.*, lui donne le canonicat de Paris avant celui de Chartres. Nous suivons ce dernier historien.

Dans les *Epistolæ* de Nicolas de Clamanges, p. 191, nous lisons : *Ad Gerardum Macheti magistrum in theologia et canonicum* PATREM, évidemment pour PARISIENSEM.

(7) Gérard Machet eut des successeurs dans le poste de vice-chancelier. Ce furent, avec J. de Courtecuisse, Renaud des Fontaines, Dominique Petit, Pierre *de Dirreio* et Jean de Beaupère (Héméré, *De Academia Parisiensi*, p. 135-136).

(8) Voir, sur cette visite impériale, Juvenal des Ursins, *Hist. de Charles VI*, an. 1415, *in fine*, et Monstrelet, *Chronique*, édit. de la Société de l'histoire de France, tom. III. p. 135.

vant le triomphe du duc de Bourgogne (1). L'on cite un acte du 25 janvier 1420, par lequel le dauphin, qui avait pris le titre de régent, donnait « 200 fr. à Jean Gerson et 100 fr. « à Gérard Machet, tant en considération de grands et bons « services qu'ils luy avoient dès longtemps faits, comme pour « leur aider à supporter les pertes et dommages en quoy ils « sont encourus dernièrement, en la ville de Paris, pour la « rébellion advenue en icelle » (2). C'est sans doute dans la même pensée — nous nous en rapportons, répétons-le, à Launoy qui place le canonicat de Chartres après celui de Paris — c'est sans doute dans la même pensée que le régent nomma son confesseur chanoine de l'ancienne capitale des Carnutes (3).

Pendant cette régence du dauphin, Machet « fut favorisé d'un « brevet de conseiller d'État, qui ne se donnoit en ce temps là « qu'aux hommes d'un rare mérite. Comme il estoit dès lors « confesseur du prince, cette dignitée luy fut continuée à son « avènement à la couronne... Aussi paroit-il employé en cette « qualité sur l'état de la maison du roy pour la somme de « 1.000 fr. » (4). Voilà sans doute ce qui a engagé un savant historien à voir en lui un « ministre des affaires ecclésiastiques » (5).

Machet était à Chinon près du roi, quand Jeanne d'Arc tint à ce dernier le langage suivant : « Gentil daulphin, pourquoy « ne me croyez ? Je vous dis que Dieu a pitié de vous, de « vostre royaume et de vostre peuple; car saint Louys et « Charlemaigne sont à genoux devant luy, en faisant prière « pour vous; et je vous dirai, s'il vous plaist, telle chose « qu'elle vous donnera à congnoistre que me devez croire. » L'historien qui rapporte ces paroles continue : « Toutes fois

(1) M. Vallet de Viriville considère Gérard Machet comme ayant été professeur du dauphin (*Hist. de Charles VII...*, Paris, 1862-1865, tom. I, p. 161, et *Nouv. Biograph. génér.*, art. *Machet*). Mais nous n'avons rien rencontré qui autorise cette croyance.

(2) Cit. de M. Vallet de Viriville, dans son *Hist. de Charles VII...*, tom. I, p. 206.

(3) Nous lisons encore dans Bernier, *Op. cit.*, p. 389 : « L'an 1424, le « chapitre de Lyon luy céda (à Machet) sa vie durant un logis dans le-« quel saint Thomas de Cantorbéry, réfugié à Paris, avoit demeuré ».

(4) *Hist. de Blois...*, p. 389.

(5) M. Vallet de Viriville, *Hist. de Charles VII...*, tom. I, p. 392.

« elle fut contente que quelque peu de ses gens y fussent,
« et, en la présence du duc d'Alençon, du seigneur de Trèves,
« de Christofle d'Harcourt et de maistre Gérard Machet, son
« confesseur, lesquels il fit jurer, à la requeste de ladicte
« Jeanne, qu'ils n'en révéleroient ny diroient rien, elle dit au
« roy une chose de grand, qu'il avoit faicte, bien secrète
« dont il fut fort esbahy, car il n'y avoit personne qui le peust
« sçavoir, que Dieu et luy » (1). C'était la révélation de ce qu'on appelle en histoire le secret de Loches (2).

Quelques jours après, Machet présidait, à Poitiers, la commission chargée par le roi d'examiner les propositions de l'étonnante jeune fille (3); et il partageait avec cette commission la croyance à une mission divine (4).

Si l'on prenait à la lettre les paroles extraites des *Mémoires du temps de Pie II* et citées à l'instant en note, il faudrait conclure que, au moment où siégeait cette commission, il était déjà évêque de Castres *(Castrensi episcopo, confessori suo)*. Toutefois, le *Gallia christiana* estime, et non sans raison, qu'il y a lieu de placer en 1432 la nomination épiscopale ou la prise de possession (5).

(1) M. Quicherat. *Procès de condamnat. et de réhabilit. de Jeanne d'Arc*, tom. IV, p. 208, extrait de la *Chronique de la Pucelle*.

(2) Voici ce secret avec ses trois parties :
« Sire, la première requeste que vous feites à Dieu fut que vous priastes que, se vous n'estiez vray héritier du royaulme de France, que ce « fust son plaisir vous oster le courage de le poursuivre, affin que « vous ne fussiez plus cause de faire et soustenir la guerre dont « procèdent tant de maulx, pour recouvrer ledict royaulme. La se- « conde fut que vous luy priaste que, se les grans adversitez et tri- « bulations que le pouvre peuple de France souffroit et avoit souffert si « longtemps, procédoient de vostre péché et que vous en fussiez cause, « que ce fust son plaisir en relever le peuple, et que vous seul en fus- « siez pugny et portassiez la pénitence, soit par mort ou autre telle peine « qu'il luy plairoit. La tierce fut que, se le péché du peuple estoit cause « desdictes adversitez, que ce fust son plaisir pardonner audict peuple et « appaiser son ire et mettre le royaulme hors des tribulations ès quelles « il estoit, ja avoit douze ans et plus ». (M. Quicherat, *Procès*..., tom. IV, p. 258-259, extrait d'un chroniqueur du XVe siècle.)

(3) « Delphinus rei novitate permotus delusionemque veritus, Cas- « trensi episcopo, confessori suo, inter theologos apprime docto, puel- « lam examinandam committit nobilibusque matronis servandam tradit. » (M. Quicherat, *Procès*..., tom. IV, p. 509, extrait des *Mémoires du temps de Pie II*.)

(4) *Supra*, p. 45.

(5) « Ejus episcopatum auspicari ab anno 1432 cogit quod legimus

Mais, comme le roi tenait à conserver près de lui son confesseur, l'évêque, pas plus que le chanoine, ne s'éloignait de la Cour.

Ceci explique que, durant son épiscopat, on put confier à Gérard Machet l'administration du collège de Navarre, où il opéra une assez importante réforme, celle de faire admettre comme boursiers des élèves externes. Il fit décider aussi que, à moins d'être boursiers, les élèves du dehors paieraient une certaine somme d'argent « pro jure collegii (1) ».

A-t-il été nommé cardinal par l'antipape Félix V ? Le savant historien dont deux fois déjà nous avons cru devoir combattre les assertions, l'affirme également en deux endroits (2). Pour nous, à l'appui de l'assertion, nous n'avons découvert que cette phrase, assez peu affirmative, d'une part, avec un changement de nom, de l'autre, de Guillaume du Peyrat, dans son *Histoire ecclésiastique de la cour* : « Peut-être que « c'est l'évesque de Castres, nommé Jean, que Ciaconius met « au rang des anti-cardinaux créez par Amédée de Savoye, « l'an 1439 » ; phrase résumée plus loin dans ces mots : « Le cardinal Jean, évesque de Castres (3). »

Mais sur quoi se fonde le même historien pour écrire que Gérard Machet refusa l'archevêché de Tours, que, dans sa

« in historia Cartusiæ (Castrensis) .. Gerardum per annos sexdecim præfuisse. » Or « ipsum an. 1448 e vita excessisse in confesso est « apud omnes ». Le même *Gallia* ajoute : « Variis ex instrumentis annorum 1434, 1436, 1437, 1438, 1447 eum tunc fuisse episcopum Castrensem elicitur. » (*Gal*..., tom. I, col. 73.)

(1) Launoy, *Op. cit.*, tom. I, p. 158 : « ... apud regem effecit, ut exteri in collegii bursas admitterentur. Gilbertum Scotum anno MCCCCXLVI admisit. » La seconde décision est de cette même année 1446.

M. Vallet de Viriville lui confie bien avant cette époque la grande maîtrise du collège de Navarre. Il le suppose dans son *Hist. de Charles VII*, tom. I, p. 5, il le dit positivement dans son article de la *Nouv. Biograph. génér.*, art. *Machet*, revêtu de cette dignité avant que le dauphin quittât Paris. Mais Launoy, *Op. cit.*, p. 155, a écrit, visant l'année 1445 : « Circa « hæc tempora Guillelmo Evrardo in regimine collegii succedit Petrus « Vaucellus. » Or, *Ibid.*, pp. 155, 158, c'est après ce dernier que Launoy parle de « Machetus, Castrensis episcopus, administrator collegii... » ; et, p. 163, il a écrit encore : « Girardo Macheto, Castrensi episcopo, succedit Joannes Daucius qui regi erat ab eleemosynis. » Il nous paraît difficile de récuser le témoignage de l'historien du collège de Navarre.

(2) *Hist. de Charles VII*, tom. III, p. 122, et *Nouv. Biograph. génér.*, art. *Machet*.

(3) *Histoire...*, Paris, 1645, pp. 327, 377.

vieillesse, il se retira dans un ermitage près de Loches et que c'est là qu'il mourut ?

Il affirme le premier fait dans son article de la *Nouvelle Biographie générale* ; le second en ce même endroit et dans son *Histoire de Charles VII* ; le troisième dans cette *Histoire de Charles VII*, tandis que dans l'article de la *Nouvelle Biographie générale*, il assigne, comme les autres historiens, la ville de Tours pour lieu du trépas (1).

En cet état, nous croyons devoir nous en tenir aux historiens anciens, en disant simplement que la mort frappa Machet dans la capitale de la Touraine et que les restes du défunt furent déposés dans la basilique de Saint-Martin (2). Ce fut très probablement en 1448 (3).

Launoy a eu connaissance de nombreuses missives adressées par Machet à différents personnages et conservées alors parmi les manuscrits de la bibliothèque de Saint-Martin de Tours.

La mort de l'auteur dans cette ville pourrait expliquer la possession par cette bibliothèque du recueil de ces missives. Launoy en a transcrit le titre d'un assez grand nombre et produit quelques extraits. C'est tout ce que les presses en ont répandu dans le public. De ces missives, l'historien du collège de Navarre conclut que notre Navarriste a donné des leçons de théologie à Paris et a rempli par droit d'ancienneté la fonction de doyen de la Faculté (4). Si les leçon-furent données avant sa longue absence de Paris, les foncs

(1) *Hist. de Charles VII*, tom. III, p. 125 ; *Nouv. Biograph. génér.*, art. *Machet*.

Dans cet article, M. Vallet de Viriville le met en possession d'un canonicat de Tours.

(2) Dans l'*Histoire de Charles VII*, *loc. cit.*, M. Vallet de Viriville renvoie au *Gal. christ.*, tom. I, p. 73. Or, non seulement nous n'y découvrons rien de tout cela, mais nous y trouvons cette assertion contraire : « In codice quodam manu exarato epistolarum Gerardi legimus eum « Turonis supremum diem obiisse jacereque in medio choro ecclesiæ « S. Martini. »

(3) Launoy, *Op. cit.*, tom. I, p. 163, assigne 1450. Mais, d'accord avec le *Gal. christ.*, *loc. cit.*, du Boulay, *loc. cit.*, indique 1448.

Bernier, *Hist. de Blois*..., p. 392, raconte qu'il mourut « dès l'an 1448, en la ville de Tours où la Cour estoit alors », et lui donne le même lieu de sépulture.

(4) *Op. cit.*, pp. 534 et suiv.

tions de doyen n'ont été évidemment remplies qu'à la suite de sa rentrée avec Charles VII dans la capitale de la France. Bernier a eu également connaissance de ces missives, qui étaient passées dans la bibliothèque de Colbert. C'est là, dit-il, que le « savant M. Baluze qui en prend soin, me les a fort obligemment fait voir » (1). Aujourd'hui, elles font partie, à la Bibliothèque nationale, du Fonds qui porte le nom du célèbre ministre (2).

A la science Gérard Machet savait joindre la piété : *Devotus erat* (3). A ce double titre, il ne fut pas sans exercer une certaine influence sur l'esprit et la conduite de Charles VII.

ROBERT CIBOLE OU CIBOULE

(— 1458 ou 1459)

Originaire de Breteuil (4), au diocèse d'Évreux, élève du collège d'Harcourt (5), se rattachant à celui de Navarre à un titre que Launoy ne nous fait pas connaître (6), Robert Cibole obtint, en 1437, et la palme de docteur en théologie et la dignité de recteur de l'Université. Il fut ensuite curé de Saint-Jacques de la Boucherie, chanoine et chancelier de Notre-Dame (7).

Mais sa principale gloire jaillit d'ailleurs.

Nous l'avons vu s'unir à Guillaume Bouillé, Théodore de Léliis et Paul Pontanus pour la défense de la mémoire de la sainte et glorieuse victime qui tomba sous la haine des An-

(1) *Op. cit.*, p. 590-591.

(2) Ms. lat. 8577.

(3) M. Quicherat, *Procès de condamnat. et de réhabilit. de Jeanne d'Arc...*, tom. V, p. 340 : « Confessor enim ejus devotus erat, episcopus videlicet Castrensis, cui quotidie omni die confitebatur. » (Extrait du Fragment du religieux de Dunfermling.)

(4) *Gal. christ.*, tom. XI, col. 623 : « Robertus VI Cibole ex Britolio ortus... » ; M. Frère, *Manuel du bibliogr. norm.*, art. Cibole.

(5) *Histor. Univers. Paris.*, tom. V., p. 921 : « Robertus Ciboulius Harcur. collegii... »

(6) Launoy le range parmi les écrivains du collège de Navarre.

(7) Sources : Launoy, *Op. cit.*, tom. II, p. 588 ; *Hist. Univers. Paris.*, *ibid.* ; *Gal. christ.*, *ibid.*

glais et l'iniquité de juges vendus ou complaisants. Sa consultation nous a été conservée. Elle est ferme et fortement motivée, si bien que le docteur écrit comme conclusion : « C'est pourquoi, après examen du procès et de la sentence, « il me paraît, toutes choses considérées, et autant que la fai- « blesse de mon intelligence peut saisir les faits et leurs cir- « constances, que, eu égard aux raisons alléguées, ledit « procès est en défaut *(peccat)*, tant au fond qu'en la forme. « Mon opinion, surtout, est qu'elle n'eut pas dû être con- « damnée comme infidèle, schismatique ou hérétique » (1). Le savant théologien eut la joie de voir le succès répondre aux désirs et aux efforts des nobles cœurs, car il mourut en 1458 ou 1459 (2), et le jugement de réhabilitation fut rendu, nous le savons, en 1456.

Chanoine d'Evreux, il était devenu doyen du chapitre de la même ville, dignité dont il jouissait en 1453. L'on dit qu'il reçut encore le titre de camérier de Nicolas V. Son corps eut pour dernière demeure l'église dont notre théologien fut chancelier (3).

(1) M. Quicherat, *Procès de condamnation et de réhabilitation de Jeanne d'Arc*, tom. III, p. 326 : *Sequitur consideratio seu opinio venerabilis viri magistri Roberti Ciboule..., qui, tam ante hunc inchoatum processum quam etiam post ejus inchoationem, requirentibus ejus consilium dominis delegatis, scripsit super facto prædicti processus contra prædictam Johannam...*

Nous transcrivons le reste de la conclusion : « Hæc autem omnia quæ « superius probabiliter et pro mea opinione, instantissime requisitus dixi « aut scripsi, ego Robertus Cybole, humilis sacræ theologiæ professor, « cancellarius et canonicus Parisiensis et Ebroicensis, summitto correc- « tioni et emendationi aut determinationi sacrosanctæ sedis apostolicæ, « adhærendo protestationi per me factæ a principio hujus tractatus seu « schedulæ...

« Actum Parisiis in claustro Beatæ Mariæ et in domo habitationis meæ, « anno Domini MCCCCLII (vieux style), die secundo mensis Januarii.

« Robertus Cybole. »

C'était cette consultation que visait Jean Hordal, descendant d'un frère de Jeanne d'Arc, lorsqu'il écrivait dans son *Heroicæ, nobilissimæ, vulgo Aurelianensis puellæ Historia*... Pont-à-Mousson, 1612, in-4°, p. 205-206 : « ... in eodem sacrosanctæ capellæ regii palatii Parisiensis thesauro, « eodemque in volumine, in quo præfatam delegatorum a sede apostolica « judicum sententiam vidi et legi, extant varia in honorem puellæ scripta, « atque imprimis opus domini Heliæ episcopi Petragoricensis, secundo « tractatus magistri Roberti Cibollii, Academiæ Parisiensis cancellarii. »

(2) Launoy, *Op. cit.*, p. 589 : « Cibollius ad annum MCCCCLIX excessit e vita. » *Gall. christ.*, *loc. cit.* : « ... sepultus est in ecclesia Parisiensi, anno 1458. »

(3) *Gal. christ.*, *ibid.* ; Le Brasseur, *Hist., civ. et ecclés. du comté*

Robert Cybole a des titres littéraires. Il a laissé une première œuvre écrite dans la langue nationale et qui, plus tard, a été jugée digne d'une triple impression : c'est *Le livre de méditations sur soy mesme* (1).

Nous lisons dans le prologue : « En ce monde, est exercée « la vie des justes en cinq choses par lesquelles ainsi que par « degrez elle est sublevée à la perfection qui est advenir en « la vie immortelle. La première chose est doctrine ; la seconde « est saincte méditation : la tierce est oraison ; la quarte est « opération ; et la cinquiesme chose est contemplation ». Mais le sujet était trop vaste. L'auteur dut se restreindre : « Combien que chascun des degrez devant dictz requerroit « bien spécial traicté..., toutesfoyes mon intention est à pré- « sent de me déterminer à la matière de saincte médita- « tion. » (2)

L'œuvre comprend trois parties qui ont pour objet : la première, l'âme, sa nature, ses facultés, les sens, les passions, le corps et sa décomposition, en d'autres termes l' « estat naturel » de l'homme ; la seconde les affections, les pensées, les opérations, le libre arbitre, « la contradiction et bataille qui est en nous », la vertu, l'ignorance et l'erreur, les diverses manières d'offenser Dieu, ce qui constitue l' « estat moral » de l'être intelligent ; la troisième, les remèdes dont Dieu nous a pourvus pour guérir nos plaies morales et qui sont les pré-

d'Evreux, Paris, 1722, p. 294 ; Le Breton, *Biogr. norm.*, art. *Cibole (Robert de)*.

(1) Paris, 1510, petit in-fol. Nous lisons à la fin : « Finis hujus operis « quod liber meditationum venerabilis viri magistri Roberti Cibole..., « anno Domini millesimo quingentesimo decimo. »

Un Frère-Mineur, Pierre Le Febvre, confesseur de Charles-Quint, « a donné, dit M. Brunet, de ce livre une seconde édition augmentée (d'un *Traité* « *des grâces et opérations du Saint-Esprit*) sous le titre suivant : *Livre* « *très utile de saincte méditation de l'homme sur soy mesme*, etc. ». Cette seconde édition, Louvain, 1556, in-4, Launoy, *Loc. cit.*, l'avait indiquée en ces termes : *Sainte Méditation de l'homme sur soi mesme*, « *contenant en trois parties déclaration de tout ce qui est en l'homme, augmentée peu après et poli par Pierre Le Fevre, cordelier, confesseur de* « *Charles V empereur*.

Il y a eu une troisième édition, également à Louvain et in-4, en 1596, de ce *Livre de saincte méditation de l'homme sur soy mesme... nouvellement reveu, corrigé et augmenté par F. Pierre Le Febvre, de l'ordre des Frères Mineurs de l'observance*... Il était aussi suivi du *Traité des grâces et opérations du Sainct-Esprit et des oppugnations et maléfices contraires de l'esprit maling*.

(2) Chap. II.

ceptes, les menaces, les promesses, promesse de « pardon », promesse de « grâce », promesse de « gloire », et aussi la glorification du corps. La conclusion de l'auteur se termine par ces paroles : « Je pourroye dilater ceste matière qui est moult « plaisant à ceux et celles qui quièrent les choses qui sont en « hault, et qui, selon l'Apostre, goustent par leurs désirs et « sainctes méditations les choses célestielles. Mais ce n'est « pas chose qui ne requist grant escripture. Pour ce à pré- « sent souffise avoir taillé la matière de saincte méditation sur « soy mesme par laquelle la personne dévote et humble peut « passer jusques à la joyeuse et délectable contemplation de « Dieu et des choses divines, en attendant au cours de ceste « vie mortelle par telles consolations spirituelles la pleine et « parfaicte vision et très délectable fruition de Dieu en gloire « pardurable... »

L'auteur a repris la plume pour remplir son cadre premier; et la nouvelle œuvre a également pris corps dans notre langue pour être ensuite jugée digne aussi d'être livrée aux presses. Nous avons désigné : *La Perfection de la vie chrestienne*, œuvre qui s'ouvre ainsi : « *Ambula coram me et esto « perfectus*... Ce sont les paroles de Dieu nostre Seigneur au « sainct patriarche Abraham, lequel sainct patriarche est « exemple à tout chrestien de prouffiter en la foy et en la « direction de Dieu, car le commencemont de son voyage en « la voye spirituelle doit estre commencement à tous ceulx « qui veullent estre par imitation enfans de Abraham... *Credi- « dit Deo*. Abraham a creu en Dieu et en sa promission, et il « luy a esté réputé a justice, cest assavoir a grant mérite »(1).

Nous possédons d'autres œuvres littéraires de Robert Cibole, également en français, mais qui sont demeurées à l'état de manuscrits. Elles se voient à la Bibliothèque de l'Arsenal (2).

Ce sont : plusieurs Sermons ; un *Dialogue du frère et des cinq sœurs*; les *Dix Signes par lesquelz pevent congnoistre, ainsi que est possible en présente vie, les dévotes ames se ilz*

(1) Le volume se termine par ces mots : « Cy fine la parfection de « la vie chrestienne fait par Robert Cybole, indigne maistre en théolo- « gie, chanoine de Nostre Dame de Paris et chancelier d'icelle église, « imprimé à Paris, par Gilles Couteau », sans date, in-4.

(2) Ms. 2109. Ce ms. appartenait à la bibliothèque des Célestins de Paris.

aiment nostre Seigneur ; une *Response à la demande d'une noble dame* sur ce *qu'est pechié mortel ;* le *Livre des contemplacions et méditacions de Mgr S. Bernard et Mgr S. Augustin ;* la *Vie de Mgr S. Jehan Baptiste ;* la *Légende de Mgr S. Christophe ;* une *Doctrine sur les deux légendes dessus dictes*, celles de saint Jean-Baptiste et de saint Christophe, laquelle doctrine commence par ces vers :

De ces II saincts, a brief parler,
Vertus poons substancieuses
Selon leurs légendes noter,
A Dieu plaisantes et gracieuses ;

des *Méditacions sur la mort ;* les *Douze Fruits de l'Esprit ;* des *Méditacions sur la Passion ;* les *Poins par lesqueulx on peut avoir paix en conscience ;* les *Neuf Paroles que prescha une fois maistre Hébert de Coulongnes, évesque et maistre en théologie ;* une *Oraison à Jésus Christ*, laquelle commence ainsi : « Roy doulx Jhesus qui le tiers jour devant la Passion... » (1).

Ces deux autres œuvres, inédites aussi, sont encore à signaler : *Questions sur la politique d'Aristote* et un *Commentaire sur les Epitres de saint Paul.* Si un manuscrit du premier ouvrage se voit encore à la bibliothèque de Laon (2), celui du second était, disait Le Brasseur, dans la bibliothèque du chapitre d'Evreux (3). Il y était, continuait le même historien, avec un bref que le pape Nicolas V avait, en 1454, adressé à Cibole, « portant la permission de tenir tels bénéfices qu'il « voudroit, sans être obligé à la résidence, et même de « choisir le lieu le plus sain pour sa santé et le plus com- « mode pour ses études ».

Il n'y avait donc pas trop d'exagération, lorsque Gérard Machet donnait à notre chancelier la qualification de *professeur très érudit, de très sage parmi les doctes et les érudits, d'homme illustre par sa saine doctrine et remarquable par son style et son éloquence* (4).

(1) Ces indications sont empruntées à l'ouvrage de M. Martin, le *Catalogue des manuscrits de la Bibliothèque de l'Arsenal.*

(2) *Catalog. gén. des mss. des bibl. publ. des départ.*, tom. I. p. 231-232. On lit au-dessous de l'*explicit* : « Lectura mag. Roberti Cybolli in theologia excellentissimi professoris. »

(3) *Op. cit.* p. 294.

(4) Cit. dans Launoy, *Loc. cit.*, p. 589. Il s'agit de quatre lettres à lui adressées par Machet.

Enfin, sous ce dernier rapport, Robert Cibole a sa place marquée à côté de nos anciens écrivains nationaux.

GILLES CHARLIER (ÆGIDIUS CARLERIUS)

(-1472).

La ville de Cambray le vit naître, le collège de Navarre l'instruisit et la Faculté de théologie lui octroya le grade de docteur après de brillantes leçons sur le maître des Sentences (1).

Sa parole se fit aussi entendre, et non sans succès, en diverses églises de Paris et même à la cour, ainsi qu'aux cathédrales de Noyon et d'Arras (2).

Cambray le revit en 1431 : le docteur était pourvu du décanat de l'église ; et il allait être député au Concile de Bâle, où son rôle ne fut pas sans éclat (3).

Un discours de Gilles Charlier à l'assemblée conciliaire nous a été conservé. C'était dans l'affaire des Hussites. Trois fois les forces de l'empire avaient échoué contre eux. Sur l'invitation du Concile, ils envoyèrent à Bâle trois cents députés qui, arrivés en janvier 1433, déclarèrent ne pouvoir se soumettre qu'aux quatre conditions suivantes : 1° l'Eucharistie serait administrée sous les deux espèces ; 2° les péchés publics seraient punis par l'autorité séculière ; 3° la parole de Dieu serait annoncée en toute liberté ; 4° le clergé renoncerait à toute propriété temporelle. Quatre très longs discours réfutèrent ces prétentions qui ne pouvaient être accordées sans restriction (4). Gilles, un des quatre orateurs, parla contre le second article et son discours dura quatre jours (5). Devant la fermeté du Concile, les députés se retirèrent.

(1) Launoy, *Op. cit.*, p. 580. Et en parlant des commentaires sur Pierre Lombard, l'historien place cette incidente : « ...quibus anno Christi MCCCCXIV finem imposuit IV kalendas Julii. »

(2) *Ibid.*, p. 128.

(3) *Ibid.*, p. 580-581.

(4) Hardouin, *Acta Conciliorum*, tom. VIII, col. 1655 et suiv. *Orationes quatuor in Concilio Basileensi habitæ.*

(5) *Ibid.*, col. 1759-1824 : *Oratio qua respondit per dies quatuor in Concilio ad articulum Bohemorum de corrigendis peccatis publicis, quem proposuit per biduum Nicolaus Taborita.* Le discours se lit également dans *Thesaur. monument. Ecclesiast.*, *sive H. Canisii Lectiones anti-*

Le Concile, à son tour, envoya à Prague une députation dont Gilles faisait partie et dont il fut encore un des orateurs écoutés, sinon complètement victorieux. Il a écrit la relation de cette ambassade, relation qui a été imprimée, il y a quelque trente ans, à Vienne, sous le titre : *Liber de legationibus Concilii Basileensis pro reductione Bohemorum* (1). De ces négociations sortit « un traité par lequel on convint que les « Bohémiens et les Moraves se réuniroient à l'Eglise et se con« formeroient en tout à ses rites, à l'exception de la commu« nion sous les deux espèces que l'on permettoit à ceux chez « qui elle étoit en usage ; que le Concile décideroit si cela « devoit se pratiquer suivant le précepte divin et qu'il règle« roit par une loi générale ce qu'il jugeroit à propos pour « l'utilité et pour le salut des fidèles ; que si les Bohémiens « persistoient ensuite à vouloir communier sous les deux « espèces, ils enverroient une ambassade au Concile qui « laisseroit aux prêtres de Bohème et de Moravie la liberté « de communier sous les deux espèces les personnes parve« nues à l'âge de discrétion, qui le souhaiteroient, à condition « qu'ils avertiroient publiquement le peuple que la chair de « Jésus-Christ n'est pas seule sous l'espèce du pain, ni le sang « seul sous l'espèce du vin, mais que Jésus-Christ est tout « entier sous chaque espèce (2).

Amant de la paix, il quitta Bâle, quand il vit que la lutte entre le concile et le pape présageait les plus funestes conséquences.

De retour à Cambray, la solution de questions théologiques occupa surtout les instants libres que lui laissaient ses

quæ, tom. IV, Anvers, 1725, in-fol., pp. 566 et suiv. C'est l'édition de Jacques Basnage.

Le premier orateur, Jean de Raguse, parla pendant huit jours, le troisième, Henri Kalteisen, pendant trois. On ne dit pas combien de temps Jean de Polemar, le quatrième orateur, garda la parole.

Voir aussi Jean Cochlée, *Histor. Hussitarum*, lib. VI.

(1) « Ad fidem codicis ms. bibliothecæ Parisiensis n° 1503 (olim Balu« ziani n° 303) tunc primum edidit Ernestus Birk », dans *Monumenta Concilior. general. secul. decim. quint.*, tom. I, Vienne, 1857, pp. 358 et suiv.

Il y a dans le même vol., Introd., pp. XXI et suiv., une bonne notice sur notre théologien.

(2) Pluquet, *Dictionn. des hérésies*, art. *Hussites*. Voir aussi sur ces négociations : l'*Amplissima Collectio* de Martène, tom. VIII, pp. 596 et suiv. et les *Concilia* de Mansi, tom. XXX, pp. 633 et suiv. Voir encore Jean Cochlée, *Histor. Hussit.*, lib. VII.

fonctions sacrées ; car, jouissant d'une grande autorité doctrinale, il était consulté par d'illustres personnages.

Ces décisions ou, du moins, un assez grand nombre d'elles, ont été recueillies et publiées, à Bruxelles, dans les années 1478 et 1479, en deux volumes, l'un sous le titre de *Sporta fragmentorum*, l'autre sous celui de *Sportula fragmentorum* (1), expressions qui, ici comme le, signifient *Corbeille de fragments*.

Les principaux sujets traités dans le *Sporta* sont : la *Conservation des biens de l'Église* et, au même point de vue, la *Défense de l'Église* ; la *Communion sous les deux espèces* ; la *Perpétuelle virginité de la bienheureuse Marie* ; la condamnation des *Iconoclastes* ; l'apologie, en général, du *célibat* et, en particulier, du *célibat des ecclésiastiques*. Le *De Communione sub utraque specie* fut donné sur la demande de Jacques de Hatten et de Thibaud des Champs, régents à la Faculté des arts ; et le *Contra Iconomachos* à l'instance de plusieurs fidèles de Tournay et aussi de l'official de la même cité.

Nous trouvons dans le *Sportula* : le *Choix du traître Judas* ; la *Hiérarchie ecclésiastique* ; les *Rentes à vie* ; les *Décimes* ; les *Images* ; l'*Intégrité de la confession* ; le *Non-Usage de viandes chez les Bénédictins* ; la *Clôture des religieuses de l'ordre de Saint-Dominique*. On doit le *De Reditibus ad vitam* à la sollicitation du prieur de la Chartreuse de la vallée d'Auge ; et le *De Decimis* ou *Pro minutis decimis* à celle du doyen et du chapitre d'Anvers (2).

(1) Foppens, *Bibliotheca Belgica*, tom. I, p. 28 : « Visum fuit opus utrumque Bruxellis editum anno 1478 et 1479 fol. »,

M. Brunet, parlant du « *Sporta fragmentorum* », a lu à la fin : « Impressa in oppido Bruxellensi, anno Domini MCCCCLXXIX » ; et il ajoute : « La souscription placée à la fin de la première partie est sous la date MCCCCLXXVIII ». (*Manuel du libraire*, art. *Carlerius Ægidius*.) L'impression de l'ouvrage aurait donc demandé deux années, soit 1478 et 1479. Voilà bien aussi l'indication de Graesse, *Trésor*..., art. *Carlerius Ægidius*.

Quant au *Sportula fragmentorum*, l'impression est de 1479, aussi in-fol. (Hain, *Répert. bibliog.*, art. *Carlerius* (*Ægidius*).

(2) Indications puisées, relativement aux *Sporta* et *Sportula*, dans *Bibliotheca Belgica*, *loc. cit.*, dans Launoy, *Op. cit.*, p. 581-583, dans Hain, *Loc. cit.*

Nous rencontrons aussi ces autres décisions : *Contra quemdam, qui per figmenta prohibita speravit reperire thesauros absconditos*, et cela *ad instantiam aliquorum fidelium, præsertim dominorum vicariorum domini Cameracencis episcopi* ;

Contra quemdam fratrem de ordine Minorum, qui, cum prædicare

Quand mourut le cardinal Julien Cæsarini, l'ancien président du Concile de Bâle, mais qui, se ralliant à Rome, prit part au Concile de Ferrare-Florence (1), Gilles Charlier prit la plume et écrivit une lettre sur la fin de l'illustre personnage. Cette lettre a trouvé place dans les *Miscellanea* de Baluze (2).

Gilles atteignit à une grande vieillesse : la mort ne la visita qu'en 1472, au mois de novembre, « pluribus in ecclesia sua relictis viri pii monimentis (3).

Parmi les autres monuments littéraires que laissait ce « doyen des théologiens de Paris », selon l'expression de Launoy, nous avons à inscrire — mais ces ouvrages n'ont pas été imprimés — : des *Commentaires sur les quatre livres des Sentences*, sans aucun doute, les remarquables leçons précédemment signalées (4) ; un *Bouclier de la vérité* (5) ; des *Sermons* et des *Conférences* (6) ; enfin, un *Traité de la louange et de l'utilité de la musique* (7).

deberet Gandavi, omissa forma prædicandi, dixit quod sic se res habebat quod veritas dici non poterat, et hoc probavit per fabulas de leone, de lupo et vulpe, et in his dictis posuit finem, ad instantiam dominorum vicariorum Tornacensis episcopi ;

Pro matrimonio inter virum solutum et quamdam viduam, quam tamen memoratus solutus, vivente viro illius, licet agente in remotis, per adulterium polluerat.

(Launoy, *Loc. cit.*)

Launoy a eu entre les mains les deux volumes édités et le ms. de la bibliothèque du collège de Navarre, lequel renfermait à peu près les décisions imprimées. (*Ibid.*) Sont encore indiquées par lui (*Ibid.*) plusieurs solutions de cas.

(1) Mgr. Héfélé, *Hist. des Conc.*, trad. franc., tom. XI, 1876, *passim*.

(2) Edit. in-8, tom. III, p. 301-302, « ex autographo Ægidii Carlerii, decani Cameracensis... »

(3) Launoy, *Op. cit.*, pp. 187, 585 : « ... vixit ad extremam senectu- « tem, non solum ecclesiæ Cameracensis, sed etiam Parisiensium theolo- « gorum decanus, et tandem obiit anno Domini MCCCCLXXII, XXIII « Novembris... »

Toutefois Wharton. a écrit : « Obiit grandævus anno 1473, die 23 novembris. » (*Hist. litter...*, de Cave, tom. II, Oxford, 1743, Append., p. 134.) Mais la première date doit être préférée.

(4) A la bibliothèque du collège de Navarre. (Launoy, *Ibid.*, p. 581.)

(5) « ... *Scutum veritatis* Lovanii extitit in Valle Martiniana, canonicorum regularium cœnobio. » (*Biblioth. Belgic.*, tom. I, p. 28.)

(6) A la bibliothèque du collège de Navarre, « extat ms. volumen in quo continentur sermones et collationes sequentes. » (Launoy, *Ibid.*, p. 584-585).

(7) M. Fétis le cite (*Biogr. des music.*, art. *Charlier*.) Une copie de ce *Traité* se trouve à la Bibl. nat., ms. lat., 7212 A, in-fol.

Un contemporain, notre Gérard Machet, qualifiait Gilles Charlier, tantôt d'*homme digne de grands éloges*, tantôt d'*homme d'une abondante sagesse*, ailleurs, d'*une sagesse profonde* (1). Jean Cochlée l'appelait *insigne théologien* (2). Enfin, François Sweerts a écrit que notre docteur était *un esprit très pénétrant et armé de toutes sortes de connaissances* (3).

En présence des grandes figures qui viennent de passer sous nos regards, plusieurs autres se sont éclipsées. Notre devoir d'historien est de les faire sortir un peu de l'ombre où elles demeurent ensevelies.

Guillaume de Châteaufort se distingua comme professeur. Il avait été recteur de l'Université. Son doctorat date de 1449 et sa grande-maîtrise au collège de Navarre de 1454. Il mourut en 1481. Il avait commenté brièvement et en s'inspirant de Gilles Charlier les *quatre livres des Sentences* (4).

En *Martin-le-Maître*, nous avons un auteur plus fécond. Docteur (1473), aumônier de Louis XI, il fut placé à la tête du collège qui portait déjà le nom de Sainte-Barbe. Il mourut dans la force de l'âge, en 1482. Ses ouvrages sont assez nombreux. Plusieurs ont été imprimés. Ce sont : des traités *De la Force, De la Tempérance*, avec les vertus qui s'y rattachent, comme le jeûne, et les vices qui y sont opposés (5), traités qui semblent avoir fait partie d'un travail sur les *quatre vertus cardinales*; le *Salve, regina*, avec une *Exposition sur l'Oraison dominicale et la Salutation angélique* (6) ; une *Question sur le Destin* (7) ; un *Traité des conséquences dans la vraie et divine voie des nominaux* (8) ; une *Exposition sur les*

Nous n'avons pas à relever quelques évidentes erreurs de M. Fétis dans son article.

(1) Citat. empruntées à Launoy, *Op. cit.*, p. 580-581.

(2) *Hist. Hussit.*, lib. VI.

(3) *Athenæ Belgicæ sive nomenclator inferioris Germaniæ scriptorum*, art. *Ægidius Carlerius*.

(4) Launoy, *Op. cit.*, p. 589-590 ; *Hist. Univers. Paris.*, tom. V. p. 876-877. Ces commentaires étaient en manuscrits au collège de Navarre.

(5) V. Hain et Fabricius.

(6) Paris, 1521.

(7) Paris, 1499.

(8) Paris, 1494, 1497, 1499.

Prédicaments de Porphyre (1). Une *Somme de questions théologiques* se trouvait parmi les manuscrits de Saint-Victor. Launoy a écrit : « Non vidi quæ de rhetorica Martinum scripsisse notat Guaguinus », et encore : « Non vidi quoque de justitia librum quem ille Cranston ex fama tribuit » (2).

Guillaume Houppelande, docteur en 1457, curé de Saint-Séverin, chanoine de Notre-Dame, archidiacre de Brie, composait un traité qui eut, au moins quatre fois, les honneurs de l'impression (3). Ce traité a pour titre : *Livre de l'immortalité de l'âme et de son état après la mort*, et il renferme de *très nombreux témoignages des anciens pères, des philosophes, des poètes, des docteurs catholiques et des saints*. Guillaume était doyen de la Faculté, quand il quitta ce monde en 1492 (4).

Launoy assigne au doctorat de *Jean Rély* l'année 1471 (5). Dans ces dernières années, l'on a marqué : 1478. Mais la première date nous paraît plus probable (6). Il fut doyen de Saint-Martin de Tours, puis évêque d'Angers (1492). Il prononça, à Saint-Denis, l'oraison funèbre de Charles VIII (1498). Il mourut l'année suivante (7). Nous avons de lui un autre discours, celui qu'il donna aux États de Tours (1484). Ces deux discours ont été imprimés (8).

La même année ou l'année précédente — Launoy assigne le 15 des calendes d'avril 1498, mais est-ce d'après l'ancien

(1) Paris, 1499.

(2) Launoy, *Op. cit.*, p. 592-595 ; *Histor. Univers. Paris.*, tom. V, p. 906 ; Fabricius, *Biblioth...*, art. *Martinus Magister* ; Hain, art. *Magister Martinus*.

(3) Paris, 1491, 1493, 1499, 1504.

(4) Launoy, *Op. cit.*, p. 590 ; *Hist. Univers. Paris.*, tom. V, p. 880 ; Fabricius, *Biblioth...*, art. *Guillelmus Houpelandus* ; Hain, *Repertor...* art. *Houppelande* (*Guillermus*).

(5) *Op. cit.*, p. 595.

(6) M. l'abbé Proyart (*Mémoires de l'Académie d'Arras*, an. 1866, p. 233) le dit d'après un manuscrit de la bibliothèque d'Angers, licencié en 1471 et docteur en 1478. M. Port (*Dictionnaire historique, géographique et biographique de Maine-et-Loire*, art. *Rély*) répète la même chose. Mais pourquoi tant d'années entre la licence et le doctorat ?

(7) « Morbo correptus obdormio anno Domini MCCCCXCVIII Martii XXVII », portait l'épitaphe (Launoy, *Op. cit.*, p. 597).

(8) Le premier à Paris, « apud Galeotum Pratensem », le second, également à Paris, en 1558 (Launoy, *Ibid.*).

M. l'abbé Proyart et, après lui, M. Port, dans les ouvrages précités, ont fait aussi notre docteur chanoine et archidiacre de Paris, puis évêque nommé d'Evreux. Nous nous bornons à noter ces deux points.

style ou le nouveau? — mourait un licencié, *Jacques Loup* ou *Le Loup*. Deux de ces ouvrages ont été imprimés : le *Liber assertionum catholicarum Apostoli, omnibus prædicatoribus accommodissimus, in quo omnes conclusiones Apostoli et earum probationes annotantur* (1); et : *Tractatus perutilissimus de justitia commutativa* dans ses diverses parties (2). Notre Navarriste écrivit encore sur un sujet politique, le gouvernement d'un État. A ses yeux, la meilleure forme gouvernementale, c'est la forme monarchique. Ce nouvel ouvrage est demeuré inédit (3).

(1) Paris, 1497.

(2) Paris, 1496.

(3) Launoy, *Op. cit.*, p. 598-599.

LIVRE III

FRANCISCAINS ET DOMINICAINS

CHAPITRE PREMIER

FRANCISCAINS

Alexandre V. — Guillaume Vorilong, Vorlion ou Forléon. — Étienne Juliac ou de Juilly. — Gérard ou Guy de Briançon. — Étienne Brûlefer.

ALEXANDRE V

(Vers 1340-1410).

Nous avons, plusieurs fois déjà, parlé de ce pontife. Il nous reste à esquisser sa vie et à indiquer ses œuvres littéraires.

Pierre était son prénom. On le trouve désigné avec le surnom de l'île, où il était né vers 1340, l'île de Candie. Pierre de Candie est encore appelé Pierre Philarète et Pierre Philarge, Philargès, Filargo. Il est vrai que Sbaralea rejette ces derniers noms ou surnoms (1).

Orphelin de bonne heure, réduit à demander l'aumône, il fut recueilli par un Franciscain qui le plaça dans une maison de l'ordre. C'est là que, plus tard, il prit l'habit religieux. Son protecteur qui était d'Italie, l'amena avec lui quand il revint en son pays. Le jeune Franciscain, après ses premières études, fut envoyé à l'Université d'Oxford, puis à celle de Paris. A Paris, il cueillit la palme de docteur en science sacrée, pour y briller ensuite comme professeur.

Rappelé en Italie, il devint le précepteur du fils de Jean

(1) *Supplement.* aux *Script. ord. Minor.*, de Wadding, art. *Alexander V* : « ... cognomento *Philaretum*, id est *virtutis amantem*, non vero *Philargum*... »

Galéas Visconti, premier duc de Milan. Grâce à ce dernier, il fut successivement évêque de Plaisance (1386), de Vicence (1388), de Novarre (1389), archevêque de Milan (1402). La pourpre cardinalice lui était réservée avec le titre des Douze-Apôtres (1405).

Il siégea, en cette qualité, au Concile de Pise. Il y prononça un sermon, le 25 ou le 26 mars 1409. Le 26 juin de la même année, il fut élu pape et prit le nom d'Alexandre V. Le Concile terminé, il en confirma les actes. Il mourut à Bologne, le 3 mai 1410 (1).

Fleury, d'après Thierry de Niem, juge bien sévèrement ce pape. Il lui reproche, notamment, de s'être laissé gouverner par le cardinal Balthasar Cossa, de ne s'être pas toujours inspiré de la justice dans la distribution des bénéfices ecclésiastiques, de s'être montré trop favorable aux ordres mendiants et, en particulier, à l'ordre auquel il avait appartenu (2). D'autre part, Luc Wadding s'applique à justifier le pontife des diverses accusations portées contre lui et qui, à ses yeux, sont de véritables calomnies (3).

Un poète — l'exagération est permise aux enfants des Muses — a écrit, faisant allusion dans les trois premiers vers aux démêlés d'Alexandre V avec Ladislas, roi de Naples :

> Quintus Alexander, ne degeneraret ab illo
> Qui Macedum forti præfuit imperio,
> Ejecit reges solio, ditavit egenos,
> In quo certarunt officia et pietas (4).

Ce qu'il y a de bien vrai, c'est le *ditavit egenos*. Aussi lui prête-t-on le propos, que, s'il avait été un *évêque riche*, il fut un *cardinal pauvre* et un *pape mendiant* (5). On

(1) Sources : pour la partie historique, Wadding, *Annal. Minor.*, an. 1386, cap. III, an. 1405, cap. XVI, 1410, cap. II; *Hist. Univers. Paris.*, tom. V, p. 912 ; Cave, *Hist. litter...*, Oxford, 1740-1743, tom. II, *Append.*, p. 112-113 ; Oudin, *Commentar...*, tom. III, col. 1141 ; Tiraboschi, *Stor. del. letter. ital.*, tom. VI, par. I, Milan, 1824, pp. 389 et suiv. ; Mazzuchelli, *Gli scrit. d'Ital.*, tom. I, par. I, p. 455 ; Renieri, Ιστορικαὶ μελέται. Ὁ Ἕλλην παπας Ἀλέξανδρος..., Athènes, 1881, avec compte rendu dans *Rev. histor.*, an. 1883, tom. XXI, p. 190-191 ; Fleury, *Hist. ecclesiast.*, liv. C, ch. XXXII.

(2) *Hist. eccles.*, liv. C, ch. XLI.

(3) Wadding, *Annal. Minor.*, an. 1410, cap. III et seq.

(4) Wadding, *Annal...*, an. 1409, cap. IX ; Sbaralea, *Op. et loc. cit.*, *in fine*.

(5) Oudin, *Comment...*, tom. III, col. 1142.

lui prête aussi cet autre propos, qu'il *ne pouvait être tenté, comme ses prédécesseurs, d'agrandir ses parents, puisqu'il n'avait connu ni père, ni mère, ni frère, ni sœur, ni neveu* (1).

De ses œuvres, les presses, ont mis au jour un *Traité de l'Immaculée-Conception* (2). Son *Discours* devant les pères du Concile de Pise a pris place dans les actes de ce Concile, ainsi que son *Diplôme* confirmatif de la grande assemblée (3). Nous avons déjà visé une bulle en faveur des Mendiants, d'après l'*Historia Universitatis Parisiensis* (4). Plusieurs autres bulles ou lettres pontificales se rencontrent en tout ou en partie dans les *Annales Minorum* de Wadding (5); dans les *Annales ecclesiastici* de Raynaldi (6); dans l'*Amplissima Collectio* de Martène et Durand (7). Oudin, parlant d'une *Lettre* adressée *ad Hugonem Ethertanum*, attribuée à notre pontife par quelques-uns, insérée par La Bigne dans la seconde édition de sa *Bibliotheca veterum Patrum*, estime qu'elle doit être d'Alexandre III (8).

Sont demeurés à l'état de manuscrits : les *Commentaires sur les quatre livres des Sentences* (9); les *Conclusions au Concile de Pise* (10); une *Lettre aux Florentins* (11); le *Discours* pro-

(1) Feller, *Diction...*, art. *Alexandre V.*

(2) Sbaralea, *Loc. cit.* : « ... publici juris factus legitur in monumentis Seraphicis Petri de Alva, pp. 191 et seq... ».

(3) Mansi, *Concil.*, tom. XXVII, col. 118-120, 83-91.

(4) *Supra*, p. 31.

(5) An. 1409, cap. XI-XIII.

(6) An. 1409, cap. LXXXV-LXXXIX, an. 1410, cap. VII et seq.

(7) Tom. VII, col. 1107-1108.

(8) *Commentar...*, tom. III, col. 1142-1143.

Voir aussi : Mazzuchelli, *Op.* et *vol. cit.*, p.456 ; Fabricius, *Biblioth...*, art. *Alexander V*; Possevin, *Apparat. sac.*, art. *Alexander pont. maxim.*

La lettre est dans le tom. IX, col. 433.

(9) Sbaralea, *Loc. cit.* : « ... haberi in biblioth. Patavina S. Antonii mss. testatur Thomasinus in Catalogo biblioth. ms. Patav. et Venet. »

La Bibliot. de l'Arsenal possède, ms. 452, des *Quæstiones super tertium et quartum Sententiarum*.

(10) *Sbaralea, ibid.* : « ... extant mss. Cantabrigiæ in biblioth. collegii Emanuelis, cod. I. »

(11) Mazzuchelli, *Op.* et *vol. cit.*, p. 456 : « ... cod. ms. delle lettere « di Uberto Decembrio nell' Ambrosiana di Milano, segnato B. num. 123 « in fogi. »

noncé à l'investiture de Jean Galéas Visconti, comme duc de Milan, et sans doute un certain nombre de *Sermons* (1).

Gerson lui a attribué un travail sur *saint Luc* et un autre sur le *Cantique des cantiques*, tous les deux en vers hexamètres; et il cite du premier travail :

Unam nec maculam natura reliquit in ista.

Et du second :

Non aliquem potuit sine culpa gignere mundus;
Solus hic Christus fuit inter millia mundus (2).

Mazzuchelli et Wadding, de leur côté, donnent au pontife les *Règles de la chancellerie* (3).

Il est parlé aussi d'un *Office de la visitation de la bienheureuse Marie* (4). Mais l'authenticité en est aussi peu assurée que celle des *Préfaces ambroisiennes* qui se conservaient, dit-on, à Rome, aux *Archives de la basilique de Saint-Pierre* (5). Nous transcrirons ces paroles de Mansi : « J'ignore ce qu'est cet ouvrage; je ne sais si Pierre a joint au « bréviaire quelques préfaces, ou plutôt s'il n'a pas arrangé « pour son usage ce manuscrit du Vatican » (6).

GUILLAUME VORILONG OU VORLION OU ENCORE FORLÉON.

(— 1464).

Sbaralea établit que, sous ces trois noms, nous avons le même religieux et que, par conséquent, Wadding s'est trompé en distinguant, tant dans ses *Annales* que dans ses *Scriptores*, Guillaume Vorilong de Guillaume Forléon (7).

Breton de naissance, Parisien par son doctorat, ce religieux

(1) Sbaralea, *Ibid.* et Mazzuchelli, *Op.* et *vol. cit.*, p. 456.

(2) Sbaralea, *Ibid.*

(3) Mazzuchelli, *Op.* et *vol. cit.*, p. 456 : « ... Stanno mss. nella libreria Vaticana » ; Wadding, *Scriptores ord. Minor.*, art. *Alexander V.*

(4) Sbaralea, *Ibid.*

(5) Mazzuchelli, *Op.* et *vol. cit.* p. 456, d'après Montfaucon.

(6) Fabricius, *Biblioth...*, édit. Mansi, art. *Alexander V.*

(7) Art. *Gulielmus Forleo* et *Gulielmus Vorilongus*, alias *Vorlion*. cela venait, ajoute l'historien, de ce que « modo germanice, modo gallice, modo latine pronunciatus. »

du couvent de Dinan jouit d'une réputation qui traversa les Alpes; car, au fort de la dispute *de sanguine Christi* entre les Prêcheurs et les Mineurs, il fut appelé à la cour romaine pour traiter la question en présence du pape Pie II. C'est à Rome même qu'il mourut en 1464.

A Rome aussi, ce Franciscain avait essayé, dans ses prédications, de faire revivre ou de mettre plus en faveur l'erreur de Nicolas Bonet (1), en sorte qu'il en devint comme le second père. Aussi les réfutations qui furent alors publiées, le visaient-elles autant, sinon plus, que Bonet et Mayron qui étaient nommés (2).

Trois de ses ouvrages ont été imprimés. Ce sont : des commentaires sur *les quatre livres des Sentences*, d'après la doctrine de saint Bonaventure et de Scot (3); un *Vade mecum* ou *Recueil de propositions* tirées du même livre classique et non signalées dans Scot (*in Scoto nullatenus signatarum*) (4); des *Décisions touchant la vie et la règle des Mineurs* (5).

Il y a à citer, comme œuvres inédites, des *Opuscules très doctes sur l'Écriture-Sainte* et des *Questions diverses* (6).

ÉTIENNE JULIAC OU DE JUILLY (*Stephanus Juliacus*). — vers 1450).

Nous savons qu'il était docteur de Paris.

Est-il vraiment l'auteur d'une *Vie de la vierge Colette, de sainte mémoire*, réformatrice des religieuses de sainte Claire et dont il était contemporain? On le croirait en lisant Surius. Mais les *Acta sanctorum* marquent qu'Étienne de Juilly ne fit que traduire en latin cette *Vie* écrite en français par le P. de Vaux, confesseur de Colette. Surius a pris le traducteur pour l'auteur même. Et encore n'a-t-il pas reproduit l'œuvre

(1) V. notre tom. III, p. 361.

(2) P. Marchand, *Diction. histor.*, art. *Bonet* (*Nicolas*).

(3) Lyon, 1489 ; Paris, 1503 ; Venise, 1519.

(4) ... *Collectaneum quæstionum quatuor librorum Sententiarum*, Strasbourg, 1501.

(5) Paris, 1471.

(6) Sourc. : Wadding et Sbaralea, art. cités; Wharton dans Cave, *Hist. littér*..., Oxford, 1740-1743, in-fol., tom. II, p. 167.

en entier : la trouvant trop longue, il l'a abrégée, sans nuire, dit-il, à la vérité historique (1).

Oudin inscrit l'année 1450, en marge de la notice sur Étienne (2).

GÉRARD OU GIRAULD OU MÊME GUY DE BRIANÇON

(— vers 1450).

Le surnom indique que le Dauphiné fut la patrie de ce Franciscain, docteur en théologie de la Faculté de Paris, puis professeur de science sacrée à Toulouse. Ici encore, Oudin place sa notice sur Gérard, Géraud ou Guy, en regard de l'année 1450.

Ce dernier composa des commentaires *sur les quatre livres des Sentences* AD MENTEM SCOTI, lesquels ont eu, à Paris, en 1512 et 1517, les honneurs de l'impression (3). Deux autres commentaires, l'un *sur les sept psaumes pénitentiaux*, l'autre *sur la céleste hiérarchie de saint Denis-l'Aréopagiste*, n'ont pas été traités avec autant d'égards (4).

Dans le manuscrit latin 15956 de notre Bibliothèque nationale, nous voyons des sermons sous le nom de *Giraud* (*Giraudus*). Mais quel est ce Giraud ?

(1) En tête du travail historique dans le *De probatis sanctorum vitis*, tom. II, Cologne, 1618, p. 56, nous lisons : « *Vita sanctæ memoriæ Coletæ virginis..., authore Stephano Juliaco... Eam vero ob nimiam prolixitatem F. Laur. Surius, mutato stylo, in compendium redegit, sed absque historiæ detrimento.*

D'autre part, les *Acta sanctorum*, mars, tom. I, p. 539, portent : *Vita ex Gallico Petri a Vallis sive a Remis, confessarii ipsius beatæ, latine reddita a Stephano Juliaco, doctore sorbonico ordinis S. Francisci.*

Etienne de Juilly ne figurant pas parmi les Sorbonnistes dans le ms. de l'Arsenal, souvent cité, il faut entendre ici *in lato sensu* les mots *doctor sorbonicus*.

(2) *Comment...*, tom. III, col. 2563. Voir aussi comme sources : Wadding, *Script. ord. Minor*, avec *Supplement.* de Sbaralea ; Fabricius, *Biblioth...*

(3) In-4.

(4) Sources : Wadding, *Scrip. ord. Minorum*, avec *Supplement.* de Sbaralea ; art. *Gerardus ;* Oudin, *Comment. de script...*, tom. III, col. 2561 ; Fabricius, *Biblioth...*, art. *Briansione...*

ÉTIENNE BRÛLEFER

(après 1490).

Guillaume Vorilong eut un disciple distingué dans Étienne Pillet, plus connu sous le surnom de Brûlefer, Brûlifer, Burlifer. Ce surnom a sans doute son origine dans l'ardeur qu'Étienne apportait dans la controverse.

De naissance bretonne, comme Guillaume Vorilong, il appartenait, comme lui, à la maison de Dinan. A la suite de son doctorat à Paris, il professa la théologie à Mayence et à Metz.

Il composa deux ouvrages sur le livre classique de Pierre Lombard : à Paris, en commentant le *Scriptum Scoti* ; à Mayence et à Metz, en interprétant les *Commentaires sur les quatre livres des Sentences*, par saint Bonaventure.

Si le premier travail est resté manuscrit, le second a été plusieurs fois imprimé, sous le titre de *Reportata in libros Sententiarum* (1).

A la suite de ces *Reportata* se trouvent éditées deux autres études de notre docteur, le *Traité des formalités* et celui des *identités et des distinctions* (2). Ici, comme là, c'est la doctrine de Duns Scot qui est expliquée, développée.

La plume d'Étienne produisit des *Opuscula varia* dont les presses s'emparaient en même temps (3). Parmi ces *Opuscules divers*, on rencontre un *Traité de la crainte servile et des dons de Dieu* et aussi une Apologie des Frères de l'observance en réponse à l'attaque d'un évêque de l'ordre des Frères-Mineurs. Il faut noter, en effet, qu'Étienne avait fini par embrasser la réforme de Paul de Foligno et s'en montrait le défenseur.

Il y a lieu d'indiquer encore un discours prononcé dans un Synode de Mayence sur le *Sacrement vénérable et la valeur*

(1) Bâle, 1501, 1504, 1507, in-4 ; Paris, 1521, in-8. L'auteur de l'article sur E. Brûlefer dans la *Biographie bretonne* mentionne une édition de Paris en 1500.

(2) Les *Formalitates cum argumentationibus ad eas* ont été aussi imprimées à Milan, 1495, 1496, in-4, Venise, 1516, in-8.

(3) Paris, 1499, in-8, 1500, in-8.

des Messes (1), des *Sermons sur la pauvreté du Christ et des Apôtres* (2). Un *Sermon sur la conception de la bienheureuse Vierge Marie* a été enfin signalé.

Wadding, dans ses *Annales*, place la mort d'Étienne sous l'année 1499, avec cette latitude : « *Sub hoc triennium...* » Nous dirons simplement avec Sbaralea, que ce fut après 1490 et dans le couvent de Bernon en Bretagne (3).

(1) Paris, 1497, in-4.

(2) Paris, 1500, in-4.

(3) Sources : *Script...* avec *Supplement.*, art. *Stephanus Brülefer* ; Hain, *Repertor...*, art. *Brülefer* ou *Burlifer* ; Graesse, *Trésor...*, art. *Brülefer* (ou *Burlifer*) ; Fabricius, *Biblioth...*, art. *Brülefer* ; *Biograph. breton.*, art. *Brülefer*.

CHAPITRE II

DOMINICAINS

Louis de Valladolid. — Jean de Raguse. — Jean Capréole. — Laurent Pignon. — Barthélemy Texier. — Jean de Torquemáda. — Alain de la Roche.

LOUIS DE VALLADOLID

(— après 1436).

Nous venons d'écrire le nom d'un historien de l'ordre.

Ce Dominicain n'appartenait pas à Valladolid par sa naissance, mais seulement par sa profession religieuse. Envoyé à Paris, il y expliquait les *Sentences* (1412 et 1413). Après la noble conquête du doctorat en théologie, il revint dans son pays, et fut appelé à la direction de la conscience du roi de Castille. C'est au nom de ce prince qu'il assista au Concile de Constance (1).

S'il est loin d'avoir eu un rôle effacé dans la célèbre assemblée, l'on doit ajouter qu'il demeura fidèle à sa mission, nous voulons dire qu'il poursuivait avec zèle et fermeté l'exécution de la capitulation de Narbonne, convention signée dans cette ville par l'empereur, les ambassadeurs de plusieurs princes d'Espagne, les députés du Concile, et statuant sur les meilleurs moyens d'arriver à la pacification de l'Église (2). Par là, il réussit non seulement à contenter son maître, mais à mériter les félicitations et la gratitude de Martin V, comme l'atteste ce bref à lui adressé par ce pontife, la première année de son

(1) *Script. ord. Prædicat.*, tom. I, p. 789.

(2) Ces articles, au nombre de douze, sont analysés par le P. Touron dans *Les Hommes illustr. de l'ordre de Saint-Dominique*, tom. III, p. 209-210.

règne : « Vos vertus et les services que vous venez de rendre « à la sainte Église, en travaillant avec tant de zèle dans le « Concile de Constance, pour procurer la paix et l'union par « l'extirpation d'un cruel schisme, méritent bien que vous « receviez quelque grâce particulière du Siège apostolique. « Faisant donc attention à tous les travaux que vous avez « embrassés, en remplissant les fonctions d'ambassadeur de « l'illustre roi de Castille et de Léon, nous voulons qu'il vous « soit compté chaque année 150 florins d'or, tous les fruits, « droits et revenus qui nous appartiennent ou à la chambre « apostolique, et qui sont levés dans la province de Compos- « telle ou dans les autres parties des royaumes de Castille et « de Léon... (1) ».

Nommé provincial à son retour, il prit part au chapitre général de Bologne (1426), chapitre assez agité d'où sortit, par un accord entre les deux partis, l'élection de Barthélemy Texier. Louis fut choisi alors pour être vicaire-général. On ne saurait assigner l'année de sa mort. Ce qui est certain, c'est qu'il n'avait pas encore quitté ce monde en 1436 (2).

Il est auteur d'un ouvrage historique inédit, souvent consulté, lequel est intitulé : « *Tabula quorumdam doctorum ordinis Prædicatorum* » (3). Le premier mot du titre est assez exact : c'est un résumé qui peut mériter le nom de *Table* ou *Tableau*. Les autres mots ne disent pas assez ; car l'historien ne parle pas seulement des docteurs, mais aussi des *hommes illustres* de l'ordre, des *bienfaits de la bienheureuse Vierge* envers cette grande famille religieuse, de *saint Dominique*, de la *fondation du couvent de Paris*, de la *translation du bras de saint Thomas d'Aquin* dans ce couvent. C'est le nom de l'Ange de l'école qui s'inscrit à la suite de celui du maître, Albert-le-Grand, en tête de l'ouvrage qui se termine par une *Speculatio summæ*

(1) *Les Hommes... ibid.*, p. 213, traduct. Voir aussi, sur le rôle de notre Dominicain à Constance, les collections des *Conciles*, et Von der Hardt, *Magn. œcum. Const. Concil.*, *passim*.

(2) *Script. ord Prædicat.*, tom. I, p. 789 ; Touron, *Ibid.*, pp. 214 et suiv.

(3) « Extat duplex exemplum Parisiis in Bibl. Victor. : I cod. ms. « memb. 616 ad calcem commentarii in Analytica priora Alberti magni a « fol. 183b ad fol. 192b, sed in eo codice non est nisi media pars opus- « culi ; II est chartaceum in-4 n. 278, et in hoc est integrum a fol. 53 « ad 77 ». (*Script...*, *ibid.*)

Le ms. 616 est aujourd'hui le ms. lat. 14707 de la Bibl. nat. Mais le ms. 278 ne se trouve pas à cette bibliothèque.

philosophiæ, sorte d'avertissement aux étudiants en théologie (1).

Dans une préface, l'auteur indique la pensée qui l'a inspiré : « Suivant la parole de la Sagesse éternelle, dit-il, la « lumière ne doit pas être placée dans un lieu isolé, ni cachée « sous le boisseau, mais posée sur le chandelier pour luire » ; il s'est proposé, en conséquence, de ne pas laisser dans « les ténèbres du silence » tant de « personnages illustres et célèbres docteurs » dont « la vie et la doctrine sont providentiellement destinées à illuminer l'Église » (2).

JEAN DE RAGUSE

(— vers 1443)

Le nom patronymique de Jean était : *Stoïcien* (Stoïcus). La famille des Stoïcien avait et conserva longtemps une certaine célébrité en Illyrie. Ce Dominicain, appelé à de hautes destinées, est principalement connu sous le surnom de la ville où il est né à la fin du XIVe siècle (3).

C'est là aussi qu'il fit profession.

Il obtint le grade de docteur au sein de la Faculté de théologie de Paris. Procureur-général de l'ordre à Rome, il se fit avantageusement apprécier de la cour pontificale. Aussi, en l'absence du cardinal Julien, désigné pour présider le Concile de Bâle et retenu en Bohême, Jean de Raguse et Jean de Polemar, chanoine de Barcelone et chapelain du pape, furent chargés de le remplacer ; et c'est à ce titre qu'ils firent solennellement, le 23 juillet 1431, l'ouverture de l'assemblée conciliaire (4).

A la VIe session, lorsqu'il s'agissait de déclarer contumaces les cardinaux absents, Jean de Raguse entreprit d'excuser

(1) *Script*..., p. 790.

(2) *Ibid*., p. 789.

(3) *Script. ord. Prædicat*., tom. I, p. 797 ; Gliubich, *Dizionario biografico degli uomini illustri della Dalmazia*, art. *Stoico*, Vienne, 1856, in-8.

(4) *Ibid*. ; Mansi, *Concil*., tom. XXIX, col. 1 et 2 ; Touron, *Hist. des homm. illustr*..., tom. III, pp. 246 et suiv. ; notice dans *Monument. Concil. gener*. sec. *XV*, tom. I. 1857, pp. VIII et suiv.

Antoine Corario, dit cardinal d'Ostie (1). Il devait être bientôt le premier des quatre orateurs qui, au nom du Concile, portèrent la parole contre les Bohémiens ou Hussites (2). Il parla pendant huit jours. Il avait à combattre l'article proposé par Jean de Rockisane touchant la communion sous les deux espèces (3). Le fameux Procope-Rasé qui était à la tête de la députation, prétendit que l'orateur, un compatriote, les avait insultés, en les appelant hérétiques. « C'est précisément parce « que je suis votre compatriote, répliqua ce dernier, que « je désire si ardemment vous voir revenir à votre mère « l'Église. » (4)

En 1435, il était un des trois ambassadeurs du Concile à Constantinople. Les deux autres s'appelaient Simon Fréron, sorbonniste, et Henri Menger, chanoine de Coutances, croyons-nous, (*Canonicus Constantiensis*) (5). Les négociations durèrent deux mois. Les Grecs voulaient bien se rencontrer avec les latins dans un Concile pour traiter de l'union; mais, s'ils renonçaient à la prétention première de voir fixer Constantinople pour la tenue du Concile, ils refusaient absolument de se rendre à Bâle et n'accepteraient qu'une ville maritime. Henri Menger revint sans retard, à Bâle, pour faire connaître le résultat de la mission. Les deux autres ambassadeurs restèrent jusqu'en 1437 : il fallait bien veiller au maintien des succès obtenus et travailler à en obtenir d'autres. Mais on sait que les faits ne répondirent point aux intentions (6). A son retour, Jean de Raguse rédigea pour les pères de Bâle un rapport *sur sa*

(1) Mansi, *Concil.*, tom. XXIX, col. 42.

(2) *Supra*, p. 309.

(3) *Oratio qua... respondit per octo dies in Concilio Basileensi ad articulum primum Bohemorum de communione sub utraque specie, propositum a M. Joanne Rogkisana XVI Januarii* (dans Canisius, *Thesaur. monument. ecclesiast. et histor...*, avec *Remarq.* et *Not.* de J. Basnage, Amsterdam, tom. IV, 1725, in-fol., pp. 467 et suiv.; Mansi, *Concil.*, tom. XXIX, col. 699 et suiv.)

(4) *Scrip. ord. Prædicat.*, tom. I, p. 798.

(5) M. l'abbé Delarc traduit : *Chanoine de Constance* (*Hist. des Concil.* de Mgr Héfélé, trad. en franç., tom. XI, Paris, 1876, p. 311). Mais le nom tout à fait français du chanoine nous a fait préférer la cité normande.

(6) Mansi, *Concil.*, tom. XXIX, col. 121 et suiv.; *Script. ord. Prædicat.*, tom. I, p. 798; Mgr Héfélé, *Hist. des Concil.*, trad. en franç., tom. XI, Paris, 1876, pp. 342 et suiv. avec renv.

légation (1). Il est parlé aussi de *quatre lettres* adressées au Concile par ses *ambassadeurs, Jean de Raguse et Simon Fréron* (2).

La même année 1437, notre Dominicain fut chargé par le Concile d'une nouvelle mission : c'était, cette fois, près du pape. Il fit aussi partie d'une nouvelle légation à Constantinople (3).

En cette année s'accomplit la rupture définitive entre Rome et Bâle. Jean de Raguse ne se sépara pas de l'assemblée conciliaire ou plutôt qui prétendait toujours être concilaire. Il la suivit toujours, même dans ses écarts. C'est dire qu'il se donna à l'antipape Félix V qui le nomma évêque d'Argos, dans le Péloponèse, puis cardinal du titre de Saint-Sixte (4).

A partir de 1443, on ne voit plus figurer son nom dans les

(1) *Ad patres Concilii Basileensis de iis quæ in sua legatione peregerat relatio.* « Apud Leonem Allatium extabat lib. 8 suorum συμμίκτων edenda, ut legitur in horum catalogo edito Romæ Mascardi 1668 in-4 ». (*Script. ord. Prædicat.*, tom. I, p. 798-799). Ce rapport se trouve aussi dans le ms. lat. 1500 de la Bibl. nat.

(2) *Litteræ quatuor magistri Joannis de Ragusio et Simonis Fretz* (certainement pour *Fréron*), *ambassiatorum sacræ Synodi...* « Recensetur in catalogo codd. mss. bibl. Mediceæ Flor. plut. XVI cod. 13 fol. charta ». (*Ibid.*, p. 798.)

A la Bibl. nat., les mss. lat. 1502 et 1574 renferment quatre lettres de Jean de Raguse : le premier, deux au Concile, le second, deux autres au cardinal Julien, président du Concile de Bâle. Dans ce ms. 1574, se trouve aussi une lettre de Jean de Raguse et de Simon Fréron au même cardinal.

(3) *Script. ord. Prædicat.*, tom. I. p. 798.

(4) Nous lisons dans l'*Hist. des Hom. illustres de l'ordre de Saint-Dominique*, par le P. Touron, p. 258 : « Mais on trouve en même temps plu- « sieurs autres historiens, suivis par Fontana et par M. Dupin, qui assu- « rent que Jean de Raguse, après avoir longtemps travaillé pour l'Eglise « dans le Concile de Bâle, embrassa enfin le parti du pape Eugène IV ; « et que ce fut de ce pontife qu'il reçut l'évêché d'Argos, au retour de « son troisième voyage à Constantinople. » Ellies du Pin, en effet, a écrit dans son *Hist. des controv...*, dans le xve siècle, Paris, 1701, tom. I, p. 311 : « Il passa ensuite dans le parti du pape Eugène qui le « fit évêque et l'envoya à Constantinople en qualité de légat vers l'empe- « reur Jean Paléologue. » D'une part, ce ne serait pas là la première erreur du fameux Sorbonniste ; et, de l'autre, les réponses, tentées par le père Touron, *Ibid.*, pp. 260 et suiv., aux témoignages de l'histoire nous paraissent bien faibles.

Dans le ms. lat. 1517 de la Bibl. nat., se trouve l'*Instrumentum quo Joannes, S. Sixti cardinalis, alias de Ragusio, negotiorum suorum gestorem constituit Paulum Langwalter, ut de ecclesia Argensi et abbatia S. Adriani in Zalawar suo nomine constituat et paciscatur cum Paulo, antea episcopo Argensi.*

actes de l'époque. Il y a lieu de penser qu'il avait quitté ce monde. Bâle, principal théâtre de sa gloire ou de ses exploits, aurait été aussi sa dernière demeure (1).

Deux ouvrages dus à sa plume ont été, de nos jours, imprimés dans les *Monumenta Conciliorum generalium seculi decimi quinti* (2). Nous en avons précédemment signalé un : c'est *Le Commencement et la continuation du Concile de Bâle* (3). Il est regrettable que ce travail historique n'aille pas au delà du mois d'octobre 1431. L'autre ouvrage est un *Tractatus quomodo Bohemi reducti sunt ad unitatem Ecclesiæ* ou le récit de ce qui s'est passé au Concile au sujet de ces hérétiques (4).

A Bâle, pour mieux combattre les Hussites, à Constantinople, pour mieux réfuter les Grecs, Jean de Raguse s'était appliqué, là à établir la vraie notion de *nisi*, ici à faire ressortir les divers sens d'*ex* et de *per*. Cela lui donna l'idée de continuer le même travail sur les autres mots semblables de nos livres saints, ce qui n'avait pas été fait dans les concordances antérieures. De là, une nouvelle *Concordance des mots indéclinables de la Bible*. Jean de Ségovie rangea les mots par ordre alphabétique, rédigea un prologue ; et c'est ainsi que, plus tard et trois fois au moins, cette *Concordance* fut livrée par les presses au grand public (5).

(1) *Script. ord. Præd.*, *ibid.*

(2) Vienne, 1857-1873, in-fol. La publication se continue.

(3) *Initium et prosecutio...*, dans *Monument...*, tom. I, pp. 1 et suiv

(4) *Tractatus quomodo...*, imprimé *ex exemplari authentico in cod. ms. bibliothecæ Universitatis Basileensis...*, dans *Monumenta...*, tom. I, pp. 133 et suiv.

(5) *Script. ord. Prædicat.*, tom. I, pp. 799, 206, 207.
Outre l'impression de 1496, l'on cite : celle de Bâle, en 1525, « ad calcem magnarum concordantiarum... », et celle de Lyon, en 1526, car « idem præstitit Jacobus Mareschal in sua editione Lugdunensi... » (*Ibid.*, p. 207.

Nous avons marqué précédemment (tom. I, 355) la part de Conrad d'Halberstadt dans l'œuvre de la *Concordance* de Hugues de Saint-Cher. Il y aurait donc erreur commise par Oudin, quand il a écrit au sujet de ce Conrad : « ... composuit, ad imitationem Hugonis S. Sabinæ cardinalis, facili labore *Concordantias Bibliorum*, in quibus et dictiones « declinabiles quod prius Hugo fecerat, atque omnes indeclinabiles « partes orationis juxta alphabeticum ordinem adjecit... » (*Comment...*, tom. III, col. 1023.)

Parmi les œuvres inédites de Jean de Raguse, nous mentionnerons d'abord le *Sermon* qu'il prononça, en 1430, *à la fête de saint Benoît, devant les cardinaux en l'église des Saints-Apôtres de Rome* (1).

La Bibliothèque nationale possède, parmi ces manuscrits, plusieurs travaux de notre théologien.

Les premiers à nommer sont ceux qui regardent le Concile de Bâle, comme les *Six Considérations sur l'autorité* de ce Concile (2), le *Traité touchant les matières* soumises à la même assemblée (3), un *Vœu* sur sa *translation* (4). Les *Six Considérations* sont adressées aux électeurs de l'empire, le *Traité* à Eugène IV ; le *Vœu* est une réponse à la demande des princes.

L'Église en elle-même, les erreurs des Manichéens et celles de Mahomet exercèrent encore la plume de Jean de Raguse. De là, un *Traité de l'Église* en trois parties (5), le *Symbole de la vérité de la foi de l'Église romaine* ou la réprobation des cinquante erreurs des disciples de Manès (6), la réfutation des *principales erreurs de Mahomet* (7).

JEAN CAPRÉOLE

(— 1444)

Jean était du Languedoc (8). Il entra dans la maison de Rhodez et se fit recevoir docteur en théologie à Paris où il expliquait les *Sentences* dès 1409. Envoyé à Toulouse, il présida

(1) « Extat. ms. in bibl. Cassinensis monasterii cod. 92, ex quo inte« grum excripsit clarissimus Mabillonius, et inter hujus adversaria ser« vatur Parisiis in monasterio Sangermaneo a Pratis... » (*Ibid.* p. 799.) Ce ms. ne figure pas sur les catalogues de la Bibl. nat.

(2) Ms. lat. 1446.

(3) Ms. lat. 1442.

(4) Ms. lat. 1446.

(5) Ms. lat. 1439.

(6) Ms. lat. 1440.

(7) Ms. lat. 1440.

(8) Nous ne savons sur quoi se fonde la *Biographie toulousaine*, Paris, 1823, in-8, art. *Capreolus* (Jean), pour le faire naître à Toulouse. Le *Bulletin de l'Institut catholique de Toulouse*, an. 1882, p. 34, le dit né à Rhodez, et cela d'après Mgr Bourret ; mais nous ne savons, non plus, d'après quelles données historiques. Quant à nous, nous nous tenons aux *Scriptores ordinis Prædicatorum* dont les auteurs le qualifient simplement de « Gallus occitanus in domo Ruthensi in ordine allectus..., »

aux études dans le couvent de l'ordre. C'est pour cela que fréquemment, surtout à l'étranger, on lui donna la qualification de Toulousain. En 1426, il revint à Rhodez où il revoyait son remarquable travail sur Pierre Lombard.

Ce travail, terminé en 1433, a été plusieurs fois imprimé (1). Il a pour titre : *Commentaire sur les quatre livres des Sentences ou quatre livres des défenses de la théologie de Thomas d'Aquin*. Il a mérité à l'auteur le surnom de Prince des Thomistes : celui-ci, en effet, après s'être bien pénétré de la doctrine de celui-là, l'expliquait avec clarté et la défendait avec force. Il faut conclure de là qu'on a eu tort de faire de la défense de l'Ange de l'école une œuvre distincte de l'étude sur Pierre Lombard.

Il est rapporté que Jean Capréole assista aux Conciles de Constance et de Bâle. Nous le trouvons encore à Rhodez en 1443 et c'est là qu'il mourut l'année suivante.

On lui attribue des *Sermons*, quelques écrits sur la *métaphysique* (2).

LAURENT PIGNON OU PINON

(— 1446 ou 1449).

Il vit le jour dans la ville de Sens et s'y fit religieux. Il demanda à Paris le perfectionnement de ses études. S'il n'y conquit pas le grade de docteur en théologie, il se distingua suffisamment dans la science sacrée pour en être constitué lecteur au couvent de Reims. Il revint, en 1403, comme prieur à celui de Sens (3).

Il fut chargé de la conscience de Philippe-le-Bon, duc de Bourgogne, qui le nomma évêque de Bethléem vers 1421. Plus tard, en 1432 ou 1433, il passa de ce siège *in partibus infidelium* à un autre *in partibus fidelium*, celui d'Auxerre (4).

(1) Venise, 1483-1484, in-fol. ; *Ibid.*, 1514, in-4 ; *Ibid.*, 1519, in-4 ; *Ibid*, 1589, in-fol.

(2) Sourc. : *Script. ord. Prædicat.*, tom. I, p. 795-796 ; Fabricius, *Biblioth...*, art. *Capreolus* ; Hain, *Repert. bibliogr.*, art. *Capreolus*.

(3) *Scrip. ord. Prædicat.*, tom. I, p. 804.

(4) Les *Script. ord...*, *ibid.*, portent : 1435. Mais, le *Gallia christiana*, tom. XII, col. 328, parlant de faits accomplis par ce prélat dans le nou-

Comme il avait conservé ces saintes fonctions près du duc de Bourgogne, nous ne devons pas être surpris que certains documents mentionnent son séjour à Lille et à Bruges (1).

Il mourut en 1446, suivant les *Scriptores ordinis Prædicatorum* (2), et, en 1449, suivant la *Gallia christiana* (3).

Comme écrivain, Laurent s'occupa surtout de l'histoire de son illustre famille religieuse. Il composa donc, dans la langue des savants, une *Chronique de l'ordre des Prêcheurs*, ouvrage demeuré inédit et comprenant : des *Catalogues* de *saints*, au nombre de 31, de *saintes*, au nombre de 5, de religieux *promus aux dignités en dehors de l'ordre*, de *maîtres*, de *provinciaux de France*, de *frères qui brillèrent par leur doctrine ;* enfin, une histoire abrégée de ces assemblées solennelles qu'on appelle des *chapitres généraux* (4). Ce travail était sur le métier dès l'année 1394 (5).

Laurent Pignon écrivit aussi dans la langue vulgaire, d'abord comme traducteur, puis comme auteur; et, à ce double titre, il produisit *Le Traicté du commencement des seigneuries et diversité des estats*. La traduction du *De Origine jurirdictionum*, du cardinal Pierre Bertrand, mais attribué, à tort, à Durand Saint-Pourçain (6), forme la première partie. Un complément, œuvre personnelle, forme la seconde. Voilà bien ce qui nous est révélé par ces mots qui servent de transition entre les deux : « Aprez ce que j'ay translaté et composé le

veau diocèse en 1433 et 1434, nous avons cru devoir nous en tenir à son témoignage.

(1) *Ibid.*

(2) *Ibid.*

(3) Tom. XII., col. 328. Encore ici le témoignage du *Gallia* semblerait préférable, eu égard à cette assertion : « Annis 1446 et 1447 diœcesi perlustrata, statuta canonicis Giemensibus observanda tradidit. » (*Ibid.*)

(4) *Scrip. ord. Prædicat.*, tom. I, p. 804-805.

Le *Chronicum ordinis Prædicatorum* « Parisiis extat in bibl. S. Victor. cod. ms. charta. fol. med. n. 650. » Ce ms. est aujourd'hui le ms. lat. 14582 de la Bibl. nat. : *Catalogus Fratrum spectabilium ordinis Fratrum Prædicatorum*. Et dans le ms. lat. 11731 de la même biblioth. nat. : « *Ex Chronico Laurentii Pignon ordinis fratrum Prædicatorum*.

(5) C'est ce qu'on voit au *Catalogus promotorum ad dignitates extra ordinem*, « ubi de P. Philippo Frumenti electo Nivernensi episcopo, anno 1394, addit : *Anno illo fuit scriptus præsens rotulus*. » (*Script...*, tom. I, p. 805.)

(6) V. notre tom. III, p. 405-406.

« traictié de la matière de la distinction des juridictions et « seigneuries ; reste procéder à un traictié par lequel pourra « aucun apparoir la cause et commencement de la distribu- « tion des estats, et dont vient ce que toute communauté est « communément divisée en trois estats, c'est à sçavoir cler- « gié, chevalerie et peuple... (1). Le *Traité*, composé vers 1440, ou, comme nous lisons au commencement du manuscrit, mais d'une autre écriture, « vers 1430 », était dédié à Philippe-le-Bon, duc de Bourgogne. Il est également demeuré inédit (2).

Il faudrait conclure, d'après certains documents, que l'évêque de Nevers aurait publié, *pour son diocèse*, *un Rituel* et *un Pontifical* (3).

BARTHÉLEMY TEXIER (*Texerius*).

(1379 — probablement 1449)

Originaire de Draguignan, où il vit le jour en 1379, ce dominicain fut envoyé à Paris, en qualité d'étudiant. Le P. Touron affirme qu'il y conquit le grade de docteur. Les auteurs des *Scriptores ordinis Prædicatorum* ont lu le fait dans une chronique; et, s'ils n'ont pas trouvé le nom de Barthélemy Texier dans les actes officiels de la Faculté, cela tient à ce que ces actes leur ont fait défaut de l'année 1413 à l'année 1421, époque où il a pu être proclamé docteur.

Après avoir expliqué l'Écriture-Sainte dans quelques mai-

(1) Bibl. nat., ms. fr. 19613.
Dans la dédicace, l'auteur tient un langage analogue. Il parle d'abord d'une traduction d'un « petit livret que fist jadis ung notable religieux pré- « lat de saincte Eglise de Meaulx, nommé frère de Sainct-Pourçain, docteur « en théologie par l'Université de Paris, lequel est intitulé : Du commen- « cement des seigneuries, jurisdiction et puissances... » Puis, il vise la composition d'un autre livret ayant pour titre ou objet : « De la cause de la diversité des estats. » Et c'est pour arriver à « de tout faire un petit livret qui se nommera : *Le Traictié du commencement de seigneurie et de diversité d'estats...* » (Fol. 2 verso.)

(2) L'un des auteurs des *Script. ord. Prædicat.*, p. 806, a vu un autre ms. renfermant l'ouvrage à la biblioth. Sainte-Geneviève de Paris : « ... alterum fol. chart. seculi ad summum XVI bibl. Paris. San-Genovefæ cod. y 3... », aujourd'hui L F. 63, in-fol.

(3) *Ibid*, p. 805 : « Ex monumentis conventus Autissiodorensis mihi communicatis... »

sons du royaume, il fut nommé provincial de la Provence, poste qu'il conserva pendant sept ans. A la mort de Léonard de Datis, général de l'Ordre, le chapitre général, réuni à Bologne pour lui donner un successeur, se trouvait divisé. Louis de Valladolid et Thomas de Naples, l'un et l'autre bien dignes de la suprême magistrature, réunissaient à peu près le même nombre de suffrages. Le chapitre, pour en finir, leur remit la désignation du général. Leur choix se fixa sur Barthélemy Texier, retenu par la maladie à Avignon, et il fut ratifié par l'assemblée (1426).

Barthélemy Texier signa, en qualité de général, au Concile de Bâle, le 2 avril 1435, un *Perpetuæ inter ordines mendicantes benevolentiæ fœdus*. Les autres signataires de ce *traité d'alliance* étaient Guillaume de Casal, général des Frères-Mineurs, Gérard de Rimini, général des Augustins, et un fondé de pouvoir du général des Carmes. Ce traité a été imprimé, à Paris, en 1635.

Barthélemy demeura constamment attaché à Eugène IV. On ne saurait affirmer qu'il ait pris part aux Conciles de Ferrare et de Florence.

Après s'être vu renouvelé continuellement son mandat de premier dignitaire de l'ordre, il mourut à Lyon, probablement en l'année 1449 (1).

Nous sommes réduit à dire de ses *Encycliques*, à l'exception d'une seule insérée dans l'*Histoire de la province d'Aragon*, par Diago, qu'elles sont perdues ou égarées (2).

(1) Sourc. génér. : *Script. ord. Prædicat.*, tom. I, p. 776-777; Touron, *Hist. des hom. illustr...*, tom. III, pp. 488 et suiv. ; *Hist. des hom. illustr. de la Provence*, art. *Texier*.

(2) Nous lisons dans les *Script. ord. Prædicat.*, *ibid*, p. 776, que les chercheurs auraient pu en découvrir « Bononiæ vel in Germania vel in Hispania vel etiam in Gallia, ut Parisiis et Divioni seu etiam Lugduni. » Suivent ces autres paroles : « Extat ad F. Jacobum Ægidii... data Januæ « 25 feb. 1440. et a Diago edita *Hist. prov. Aragon.*, fol. 66 a, forte et « alibi plures, ut non dubium in magistratu diuturniori. »

Nous ne voulons point passer complètement sous silence quelques autres Dominicains en renom vers la même époque. Nous désignons d'abord *Guy Marguétat* et *Jean Vinet*.

Le premier, licencié en 1449, à Paris, fut auteur d'une *Summa naturalis philosophiæ compendiosa* et de *Sermones in Epistolas et Evangelia de tempore et de sanctis*. (*Ibid.*, tom. I, p. 807.)

Le second, docteur de Paris, eut, en 1450, la charge d'inquisiteur de Carcassonne et semble l'avoir exercée jusqu'en 1475. Il composa un *Tractatus contra dæmonum invocatores*, lequel fut imprimé, in-4 et pro-

JEAN DE TORQUEMADA

(Vers 1388-1468).

Écrire ce nom, c'est écrire, suivant les auteurs des *Scriptores ordinis Prædicatorum*, le nom d'un religieux qui fut « l'honneur de sa nation et de son ordre » et, en même temps, « une lumière et une colonne » pour « l'Église univer- « selle (1) ».

Jean de Torquemada, en latin : *Turrecremata*, petite ville d'où la famille tirait son nom (2), naquit à Valladolid (3), vers 1388 (4). C'est au couvent dominicain de cette dernière cité, qu'il se fit religieux. Il y était entré à l'âge de seize ans. Il accompagna Louis de Valladolid au Concile de Constance. Envoyé au couvent de Saint-Jacques à Paris, il obtenait la licence en théologie dans le mois de mars 1424. Il revint en Espagne et y fut prieur des couvents de Valladolid et de Tolède. En 1431, Eugène IV le nommait maître du sacré-palais. Quelque

bablement à Paris en 1485, avec un traité analogue de Bernard Basin, chanoine de Sarragosse, le *Tractatus de magicis artibus et magorum maleficiis* (*Ibid.*, p. 809.).

Nous nommerons aussi *Martin François*, *Guillaume Pestel* et *Jean Patin* qui furent licenciés (*Ibid.*, p. 812) et sur lesquels Antoine Mallet s'exprime ainsi : « Trois grands hommes ensuite arrestèrent la veue de « ceux qui admiroient leurs merveilles, frère Martin François, Jean « Patin et Guillaume Pestel qui furent tels que les plus sçavants pre- « noient plaisir à leur conversation. » (*Hist. des sainets papes, cardinaux...*, tom. II, p. 180.)

Nous mentionnerons, enfin, *Laurent Gervais*, originaire de Lisieux, maître à Paris en 1455 et si versé dans la doctrine thomiste, qu'on l'appelait le *Marché* (*Emporium*) *de saint Thomas*. Envoyé pour opérer une réforme dans les études de Cologne, il réussit parfaitement. La mission terminée, il revenait à Paris ; mais la maladie l'arrêta à Dijon et la mort vint bientôt l'y frapper. Il écrivit *sur toute la Somme théologique de saint Thomas*. (*Script. ord. Prædicat.*, tom. I, p. 865 ; Fabricius, *Biblioth...*, art. *Laurentius Gervasii*.)

(1) *Script. ord. Prædicat.*, tom. I, p. 837.

(2) « Majores... quippe habuit loci Palentinæ diœcesis haud ignobilis « *Torquemada* vulgo dicti ex parte dominos, indeque agnomen tra- « hentes. » (*Ibid.*)

(3) D'après N. Antonio, *Bibl. Hispan. vet.*, tom. II, p. 28, certains auteurs lui ont donné Turrecremata et même Burgos pour lieu d'origine.

(4) *Script. ord...*, *ibid.* : « ... professus adolescens circa annum MCCCC tum sexdecim annos natus... » ; Fabricius, *Bibl...*, art. *Johannes de Turrecremata* : « ... defunctus Romæ 1468, ætatis 80... »

temps après, il dut quitter Rome pour le Concile de Bâle. Là, en 1432, nous l'entendons prononcer devant les pères, le deuxième dimanche de l'Avent, un *Discours* sur ce texte : *Il y aura des signes dans le soleil, la lune et les étoiles* (1). Là, en 1435, nous le voyons chargé d'examiner certaines propositions d'Augustin de Rome, ancien général des Augustins et alors archevêque de Nazareth, et aussi les révélations de sainte Brigitte, princesse de Suède. Sur les deux points son jugement fut ratifié par les pères : les propositions furent condamnées (2) et les révélations respectées (3). Le maître du sacré-palais prit une part active aux affaires concernant le retour des Hussites et la réunion des Grecs. Nous savons qu'il est auteur d'un *Traité du corps du Christ contre les Bohémiens;* mais nous ne pourrions affirmer que ce *Traité* date de cette époque (4). Raynaldi mentionne un *Egregium de Eucharistiæ sacramento commentarium* que Jean aurait écrit, à Bâle, en faveur des Frères-Prêcheurs de Bohème, à l'effet de leur rendre plus facile la réfutation des Hussites (5). Est-il différent du précédent traité ? « Videant penes quos est, nam mihi uterque nondum occurrit » (6).

A ce Concile, comme partout, Jean se montra ardent défen-

(1) « Concio... extat in cod. ms. collectionum Concilii Basileen... qui « codex est in bibliotheca Stephani Baluzii... et speratur cum actis « omnibus hujus Concilii edenda. » (*Script. ord. Prædicat.*, tom. I, p. 840.)

(2) *Supra*, p. 156.

(3) *Repetitiones... super quibusdam propositionibus Augustini de Roma*, dans Mansi, *Concil.*, tom. XXX, p. 979-1034.

« *Revelationes B. Birgittæ ex mandato Concilii Basileensis anno* 1435 *in* « *ipsa synodo ab eo tum magistro S. palatii recognitæ et probatæ*, Rome, « 1557, in-fol. ; Cologne, 1628, in-fol. ; Munich, 1680, in-fol. » (*Scrip...*, *ibid.*, p. 841). Dans ces éditions se lit une « *Epistola illarum apologetica* « *ad instantiam magni monasterii de Warzsteno in Suecia confessoris et* « *Olawi Petri ejusdem monasterii conventualis ab eo scripta, data Romæ* « *29 Martii 1446...* » (*Ibid.*)

Au sujet de l'*Expositio regulæ B. Birgittæ* dont on trouve l'indication « in Appendice Cavei... ut distincta et edita Coloniæ 1628 », l'historien Nicolas Antonio et, après lui, les *Scriptores ordinis Prædicatorum* se demandent si cette *Expositio* est vraiment bien distincte des *Revelationes* ou de l'*Epistola*. (*Ibid.*)

(4) « Prodiit typis, si fides Alvæ in Sol. verit. rad. 271, col. 1788, Basileæ et Delphis in Batavia, in-4; et Lugduni, 1578, in-24. » (*Ibid.*, p. 980.)

(5) *Ann...*, an. 1437, cap. XX-XXI.

(6) *Script. ord. Prædicat.*, tom. I, p. 843.

seur du pape. Par ordre du cardinal Julien, il fit en 1437, sous le nom de *Flores*, un recueil de passages de saint Thomas d'Aquin *sur l'autorité du souverain-pontife* (1). Il composa encore, pendant son séjour à Bâle, divers traités sur le même sujet : par exemple, l'un pour répondre négativement à la question de savoir si un Concile général, *pour remédier à de nombreux abus dans la cour romaine*, peut lui imposer ses décrets ; un second, pour réfuter un *Avisamentum*, tendant à établir qu'*il n'est pas permis d'appeler du concile au pape ;* un troisième, pour exprimer un *vœu (votum)* touchant un autre *Avisamentum*, dont l'auteur s'efforçait de prouver l'obligation, pour le pape, à peine de déchéance, de jurer obéissance aux *décrets sur la tenue* ou *continuation des Conciles et la confirmation des élections* (2). Nous parlerons plus loin de quelques autres traités concernant le Concile de Bâle et d'une date peut-être postérieure.

Jean quitta Bâle en 1437, sans avoir pu lire, devant les pères, son *Traité sur la vérité de la conception de la bienheureuse Vierge*, traité composé par ordre des légats du Saint-Siège au Concile (3). C'était une réponse aux sept *Avisamenta* de Jean de Ségovie sur le même sujet, en d'autres termes, évidemment, la doctrine dominicaine en face de la doctrine commune dans le monde catholique (4).

Jean fut adjoint au cardinal de Sainte-Croix dans sa mission en Allemagne au sujet de la translation du Concile à Ferrare ; et il porta la parole à la diète de Mayence (5).

(1) *Flores sententiarum...*, *Augustæ*, 1496 : « sic Beughem in *Incun. typ.* » ; Lyon, 1496, « ad calcem *Summæ... de Ecclesia...* » ; Venise, 1562, in-4. (*Ibid.*, p. 840.)

(2) Ces trois ouvrages sont cités comme étant à la Bibliothèque vaticane dans le ms. 5606. (*Script. ord. Prædicat.*, vol. cit. p. 842.) Mais le second a été inséré dans la collection de Mansi, tom. XXX, col. 1072-1132 : *Tractatus factus contra Avisamentum quoddam Basileensium, quod non licet appellare a concilio ad papam*. Il est de l'année 1436.

(3) *Tractatus de verit. concept...*, Rome, 1547, in-4. (*Ibid.*, p. 841) ; Fabricius, *Biblioth...*, art. *Joannes Segobiensis*.

(4) Oudin indique un *Traité de l'immaculée conception de la B. Vierge Marie*, composé par Jean de Ségovie et imprimé à Bruxelles, 1664, in-fol. Et il ajoute que la question est de savoir s'il est vraiment distinct des *Avisamenta septem...* Suivant Joachim Feller, dans son catalogue des mss. de la bibliothèque de Leipsick, 1686, p. 337, ce dernier ouvrage « extat cum impressis libris in rescriptorio XI, série IV, cod. 39 (*Comment de script...*, tom. III, col. 2433.)

(5) *Propositio...*, *cum esset orator ad dietam Moguntinam*, dans ms. cit. de la Bibl. vat. 5606. (*Script...*, *ibid.*, p. 842.)

Florence ayant remplacé Ferrare comme siège de l'assemblée conciliaire, Jean, de retour d'Allemagne, fut chargé de répondre à l'orateur de l'assemblée de Bâle : il traita de la puissance respective du souverain-pontife et du concile général, mais en se prononçant en faveur du premier (1). En ce qui concernait les Grecs, il se vit confier la mission de leur exposer la doctrine de l'Église latine sur la matière et la forme de l'Eucharistie (2), et fut un de ceux qui rédigèrent le décret d'union.

La réconciliation des rois de France et d'Angleterre était une des préoccupations d'Eugène IV. L'archevêque de Spalatro et notre Dominicain furent députés pour travailler à cette réconciliation. C'est au milieu de cette ambassade, à Angers, que Jean de Torquemada fut informé de sa promotion au cardinalat. C'était en décembre 1439. Jean devait porter le titre de Saint-Sixte.

Retourna-t-il en Italie? Nous ne saurions répondre. Toujours est-il que l'année suivante (26 août - 11 septembre 1440), il siégeait dans la seconde assemblée de Bourges et prenait la parole contre Jean de Ségovie. Nous savons que les envoyés du pape et ceux du concile de Bâle n'obtinrent, ni les uns, ni les autres, ce qu'ils désiraient : tout en reconnaissant Eugène IV, la France demeurait attachée à l'assemblée de Bâle. C'est sans doute à cette époque qu'il faut rapporter la *Collecta* ayant pour objet la *demande du roi de France à l'effet de tenir un troisième Concile général* (3).

Le cardinal de Saint-Sixte revint en Italie. Il se trouvait à Sienne près d'Eugène IV, en 1443, quand Alphonse Tostat, appelé la *Merveille du monde (Stupor mundi)*, osa soutenir publiquement quelques propositions en apparence au moins

(1) *De summi pontificis et generalis concilii potestate. Ad Basileensium oratorem in Florentina synodo Responsio, viva voce habita*, dans Rocaberti, *Bibliotheca maxima pontificia*, tom. XIII, Rome, 1698, pp. 575 et suiv.
Cette *Réponse* avait été précédemment imprimée : à Cologne, 1480, in-fol., « teste Joanne *de la Caille, Histoire de l'imprimerie*, p. 26 » ; à Venise, 1563, in-4 ; à Louvain, 1688, in-4 (*Script. ord. Præd.*, tom. I, p. 840); dans Labbe, *Concil.*, Paris, 1672, tom. XIII, col. 1661 et suiv.

(2) *Orationes seu dissertationes in Concilio Florentino*, dans Labbe, *Concil*, tom. XIII, col. 1141, 1153 ; dans Hardouin, *Concil.*, tom. IX, *de la Transsubstantiation*, col. 963, 974.

(3) *Collecta... tempore S. S. D. papæ Eugenii IV super petitione...*, dans ms. 5606 de la biblioth. vatic. (*Script..., ibid.*, p. 842).

hasardées. Le cardinal les combattit et força l'auteur à fournir les explications nécessaires (1). Il accompagna Pie II à l'assemblée de Mantoue en 1459.

Il mourut en septembre 1468; et sa dépouille mortelle fut déposée, au couvent de la Minerve, dans la chapelle qu'il avait fait construire (2). Calixte l'avait nommé administrateur de l'évêché de Palestrina, et Pie II titulaire de celui de Sabine. Il avait été précédemment, assure-t-on, titulaire de l'évêché d'Albano.

S'il se fit remarquer, selon la pensée d'un de ses historiens, par sa piété, sa doctrine, une sage politique, ses nombreux et solides écrits lui méritèrent le titre de défenseur de la foi (3).

En effet, écrivain aussi fécond que savant, il composa un grand nombre d'ouvrages. La plupart obtinrent, et quelques-uns plusieurs fois, les honneurs de l'impression. L'ordre du récit nous a permis de commencer notre étude sur ce point. Il nous incombe, en ce moment, de la continuer.

D'abord les ouvrages imprimés que nous partageons en trois classes : les commentaires, les œuvres dogmatiques, les traités divers.

Les premiers comprennent : les *Commentaires sur le Décret de Gratien* (4); ceux sur la *Règle de saint Benoit*, à l'adresse d'un moine du couvent Florentin que l'auteur tenait en com-

(1) *Tractatus in quo ponuntur impugnationes quarumdam propositionum, quas magister in theologia Alphonsus de Madrigal, Tostatus vulgo dictus, posuit et asseruit in disputatione publica in Romana curia, 21 junii 1443* (*Script ord...*, tom. I, p. 840). On ne cite pas d'édition.

(2) On lisait sur sa tombe l'épitaphe suivante : « Hic quiescit D. « Joannes de Turrecremata, natione Hispanus, episcopus Sabinus, S. R. « Ecclesiæ cardinalis S. Sixti, qui obiit XXVI sept., A. D. « MCCCCLXVIII. »

Les auteurs des *Script. ord. Prædicat.* ont écrit un peu plus haut, en parlant de son titre cardinalice : « quem in S. Mariæ trans Tiberim postea commutavit. » (*Op. cit.*, tom. I. p. 838.)

(3) Sources générales : *Script. ord. Præd.*, tom. I, p. 837-838 ; Touron, *Hist. des hom. illust. de l'ord. de S. Domin.*, tom. III, Paris, 1746, pp. 395 et suiv. ; Ughelli, *Ital. sac.*, tom. I, col. 209, 249 ; Ellies du Pin, *Hist. des controv...., dans le* XVe *siècle*, Paris, 1701, p. 338-339.

(4) Lyon, 1519, grand in-fol. ; Rome, 1555, in-fol., Venise, 1578, in-fol. (*Script. ord. Prædic.*, tom. I. p. 839.)

mende (1); l'*Exposition courte et utile de tout le Psautier* (2); une autre *de toutes les épitres de Saint-Paul* (3); les *Questions où sont marquées les délices du festin spirituel* goûté dans *les Evangiles tant du temps que des fêtes des saints* (4); d'autres *questions très importantes (dignissimæ) avec leurs solutions touchant les Epitres et les Evangiles tant du temps que des fêtes des saints* (5).

Les œuvres dogmatiques sont : en premier lieu, la *Somme sur l'Eglise*, important ouvrage en quatre livres qui ont pour objet *l'Eglise universelle, l'Eglise romaine et la primauté de son pontife, les conciles généraux, les schismatiques et les hérétiques*, et, dans une des éditions de ce traité, nous rencontrons un APPARATUS *sur le décret d'union des grecs dans le saint Concile œcuménique de Florence* (6); en second lieu, le *Traité contre les principales erreurs du perfide Mahomet et des Turcs*, sujet de controverse d'une actualité toujours vivante au moyen-âge (7); en troisième lieu, celui qui a pour titre : *Du Salut de l'âme* ou bien *Le Salut de l'âme ou l'appui de la foi catholique* (8).

(1) Cologne, 1575, in-fol., dans un recueil sur le même sujet. Beughem mentionne des éditions de 1491 et 1494. « Extat et Rotomagi... 1510, in-4... » (*Ibid.*, p. 840-841).

(2) Rome, 1470, in-fol.; Mayence, 1474, in-fol.; Bourges, 1480, in-fol.; Saragosse, 1482, in-fol.; Venise, 1485, in-fol., 1513, in-8, 1524, in-8 (*Ibid.*, p. 839.) V. encore *Ibid.*, pour d'autres indications. Voir aussi Zapt, *Ueber eine alte und hæchst seltene Ausgabe von des Joannis de Turrecremata Explanatio in Psalterium*... Nuremberg, 1803, in-4.

(3) Bâle, 1495, d'après Beughem dans *Incunab. typograph*..., et aussi d'après l'Appendice de Cave sous l'année 1439 (*Ibid.*, p. 81).

(4) Nuremberg, 1478, in-fol.; Brescia, 1498, in-4; Lyon, 1500, in-8; Paris, 1510, in-8 (*Ibid.*, p. 839).

(5) Bâle, 1481, in-fol. (*Ibid.*, p. 840). « Alteram editionem laudat Beughemius, absque loco, 1484, in-fol. » (*Ibid.*)

(6) Rome, 1489, in-fol.; Lyon, 1496, in-fol.; Salamanque, 1560, in-fol.; Venise, 1561, in-4, édition dans laquelle se lit l'*Apparatus*... (*Ibid.*, p. 839). Les deuxième et troisième livres ont été insérés dans la *Bibliotheca maxima pontificia*, de Rocaberti, tom. XIII, Rome, 1698, pp. 281 et suiv.

(7) Paris, 1465, in-8 : « sic in Appendice Cavei, ex fide Beughemii... », mais certainement à Paris, s. d., in-4; Rome, 1606, in-8 (*Script*..., vol. cit., p. 840). On lit ensuite : « Editio alia est in sapientia Romana « a Nic. Antonio visa et relata, absque loci nota, quam hic principem « censet. »

(8) *Ibid.*, p. 840.

Nous avons sur des matières diverses : le *Traité de l'eau bénite* auquel, dans une édition, a été joint le *Traité*, du même auteur, *des défauts de la messe contre Pierre Anglais* (1); les *Méditations sur la vie du Christ* (2); des *quodlibeta* (3); un *Traité de la réforme ou décisions sur la règle de saint Benoît pour la conscience des prélats et des subordonnés* (4).

Il y eut, dit-on, avant la fin du xve siècle, une sorte d'édition générale, en huit volumes, des *Œuvres* du célèbre cardinal (5).

Il est des traités dont on ne cite pas d'éditions. Ce sont eux naturellement que nous plaçons en tête de la liste des nouveaux ouvrages inédits.

Le premier a pour sujet : le *Pontificat de saint Pierre : De Pontificatu S. Petri* (6).

Le deuxième a pour titre : *Traité de cinquante vérités contre cinquante erreurs des Manichéens*. Il a été écrit par ordre de Pie II. Voici dans quelle circonstance. Le roi de Bosnie avait envoyé à Rome trois des principaux Manichéens de ses États pour qu'on travaillât à leur conversion. Le cardinal de Torquemada fut chargé de l'œuvre sainte. Il réussit ; et ce fut pour assurer leur persévérance qu'il rédigea et leur remit, avant leur départ de Rome, ledit traité (7).

(1) Imprimé, d'abord, s. l. n. d. ni nom d'imprimeur, sous ce titre : *Tractatus de efficacia aquæ benedictæ contra Petrum Anglicum in Bohemia*, in-4 ; puis, à Rome, 1524, in-8, avec le traité *de defectibus in Missa adversus Petrum Anglicum ;* à Rome encore, 1559, in-8, « ad calcem libri Joannis Burckardi, cui titulus *Ordo Missæ*. » (*Script...*, *ibid.*, p. 839.)

(2) Cologne, 1607, in-12 ; « iterum, præfixa a Francisco Swertio auc- « toris vita, Antuerpiæ, 1607, in-12 ; quæ posterior editio Romæ in « Barber. » (*Ibid.*)

(3) Avec des sermons et des traités de Pierre d'Ailly, Strasbourg, 1490 : « Sic apud Beuglemium citatum et in Cavei Appendice cit. » (*Ibid.*, p. 841.)

(4) Venise, 1618, in-8. (*Ibid.*, p. 841.) On cite des *Meditationes positæ et depictæ de ipsius mandato in ecclesiæ ambitu S. Mariæ de Minerva Romæ*, opuscule imprimé, à Rome, en 1498, in-4. Beughem, *Op. cit.* mentionne d'autres éditions de Rome en 1467 et 1473. (*Ibid.*, p. 841.)

(5) « Opera nostri Joannis prodiisse typis Augustæ 1471 vel 1472 tomis « octo asserunt Beughemius in *Incun. typ.* et autor Appendicis ad « Caveum, penes quos fides. ». (*Ibid.*, p. 842.)

(6) *Ibid.*, p. 840.

(7) *Ibid.*. Nicolas Antonio donne ce titre : *Symbolum veritatum fidei Romanæ Ecclesiæ pro informatione Manichæorum* (*Biblioth. Hispan. vetus*, tom. II, p. 291).

Nicolas Antonio rappelle la présence, à la Bibliothèque vaticane, des manuscrits suivants : un opuscule *contre les hérétiques qui combattaient dernièrement la pauvreté du Christ et des Apôtres* (1) ; un autre *pour la défense de l'empire romain* (2); deux traités, l'un *contre le Concile de Bâle* (3) ; l'autre sur le même *Concile* (4); un troisième touchant *les noces spirituelles* (5) ; un quatrième contre les mauvais chrétiens et hommes pervers, véritables *Madianites et Ismaélites, adversaires et détracteurs des descendants du peuple israélite* (6); deux *Réponses*, une première *à la blasphématoire e sacrilège invective contre le très saint canon de la condamnation très juste de la très condamnable assemblée de Bâle* (7), une autre, bien courte, *aux trente-trois articles qu'on dit être des Hussites* (8); des *Questions sur les préceptes du droit naturel* (9). D'autres *Questions sur Dieu et les anges* se trouvaient à la bibliothèque vénitienne de Saint-Jean et de Saint-Paul (10).

ALAIN DE LA ROCHE

(Vers 1428-1475)

Quoi qu'on ait pu dire jadis, il est certain qu'Alain de la Roche est un enfant de la Bretagne (11). Né vers 1428, il prit l'habit dominicain à Dinan et vint à Paris se livrer à ses études philosophiques et théologiques. En 1460, il se trouvait

(1) Dans ms. 974, fol. 55. (*Ibid.*)
(2) Dans *Ibid.*, fol. 65. (*Ibid.*)
(3) Dans ms. 2579. (*Ibid.*)
(4) Dans ms. 4136. (*Ibid.*)
(5) Dans ms. 974 fol. 68. (*Ibid.*)
(6) Dans ms. 5606. (*Ibid.*, p. 292.)
(7) Dans *Ibid.* (*Ibid.*, p. 291.)
(8) Dans ms. 5606. (*Ibid.*)
(9) Dans ms. 1043. (*Ibid.*, p. 292.)
(10) « Sic refert Thomasinus in biblioth. venet... » (*Script...*, tom. I, p. 843.)

Nous lisons encore dans la *Biblioth...* de Fabricius, *loc. cit.* : « In cod. ms. biblioth. canonic. major. Eccles. Lucensis... extat insu- « per *Responsio ad quæstionem factam per Fratres ord. Birgittæ* » ; il s'agissait d'un certain ordre à observer entre les prêtres et les diacres.

Lederer a publié *Der spanische Cardinal Johann von Torquemada, sein Leben und seine Schriften*, Fribourg-en-Brisgau, 1879, in-8.

(11) « Suivant M. de Kerdanet (*Notices chronologiques*, p. 61), il aurait

au couvent de Lille, lisait l'année suivante les *Sentences* à Paris, revenait professer la science sacrée dans la première cité, puis à Douay (1464).

Nous le voyons ensuite parcourir les provinces de Belgique pour y prêcher la dévotion au rosaire. Le rosaire, c'est-à-dire le triple chapelet, remonte à saint Dominique. Mais il semble certain que c'est Alain qui ajouta à chaque dizaine une courte méditation sur les quinze principaux mystères du christianisme. Pour faire aimer cette dévotion, il se plaisait à raconter des faits merveilleux sans s'inquiéter s'ils étaient vrais ou supposés, attribuait à saint Dominique des paroles que ce dernier n'avait jamais dites, des discours qu'il n'avait jamais prononcés. Tout cela agissait puissamment sur les masses. Quand il ne pouvait se faire entendre dans la langue du pays, un Dominicain traduisait pour le public les paroles de l'orateur.

Cette prédication souleva des critiques. L'évêque de Tournay, Ferricus, lui demanda des explications que le religieux s'empressa de fournir, mais, cela devait être, sans beaucoup de succès.

En 1468, il était premier lecteur de théologie à Gand. Il y avait à Rostock dans le grand duché de Mecklembourg une florissante Université. C'est là qu'Alain fut envoyé pour y prendre ses grades théologiques jusques y compris le doctorat.

L'année 1475 marqua le terme de cette existence pieusement et studieusement remplie. Ce fut dans le couvent de Swoll, à la fondation duquel il n'avait pas été étranger, qu'il

« reçu le jour dans le diocèse de Léon. De son côté, M. de Garaby (*Annuaire des Côtes-du-Nord* de 1849, p. 31) se fonde, pour le faire naître « en Plumaudan, ancien diocèse de Saint-Malo, sur ce qu'il existe dans « cette commune, près du château de la Vallée, sur le bord de la route « de Dinan à Caulnes, une croix en granit fort curieuse qui porte les « armes des seigneurs de la Vallée ou de la Roche... Il termine en « disant que la croix dont il s'agit a vraisemblablement été élevée par le « pieux frère prêcheur près de son berceau... Enfin, M. Tresvaux (*Vies « des saints de Bretagne*, tom. III, p. 219), invoquant la tradition du cou- « vent des Dominicains de Dinan, d'après laquelle Alain aurait été profès « dans cette maison, incline à croire qu'il serait né dans les environs, « peut-être dans la commune de Plouër, peu éloignée de Dinan et sur « le territoire de laquelle se trouve un lieu nommé La Roche » (M. Levot, *Biograph. breton.*, art. *La Roche*, (le P. Alain de). Le dernier ouvrage cité n'est autre que les *Vies des saints de Bretagne* par Lobineau, nouvelle édition « revue, corrigée et considérablement augmentée », Paris, 1836-1837.

rendit le dernier soupir le 8 septembre. Il était âgé de 47 ans. Ses vertus lui ont mérité le titre de bienheureux. (1)

En 1476, le chapitre de Harlem prescrivit à tous les prieurs de rechercher les écrits d'Alain, *de pieuse mémoire*, et de les faire parvenir, originaux ou copies, le plus promptement possible, au vicaire-général de l'ordre (2). Il se proposait de les confier à l'art nouveau de l'imprimerie.

Le premier ouvrage qui fut imprimé a pour titre : *Quodlibetum Coloniense de fraternitate S. Rosarii B. Virginis Mariæ*. Cet opuscule sur la *confrérie du saint rosaire* est de Cologne et de l'année 1479, in-4° (3).

Dix-neuf ans après le *Quodlibetum Coloniense*, paraissait l'*Immense et ineffable dignité et utilité du Psautier de la très haute et immaculée Vierge Marie*, sous ce long titre : *Sponsus novellus B. Virginis, doctor sacræ theologiæ devotissimus, ordinis fratrum prædicatorum, de immensa et ineffabili dignitate et utilitate Psalterii præcelsæ ac intemeratæ virginis Mariæ*. Cette première édition, de 1498, in-4°, sortait probablement des presses de Stockolm. Une seconde se fit à Lubeck, en 1506, également in-4° (4). L'ouvrage avait même été publié précédemment dans la langue allemande (5).

Plus tard, il y eut des modifications dans les œuvres d'Alain de la Roche. Jean-André Coppenstein, dominicain allemand de la fin du XVI° siècle et du commencement du XVII°, se chargea d'un travail de révision sur les travaux de son frère en religion. Mais, suivant la méthode chère à

(1) Sources génér. : *Script. ord. Prædicat.*, tom. I, p. 849-852; Paquot, *Mémoir. pour servir à l'hist. littér. des Pays-Bas...*, édit. in-fol., p. 256-257; Foppens, *Bibl. Belg.* tom. I, p. 37; Oudin, *Commentar...*, tom. III, col. 2565; Choquet, *Sancti Belgici...*, p. 201-218.

(2) *Script...*, *loc. cit.*; Paquot, *Mémoires...*, *loc. cit.*

(3) Brunet, *Manuel...*, art. *Rupe* (*magister Alanus de*). Hain, *Repertorium...* art. *Rupe* (*Alanus de*), indique cet ouvrage sous le titre de *Compendium Psalterii beatissimæ Trinitatis*.

Les auteurs des *Script. ord. Prædicat.*, *ibid.*, et Paquot, *ibid.*, indiquant une édition française de la *Confrairie du Psautier de Notre-Dame*, se bornent à écrire : « Paris, Jean Jannot, 15... 16° »

(4) Brunet, *Op.* et *art. cit.*; Hain, *Op.* et *art. cit.*; Graesse, *Trésor...*, art. *Rupe, magister Alanus de.*

Nous lisons, à la fin de la première édition, que « impressa (ac bene correcta) in christianissimo regno Sueciæ, impensis generosæ Dominæ Ingeborgh conthoralis strenui domini Stenonis... »

(5) Hain et Graesse, *Loc. cit.*

Surius, il remania le style sous prétexte de le rendre plus agréable et supprima ce qu'il ne croyait pas nécessaire. C'est ainsi que, dans les éditions nouvelles, nous n'avons plus qu'un Alain corrigé et incomplet (1).

Dans ces éditions (2), le titre fut ainsi modifié : *Beatus Alanus de Rupe Redivivus de Psalterio seu Rosario Christi et Mariæ, tractatus in quinque partes distributus.*

En effet, ce *Psautier ou Rosaire du Christ et de Marie* comprend ces cinq parties :

1° L'*Apologie ou réponse à Ferricus, évêque de Tournay, sur plusieurs questions par lui posées touchant le rosaire*, apologie ou réponse qui n'est autre que les explications impossibles visées plus haut ;

2° Les *Relations, Révélations et Visions relativement au rosaire* ;

3° Les *Sermons de saint Dominique révélés à Alain*, parmi lesquels s'en trouve un sur la fête du Saint-Sacrement, instituée seulement en 1264 ;

4° Les *Sermons et Opuscules* composés par Alain lui-même dont le premier sur les *XV louanges du Psautier de la B. Marie suivant les XV pierres trouvées dans la roche très élevée de la salutation angélique* aurait été seul publié dans sa pureté originale ;

5° Les *Exemples ou Miracles du rosaire*, partie dont le prologue a été supprimé.

Alain était censé revivre dans cet ouvrage. D'où le surnom de *Redivivus* dans le titre (3).

Des critiques estiment que nous devons encore à la plume de ce Dominicain le *Miroir de l'âme pécheresse* ou *XV prières adressées à la Mère de Dieu* et *éloignant autant de vices* (4).

(1) *Script*... et Paquot, *Loc. cit.*

(2) Fribourg, 1619, in-4; Cologne, 1624, in-8; Naples, 1630 et 1665, in-8 (*Script. ord. Prædicat.*, *loc. cit.*, Fabricius, *Biblioth....*, art. *Alanus de Rupe*.

(3) A Majorque, en 1699, et dans le format in-fol., l'on a imprimé : *Mare magnum exemplorum S. Rosarii, ex diversis auctoribus et voluminibus congregatum a P. domino Riera, Majoricensi, ordinis Prædicatorum; præmittitur opus aureum B. Alani de Rupe de Psalterio Christi ac B. Mariæ.*

L'année suivante, dans la même ville et dans le même format, paraissait une édition sous ce titre : *Psalterium Marianum præfiguratum, scriptum a P. Domino Riera; in quo B. Alani opus aureum ad formam concionatoriam reducitur.*

(4) Anvers, Jean Cnobbare, 1635, in-12. (*Script...*, *ibid.*, et tom. II, p. 502-503; Paquot, *Loc. cit.*)

Nous y remarquons les mêmes défauts historiques que dans le *De Psalterio* (1).

Il y a à notre Bibliothèque nationale (2) une *Expositio in Regulam sancti Augustini*, opuscule inédit et dont voici la structure assez ingénieuse : l'auteur, rapportant tout au rosaire, divise la *Règle de saint Augustin* en quinze chapitres, chaque chapitre en dix articles ; chaque article est en forme de prières adressées alternativement à Jésus et à Marie pour demander la grâce de l'accomplissement de cette loi religieuse.

L'on mettait aussi à l'actif de notre auteur les *Trente Excellences de la vie monastique*, lesquelles ont pris place parmi les opuscules de Denis-le-Chartreux sur la vie spirituelle. Mais, examen fait, ce n'est que le chapitre VIII de la quatrième partie du *De Psalterio seu Rosario Christi et Mariæ*.

Quant au commentaire sur le *Cantique des cantiques*, également attribué à Alain de la Roche, il est du fameux Alain de Lille (3).

(1) Les auteurs des *Script. ord. Prædicat.*, tom. I, p. 851, font même remarquer « historiam Benedictæ Florentinæ in ea opella relatam desumptam esse ex parte quinta Alani Redivivi, cap. 27. »

(2) Ms. lat. 18322.

(3) *Script...*, *ibid.*

En 1476, s'éteignait, jeune encore, *Jean Bathalier*, docteur de la maison de Lyon. La *Légende dorée* de Jacques de Voragine avait déjà été traduite dans notre langue. Jean fit, avec Julien, de l'ordre de Saint-Augustin, une révision de cette traduction française, et la nouvelle œuvre fut imprimée, à Lyon, sous ce titre : *Légende des saints nouveaux, revue par F. Julien, de l'ordre de Saint-Augustin, et F. Jean Bathalier, de l'ordre des Prescheurs.* Voici les lignes de la fin : *Cy finit la Légende dorée dite la Vie des Saints en francois, vue et diligemment corrigée auprez du latin et second le vrai sens de la lettre par notable et religieux docteur maistre Jehan Batallier docteur en la sainte theologie à Paris, de l'ordre des Prescheurs de la ville de Lyon sur le Rhosne, et imprimée en ladite ville de Lyon par Barthelemy Buyer citoyen dudit Lyon le 18 avril 1476.* (*Ibid.*, p. 870.)

Treize ans plus tard (1489), mourait, à Gand, sa ville natale, *Jean de la Cour*, en flamand *Utenhove*. Il avait été licencié à Paris en 1452. Son élection comme prieur de la maison de Gand ne lui avait pas laissé le temps de cueillir la palme doctorale. Il fut vicaire-général de la province de Hollande de 1464 à 1477. Il est auteur d'un *Tractatus de reformatione ad Carolum ducem Burgundiæ scriptus Gandavi 12 Octobris 1471*. Ce traité a été imprimé à Toulouse, en 1605, format in-12. (*Ibid.*, p. 870-871 ; Foppens, *Bibl. Belg.*, tom. II, p. 750).

Nous inscrirons, en dernier lieu, le nom de *Jean Goudemont*, originaire de Chartres et bachelier en théologie. Il se faisait remarquer « ad annum 1475 ». Il laissa un *volume de sermons*. (*Script...*, *ibid.*, p. 852.)

LIVRE IV

AUTRES RELIGIEUX

CHAPITRE PREMIER

AUGUSTINS

Jacques-le-Grand. — Amédée de Plaisance.

JACQUES-LE-GRAND

— au plus tard 1422)

L'on écrit en latin : *Jacobus Magnus* ou *Magni*. Mais *Magnus* est-il nom ou surnom ? L'Abbé Archon, dans son *Histoire de la chapelle des rois de France*, l'appelle *Jacques Deubio, surnommé le Grand* (1).

Oudin, comme quelques autres historiens, l'a fait naître à Tolède (2). Mais, suivant les historiens de l'ordre, c'est à Toulouse que Jacques vit le jour. Ainsi qu'il le déclare lui-même dans son *Exposition littérale et mystique de la Genèse*, il fut élève du couvent de Paris. Il y a lieu de présumer qu'il y prit ses grades en science sacrée et y professa (3).

Quoi qu'il en soit, l'histoire nous apprend qu'il professa la philosophie et la théologie dans l'Université de Padoue.

Il revint en France. Très lié avec Michel de Creney, évêque

(1) Tom. II, p. 308.

(2) *Comment*..., tom. III, col. 2291.

(3) Dans le ms. 233 de l'Arsenal, on trouve cette note au bas du premier feuillet : « Memor esto quod magister Nicholaus de Virtuto habet a principio libri Ecclesiastici usque ad septimum capitulum, ex mandato *magistri Jacobi, pro tempore regentis in domo fratrum Heremitarum*... » N'est-ce pas notre Augustin qui est ainsi désigné ?

d'Auxerre et confesseur de Charles VI (1), il lui dédia ses trois principaux ouvrages : l'*Exposition littérale et mystique de la Genèse*; le *Sophologium*, ou amour de la sagesse, lequel amour doit être inséparable de l'amour de la vertu; le *Compendium* de philosophie (2). Seul, le *Sophologium* devait être imprimé (3).

Le *Sophologium* renferme trois parties : l'amour de la sagesse, l'amour des vertus, les divers états dans le monde. L'auteur fit passer substantiellement l'ouvrage en français. Nous employons cette expression à dessein, car ce n'est pas rigoureusement une traduction : il y a des additions, des suppressions, des changements dans l'ordre des matières, surtout pour la seconde partie, en sorte qu'on prend d'ordinaire celle-ci, telle qu'elle se lit dans notre langue, pour une œuvre originale. Par suite de cette translation, les trois parties du *Sophologium* sont réduites à deux sous les titres d'*Archiloge-Sophie* et de *Livre des bonnes mœurs*. L'*Archiloge-Sophie* qui correspond à la première partie du *Sophologium* et est dédiée au duc d'Orléans, est demeurée manuscrite (4). Le *Livre des bonnes mœurs*, avec dédicace au duc de Berry, compte plusieurs éditions (5). Il a été traduit en anglais et en

(1) C'était bien de Charles VI que Michel de Creney était confesseur, comme on peut le voir dans l'épitaphe de ce dernier. (*Gal. christ.*, tom. XII, col. 325.)

(2) L'abbé Archon, *Loc. cit.*, a écrit que Jacques dédia à Nicolas de Clamanges un cours de philosophie. Serait-ce un autre ouvrage que le *Compendium* ?

Gandolfo, *Dissertat*... art. *Jacobus Magni*, affirme la dédicace des trois ouvrages à Michel de Creney.

(3) Lyon, 1485, « teste Michaele Maittaire in Annalibus typographicis... » (Ossinger, *Biblioth. august*..., p. 532); Paris, 1477, in-4; Lyon, 1495, in-fol.; Paris, 1498, in-4; Paris, 1506; Lyon, cum Joannis de S. Gemiviano opere de Similitudinibus, 1585, in-fol. (*Ibid.*; Gandolfo, art. *Jacobus Magni;* Hain, art. *Magni* (*Jacobus*). Ce dernier cite encore quelques éditions s. l. n. d.

L'*Espositio*..., « ms. Romæ in Angelica, erat etiam in nostra Ratisponæ »; et le *Compendium*..., « ms. memb. 4 in nostra Aprosiana Vintimilii. » (Gandolfo, *Ibid.*)

(4) L'Archiloge-Sophie se trouve à notre Bibl. nat., mss. fr. 143, 214, 1508.

(5) Chablis, 1478, in-fol.; Paris, 1486, 1487, 1499, 1519, toutes éditions in-4. L'ouvrage a été plusieurs fois, dans ce même XVIe siècle, imprimé sous ce titre : *Le Trésor de Sapience et fleur de toute bonté rempli de plusieurs bonnes autorités*. (Graesse, *Trésor*..., art. *Magnus* (ou *Magni*).

latin, et les deux traductions ont été imprimées (1). L'auteur ou le traducteur en français traite en cinq livres des remèdes contre les *sept péchés mortels* ou capitaux; de l'*état de l'Eglise*; de l'*état des princes*; de l'*état du peuple*; de *la mort et du jugement*.

Il paraît bien que Jacques-le-Grand fit aussi passer dans notre langue son *Exposition littérale et mystique de la Genèse* (2).

Jacques-le-Grand jouissait, comme prédicateur, d'un certain renom. En ces temps malheureux, il avait le courage d'user des saintes libertés de la chaire chrétienne. On raconte que, en 1405, il fut appelé à prêcher, le jour de l'Ascension, devant la reine et le duc d'Orléans. Il « commença à blasmer « la reyne en sa présence, en parlant des exactions qu'on « faisoit sur le peuple, et des excessifs estats qu'elle et ses « femmes avoient et tenoient, et comme le peuple en parloit « en diverses manières, et que c'estoit mal fait », ce dont « la reyne fut fort mal contente. » Aussi « d'aucuns hommes et femmes » lui dirent-ils, après le sermon, qu'ils « estoient bien esbahis comme il avoit osé ainsi parler. » Et lui de répondre simplement qu'il était encore « plus esbahi comme on osoit faire les fautes et péchez qu'il avoit dit et déclaré. » On rapporta le fait au roi. Celui-ci voulut entendre le prédicateur le jour de la Pentecôte. Jacques-le-Grand se rendit aux désirs du roi. Il prit pour texte de son sermon : *Spiritus Sanctus docebit vos omnem veritatem*, texte qu'il « déduisit grandement et noblement. » L'historien ajoute : « Et s'il « avoit parlé en la présence de la reyne des grands péchez « qui couroient, encores en parla-t-il plus amplement et plus « largement en la présence du roy, et fit tant que le roy fut « content et si luy fit donner aucune légère somme d'ar- « gent. » (3).

Jacques-le-Grand demeurait attaché au parti d'Orléans. En 1412, il fit partie d'une ambassade qui, au nom de ce parti, se rendit en Angleterre et avait pour but d'intéresser à la cause

(1) Voir Graesse, *Ibid.*, pour les impressions.

(2) M. Coville, *De Jacobi Magni vita et operibus*, Paris, 1889, p. 39. Voir la même thèse, pp. 50 et suiv., relativement au *Sophologium* et ses traductions.

(3) Juvénal des Ursins, *Hist. du roy Charles VI*, sous l'année 1405.

le royaume d'Outre-Manche. La démarche ne fut pas sans succès, car une sorte de traité d'alliance fut conclu, lequel a pris place dans le précieux recueil de Rymer (1). Mais, dans la précipitation à s'embarquer à Boulogne, plusieurs écrits avaient été oubliés qui furent saisis et portés à Paris. Aussi, l'excommunication des ambassadeurs fut-elle prononcée, dans cette ville et à Rome, avec celle des chefs du parti (2).

Quand on dit que Jacques-le-Grand fut confesseur de Charles VII, il faudrait entendre par ces mots le dauphin, car, selon l'opinion la mieux accréditée, cet Augustin mourut en 1415 ou, au plus tard, en 1422 (3).

Est-ce à Paris ? Est-ce à Poitiers ? Gandolfo et Ossinger se prononcent pour Paris (4). Mais un manuscrit de l'Arsenal porte que notre docteur fut enterré à Poitiers, transcrivant même quatre vers de l'épitaphe (5).

(1) *Fœdera, conventiones, literæ*..., La Haye, 1739-1745, in-fol., tom. IV, par. II, p. 5 : « Cum carissimus avunculus noster, dux *de Bery*, quondam « notabiles et discretos viros *Heryas de Solynyac* chivaler, *Muny de Puc* « chivaler et fratrem Jacobum le Grande, ambassiatores...; » et, p. 12-14, se lit le traité : *Concordia appunctuata inter regem et confœderatos principes Franciæ*.

(2) L'abbé Sallier, Acad. des inscript. et bell.-lett., *Mémoires*, tom. XV, p. 806-808; MM. Le Roux de Lincy et Tisserand, *Paris et ses histor., aux XIVe et XVe siècles*, Paris, 1867, in-4, p. 405-406.

Voir tout l'article de l'abbé Sallier, *Ibid.*, pp. 795 et suiv., article où nous avons puisé nous-même.

(3) Gandolfo et Ossinger, *Ibid.*, avec cette différence que le premier assigne 1415 ou 1422, tandis que le second se prononce pour 1422.

Oudin s'exprime ainsi : « Vivebat anno 1425, qui cum a confessionibus secretis Caroli VII Galliarum regis esset, electus archiepiscopus Burdigalensis... » *Comment. de script*..., tom. III, col. 2293. Mais, d'après le *Gallia christiana*, il n'y avait pas, cette année, de vacance du siège (tom. II, col. 840-841). Voir aussi *Mémoires* de Trévoux, 1746, août, p. 1651-1652.

(4) « Decessit secundum aliquos 1415 vel 1422, sepultusque est in nostro « magno cœnobio Parisinino » (Gandolfo).

— « Tandem in bona senectute Parisiis anno 1422 placide ad Deum « migravit sepultusque est in magno monasterio Parisiensi... » (Ossinger).

(5) « ... qui Pictavis sepultus honorifice jacet ante altare majus » (Ms. 542).

Voici les deux premiers vers de l'épitaphe :

In fluvium magnum crescentis fontis hic instar,
Sub tellure jacet Jacobi corpus venerandi.

Nous transcrivons également les deux derniers :

Hinc ejus animæ divæ pro munere honores
Vera sophia ferat, conculcans Tartara, manes.

Il est rapporté que l'archevêché de Bordeaux lui fut offert, ce qui, eu égard à ses relations avec le dauphin, est très vraisemblable. Mais il aurait refusé cette haute dignité, préférant mourir dans la simplicité du religieux ; évangélique détachement qu'un poète belge, Nicaise Baxius a chanté :

> Præsulis eximios hic non admisit honores :
> Cœtera sub magni nomine magna latent (1).

De respectables historiens affirment qu'il commenta *les livres des deux Testaments, les quatre livres des Sentences* et qu'il rédigea des *Questions sur les livres de l'âme* (2).

Notre Bibliothèque nationale possède le commencement d'un autre travail, l'Abrégé du *Dictionnaire moral de la Bible*, de Berchoire. Le manuscrit, qui vient de Saint-Victor, ne renferme que les lettres A, B, C (3).

Ces diverses œuvres, comme les premières, étaient composées dans la langue classique.

La Bibliothèque de l'Arsenal renferme d'autres écrits latins de notre Augustin. Ce sont les suivants : un Recueil de sentences puisées dans Aristote, Senèque, Boèce, et rangées par ordre alphabétique (4); une *Chronique*, depuis l'origine du monde jusqu'au pontificat d'Innocent IV (5); un *Traité de l'art de se souvenir* ou de la mémoire artificielle (6); quelques morceaux *(aliqua originalia) à la louange de l'Ecriture-Sainte* (7); divers *Sermons* (8). Enfin, on lui attribue des *Vers* sur saint Augustin et sur saint Paul-l'Ermite (9).

(1) Gandolfo et Ossinger.
Archon, *Op.* et *vol. cit.*, p. 308, le dit « fameux par son érudition et par sa modestie, en refusant l'archevêché de Bourdeaux. »
M. A. Coville a présenté à la Faculté des lettres de Paris une très bonne thèse, déjà citée : *De Jacobi Magni vita et operibus*, Paris, 1889.
(2) Gandolfo et Ossinger, *Ibid.*; Le Long, *Biblioth. sac.*, édit. in-fol., p. 749-750; M. Coville, thèse cit., p. 40-41.
(3) Ms. lat. 15137.
(4) Ms. 481 : *Aristotelis, Senecæ, Boetii dicta communiora.*
(5) Ms. 542, fol. 40 et suiv.
(6) *Ibid.*, fol. 76 et suiv.
(7) *Ibid.*, fol. 68 et suiv.
(8) *Ibid.*, fol. 1 et suiv.
(9) *Ibid.*, fol. 79 et suiv.
Le *Metrum de vita S. Augustini et ordine suo* se termine ainsi :

> Officii ritum Romani dat stabilitum,
> Eximit et solidat, stabilit, confirmat, adoptat.

Un autre docteur augustin jouit, comme orateur, d'une certaine renommée ; il se nomme :

AMÉDÉE DE PLAISANCE.

(. — Vers 1443.)

Il appartenait au couvent de la ville de ce nom. « Claruit, 1443 », dit Gandolfo. Nous avons de lui un *Discours prononcé dans l'église cathédrale de Verceil, à la fête de saint Eusèbe, évêque et martyr*. Ce discours a été imprimé à Venise en 1473 (1).

Nous estimons qu'il ne faut pas le confondre avec *Amédée de Derton*, également de l'ordre de Saint-Augustin. L'*Ager Dertonensis*, le Tortonois, dans le Milanais (2), lui donna son surnom. *Amadeus Dertonensis* est auteur d'un *Ratio dierum calendarum, nonarum et iduum mensium*, imprimé, selon Haïn, vers 1475 (3).

Si l'ordre de Saint-Augustin a peu fourni, celui des Carmes fournira davantage.

Voici le commencement du *Metrum de vita S. Pauli primi Heremitæ*.

In quantum scimus, heremi fuit incola primus
Paulus post Jhesum, cui corvus detulit esum.

On voit, à la suite, une sorte de Dictionnaire moral. Mais, est-il l'œuvre de Jacques ? Peut-être.

(1) Gandolfo, *Op. cit.*, art. *Amadeus Placentinus;* Ossinger, *Op. cit.*, p. 697-698.

(2) Baudrand, *Dictionn...*

(3) *Repertor...*, art. *Amadeus Derthonensis*.

CHAPITRE II

CARMES

I

DEUX CARMES ASSEZ CÉLÈBRES

JEAN GOULAIN (1).

(. — 1403.)

Originaire du pays de Caux (2), Jean Golein fit profession à la maison de Rouen, dont il devait être plus tard prieur.

(1) Ce Carme signait : Goulain (Ms. 152 de l'Arsenal, fol. 1). Le nom est ainsi orthographié dans l'épitaphe que nous reproduisons plus loin.
« Néanmoins, Alias *Golem*, *Galain*, *Goulan*, *Goulam*, *Golin*, *Goyleyn* et *Holin*... » (*Biblioth. carmelit.*, tom. I, col. 854-855.)

(2) « ... in pago *Blainville* aut *Blacqueville*, Rhotomagensis diœcesis, natus... », dit la *Biblioth. carmelit.*, *ibid.*
Il y a des historiens qui disent *Basville* ou *Bacville*, au même diocèse, comme M. F. Gautier aîné, dans les *Actes de l'Académie royale des sciences, belles-lettres et arts de Bordeaux*, 1847, p. 393. Nous croyons que c'est une faute, en ce qui concerne *Basville*, qui se trouvait dans le Roumois. Quant à *Bacville*, ou mieux Bacqueville, c'est un village qui est situé dans les environs de Dieppe, et par conséquent dans le pays de Caux.

Biblicus à Paris (1351), *sententiarius* (1354), il fut élevé ensuite au doctorat et appelé à l'enseignement magistral dans cette même capitale de la France (1).

Il y était en 1381, lors de la révolte des *Maillotins*. La fureur assouvie, il fallait songer à implorer la clémence du roi. Les coupables eurent recours à l'ordinaire et à l'Université. Celle-ci choisit pour son orateur Jean Goulain, qui porta assez heureusement la parole devant le roi à Vincennes (2).

Une autre mission ne porta pas bonheur à Jean Goulain. Nous étions en plein grand schisme. L'Université travaillait activement à en amener la fin. Boniface IX, le pape de Rome, avait envoyé deux légats en France pour traiter avec le roi de la paix de l'Église. C'était en 1391. De son côté, Clément VII, le pape d'Avignon, avait chargé Jean Goulain, qui était devenu son chapelain, de se rendre à Paris et de faire de l'opposition aux projets de Boniface IX. Les esprits étaient déjà mal disposés à l'endroit de Clément VII. D'autre part, sans doute, l'envoyé apporta un zèle excessif ou peu prudent dans l'accomplissement de sa mission. Toujours est-il qu'il fut retranché du corps enseignant (3).

Ce religieux mourut, au couvent de Paris, en 1403. Il avait été définiteur de sa province en 1372 (4). Il se vit aussi confier la dignité de provincial. Ses restes furent déposés « en la chapelle de Nostre Dame des Cydes », en attendant qu'ils fussent ransférés dans la salle capitulaire (5).

Il composa, dans la langue classique, des *Commentaires sur*

(1) *Biblioth. carmelit.*, *loc. cit.*

(2) *Ibid.*; *Hist. Univers. Paris.*, tom. IV., pp. 585, 592. Nous lisons à la première page indiquée de l'*Hist. Univers. Paris* : « Orator ab Universitate delectus est M. Joannes Goyleyn, doctor theol... »

(3) *Biblioth. carmelit.*, *ibid.*, col. 855.

(4) *Ibid.*, col. 854.

(5) Du Breul. *Le Théât. des antiquit. de Paris*, Paris, 1612, p. 572. On grava sur sa tombe : « Cy-gist frère Jean Goulain, maistre en « théologie, nay en Caulx à Blacqueville, vestu à Rouen; jadis légat et « chapelain du Sainct Siège apostolique; qui, ayant souffert plusieurs « labeurs pour le bien de la religion et de toute la saincte Eglise, « trespassa l'an de grâce 1403. » (*Ibid.*)

Nous ne savons sur quoi se fonde M. Frère pour placer la mort de Goulain vers 1370. (*Manuel du bibliog. norm.*, art. *Golain*.)

Il y a dans la *Biographie normande*, par M. Lebreton, une notice de quelques ligues sur cet enfant de Blacqueville ou Bacqueville.

le maître des Sentences, des *Questions diverses*, un traité sur l'*Office de la messe* (1).

Mais c'est surtout comme écrivain dans la langue nationale que son nom doit être favorablement accueilli par la postérité. A ce point de vue, il fut surtout traducteur.

Deux de ses traductions ont été imprimées : le *Rational des divins offices de Guillaume Durand* (2), et les *Conférences* ou *Collations des Pères* (3), pieux entretiens de Cassien avec des anachorètes sur la vie contemplative. Les deux traductions ont été faites par ordre du roi Charles V (4).

La première présente surtout le caractère de périphrase. Il y a même à noter des omissions et des additions. Ainsi, d'une part, Goulain n'a pas traduit le huitième livre qui traite du temps, de ses mesures et divisions : « Je laisse, dit-il, la « huitiesme (partie) aux astronomiens, qui ont à ce plus saine « spéculation » ; et, de l'autre, il a ajouté au chapitre VIII du premier livre, plusieurs pages ayant trait à la *consécration du roy de France* et à celle *de la royne* du même royaume (5).

(1) *Biblioth. carmelit.*, tom. I, col. 855.

Fabricius met, à la place du *Super officio missæ*, un *De Sacerdotum institutione*. (*Biblioth.*.., art. *Joannes Golein*.)

(2) *Le Racional des divins offices*..., Paris, 1503, in-fol.

(3) Paris, in-fol., s. d., mais en 1504, « sicut asserit Joannes la Caille, « in opere gallice inscripto : *Histoire de l'imprimerie et de la librairie*, « liv. II, p. 63. » (*Biblioth. carmelit.*, *ibid*.

Le titre est celui-ci qui contient deux erreurs : *Les Colacions des sains pères anciens translatéez du grec en latin par Cassiodorus, très sainct docteur en théologie, et translatéez du latin en francoys par Jehan Golein, aussy docteur en theologie*... Cassiodore est évidemment mis pour Cassien, et Cassien est auteur et non pas traducteur.

(4) A la fin du *Rational* imprimé, nous voyons qu'il a été « translaté du « latin en françois l'an MCCCLXXII, à la requeste de très sage prince « Charles-Quint, roy de France très victorieux. »

Dans le prologue des *Conférences*, Goulain dit au sujet de Charles V : Il « luy a pleu a moy commander son petit subget, frère Jehan Golein, « indigne maistre en théologie... que je luy translatasse ce present livre, « lequel contient les vertus des anciens preudommes religieux hermites « et moynes... »

(5) Voir, pour plus de détails, M. Paulin Paris, *Les Manuscrits françois de la bibliothèque du roi*, Paris, 1838-1841, tom. II, pp. 59 et suiv.

Relativement au sacre du roi, nous lisons, fol. 36, rect. « L'eschauffault « eslevé signifie que le roy doit en son sacre prendre eslévation de vertus « et de sens, et de adviser regart sur ses sugez en voyant de hault les « grans et petis également, en leur faisant justice sans acception de per- « sonnes, de lignaige, et de propinquité charnelle. »

M. Ch. de Barthélemy juge bien sévèrement cette traduction (Préface, p. XXVIII, note, de sa traduction du *Rational ou Manuel des divins offices*, Paris, 1854.)

La seconde traduction n'est pas, non plus, sans défaut : « On peut, dit en général M. Paulin Paris, reprocher à Jean « Goulain de n'avoir pas toujours exactement compris les « ouvrages latins qu'on le chargeait de traduire et surtout de « ne les avoir pas reproduits dans un style clair et facile » (1)

Quatre autres traductions sont demeurées inédites. L'une a encore été entreprise par ordre royal. L'autre a peut-être commencé la fortune du traducteur.

C'est, d'abord, la traduction des *Chroniques de Guillaume, évesque de Burques* (Burgos) (2).

C'est, ensuite, celle dont parle le traducteur lui-même, en rappelant sa *translation*, d'après le commandement royal, de « cinq livres des ystoires des papes, des empereurs de Romme, « des roys de France, des conciles généraulz et des noms « des évesques de Limoges et de Tholose et aucuns aultres « abrégiez... » (3) Ces cinq livres d'histoires et autres traités comprennent ces diverses œuvres de Bernard Guidon ou Guidonis : *Chroniques abrégées des papes et des empereurs; Arbre généalogique des rois de France; Chroniques des rois de France, des comtes de Toulouse, des prieurs de Grammont, des prieurs de l'Artige; Catalogues des évêques de Limoges et des évêques de Toulouse; Traités sur la célébration des Conciles, sur la Messe, sur les Disciples de Jésus-Christ, sur les saints du Limousin*. L'exemplaire original se trouve parmi les manuscrits du Vatican. Il fait partie du Fonds de la reine Christine (4). La traduction est de 1369.

(1) *Les Manusc. franç. de la bibl. du roi*, tom. II, p. 56-57.

(2) Montfaucon, *Bibliotheca bibliothecarum manuscriptorum nova*, tom. I, p. 633; M. L. Delisle, *Le Cabinet des manuscrits de la Bibl. nat.*, tom. I, p. 41, lequel renvoie à l'abbé Lebeuf, *Mémoir. de l'Acad. des inscript.*

(3) Dans le prologue des *Colacions des sains pères...*

(4) Ms. 697. Voir sur ce ms. M. Antoine Thomas, *Mélanges d'archéologie et d'histoire*, Rome, 1881, p. 259 et suiv. Ce critique a éclairci ce point d'histoire littéraire jusqu'alors assez obscur.

Montfaucon, dans l'*Op. cit.*, p. 30, a indiqué ce ms. Mais, pour lui, c'était une *Translation en françois d'un Traité d'un auteur inconnu, faite en 1369.*

Le P. Le Long a mentionné en ces termes une partie de la traduction : *Livre neuvième des chroniques ou seconde partie de l'histoire depuis Constantin le Grand jusqu'à Louis III, roy de France.* (*Biblioth. histor. de la France*, tom. II, n. 16436.) Le P. Le Long ajoute : « Ce livre est con- « servé à Londres, dans la bibliothèque du chevalier Cotton... ; il y en a

Nous avons, en troisième lieu, le *Livre de l'information des princes.* Nous transcrivons Montfaucon (1), et c'est presque justice. En effet, l'on avait pensé que Goulain avait traduit le *De Regimine principum* de Gilles de Rome. Mais, dans les manuscrits de la Bibliothèque nationale renfermant une traduction de Goulain (2), l'on remarque des différences sensibles avec le texte du *De Regimine principum.* La méthode employée par le traducteur pourrait peut-être rigoureusement expliquer ces différences. Mais il paraît bien plus naturel — et c'est le sentiment que nous avons adopté (3) — de donner pour texte original la seconde œuvre de Gilles sur un sujet semblable, œuvre inédite, le *De Informatione principum.* Du reste, un manuscrit de l'Arsenal désigne formellement ce second ouvrage. C'est une des plus anciennes traductions de Jean Goulain (4).

« aussi un exemplaire du XIVe siècle, avec de belles vignettes, dans « l'abbaye de S.-Vincent de Bezançon. » Si l'exemplaire de Londres a été détruit dans un incendie, comme le remarque M. A. Castan (*Biblioth. de l'école des chart.*, 1883, tom. XLIV, p. 266), celui de l'abbaye de S.-Vincent de Besançon est aujourd'hui à la bibliothèque de cette même ville. Malheureusement, comme le remarque encore le dernier historien, qui a fait de ce dernier manuscrit une étude spéciale, ce n'est que « le second volume d'un exemplaire dont les deux parties existaient dans « la *librairie* ou bibliothèque de la famille Perrenot de Granvelle. » Voir cet excellent travail, *Ibid.*, pp. 265 et suiv.

(1) *Biblioth. bibliothecar...*, tom. II, p. 794.

(2) Mss. fr. 126, 579, 581.

(3) Tom. III, p. 465.

(4) M. Paulin Paris, *Les Manusc. franç...*, tom. I, p. 223-226, tom. V, p. 66-70 ; *Act. de l'Acad. roy... de Bordeaux*, 1847, p. 406 ; *Nouv. Biogr. gen.*, art. *Golein.*

Le ms de l'Arsenal est coté : 5199.

Après l'*explicit* nous lisons : « Transcript par Jehamim de Costimont, « clerc et serviteur de Loys, seigneur de Chantemerle et de la Clayete, « conseiller et maistre d'ostel de très excellent et puissant prince mon- « seigneur le duc de Bourgogne et de Brabant, en la ville de Bruxelles es « mois de septembre et octobre l'an de grâce mil quatre cens trente « et sept. »

Le copiste a placé sa signature : « Costimont ».

Dans le chapitre XVII de l'ouvrage traduit, on trouve la fable du loup et de l'agneau ainsi reproduite : « Raconte Isopet que le lou vint boire « au ruissel d'une fontaine, et l'aignel aussi au dessoubs d'icelui ruissel. « Si lui dist le lou : Pourquoi me troubles-tu mon eau ? Et l'aignel « répondit en tremblant : Sire, je ne vous trouble mie votre eau, car « l'eau qui descend aval si ne retourne mie a vous qui estes au dessus. « Et le lou lui dist orgueilleusement : Tu me menaces ! Ainsi fist ton « père, qui m'estoit toujours contraire, et me fist moult de meaux, et tu « ensuis les mauvaistiés de ton père. Et ainsi il dévore l'aignel innocent. » (*Les Manuscrits franç...*, tom. V, p. 69-70.)

Enfin, il est une autre traduction de notre écrivain, celle des *Leçons sur les nouvelles fêtes*. La bibliothèque de Genève en possède une copie (1).

Nous renvoyons le lecteur à ce que nous avons dit de la traduction du *De Eruditione filiorum regalium*, de Vincent de Beauvais, traduction attribuée aussi à notre auteur, mais plutôt de Jean Dandin (2).

JEAN SORETH

(1394-1471)

Jean Soreth, enfant et religieux de Caen (3), appartient à la première moitié du xve siècle par son doctorat, grade que, en 1441, il conquit, à Paris, après de sérieuses études dans la même cité (4).

Nous le voyons, l'année suivante, commissaire général pour la province de la Germanie inférieure. Il fut placé, en 1451, à la tête de l'ordre, au sein duquel il travailla à rétablir l'ancienne observance. Par esprit d'humilité et aussi, sans doute, pour mener à terme son œuvre de prédilection, la réforme de sa famille religieuse, il refusa l'épiscopat et même la dignité cardinalice. C'est à cette noble mission qu'il continuait de se consacrer, lorsque, le 25 juillet 1471, il mourut, à Angers, victime d'un criminel empoisonnement (5). Il était

(1) M. L. Delisle. *Le Cabinet des mss. de la B. N.*, tom. I, p. 41, d'après le *Catalogue des mss. de Genèv.*, par Senebier, p. 318 : « Le ms. français 57 de Genève renferme, à la fin de la Légende dorée, les « intitulations des festes nouvelles, translatées de latin en françois par « Jean Golein. »

(2) Tom. II, p. 406.

(3) Huet ajoute cependant : « Quelques-uns ont assuré qu'il étoit du village de Matthieu » (*Les Origines de la ville de Caen*, 2e édition, Rouen, 1706, p. 355.). Matthieu est un village à huit kilomètres de Caen.

(4) *Biblioth. carmelit.*, tom. II, col. 99 : « ... doctoralem lauream adeptus est anno 1441. »

(5) « Non sine suspicione veneni », dit par euphémisme la *Biblioth. carmel.*, tom. II, col. 99.

Huet, *Ibid.*, raconte ainsi le fait : « ... les religieux dissolus, à qui « son autorité étoit incommode, se défirent de luy par des meures « empoisonnées qui luy furent servies à Angers, le 25 juillet l'an 1471, et âgé de soixante-dix-sept ans, ce qui permet de fixer sa naissance en 1394 (1).

Son commentaire principal, écrit en 1455, *sur les règles des Carmes* a été imprimé (2). Un autre *sur le maître des Sentences* est demeuré inédit, ainsi que les ouvrages suivants : un traité *contre les Adultères*, des *Sermons*, quelques *Lettres*

« luy causèrent une prompte mort, après luy avoir fait souffrir de « cruelles douleurs. »

M. Le Breton, *Biog. norm.*, renvoie à ce récit du savant Huet.

Suivant le P. Chamard, dans ses *Vies des saints personnages de l'Anjou*, tom. II, p. 370-371, c'est à Nantes qu'on lui aurait offert le fruit empoisonné. Il avait, suivant cet historien, quitté le couvent d'Angers pour venir à celui de Nantes. Mais, aussitôt qu'il se sentit atteint, il se fit ramener de celui-ci à celui-là où il rendit le dernier soupir. « Lorsque le « saint réformateur sentit les premières atteintes du mal, dit cet « historien, il s'écria, avec une inexplicable tristesse : *O pessimum « cibum ! Deus bone ! Sed ignosce illis, si peccaverunt !* » M. Port, dans son *Diction. hist., géogr. et biog. de Maine-et-Loire*, tom. III, 1878, p. 534, reproduit cette seconde version.

(1) D'après ces deux vers d'une épitaphe conservée au couvent de Malines :

Septuagenus septimus annus fluxerat ipsi,
Andegavi ei dum fuit ultima lux.

Voici les premiers vers de cette épitaphe :

Gloria Carmeli magnus Soreth ille Joannes
Condignus longa posteritate coli.
Rabbi doctorum, lux, censor, normaque morum,
Pernotus mundo, proh dolor ! occubuit.
(*Biblioth. carmel.*, *loc. cit.*).

La même *Biblioth. carmel.* est fondée à ajouter : « Si Sorethio « morienti septuagenus septimus fluxerat annus, nasci debuit anno 1394, « qui obiit anno 1471. Unde patescit error Carmelitarum Rhedonensium eum scribentium fuisse natum anno 1420. » La *Vita*, ici visée et dont nous allons parler, dit seulement : « Ibi circa annum Domini 1420. » C'est cette erreur qu'ont reproduite le P. Chamard et M. Port, dans les ouvrages précités, ainsi que M. Frère dans son *Manuel du bibliog. norm.*

Nous dirons, de notre côté, que la date du doctorat : 1441, ne permet pas que 1420 soit la date de la naissance.

La *Bibliotheca carmelitana*, *Ibid.*, se fait l'écho d'un bruit, à la louange de Jean Soreth, qu'elle rapporte en ces termes : « Referunt insuper ab « eo in Academia Parisiensi quemdam in concertationibus scholæ ingerendis fortem et in omni pene facultate exercitatum magistrum, « nomine Ferrandum, gratia Dei cooperante, a nostro Sorethio potenter « fuisse devictum ; qui omnes ferme alios magistros Parisienses per « quamdam singularem *Lulli* scientiam et ad metam deduxerat, hoc solo « Dei viro exempto, qui vi argumentorum efficaciter confudit eum. Hoc « refert Joannes Gillemanus in suo *Novali sanctorum*... »

(2) *Expositio parænetica in regulam Carmelitarum*, Paris. 1625, in-4°.

adressées à Françoise d'Amboise, duchesse de Bretagne, des *Constitutions* de l'ordre, *corrigées et mises en ordre* par notre auteur *et approuvées au chapitre général* de Bruxelles en 1461 ou 1462 (1), aussi bien que celles publiées dans le chapitre général d'Aurillac en 1468 (2).

II

CARMES D'UN MOINDRE RENOM

GAULTIER DE DISS

(1404)

En latin *Gualterus Dissœus* ou *ex Disso*.

Voici un docteur qui, à Paris et à Rome, « étudia, disputa, enseigna » (3). Mais il peut se faire que cet enfant de la petite ville de Diss dans le comté de Norfolk (4) soit demeuré simple docteur de Cambridge. Il peut se faire aussi qu'il ait tenu à conquérir, à Paris, la palme doctorale.

Quoi qu'il soit, il joua un certain rôle pendant le Grand-Schisme, car il écrivit des lettres *aux chefs des Eglises*, ainsi qu'aux papes *Urbain VI et Boniface IX* dont il avait été légat en Espagne. Sur ce déplorable schisme, il composa une

(1) Bibl. nat., ms. lat. 4351 ; Bibl. mazar., ms. 1791.

(2) Bibl. mazar., ms. 1791.
La vie de Jean Soreth a été écrite par Pierre Gaultier (*Walterus* ou *Gualterus*) de Terre-Neuve, son ami et, comme lui, religieux de la maison de Caen et docteur de la Faculté de théologie de Paris. Cette *Vita beati Joannis Soreth* a été imprimée, avec quelques changements dans la forme, par les soins des Carmes de Rennes, en tête de l'*Expositio parænetica in regulam Carmelitarum*. Voir aussi *Biblioth. carmelit.*, tom. II, col. 875-876.
Cette *Vita* est la source principale avec la *Biblioth. carmelit.*, tom. II, col. 99-100, puis les auteurs cités et, spécialement, le P. Chamard, *Op. et vol. cit.*, p. 365-374.

(3) *Bibliot. carmelit.*, tom. I, p. 578.
Tanner, *Bibl. Brit. Hibern.*, p. 229, dit simplement : « Conjectura tamen est studuisse illum... Lutetiæ atque Romæ. »

(4) *Biblioth. carmel.*, *ibid.* : « ... ex humili in Anglia loco Disso comitatus Norfolcensis natus... »
Pits, *De illust. Angl. Script.*, an. 1404, *De Gualtero Dissæo* : « Natus ex Disso comitatus Norfolcensis oppido... »

pièce de vers latins, imprimée dans les *Joannis Lydii Analecta*, à la fin des *Opera* de Nicolas de Clamanges (1).

Orateur remarquable, il reçut encore le titre de légat pour prêcher une croisade en Angleterre, en Gascogne. Sa parole de missionnaire se fit aussi entendre en France et en Italie. L'on a cité de lui, comme œuvres oratoires, des *Sermons de sanctis* et *de tempore*.

Le théologien produisit des commentaires sur les *livres des Sentences*, des *Questions théologiques*, diverses *Conclusions*, un traité *contre les Wicléfistes (contra Wiclefistas et Lollardos)*. Nous devons encore une mention spéciale à ses *In Psalmos Collectanea*, recueil formé surtout de pensées de saint Augustin et de saint Anselme, recueil cité par le P. Le Long, dans sa *Bibliotheca sacra* (2), sous le nom de *Gualterus Dysse*.

Ce Carme mourut, le 21 janvier 1404, dans son couvent de Norwich (3).

JEAN BRAMMAERT (4)

(1407)

C'était un Allemand d'Aix-la-Chapelle. Il se distingua comme philosophe, comme théologien et comme orateur.

Son nom se rattache à la fondation de l'Université de Cologne en 1388, ou plutôt à la réorganisation universitaire des écoles déjà célèbres de la cité allemande. Paris avait fourni, pour la grande œuvre, treize de ses docteurs, dont cinq réguliers. Parmi ceux-ci, il y avait deux Carmes : celui dont nous écrivons la notice et Simon de Spire. C'est grâce à ces deux Carmes que le couvent de l'ordre dans la cité, devenu presque aussitôt universitaire, allait avoir l'honneur de réunir, dans sa chapelle, les clercs étudiants à ces quatre fêtes de la Vierge, la Conception, la Nativité, la Purification et l'Assomption, pour leur faire entendre le sermon d'usage.

(1) Leyde, 1613, in-4°.

(2) Edit. in-fol., p. 755.

(3) Sourc. : *Biblioth. carmelit.*, tom. I, col. 578-579 ; Pits, *De illust. Angl. script.*, an. 1404, *De Gualtero Dissæo* ; Tanner, *Op. cit.*, p. 229.

(4) « *Joannes Brammartius*, vernacule *Brammaert*, » dit la *Bibliotheca carmelita*, tom. I, col. 800, laquelle ajoute : « A Cassanato *Brammartus*, a Possevino *Brammart*, a Lezana *Bramant* dictus... »

L'ordre confia aussi à Jean Brammaert les fonctions de provincial de la Germanie inférieure et de définiteur général.

Cette belle existence s'éteignit, en 1407, au couvent de Cologne, laissant, entr'autres ouvrages, divers *Sermons*, des commentaires *sur le maître des Sentences*, un recueil de *Questions* sur la Trinité, la vision de Dieu, la béatitude de l'âme, le Paradis terrestre, le monde, la venue du Christ, le saint sacrifice de la Messe, les suffrages pour les morts (1).

Nous venons de nommer :

SIMON DE SPIRE

(-1403)

Simon de Spire avait précédé de quatre ans dans la tombe Jean Brammaert, car il mourut le 7 janvier 1403. Son nom patronymique peu connu était Arnwyfen. *Biblicus* à Paris vers 1358, docteur en 1367, professeur de théologie à Cologne pendant plusieurs années, il y fut élevé à la dignité décanale en science sacrée après la mort de Jean de Wasa qui, le premier, en avait été revêtu.

Fut-il élevé aussi à la dignité épiscopale? On l'a dit. Mais cela paraît bien incertain et même peu vraisemblable.

Ce qui est incontestable, ce sont ses promotions aux charges de provincial et de définiteur.

Ce qui l'est également, ce sont ses travaux sur les *Epitres de saint Paul*, ses commentaires *sur les Sentences*, son traité *contre les Juifs*, ses *Sermons au peuple*. La postille *In Epistolas divi Pauli*, mentionnée par le P. Le Long (2), comprenait des leçons données à Cologne par l'auteur (3).

(1) *Biblioth. carmelit.*, *Ibid.* ; Foppens, *Biblioth. Belg.*, tom. I, p. 589 ; Fabricius, *Biblioth...*; Budinszki, *Die Univers. Paris*, p. 138 ; Hartzheim, *Biblioth. Colon.*, p. 162-163, lequel Hartzheim dit cependant : « Obiit Brammartus in Carmelo Coloniensi sepultus 1408... »

(2) *Biblioth. sacr.*, édit. in-fol., p. 963.
Le P. Le Long, *Ibid.*, parle encore de *Quatuor Evangelia glossata.*

(3) Sources : *Biblioth. carmelit.*, tom. II, col. 748-749 ; *Hist. Univers. Paris.*, tom. IV, p. 990 ; Hartzheim, *Op. cit.*, p. 297 ; Budinszki, *Op. cit.*, p. 157-158.

JEAN BARAT, BARATH, BARAC

(— après 1431)

On résume la vie de Jean Barat, en rappelant sa naissance dans le Hainaut, sa profession religieuse à Valenciennes, son doctorat à Paris, vers 1430, suivi dans la même cité d'un professorat plus ou moins court, sa présence au Concile de Bâle (1431), où il aurait montré autant d'habileté dans les affaires, que de profondeur dans les doctrines.

Exégète, il écrivit *sur la révélation des divines Écritures, leur utilité* et *en faveur du canon* qui en a été dressé; il composa des postilles sur l'*Épitre de saint Paul aux Hébreux* et l'*Apocalypse de saint Jean*. L'*In laudem canonis sacri* et le *De sacrarum Scripturarum utilitate* sont cités dans la *Bibliotheca sacra* du P. Le Long (1).

Théologien, il produisit des commentaires *sur le maître des Sentences*, avec une *Introduction* à l'étude de l'ouvrage classique (*Introitum Sententiarum*), des *Conclusions théologiques*, des *Questions ordinaires*, l'*Eloge de la volonté sainte*, des considérations *sur les malheurs de son temps*, des *conférences synodales*, des *sermons de Carême* (2).

La *Bibliotheca carmelitana* place la notice d'un Carme d'un certain renom sous ce titre latin :

THOMAS AVIS

(— après 1434),

Titre qu'elle traduit en français par *Thomas Loiseau* ou *Loisel* (3).

Selon toute vraisemblance, au sens de la *Bibliotheca*, un descendant (*nepos*) d'un frère de Thomas fut le célèbre Jean

(1) Edit. in-fol., p. 624.

(2) Sources : *Bibliot. carmelit.*, tom. I, col. 789; Foppens, *Biblioth. Belg.*, tom. I, p. 574 ; *Biograph. nat..., de Belgique*, Bruxelles, tom. I, 1866, p. 685-686.

(3) Tom. II, col. 802.

Avis, médecin de Louis XII et de François Ier (1). Jean Avis fut le grand père de l'illustre avocat Antoine Loisel qui, comme Thomas (*Bellovacensis*), vit le jour dans la ville de Beauvais (2).

Thomas, après de solides études, arriva au grade de docteur en théologie dans la Faculté de Paris.

Il était provincial de France, quand il fut député avec le vicaire-général de l'ordre au Concile de Bâle (1434) (3).

C'est donc comme témoin à l'Assemblée conciliaire qu'il put écrire un *De Concilio Basileensi* (4).

Faut-il voir en notre Carme le Thomas Avis, du même ordre, qui est compté, en 1387, parmi les bacheliers dans l'affaire de Jean de Montson (5) ? Les dates ne s'y opposent pas.

BARDIN OU BERNARDIN SAMPSON, SANSON OU SANSONIS

(— 1439)

Enfant de la Neustrie, carme de la maison de Rouen, *biblicus* et *sententiarius* à Paris, docteur sans doute, il fut ensuite vicaire-général et procureur-général de l'ordre. On peut croire que, en cette qualité, il assista au Concile de Ferrare et de Florence. Il s'endormit dans le Seigneur, à Florence, le 25 septembre 1439 (6).

Il laissait des *Commentaires sur le maître des Sentences*, commentaires qu'il avait composés à Paris dans les années 1425-1430 (7) ; des gloses sur *plusieurs livres de l'Écriture* (8) ;

(1) Il y a un autre Jean Avis, également et peut-être plus célèbre médecin, sous Louis XI, lequel était, suivant l'*Hist. Univers. Paris.*, tom. V, col. 885, du diocèse de Bayeux.

(2) Moréri, *Diction.*, art. *Jean Loisel*, dit *Avis*.

(3) Sourc. : *Biblioth. carmelit.*, tom. II, col. 802.

(4) *Bibliot. carmelit.*, tom. II, col. 803 : « ... olim in bibliotheca « Parisiensi collegii Maubertini servatum, postea vero in Bibliotheca « regia translatum. » Aujourd'hui, ni l'auteur ni l'ouvrage ne figurent sur le catalogue des mss. de la Bibl. nat.

(5) Launoy, *De Scholis celebrioribus*..., Paris, 1672, in-12, p. 424.

(6) *Biblioth. carmelit.*, tom. I, col. 270.

(7) *Ibid.*

(8) *Ibid.* Les Gloses sont mentionnées par le P. Le Long dans *Bibliotheca sacra*, édit. in-fol., p. 1220.

des *Sermons* (1) ; une *Supplique* à Eugène IV pour obtenir de lui le pouvoir de porter à trois le nombre des couvents de la Germanie-inférieure (2). Cette supplique était, en même temps, signée du provincial de cette même Germanie-inférieure.

JEAN DE VERNON

(— 1461)

Ce nom se trouve cité en deux circonstances parmi ceux des docteurs de Paris. Une première fois, il s'agissait de la condamnation de la fête des fous (1444) ; la seconde, de la révision de l'inique procès de Jeanne d'Arc (1455). Dans ce dernier cas, un autre docteur du même ordre, Jean Foreste, a eu l'honneur d'être adjoint à Jean de Vernon.

Dans un des chapitres généraux de l'ordre, ce religieux, originaire de la petite ville de Vernon, en Normandie, avait reçu la qualification de *magister vacans conventus Parisiensis*. Il fut. définiteur de la province de France (1456). Sa mort s'inscrit sous l'année 1461. Nous avons à noter, comme œuvres de sa plume, des *Commentaires sur l'Apocalypse de saint Jean*, *sur le maître des Sentences*, des *Questions ordinaires*, des *Leçons publiques*. A cette gloire il ajouta celle d'avoir beaucoup enrichi la bibliothèque de la maison de la place Maubert. C'est dans cette maison que le religieux mourut, après y avoir passé la plus grande partie de son existence (3).

(1) « In Biblioth. Vaticana ad *Inventarium tom. quinti*, codice 41... » (*Ibid.*)

(2) Mentionnée dans *Bullarium carmelitanum*, tom. I, p. 194-195 : *Facultas ampliandi provinciam inferioris Alemaniæ ad tria loca*. La bulle est du 20 octobre 1438.

Fabricius, *Bibl...*, ne dit que deux mots, art. *Samson Bardinus*, de ce Carme.

(3) Sources : *Biblioth. Carmelit.*, tom. II, col. 137-138; Le Long, *Biblioth. sac.*, édit. in-fol., p. 798; Le Breton, *Biograph. normand.*, art. *Jean de Vernon*.

III

AUTRES CARMES

L'ordre des Carmes compte quelques autres docteurs.

D'abord en France.

Né à Perpignan, *Barthélemy Peyro* entra au couvent de cette ville, et conquit, à Paris, son grade de docteur en théologie. Procureur-général de l'ordre (1369, 1372, 1375), chronologiquement premier provincial de Naples — car c'était une province nouvellement érigée —, il se rallia avec la France et l'Espagne à la cause de Clément VII, fut évêque d'Elne en Roussillon (1406), et mourut, dit-on, dans sa ville épiscopale en 1415 ou 1420. Des *Sermons* DE SANCTIS lui sont attribués (1).

A cette même date 1420, *Jacques Vilheti* ou *Villeti* était reçu docteur dans notre Faculté de théologie. Il était d'Avignon. Il fut vicaire-général de l'ordre ; et c'est en cette qualité qu'il assista au Concile de Bâle (2). Ses commentaires *In Libros quosdam S. Scripturæ* figurent, quant au titre, dans la *Bibliotheca sacra* du P. Le Long (3).

Un orateur renommé, *Thomas Multor* (*Thomas Multoris*), originaire de Tours, s'endormait dans le Seigneur en 1434. Il avait été provincial de la province de ce nom, charge qu'après dix ans il abandonna (1432), pour mener la vie solitaire d'un simple religieux dans le couvent de la même cité tourangelle. Il avait rédigé des commentaires *sur l'Écriture-Sainte*, *sur le maître des Sentences*, et aussi des *Sermons* (4).

Un autre prédicateur, *Jean Morand*, docteur vers 1436, laissa trois volumes de *Sermons* très élégamment composés et dont un manuscrit se conservait « in *bibliotheca carmelitana Plateæ Maubertinæ*, ut testatur Ludovicus Jacob... » (5).

(1) Sources : *Biblioth. carmelit.*, tom. I, p. 246 ; N. Antonio, *Bibl. Hisp. vet.*, tom. II, p. 201-202 ; Torres Amat, *Diccinario critico...*, p. 482.

(2) *Biblioth. carmelit.*, tom. I, col. 704.

(3) Edit. in-fol., p. 1222.

(4) *Biblioth. carmelit.*, tom. II, col. 825.

(5) *Ibid.*, tom. II, col. 60.

Nous ne les avons pas trouvés à la Bibliothèque nationale.

Jean Noblet était docteur en médecine avant de l'être en théologie. Il écrivit, en sa première qualité, un traité *De Pulsu et urina*, et, en sa seconde, des *Lectures sur différents livres de l'Écriture-Sainte*, des commentaires *sur les Épitres canoniques*, des *Sermons*, un *Centiloquium ænigmatum*, ouvrage remarquable selon le témoignage de Lezana. On place la mort de Jean Noblet en 1440 ou 1444 (1).

La ville du Puy vit naître *Nicolas Coch*, celle de Paris le reçut docteur et l'entendit professeur. Prieur et bienfaiteur du couvent de la cité des *Vellavi*, provincial de Narbonne pendant 31 ans (1420-1451), il mourut, en cette dernière année, dans son cher couvent du Puy, à l'âge de près de cent ans. Il avait exercé sa plume et son intelligence sur la *Genèse* et le *maître des Sentences*, en produisant des *Commentaires* sur le livre sacré et sur le livre classique. Il avait tracé aussi un *Catalogue des généraux de l'ordre* (2).

Hugues de Verneco, natif de Narbonne, appartint, lui aussi, à notre Faculté de théologie, en qualité non seulement de docteur, mais encore de professeur. Il mourut à Paris en 1440. Il avait été provincial de Narbonne. On lui devait un commentaire *sur le maître des Sentences* et des *Déterminances* ou *Conclusions théologiques* (3).

Bertrand Etienne, de la province de Tours, professait à Paris vers 1484. Il écrivit *sur l'immaculée conception* et revit avec *Jean Marchand*, religieux du même ordre, pour l'édition de 1484, in-fol., à Paris, les *Commentaires de Jean de Bacon, sur les quatre livres des Sentences* (4).

En Angleterre, nous avons *Adam Hemlington, alias Hemelendunus*, ajoute la *Bibliotheca carmelitana* (5), ou encore selon M. l'abbé Chevalier, d'*Hemblington* (6).

(1) *Biblioth. carmelit.*, tom. II, col. 63.

(2) *Biblioth. carmelit.*, tom. II, col. 484.

(3) *Biblioth. carmelit.*, tom. I, col. 671.
Nous rencontrons aussi un *Hugues de Paris*, dont la vie prit fin vers 1420 et qui fut auteur de commentaires *sur le maître des Sentences*, de *Conclusions diverses*, de *Quodlibeta* (*Ibid.*, col. 670).
Nous avons fait connaître *Pierre de Nogent* (*Petrus de Nongento*) qui fut probablement sorbonniste d'abord, carme ensuite. (*Supra*, p. 148).

(4) *Biblioth. carmelit.*, tom. I, col. 290.

(5) *Bibl. carmel.*, tom. I, p. 1.

(6) *Répertoire des sources*...

Adam était du comté de Norfolk. Il entra dans un couvent de ce comté. Oxford le reçut comme étudiant, puis Paris où il obtint le grade de docteur en théologie. Il mourut à Norwich vers 1420, dit Pits (1). En admettant l'assertion de la *Bibliotheca carmelitana*, au sujet de la date de 1420 pour l'obtention du doctorat, il faudrait conclure qu'Adam mourut peu de temps après (2). Il avait composé des *Discours*, des *Questions ordinaires* et un *De Actu Parisiensi* (3).

Quelques années plus tard, en 1438, mourait, à Ipswich, *Jean Barningham* ou *de Barningham*. Il fut aussi étudiant d'Oxford et de Paris ; mais, si le précédent n'avait eu que la palme doctorale de Paris, celui-ci pouvait se glorifier, en plus, de celle d'Oxford. Sa plume, à juger par ce que nous connaissons, semble aussi avoir été plus féconde ; car l'on place sous son nom : des *Lecturæ sacræ*, des *Conciones sacræ*, des commentaires *sur le maître des Sentences*, des *Questions ordinaires*, des *Quodlibeta theologica*, un opuscule *sur l'énormité* ou l'*horreur du péché* (4).

Nous nommerons, en Italie, *Bernard de Rome* et *François de Médicis*.

Suivant du Boulay, *Bernard de Rome* fut reçu docteur en théologie dans l'année 1373 (5). Certainement évêque de Sutri, probablement cardinal, il mourut en 1406. La *Bibliotheca carmelitana*, estime que ses écrits doivent le placer « inter viros eruditos. » Nous mentionnerons, après elle, des *Sermons au clergé romain*, une LECTURA *sur les quatre livres des Sentences*, des *Commentaires sur plusieurs livres de l'Écriture-Sainte* (6).

François de Médicis appartenait à une famille de Brescia. Il fut provincial de Rome. Son œuvre littéraire est mince :

(1) *De illust. Angl. script.*, an. 1420, *De Adamo Hemlingtono* : « Tandem circa annum nati Servatoris 1420 Norwici inter suos mortuus « et sepultus est, ubi et tumulum ejus se vidisse scribit Lelandus ».

(2) *Loc. cit.* : « ... supremam lauream quam consecutus est sub anno 1420 ».

(3) Pits, *Loc. cit.* : « ... quibusdam in bibliothecis extitisse suo tempore testatur Lelandus ».

(4) *Biblioth. carmelit.*, tom. I, col. 791 ; Tanner, *Biblioth.-Brit.-Hibern.*, p. 77 ; Fabricius, *Bibl...*, art. *Johannes Barninghamus*.

(5) *Hist. Univers. Paris.*, tom. IV, p. 950.

(6) *Biblioth. carmelit.*, tom. I, col. 283-284.

une épitre dédicatoire en tête de l'édition, à l'instant indiquée, des *Commentaires de Jean de Bacon* ou de Baconthorp, et à l'adresse de Laurent Bureau, carme de Dijon et provincial de Narbonne ; une seconde épitre dédicatoire qui se lit dans le *Livre sur la justice commutative* de Jean Sobrinho *(Joannes Consobrinus)*, carme portugais ; une *Supplique à Alexandre VI*, à l'effet d'obtenir l'union de l'église Sainte-Marie *de Fonte*, hors des murs de l'ancienne Rome, à l'église Saint-Roch, appartenant aux Carmes. Le pape accéda à cette demande. La concession pontificale est de 1495 (1).

Michel Vartemberg, peut-être originaire de la Zélande, assurément religieux du couvent d'Aix-la-Chapelle, docteur de Paris en 1446, est compté parmi les écrivains de l'ordre ; mais ses ouvrages sont complètement ignorés (2).

(1) *Ibid.*, col. 507.

(2) *Biblioth. carmelit.*, tom. II, col. 464.

CHAPITRE III

BENEDICTINS, CISTERCIENS, CHARTREUX

I. **Bénédictins. — Philippe de Villette.**
II. **Cisterciens. — Jean Brandon. — Barthélemy de Bec. — Adrien de Budt.**
III. **Chartreux. — Henri Eger ou de Calcar ou Kalkar.**

I

BÉNÉDICTINS

PHILIPPE DE VILLETTE

(— très probablement 1418)

C'était un moine de Saint-Denis et un docteur de Paris. Philippe remplaça, en 1398, Guy de Monceau, dans le gouvernement de cette célèbre abbaye. Ce fut l'évêque de Paris qui, à cause de la soustraction d'obédience à Benoît XIII, le confirma dans cette dignité. Il lui donna aussi la bénédiction canonique.

Dans ces temps difficiles pour l'Église, Philippe se vit confier, en 1403, la mission d'annoncer à Benoît XIII qu'on lui rendait l'obédience ; et, en 1407, il fit partie de la solennelle ambassade vers les deux contendants à la légitime papauté.

Quand il fut question de se soustraire de nouveau à l'obédience du pape d'Avignon, il se joignit à Pierre d'Ailly et à Gerson pour conseiller de remettre à plus tard la décision d'une pareille mesure. Soupçonné, en 1408, d'être trop favorable à Benoît, il fut renfermé au Louvre pendant trois mois.

On ne trouve nulle part son nom après 1418. « Il est plus « que probable, dit Félibien, qu'il fut aussi du nombre des

« malheureuses victimes sacrifiées à la vengeance et à la « haine du peuple. » (1). L'historien vise les massacres de la capitale en cette même année 1418, après la rentrée des Bourguignons.

Philippe jouissait de la réputation d'orateur éloquent. Il écrivit un traité *sur l'autorité des Conciles* « que Doublet dit « avoir vu autrefois en manuscrit dans la bibliothèque du « collège royal de Navarre. » (2)

Oudin établit péremptoirement que ceux-là sont dans l'erreur, qui ont attribué à Philippe *La Vie de Charles VI, roi de France*, par un religieux de Saint-Denis : l'auteur parle toujours de Philippe comme d'un personnage parfaitement distinct de lui-même (3).

L'ordre des Bénédictins eut, dans ce siècle, des gradués dans d'autres Facultés, soit en France, soit à l'étranger, et même des écrivains de renom. Parmi ces écrivains, prenaient place, et non sans gloire, Nicolas Tedeschi, surnommé Panormitain, et Charles Fernand qui fut appelé par Louis XI à professer les humanités à Paris (4).

II

CISTERCIENS

JEAN BRANDON OU BRANDO

(-1428).

Né à Hontenisse en Zélande, moine de Notre-Dame des Dunes, docteur en théologie de la Faculté de Paris, Jean Bran-

(1) *Hist. de l'abbaye de Saint-Denis*, Paris, 1706, in-fol., p. 336.

(2) *Ibid.*, p. 339.

« Son monastère lui est redevable d'un beau cartulaire en deux vo« lumes in-fol., où se trouve le détail des biens, possessions, bénéfices, « droits et prérogatives dont il jouit ». (*Biblioth. génér. des écrivains de l'ordre de S. Benoît, par un religieux de la congrégation de S.-Vannes...*, Bouillon, 1777-1778, in-4. tom. III, art. *Villette*.)

(3) *Comment...*, tom. III, col. 1270.

Sources génér. : *Gal. christ.* tom. VII, col. 402; Fabricius, *Biblioth...*, art. *Villeta*; Oudin, *Loc. cit.*; *Hist. de l'abbaye de S.-Denis*, pp. 314, 315, 320.

(4) Voir Ziegelbauer, *Historia rei litterariæ ordinis S.-Benedicti...*, Augsbourg et Wurtzbourg, 1754, in-fol., tom. III, pp. 188 et suiv.

don est connu par sa *Chronique* qui s'étend de l'origine du monde à l'année 1414 après Jésus-Christ et qu'il appelait *Chronodromon* ou *Cours du temps*. C'est un ouvrage où Jacques Meyer, qui le confesse lui-même, a abondamment puisé pour ses travaux historiques sur la Flandre. Jean Brandon mourut à Bruges, le 13 juillet 1428 (1).

Si cette *chronique* n'a pas été imprimée (2), l'Abrégé qu'en a fait

GILLES DE ROYE

(— 1478),

Egalement cistercien, a été plus favorisé.

L'on disait généralement que Gilles était né dans la petite ville de Roye en Picardie. M. V. de Beauvillé s'est efforcé, dans ces dernières années, de prouver que Montdidier était la patrie de ce Cistercien (3).

Quoi qu'il en soit, Gilles fut docteur de la même Faculté de Paris. Il enseigna, avec succès, pendant dix-neuf ans, en différents collèges. Selon le désir des moines de Royaumont au diocèse de Beauvais, il fut placé ensuite à la tête de cette abbaye qu'il administra sagement pendant six années. Ayant résigné la dignité abbatiale, il se retira à Notre-Dame des Dunes qu'il édifia, dix-huit ans, comme simple religieux. 1478 marqua le terme de sa vie. Gilles ne s'était pas borné au travail signalé : il avait écrit une continuation de la *Chronique* de Brandon depuis 1431 jusqu'à 1463. Il laissa aussi des commentaires *sur le maître* des *Sentences* (4).

(1) Visch, *Biblioth...*, art. *Joannes Brando* ; Oudin, *Comment. de script...*, tom. III, col. 2301 ; *Ann. de la Soc. d'émul. pour l'hist. et les antiq. de la Fland. occident.*, 1839, tom. I, p. 189. Fabricius parle de Jacques, *Op. cit.* art. *Brando*.

(2) « Reperitur adhuc ms. in monte Blandinio Gandavi, in Sancto-« Bertino Audomari, Aldenburgi in Flandria, cœnobiis ordinis S.-Bene-« dicti, et Lovanii in collegio Atrebatensi... » (Visch, *Ibid.*) Voir les *Annal.*, cit., *de la Societ. d'émul. pour... Fland. occid.*, p. 189-191, relativement à l'histoire postérieure de ces quatre copies. L'art. est de M. l'abbé Carton.

(3) *Hist. de la ville de Montdidier*, tom. III, Paris, 1875, p. 300-301. « Des titres des XIVe, XVe et XVIe siècles, dit l'historien, établissent..., « d'une façon irrécusable, que la famille Gilles de Roye demeurait à « Montdidier. » Ces titres sont ensuite reproduits.

(4) Sources : Visch, *Op. cit.*, art. *Ægidius de Roya ;* Fabricius, *Bi-*

BARTHÉLEMY DE BEC (DE BECA)

(-1463)

Avait précédemment composé une première continuation de la *Chronique* de Brandon : celle de 1414 à 1431.

Ce Barthélemy appartenait au même ordre et au même monastère de Notre-Dame des Dunes. Il était bachelier en théologie de la Faculté de Paris. Il paraît qu'il aurait exercé son talent d'historien en continuant d'autres chroniques. Son existence prit fin en 1463 (1).

Une troisième continuation a été rédigée par

ADRIEN DE BUDT

(-1488).

Elle allait de 1463 à 1478.

Adrien de Budt était aussi religieux de Notre-Dame des Dunes et bachelier en théologie de la grande Faculté de notre capitale. Avec lui, nous touchons à la fin du xve siècle ; car il vécut jusqu'en 1488 (2).

blioth... art. *Ægidius de Roya* ; Oudin, *Comment. de scrip*.... tom. III, col. 2696-2697 ; Moréri, *Dictionn*..., art. *Roia* (*Gilles de*) ; *Biograph. nat*... *de Belgiq*., tom. VII, p. 773.

(1) Visch, *Op. cit*., art. *Bartholomæus de Beca*. Relativement à la continuation d'autres chroniques, Visch a écrit : « ... ut etiam antiqua monu« menta domus nostræ innuere videntur, dum illum vocant : *Chronicorum* « *continuatorem assiduum* ; » mais il confesse que dans le monastère il n'a trouvé autre chose que la susdite continuation.

Vers ce même temps, la parole d'un autre moine de N.-D. des Dunes se faisait apprécier à Paris. Ce moine s'appelait *Jean Vale* et était licencié en théologie. Il mourut en 1459, à Gand, où il était confesseur des religieuses *Portus B. Virginis, vulgo de Biloca*. (Visch, *Ibid*., art. *Joannes Vale*.

(2) Visch, *Ibid*., art. *Adrianus Budsius*. Adrien de Budt écrivit encore : *Chronicalem Collectionem abbatum Dunensium* ; *Gesta comitum Flandriæ ab anno* 1465 *usque ad annum* 1478 ; ouvrages qui, avec un certain nombre de *Lettres* du même religieux « Dunis asservantur, ubi plurimis Flandriæ historicis usui fuerunt. » Il aurait aussi été auteur d'un *Traité en vers de la conception immaculée de la bienheureuse Vierge*. Enfin, Gilles de Roye, qui avait été son maître, lui étant apparu pour lui remettre divers *documents de la céleste sagesse*, Adrien les reproduisit sous forme de dialogue : « Extant etiamnum Dunis ms. et pro parte impressa in Menologio Cisterciensi ad 24 Martii. » (Visch, *Ibid*., et art. *Ægidius de Roya*.

Ces trois continuations ont été imprimées avec l'Abrégé de Gilles de Roye à Francfort dans l'année 1620.

III

CHARTREUX

La *Bibliotheca cartusiana* (1) nous fait connaître, dans l'ordre des Chartreux, un certain nombre de docteurs en théologie et même des écrivains de quelque distinction, comme *Albert d'Arnheim* (2), connu aussi sous le nom d'*Albert Kivet* (3), *Laurent Justinien* qu'il ne faut pas confondre avec le patriarche de Venise (4), *Gérard de Schiedam* (5), *Barthélemy*, prieur de Ruremonde (6), *Nicolas Albergati*, qui devint cardinal et légat apostolique (7), *Jacques de Clusa* ou *de Paradis* (8), *Denis de Rickel Denis-le-Chartreux* ou (9), *Jean de Hayn* (*Hagen, dictus de Indagine*) (10).

Ces deux derniers produisirent beaucoup, Jean de Hayn surtout, car ses ouvrages, d'après le catalogue dressé par Petreius, s'élevaient jusqu'à 433. Aussi cet historien fait-il suivre son catalogue de cette exclamation : « O ingentem librorum « molem, o admirandum plurimarum noctium annorumque « laborem ! »

Cependant, nous n'avons pas à tracer la notice de ces religieux, parce qu'aucun n'est membre certain de la Faculté de Paris.

HENRI EGER (11) OU DE CALCAR OU KALKAR

(1328-1408)

Nous venons de donner le nom patronymique de ce Chartreux et celui de sa ville natale dans le duché de Clèves. Il avait, en effet, vu le jour, à Calcar, dans l'année 1328.

(1) *Biblioth. cart.*, p. 233-234.
(2) *Ibid.*, p. 1-3.
(3) *Ibid.*, p. 6-7.
(4) *Ibid.*, p. 222-224.
(5) *Ibid.*, p. 104-105.
(6) *Ibid.*, p. 18-20.
(7) *Ibid.*, p. 246-248.
(8) *Ibid.*, p. 148.
(9) *Ibid.*, pp. 49 et suiv.
(10) *Ibid.*, pp. 162 et suiv.
(11) On écrit Eger, Æger, Egher.

Avant d'entrer dans l'ordre, il avait conquis à Paris la palme du baccalauréat en théologie et occupé une stalle de chanoine à Saint-Georges de Cologne. Il était âgé de 37 ou 38 ans, quand il prononça ses vœux au couvent de cette dernière ville. Successivement prieur des maisons d'Arnheim, de Ruremonde, de Cologne, de Strasbourg, il put se rendre, pendant vingt années, en qualité de visiteur, dans les diverses chartreuses de la Basse-Allemagne, de la France et de la Picardie.

C'est à la maison d'Arnheim ou, mieux, de Monnickhuysen près d'Arnheim que se retira le futur fondateur des Clers de la vie commune. Henri de Calcar en était alors prieur et Gérard Groot se plaça sous sa direction. Nous savons les heureuses conséquences de cette retraite.

En 1397, Gérard, toujours à la tête de la maison de Strasbourg, demanda à être déchargé de ses fonctions. Le couvent qui avait reçu ses vœux, devait recevoir son dernier soupir. C'est à Cologne qu'il mourut, le 20 décembre 1408 (1), en odeur de sainteté. Aussi, dit Paquot après Petreius, « Canisius n'a pas fait difficulté de lui donner place dans son martyrologe allemand » (2).

Parlant d'une *Lettre traitant de diverses matières* et écrite par Henri de Calcar, Paquot ajoute : « Il paraît que cette lettre a été imprimée », et il fait connaître le témoignage qui lui a permis d'être ni plus ni moins affirmatif (3).

Henri de Calcar a écrit sur différents sujets. Les ouvrages, qui n'ont pas été imprimés, étaient conservés, pour la plupart, dans la bibliothèque de la chartreuse de Cologne. Il a donc écrit dans la langue classique : *Sur l'origine et le progrès de l'ordre des Chartreux*; *sur la rhétorique* (*Loquagium de rhetorica*) ; sur la musique (*Cantuagium de musica*); *sur les limites et la distinction des sciences* (*De Continentiis et dis-*

(1) Foppens a écrit, après F. Swerts et Valère André : 1448. Oudin a fait de même dans sa notice (*Comment*..., tom. III, col. 2240-2241). Mais c'est une erreur.

(2) Sources : Petreius, *Biblioth. cartus.*, p. 131-132 ; Hartzheim, *Biblioth. Colon.*, p. 117 ; Paquot, *Mémoir. pour serv. à l'hist. litt. des Pays-Bas*..., édit. in-12, tom. IV, p. 88-90 ; Foppens, *Biblioth. belg.*, tom. I, p. 451 ; Fabricius, *Biblioth*..., art. *Henricus Kalkariensis.*

(3) « Voyez, dit-il, *Theod. Spizelii Scriptores bibliothecar. arcanis retectis*, Aug. Vindelic., 1668, in-8. » (*Ibid.*)

tinctione scientiarum); *sur l'holocauste quotidien de l'exercice spirituel*. Il composa encore l'*Echelle de l'exercice spirituel par manière d'oraison*, un *Livre d'exhortation* pour un religieux de l'ordre, la *Manière de faire les conférences d'après la méthode cartusienne*, un *Psautier de la bienheureuse Vierge*. Il y a à mentionner, enfin, des *Sermons capitulaires* et un recueil de *Lettres* (1).

Le *Psautier de la bienheureuse Vierge* renfermait cent cinquante *dictions* ou strophes en prose adressées à Marie. Petreius en transcrit plusieurs (2) que nous traduisons :

« Salut, Vierge des vierges, gloire et lumière des justes. « Vers vous crie continuellement la foule des peuples; délivrez-nous des maux, nous que l'attrait des vices tend à « nous détourner de la voie de la morale.

« Salut, torrent de grâce, torrent d'eau vive, torrent d'où « s'échappent les ruisseaux fécondants. Faites que j'aie soif « de Dieu plus que j'en ai soif, moi qui ai marché, couru à « travers les crimes du monde.

« Salut, notre joie, notre espérance, notre vie. C'est par « vous que les remèdes sont accordés aux malades ; n'oubliez « pas le sort général de notre race et conviez-nous au repas « de l'éternelle vie.

« Salut, source de clémence, canal du pardon. C'est par « vous que le chant est rendu dans la vie ; délivrez-nous du « péché et de la peine qui lui est due, conduisez-nous vers les « douceurs de l'éternelle patrie.

« Salut, mère et protectrice de notre race, pourvue plus que « tous des biens de la grâce. Obtenez, tant par vos saintes « prières que par vos mérites, obtenez que notre esprit ne « soit plus enclin désormais au mal.

« Salut, Vierge. Daignez agréer les paroles de mon esprit, « par lesquelles j'ai demandé tant de fois mon pardon ; et, « après avoir entendu ce suave *Ave*, faites, o souveraine, je « vous prie, que je demeure loin du grave *Væ*. »

Le *Psalterium* se terminait par ce distique marquant le nombre des *dictions* ou strophes :

Offero verba tibi ter quinquagenta, Maria ;
Hoc breve psalterium suscipe, virgo pia.

(1) *Biblioth. cartus.*, *ibid.*; *Biblioth. Colon.*, p. 118 ; *Mem. pour serv. à l'hist. litté. des Pays-Bas...*, vol. cit., p. 90-91.
(2) *Bibl. cart.*, p. 133-134.

APERÇU GÉNÉRAL

Nous avons donné à l'Université un triple berceau : les écoles de Notre-Dame, de Sainte-Geneviève et de Saint-Victor. Le P. Denifle, il est vrai, assigne seulement les écoles de Notre-Dame. Quelques critiques partagent son opinion. Après une étude nouvelle, nous ne croyons pas devoir changer de sentiment, tout en respectant celui des autres.

Incontestablement les écoles de Sainte-Geneviève et de Saint-Victor ont été florissantes jusqu'à la fin du XIIe siècle: Il suffit de rappeler, d'une part, les noms de Robert de Melun et de Gautier de Mortagne, et, de l'autre, ceux d'André et de Richard de Saint-Victor qui, tous deux, occupèrent la chaire du célèbre Hugues, portant également le nom de l'abbaye. Or, l'Université était constituée, dès 1208, et fonctionnait comme corps enseignant. En effet, Innocent III écrivait cette année ou l'année suivante : « Universis *doctoribus sacræ paginæ, decretorum et liberalium artium* Parisius commorantibus », et c'était pour leur demander la réintégration d'un membre : « Quatenus supradictum M. G., *statutis vestris* nunc humiliter parere curantem, *ad communionis vestræ consortium in magistralibus* admittatis (1) ». Rien de plus clair. Il y avait des docteurs en théologie, en décret et ès-arts.

(1) La bulle se lit, nous le savons déjà, dans l'*Historia Universitatis Parisiensis*, tom. III, p. 60-61, et dans le *Chartularium Universitatis Parisiensis*, tom. I, p. 67-68.

Elle ne porte pas de date.

Si du Boulay affirme qu'elle est antérieure à l'année XIIIe du pontificat d'Innocent III, le P. Denifle lui assigne les années 1208 ou 1209.

Comme le fait remarquer le P. Denifle lui-même, il y avait aussi des maîtres en médecine et même en droit civil : « Isto « tempore etiam jus civile et medicinam Parisiis esse traditam « narrat Guillelmus Armoricus (1) ». Il y avait encore des règlements (*statutis vestris*) pour régir l'association des maîtres. N'est-il pas dans la nature des choses que les trois écoles aient fourni leur contingent respectif à la formation de l'*Alma Mater*?

Puis, il nous paraît difficile d'expliquer autrement le rôle considérable du chancelier de Sainte-Geneviève au sein de l'Université. Signalons deux faits seulement.

Comme celui de Notre-Dame, le chancelier de Sainte-Geneviève licenciait, à l'origine et assez longtemps, en toute faculté ou branche d'enseignement, ainsi qu'il appert en deux bulles d'Alexandre IV à l'adresse du chancelier de l'abbaye. Dans la première, le pape disait : « Volentes igitur « ut præfata nostra ordinatio ab omnibus reverenter et sim- « pliciter observetur, discretioni tuæ per apostolica scripta « firmiter præcipiendo mandamus, quatenus regendi Pari- « sius *in aliqua facultate nemini licentiam tribuas*, qui « dictam ordinationem noluerit observare. » La bulle suppose donc le chancelier en pleine possession de licencier *en toute faculté* (*in aliqua facultate*) ; elle n'impose qu'une condition, c'est que le candidat soit soumis aux prescriptions pontificales. Dans la seconde bulle, même langage, même attestation : « Præsentium tibi authoritate præcipiendo manda- « mus, quatenus nullum de cætero licencies Parisius *in « aliqua facultate*, nisi prius juret ordinationes et statuta « pro tranquillo statu Parisiensis studii dudum a nobis edita... « se inviolabiliter servaturum... » (2). Si, plus tard, le pouvoir du chancelier de Sainte-Geneviève s'est trouvé limité aux arts, ce pouvoir restreint ne lui a jamais été contesté.

(1) *Chartularium...*, *ibid.*, note.

(2) *Hist. Univers. Paris.*, tom. III, pp. 293, 351.
Dans l'*Introduction* de notre premier volume, p. LVI, not. (1), nous avons transcrit, comme première preuve, les paroles d'une bulle, antérieure, de Grégoire IX.

I

La Faculté de théologie avait donc sa première organisation dès l'année 1208. Cette organisation se compléta par le statut de Robert de Courçon en 1215, par les bulles de Grégoire IX en 1231, en sorte que nous la voyons avec ses deux grades principaux, le baccalauréat et le doctorat, et même, un peu plus tard, dans la seconde moitié de ce XIIIe siècle, avec un chef qui porte le nom de doyen. A cette dernière époque, le nombre des années d'études s'accroissait, les préparations aux grades se précisaient, les actes académiques se multipliaient, la collation de ces grades s'accomplissait avec des solennités imposantes. Cet état de choses se continuait, avec de légères modifications, dans le XIVe siècle. La licence devenait un grade et la fameuse *sorbonnique* faisait son apparition. Au XVe siècle, le statut du cardinal d'Estouteville introduisait quelques articles.

On dit que l'Université subsistait dans ses collèges. Cette parole s'applique naturellement à la Faculté de théologie. Nombreux et prospères étaient ses collèges; quelques-uns avaient une réputation européenne. On n'en a pas assez remarqué le caractère démocratique : des bourses y étaient fondées en faveur des familles pauvres. Il en était ainsi, du reste, pour les autres collèges universitaires.

II

La Faculté de théologie se considérait comme gardienne de la foi. Aussi frappait-elle impitoyablement, quand des téméraires sortaient des limites de l'orthodoxie ou de ce qu'elle croyait la bonne et vraie doctrine. La mort même n'arrêtait pas ses foudres, ainsi que nous l'avons vu au sujet d'Amauri de Chartres et de David de Dinant.

Des erreurs monstrueuses tendaient, au XIIIe siècle, à l'acclimater parmi les artiens. Elle s'unissait à l'évêque de Paris pour les censurer. Si les pratiques superstitieuses tombaient sous ses condamnations, elle n'épargnait point les écarts de ses plus illustres maîtres, comme Pierre Lombard et Gilles de Rome. Elle ne craignait pas de citer à sa barre le pape Jean XXII. Les rêveries de Jean de Parme et de Pierre d'Olive, les aberrations de Raymond Lulle, pas plus que les témérités d'Arnaud de Villeneuve et les excentricités des Flagellants, n'échappaient à ses coups que sentirent bien d'autres hétérodoxes, comme Marsile de Padoue et Jean de Jandun.

Elle ne faisait pas un dogme de l'Immaculée-Conception. Mais elle l'estimait une vérité. Aussi poursuivait-elle jusqu'à la cour pontificale Jean de Montson qui la niait, et condamnait-elle à d'humiliantes rétractations les enfants de Saint-Dominique qui la rejetaient publiquement. Elle finit par décréter qu'on ne serait admis dans son sein qu'à la condition de s'engager par serment à soutenir l'insigne privilège de la mère de Dieu.

Favorable au pouvoir national, elle prononçait l'anathème contre la criminelle et funeste doctrine du tyrannicide et le faisait prononcer au Concile de Constance.

Wiclef avait rencontré des disciples dans Jérôme de Prague et Jean Huss. Ce dernier avait publié son livre : *De Ecclesia*, qui résumait les erreurs du maître. Elle en fit extraire des propositions qu'elle nota de « notoirement hérétiques ».

En même temps, selon les circonstances, elle statuait sur divers points de doctrine : le concours divin, la pluralité des bénéfices, le Thalmud, le pouvoir du pape, les ventes de cens et rentes avec faculté de rachat, la sanctification des dimanches et fêtes, les saintes cérémonies qui ne peuvent s'allier aux sottises de la fête des fous, les futurs contingents, la juridiction des Apôtres, l'astronomie et l'astrologie.

Elle s'est vaillamment mise à l'œuvre pour amener la cessation du Grand-Schisme. Mais son ardeur l'a parfois emportée trop loin, soit qu'elle s'attribuât un rôle exagéré, soit qu'elle formulât des propositions non toujours marquées au coin de la saine doctrine. Sa gloire est dans ses démarches, ses efforts, sa constance. On ne saurait trouver d'excuse pour ses écarts que dans son amour sincère pour l'Église.

III

Il y avait l'enseignement donné régulièrement par les professeurs, bacheliers et maîtres, sur les différentes parties du christianisme. C'était l'enseignement autorisé.

A côté de cet enseignement des chaires, se propageait l'enseignement des livres. dus aux plumes savantes de divers gradués.

Dans ces écrits, le dogme était savamment exposé, la morale minutieusement expliquée, et la philosophie, sœur amie mais toujours docile de la théologie, présentait des aspects intéressants. En dehors des bases du christianisme qu'il n'est pas permis de saper, une grande liberté présidait généralement aux discussions.

Toutefois, en ce qui regarde les docteurs réguliers, une courte réflexion s'impose.

Il a souvent été dit que les religieux étaient tenus d'adopter les doctrines qui avaient prévalu dans leur ordre. Ce n'est pas bien exact.

Sans doute, il y avait, dans chaque famille religieuse, un grand respect, un préjugé même pour les opinions qui y étaient communes. Mais chaque membre se reconnaissait le droit de ne pas les suivre en aveugle. Il entendait, au contraire, ce que l'ordre ne contestait pas du reste, pouvoir les examiner, les discuter, les combattre, les rejeter même en tout ou en partie Ainsi, en particulier, Gilles de Rome, l'introducteur du thomisme dans l'ordre augustinien, les franciscains Pierre Auriol et Guillaume Occam, le dominicain Durand de Saint-Pourçain, le carme Gérard de Bologne.

C'est là un point d'histoire qu'il est important de noter. Le lecteur assurément n'aura pas manqué de le constater lui-même.

IV

Fière de ses prérogatives, la Faculté de théologie les défendait envers et contre tous. Dévouée au clergé séculier, elle ne permettait point qu'on attentât à ses droits.

Il a été dit, et non sans raison, que les religieux sont empiétants. L'Université s'en aperçut. La lutte sur le terrain académique et celui des privilèges contre les ordres mendiants, commencée dans la première moitié du XIIIe siècle, ne prit pas fin avec le XVe.

A Rome, favorisant ces ordres, elle faisait entendre ses plaintes, ses prières, ses protestations; parfois même elle portait des sentences à l'encontre des volontés pontificales. Afin de donner plus de poids à ses paroles, elle appelait à elle ses sœurs de l'Université pour faire cause commune et agir de concert. De son côté, l'Université, dans la défense de ses privilèges contre la cour romaine, avait recours aux lumières de la Faculté, qui s'empressait de l'aider de ses décisions doctrinales.

L'attitude de la Faculté de théologie n'était pas différente à l'égard de la royauté dont elle se glorifiait d'être la fille. Quand l'appui et la protection, auxquels elle croyait avoir droit, lui faisaient défaut ou se faisaient trop attendre, ils étaient réclamés respectueusement, mais énergiquement; et même les mesures extrêmes, comme la cessation des cours, ne lui faisaient point peur.

La paix ne régnait pas toujours entre les sœurs universitaires. La Faculté de théologie n'oubliait jamais qu'elle était la première parmi les Facultés supérieures.

V

La scolastique régnait toujours dans les chaires et dans les livres. Néanmoins, dans le XIVe siècle, des efforts étaient tentés pour s'en affranchir; et, dans le XVe, l'importation en Occident des richesses classiques et l'arrivée des classiques lettrés vinrent heureusement les seconder.

INDEX GÉNÉRAL

DES

PRINCIPAUX AUTEURS ET OUVRAGES CITÉS DANS LES QUATRE VOLUMES (1)

Les chiffres romains indiquent le volume de notre travail.

A

(1) Il s'agit ici des sources autres que les œuvres de nos docteurs, lesquelles, étudiées par nous, sont nos premières sources. Néanmoins, quelques-unes de ces sources sont citées, en tant qu'elles deviennent des sources particulières pour d'autres endroits.

Nous n'indiquons pas le lieu, la date, le format des éditions :

1° Quand les diverses éditions sont également bonnes, et nous nous en servons indifféremment, le lieu, la date et le format étant d'ailleurs marqués dans le corps de l'ouvrage,

2° Quand l'ouvrage, très connu, ne demande pas autre chose que la reproduction du titre.

C

IV; — *Histoire des controverses dans le XVe siècle*, Paris, 1701, IV.

Du Plessis d'Argentré, V. Plessis (du) d'Argentré.

Dupont, *Histoire ecclésiastique et civile de la ville de Cambrai et du Cambrésis*, Cambrai, s. d. in-12, IV.

Dupont (Paul), *Histoire de l'imprimerie*, Paris, 1854, in-12, IV.

Dupuy (P.), *Preuves des libertés de l'Eglise Gallicane*, IV.

Durand. V. Martène et Durand.

Dusevel, *Histoire de la ville d'Amiens*, Amiens, 1848, in-8, IV.

Dutems, *Le Clergé de France*, Paris, 1774-1775, in-8, I.

Duthillœul, *Catalogue des manuscrits de la Bibliothèque de Douai*, Douai, 1846, in-8, II, III; — *Bibliographie Douaisienne*, Douai, 1842-1854, in-8, III.

E

Echard, *Sancti Thomæ Summa suo auctori vindicata, sive de V. F. Vincentii Bellovacensis scriptis dissertatio, in qua quid de Speculo morali sentiendum aperitur*, Paris, 1708, in-8, I, II.

Echard. V. Quétif et Echard.

Echo des Alpes, 1870, II.

Ehrle (P. François), V. *Archiv fur Litteratur...*

Ellies Dupin. V. Dupin (Ellies).

Epinois (de l'), V. L'Epinois (de).

Etienne de Tournay, *Epistolæ*, Paris, 1679, in-8, I.

Etudes religieuses, philosophiques, historiques et littéraires, 1889, II.

Eucken (Rud.), *Die Philosophie des Thomas von Aquino und die Kultur der Neuzeit*, Halle, 1886, in-8, II.

Expilly, *Dictionnaire géographique, historique et politique des Gaules et de la France*, Paris, 1762-1770, in-fol., II, III, IV.

Extravagantes communes, II, III, IV.

Eymeric : *Directorium inquisitorum*, II, III.

F

Fabricius (Jean-Albert), *Bibliotheca latina mediæ et infimæ ætatis*, édit. Mansi, in-4, I, II, III, IV; — *Bibliotheca græca sive Notitia scriptorum veterum Græcorum..*, II.

Fantuzzi. *Notizie degli scrittori Bolognesi*, Bologne, 1781-1794, in-fol., III.

Favé, *Histoire de saint Yves, patron de la Bretagne*, Rennes, 1851, in-12, III.

Félibien, *Histoire de l'abbaye royale de Saint-Denis en France*, Paris, 1706, in-fol., IV.

Félibien et Lobineau, *Histoire de la ville de Paris*, Paris, 1725, in-fol., I, II, III, IV.

Feller, *Dictionnaire historique*, I, II, III, IV.

Feraud, *Biographie des hommes remarquables des Basses-Alpes*, Digne, 1850, in-8, III.

Feret, *L'abbaye de Sainte-Geneviève et la Congrégation de France*, Paris, 1883, in-8, I II, III, IV.

Ferrazzi, *Bibliografia Petrarchesca*, Bassano, 1877, in-8, III.

Fétis, *Biographie universelle des musiciens*, II.

Fèvre (Le), V. Le Fèvre.

Fidelis da Fanna, *Ratio novæ collectionis operum sancti Bonaventuræ*, Turin, 1874, in-4, II.

Figuier, *Vie des savants illustres du moyen-âge*, Paris, 1867, in-8, II.

Flaccus Illyricus, *Catalogus testium veritatis*, III.

Flach Francowits, V. Flaccus Illyricus.

Fleury, *Histoire ecclésiastique*, I, II, III, IV.

Foppens, *Bibliotheca Belgica sive virorum in Belgio vita scriptisque illustrium catalogus librorumque nomenclatura, continens scriptores a clarissimis viris Valerio Andræa, Aub. Miræo, Franc Swertio aliisque recensitos usque ad annum 1680*, in-4, Bruxelles, 1739, I, II, III, IV.

Fournier (Marcel), *L'Église et le droit romain au XIIIe siecle à propos de la fameuse bulle : SUPER SPECULAM d'Honorius III*, Paris, 1890, in-8, I.

Frachet, *Vitæ fratrum ordinis Prædicatorum*, II.

Franck (Ad.), *Réformateurs et Publicistes de l'Europe au moyen-âge*, Paris, 1864, in-8, III.

Franklin, *La Sorbonne, ses origines*

G

I

J

versitatis Parisiensis, Paris, 1862, in-8, II, III ; — *Un Ouvrage inédit de Gilles de Rome, précepteur de Philippe-le-Bel, en faveur de la papauté*, Paris, 1858, in-8, III.
Journal des savants, 1886, I ; 1884, II ; 1848, II ; 1895, III ; 1883, III ; 1884, III ; 1888, III.
Jundt (Aug.), *Essai sur le mysticisme spéculatif de maître Eckard*, Strasbourg, 1871, in-8, III.
Juvénal des Ursins, *Histoire de Charles VI*, III, IV.

K

Kirsch (Paul), *Des Thomas von Chantimpré Buch der Wunder und Denkwürdigen Vorbilder... ein Beitrag zur Kulturgeschichte des XIII Jahrt*, Gleiwitz, 1875, in-8, II.
Knyghton, *Compilatio de eventibus Angliæ a tempore regis Edgari usque ad mortem regis Ricardi secundi*, Londres, 1652, in-fol., I.
Krantz (Albert), *Metropolis* ou *Historia Ecclesiæ Saxoniæ*, I.

L

Labanca, *Marsilio da Padova, riformatore politico e religioso del secolo XIV*, Padoue, 1882, in-8, III.
Labbe, *Sacrosancta Concilia ad regiam editionem exacta, quæ nunc quarta parte prodit auctior, studio Philippi Labbei et Gab. Cossartii, Soc. Jesu presbyterorum*, Paris, 1671-1672 in-fol., I, II, III, IV ; — *Thesaurus epitaphiorum veterum ac recentium...*, Paris, 1666, in-12, III ; — *Nova Bibliotheca manuscriptorum librorum* Paris, 1657, in-fol., I ; — *Nova Bibliotheca manuscriptorum librorum sive Specimen antiquarum lectionum latinarum et græcarum*, Paris, 1653, in-4, III.
Ladvocat, *Dictionnaire historique portatif...*, II.
Latassa, *Biblioteca antigua de los escritores Aragoneses*, Saragosse, 1796, in-4, II.
Launoy (J. de), *De varia Aristotelis fortuna in Academia Parisiensi*, La Haye, 1656, in-8, II, IV ; — *De Scholis celebrioribus*, Paris, 1672, in-8, I : — *Regii Navarræ gymnasii Parisiensis Historia*, Paris, 1677, in-4, III, IV.
Le Brasseur, *Histoire civile et ecclésiastique du comté d'Evreux*, Paris, 1722, in-4, IV.
Lebreton, *Biographie normande*, Rouen, 1857-1858, in-8, I, II, III, IV.
Lebeuf, *Histoire de la ville et de tout le diocèse de Paris*, édit. Cocheris, Paris, 1867-1870, I, III ; — *Mémoires concernant l'histoire civile et ecclésiastique d'Auxerre et de son diocèse*, I ; — *Dissertation sur l'histoire ecclésiastique et civile de Paris*, I, II.
Leclerc (Victor), *Préface de l'Imitation de Jésus-Christ*, Paris, imprimerie nationale, 1855, in-fol., IV.
Lecoy de la Marche, *la Chaire française au moyen-âge, spécialement au XIIIe siècle*, Paris, 1886, in-8, I, II, III.
L'Ecuy, *Essai sur la vie de Jean Gerson*, Paris, 1832, in-8, IV.
Le Fèvre (Jean), *Histoire de Charles VI*, faisant suite à l'histoire du même monarque, par un religieux de Saint-Denis, Paris, 1663, in-fol., IV.
Legrand (Albert), *la Vie, gestes, mort et miracles des saints de la Bretagne Armorique, ensemble un ample catalogue chronologique et historique des évesques des neuf eveschez d'icelle*, Nantes, 1637, in-4, III.
Le Jau, *Series episcoporum Ebroicensium*, Evreux, 1622, in-12, III.
Leland, *Commentarii de scriptoribus Britannicis*, Oxford, 1709, in-8, I, II.
Le Long (P.), *Bibliothèque historique de la France*, Paris, 1768-1778, in-fol., I, II, III, IV ; — *Bibliotheca sacra*, édit. in-fol., Paris, 1723, I, II, III, IV.
Le Mayeur, *Gloire de Belgique*, Louvain, 1830, in-8, II.
Lemontey, *Thibaut ou la naissance d'un comte de Champagne, poème en 4 chants*, Paris, 1811, in-8, II.
Le Nain de Tillemont, *Histoire de Guillaume de Saint-Amour*, publiée par la Société de l'histoire de France, tom. VI de la collection, II.

Paquot, *Mémoires pour servir à l'histoire littéraire des Pays-Bas, de la principauté de Liège...*, Louvain, 1763-1770, in-18 et in-fol., II, III.

Paris (Paulin), *Les Manuscrits françois de la Bibliothèque du roi*, Paris, 1836-1848, in-8, I, III, IV.

Pasquier (Etienne), *Recherches sur la France*, I, II.

Paulus, V. *Revue catholique d'Alsace.*

Périès, *La Faculté de droit dans l'ancienne Université de Paris*, Paris, 1890, in-8, I.

Perry (Claude), *Histoire civile et ecclésiastique ancienne et moderne de la ville et cité de Chalon-sur-Saône*, Chalon, 1659, in-fol., IV.

Perroquet, *La vie et le martyre du docteur illuminé, le bienheureux Raymond Lulle, avec une apologie de sa sainteté et de ses œuvres*, Vendôme, 1667, in-fol., II.

Pertz, *Monumenta Germaniæ historica*, I, II, IV.

Petreius, *Bibliotheca cartusiana*, Cologne, 1609, in-12, III, IV.

Pez (Bernard), *Thesaurus anecdotorum novissimus seu veterum monumentorum collectio recentissima*, Augsbourg, 1721-1729, in-fol., I, III, IV.

Philippes, abbé de Bonne-Espérance, *Epistolæ*, parmi ses *Opera*, Douay, 1621, in-fol., I.

Pic de la Mirandole, *Apologia contra eos qui aliquas propositiones carpebant*, II.

Pie II, V. Æneas Sylvius.

Pierre de Celle, *Epistolæ*, I.

Piganiol de la Force, *Description historique de la ville de Paris et de ses environs*, Paris, 1765, in-12, II, III.

Pits, *De illustribus Angliæ scriptoribus*, Paris, 1617-1623, in-4, I, II, III. IV.

Plessis (du) d'Argentré, *Collectio judiciorum de novis erroribus qui ab initio XII sæculi... usque ad annum 1735 in Ecclesia proscripti et notati*, Paris, 1728-1736, in-fol., I. II, III, IV.

Pluquet, *Dictionnaire des hérésies, des erreurs et des schismes, ou mémoires pour servir à l'histoire des égaremens de l'esprit humain par rapport à la religion chrétienne*, nouvelle édition, Paris, 1845, in-12, I, III, IV.

Pommeraye, *Histoire des archevesques de Rouen*, Rouen, 1667, in-fol., II ; — *Sanctæ Rotomagensis Ecclesiæ Concilia ac synodalia decreta*, Rouen, 1677, in-4, II.

Poncius (Jean), *Scotus Hiberniæ restitutus*, Paris, 1650, in-8, III.

Poquet, *Le Cardinal Jean de Dormans et sa famille*, Reims, 1886, in-8, III.

Port, *Dictionnaire historique, géographique et biographique de Maine-et-Loire*, Paris-Angers, 1874-1878, in-8, IV.

Possevin, *Apparatus sacer*, Cologne, 1608, in-fol., II, III, IV.

Potthast, *Regesta pontificum Romanorum*, Berlin, 1874-1875, in-4, I, II.

Pouchet, *Histoire des sciences naturelles au moyen-âge ou Albert-le-Grand et son époque considérée comme point de départ de l'Ecole expérimentale*, Paris, 1853, in-8, II.

Pragmatica-Sanctio Caroli VI, Paris. 1666, in-fol., IV.

Précis analytique des travaux de l'Académie des sciences, belles-lettres et arts de Rouen, 1852, III.

Protois, *Pierre Lombard..., son époque, sa vie, ses œuvres, son influence*, Paris, 1881, in-8, I.

Q

Quétif et Echart, *Scriptores ordinis Prædicatorum recensiti notisque historicis et criticis illustrati*, Paris, 1719-1721, in-fol., I, II, III, IV.

Quicherat, *Procès de condamnation et de réhabilitation de Jeanne d'Arc*, Paris, 1841-1849, in-8, IV.

R

Rader, *Bavaria sancta*, II.

Raynaldi, *Annales ecclesiastici*, édit. Mansi, Lucques, 1747-1756, in-fol., I, II, III, IV.

Recueil des historiens des Gaules et de la France, I, II, III.

Registre original des prieurs de Sor-

S

X

Y

Z

INDEX GÉNÉRAL DES MATIÈRES

CONTENUES DANS LES QUATRE VOLUMES

Les chiffres romains indiquent le volume et les chiffres arabes la page.
Pour l'*Introduction* et les *Avant-Propos*,
les pages sont indiquées par des chiffres romains,
mais en plus petits caractères.

A

B

C

D

F

G

H

I

K

L

M

Q

R

S

T

U

TABLE DES MATIÈRES

CONTENUES DANS CE VOLUME

PREMIÈRE PARTIE

PHASES HISTORIQUES

LIVRE I

L'ENSEIGNEMENT

CHAPITRE PREMIER

LES COLLÈGES

CHAPITRE II

ÉTUDES, GRADES, MÉTHODE

CHAPITRE III

AFFAIRES ACADÉMIQUES

LIVRE II

L'ACTION

CHAPITRE PREMIER

UNE DOUBLE LUTTE QUI RENAIT

CHAPITRE II

JEANNE D'ARC

CHAPITRE III

LE GRAND-SCHISME JUSQU'A SON EXTINCTION

LIVRE III

DOCTRINES

CHAPITRE PREMIER

CHAPITRE II

CHAPITRE III

AUTRES DOCTRINES ET DÉCISIONS
(PREMIÈRE PARTIE DU XVe SIÈCLE)

CHAPITRE IV

AUTRES DOCTRINES ET DÉCISIONS
(SECONDE PARTIE DU XVe SIÈCLE)

DEUXIÈME PARTIE

REVUE LITTÉRAIRE

LIVRE I

UBIQUISTES ET SORBONNISTES

CHAPITRE UNIQUE

I

UBIQUISTES

II

SORBONNISTES

LIVRE II

NAVARRISTES

CHAPITRE PREMIER

CHAPITRE II

CHAPITRE III

CHAPITRE IV

CHAPITRE V

AUTRES NAVARRISTES

LIVRE III

FRANCISCAINS ET DOMINICAINS

CHAPITRE PREMIER

FRANCISCAINS

CHAPITRE II

DOMINICAINS

LIVRE IV

AUTRES RELIGIEUX

CHAPITRE PREMIER

AUGUSTINS

CHAPITRE II

CARMES

CHAPITRE III

BÉNÉDICTINS, CISTERCIENS, CHARTREUX

INDEX

ERRATA

Page 76, ligne 17, *au lieu de :* 31 juillet, *lire :* 23 juillet.

Page 90, ligne 2 des notes, *au lieu de :* Vallet de Virville, *lire :* Vallet de Viriville.

Page 121, ligne 14, *au lieu de :* Henri Zomeren, *lire :* Henri de Zcemeren.

Page 149, ligne 5 des notes, *au lieu de :* Anecdotor, *lire :* Anecdotor., (abrév.).

Page 175, ligne 15 des notes, *au lieu de :* 865, *lire :* 465.

Page 192, ligne 14 des notes, *au lieu de :* Majyour, *lire :* Mayour.

Page 205, ligne 14 des notes, *au lieu de :* intelligentæ, *lire :* intelligentiæ.

Page 208, ligne 20, *supprimer :* (2), et aussi : (4), des notes.

Page 224, ligne 2 des notes, *au lieu de :* 1870-1886, *lire :* 1879-1881.

Page 253, ligne 6 des notes, *au lieu de :* dereti, *lire :* decreti.

Page 333, ligne 19, *au lieu de :* jurirdictionum, *lire :* jurisdictionum.

Page 414, 2e col., *au lieu de :* Coch (Jean), *lire :* Coch (Nicolas).

Page 428, après ligne 10, *lire :* Hugues de Paris, IV, 369, not. (3).

BEAUVAIS
IMPRIMERIE PROFESSIONNELLE, 4, RUE NICOLAS-GODIN, 4

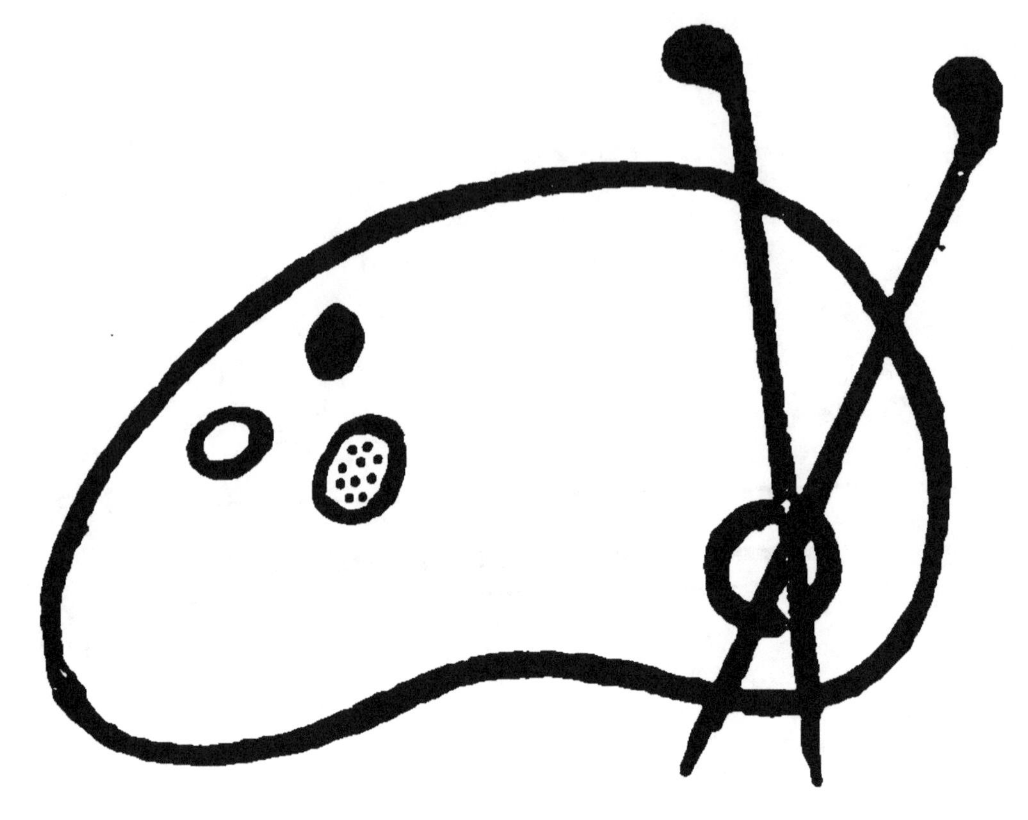

www.ingramcontent.com/pod-product-compliance
Lightning Source LLC
LaVergne TN
LVHW010528100826
845148LV00001B/121

9782012680869